Reich · Konstruktivistische Didaktik

Die Reihe »Pädagogik und Konstruktivismus«
wird herausgegeben von Kersten Reich und Reinhard Voß

Kersten Reich

Konstruktivistische Didaktik

Lehr- und Studienbuch mit Methodenpool

4. Auflage

Beltz Verlag · Weinheim und Basel

Kersten Reich ist Professor für Internationale Lehr- und Lernforschung am Institut für Vergleichende Bildungsfor-schung und Sozialwissenschaften der Universität Köln.

Weiterführende Beiträge zu diesem Buch unter:
http://konstruktivismus.uni-koeln.de
http://methodenpool.uni-koeln.de

Das Werk und seine Teile sind urheberrechtlich geschützt. Jede Nutzung in anderen als den gesetzlich zugelassenen Fällen bedarf der vorherigen schriftlichen Einwilligung des Verlages. Hinweis zu § 52a UrhG: Weder das Werk noch seine Teile dürfen ohne eine solche Einwilligung eingescannt und in ein Netzwerk eingestellt werden. Dies gilt auch für Intranets von Schulen und sonstigen Bildungseinrichtungen.

4., durchgesehene Auflage 2008

© 2008 Beltz Verlag · Weinheim und Basel
www.beltz.de
Herstellung: Klaus Kaltenberg
Druck: Druckhaus »Thomas Müntzer«, Bad Langensalza
Printed in Germany

ISBN 978-3-407-25492-4

Inhaltsverzeichnis

Vorwort zur 4. Auflage 7

Hinweise 13
   Symbole im Buch 13
   Studienbuch 13
   Kostenlos beigelegte CD mit Methodenpool 14

1. Beziehungsdidaktik 15
   1.1 Warum sind Beziehungen auch im Lehren und Lernen entscheidend? 15
   1.2 Ist ein didaktisches Menschenbild notwendig? 19
   1.3 Lehrer- und Lernerrollen pragmatisch, konstruktiv und systemisch gestalten 22
   1.4 Fördern, fördern, fördern 40

2. Didaktik heute: Welcher Kontext ist zu beachten? 41
   2.1 Didaktik in der Moderne 42
   2.2 Didaktik in der Postmoderne 47
   2.3 Lernen in der Postmoderne zwischen »Ich-will-« und »Ich-soll-Ansprüchen« 56
   2.4 Didaktik in der Krise 65

3. Warum konstruktivistische Didaktik? 71
   3.1 Dewey, Piaget und Wygotski als Vorläufer der konstruktivistischen Sicht 71
   3.2 Konstruktivistische Grundannahmen 74
   3.3 Konstruktivistische Ansätze 85

4. Theoretische Zugänge: Didaktik als Wissenschaft – Grundlagen und Grundbegriffe 94
   4.1 Bildung aus konstruktivistischer Sicht 94
   4.2 Inhalte und Beziehungen: Chancen und Grenzen der Didaktik 103
   4.3 Konstruktivität, Methodizität und Praktizität als erkenntniskritische Perspektiven 118
   4.4 Didaktik als Simulation 126

5. Praktische Zugänge: Didaktik als Handlung – Learning by doing 137
   5.1 Konstruktion, Rekonstruktion und Dekonstruktion als
        Unterscheidungsperspektiven in der Didaktik 138
   5.2 Realbegegnungen, Repräsentationen, Reflexionen – drei Ebenen
        didaktischen Handelns 142
   5.3 Beobachter, Teilnehmer, Akteure – drei didaktische Rollen 164
   5.4 Reflexionsperspektiven zur didaktischen Handlungsorientierung 182

6. Lernen in der Didaktik 189
   6.1 Lerntheoretische Grundreflexion: 5 Stufen des Lernens 189
   6.2 Didaktisch wichtige Aspekte des Lernens 191
   6.3 Didaktik und das Problem der multiplen Intelligenzen 224
   6.4 Was ist eine gute Lernumgebung? 232

7. Planung 238
   7.1 Elementare Planung 239
   7.2 Ganzheitliche Planung 246
   7.3 Situative Planungsreflexion 251
   7.4 Hinweise für die Lehrerbildung 260
   7.5 Ein Planungsbeispiel 261

8. Methoden 265
   8.1 Methodische Prinzipien 266
   8.2 Der Methodenpool auf CD 295

Verzeichnis der Schaubilder 298
Literatur 299

Vorwort zur 4. Auflage

Die 4. Auflage wurde gegenüber der 3. Auflage in der Textform nur geringfügig verändert. Der Methodenpool auf der CD wurde allerdings vollständig überarbeitet und steht in der Version vom April 2008 als Beigabe zur Verfügung. Im Internet finden sich fortlaufend Aktualisierungen zum Ansehen und zum Download. Ferner enthält die CD auch ein Studienbuch sowohl zur individuellen Vertiefung als auch mit Gruppenaufgaben für Seminare.

Die konstruktivistische Didaktik in der hier vorgelegten Form ist ein Lehr- und Studienbuch für Lehrende und Lernende, die sich für ein gelingendes, effektives, lernerorientiertes und handlungsbezogenes Lernen engagieren wollen. Ziel dieses Buches ist es, das Lehren und Lernen in der gegenwärtigen kulturellen und wissenschaftlichen Situation zu reflektieren, mit Handlungstheorien zu verbinden und hieraus Konsequenzen für eine didaktische Theorie und Praxis in allen Lernbereichen zu ziehen. Dabei gehe ich in zehn Schritten (teilweise auch auf CD) vor:

1. *Kapitel 1:* Beziehungen bestimmen das kommunikative Leben. Und Beziehungen sind entscheidend für das Lehren und Lernen. Auch wenn oft der Eindruck entsteht, dass Lernen allein individuell stattfindet, so ist dies zu kurz gedacht. Beim Lernen spielen immer andere Lernende und Lehrende eine entscheidende Rolle. Dies müssen Didaktiker[1] in ihren Erwartungen, Einstellungen und Haltungen wissen, es auf ihre Lernumgebungen beziehen können und in ein angemessenes Rollenverhalten umsetzen. Dabei ist der Gedanke der Förderung aller Lerner für mich vorrangig.
2. *Kapitel 2:* Wo steht die Didaktik heute? Didaktik – das ist meine Grundannahme – ist in der Moderne bis in die heutige Zeit, die Spät- oder Postmoderne, schwieriger geworden, weil sich die Bedingungen des Lehrens und Lernens verkompliziert haben. In gewisser Weise lässt sich von einer Krise der Didaktik in der Gegenwart sprechen. Ich will zeigen, wie sich die Voraussetzungen für Didaktik verändert haben. Heutzutage müssen Didaktiker viel stärker als früher mit einem Spannungsfeld von Soll-Anforderungen, die von außen kommen, und Will-Ansprüchen, die eigene Einstellungen und Freiheitswünsche der Lerner ausdrücken, rech-

---

[1] Öfters benutze ich auch die weibliche Form, aber auf eine durchgehend »weibliche Grammatik« habe ich mit Rücksicht auf die Lesbarkeit verzichtet. Die Leserinnen und Leser bitte ich um Verständnis für dieses Konstrukt.

nen. Die konstruktivistische Didaktik will helfen, dieses Spannungsfeld zu beobachten, in ihm zu handeln und gemeinsam mit den Lernern möglichst erfolgreiches Lernen zu realisieren.
3. *Kapitel 3:* Warum ist heute die konstruktivistische Didaktik – vor allem international gesehen – zu einem der zentralen Ansätze im Lehren und Lernen geworden? Es werden Begründungen für diesen Ansatz gegeben und es wird gezeigt, welche Vielfalt an Ansätzen es heute gibt. Es wird auch in einige wesentliche Grundannahmen des Ansatzes eingeführt. In meinem Buch »Systemisch-konstruktivistische Pädagogik« (Reich 2005) findet sich eine ausführlichere Einführung in übergreifende pädagogische Gesichtspunkte, die zurate gezogen werden kann, wenn man noch mehr über den Ansatz (z.B. Aspekte der Kommunikation) erfahren will. Wer sich wissenschaftlich umfassend orientieren will, der sei vor allem auf die beiden Bände »Ordnung der Blicke« verwiesen, die meinen Ansatz ausführlich begründen (Reich 1998a und 1998b; auch online unter *www.uni-koeln.de/hf/konstrukt/reich_works/ index.html*).
4. *Kapitel 4:* Didaktik ist eine Wissenschaft. Sie hat notwendige theoretische Zugänge. Aber sie ist eine Wissenschaft der besonderen Art: Sie ist Vermittlungswissenschaft. Damit steht sie oft zwischen den Ansprüchen der Fachwissenschaften, die ihre Inhalte für wichtig halten, und den Grundlagenwissenschaften wie z.B. Pädagogik, Psychologie, Soziologie und Humanbiologie, in denen das Individuum oder die Gesellschaft in verschiedenen Feldern und unterschiedlichen Praktiken untersucht werden. Die wissenschaftliche Grundlegung der Didaktik meint, dass es nicht ausreicht, Didaktik nach »Rezepten« oder als bloße Methodenlehre zu betreiben. Eine konstruktivistische Didaktik muss mit wissenschaftlichen Begründungen hergeleitet werden. Dieses Kapitel ist wichtig, um wesentliche Begriffe und Argumente kennenzulernen, die in der konstruktivistischen Didaktik ständig benutzt werden – ohne hierbei eine »vollständige« Liste erreichen zu können oder zu wollen, denn auch die konstruktivistische Didaktik ist eine Theorie und Praxis in der Entwicklung. Insoweit gibt es hier auch kein abgeschlossenes Lehrbuch, sondern allein einen zeitbezogenen Zugang. Ein Grundbegriff für die Didaktik ist dabei nach wie vor die Bildung. Aber gerade die Bildung hat sich in den letzten Jahrzehnten grundlegend verändert. Andere Grundbegriffe sind Inhalte und Beziehungen. Theoretisch etwas anspruchsvoller ist die Betrachtung der erkenntniskritischen Begründung von Didaktik. Sie führt abschließend in die Frage, inwieweit Didaktik nicht immer auch eine Simulationswissenschaft ist.
5. *Kapitel 5:* Didaktik ist andererseits vorrangig eine Handlungswissenschaft. Sie kann und muss über praktische Zugänge erschlossen werden. Aus der Praxis unseres Lernens wissen wir in der Regel, dass wir dann am besten lernen, wenn wir etwas tun, wenn wir handeln. Was aber sind grundlegende Stufen solches lernenden Handelns? Und welche Positionen nehmen wir dabei als Lehrende oder Lernende ein? Sollen wir mehr das lernen, was andere uns vorgeben, oder kommt es stärker auf eigene Erfindungen, auf Kreativität, vielleicht auch auf Kritik an? Diese Fragen werden reflektiert und abschließend in einer Reflexionstafel zusammengeführt.

6. *Kapitel 6:* Im Zentrum der Begründung einer konstruktivistischen Didaktik steht ein verändertes Lernverständnis. Es mag Leser/innen geben, die über dieses Kapitel einen besonders guten Einstieg in das Thema finden können, der sie konkret an Probleme des Lernens heranführt. Alle von mir beschriebenen Merkmale des Lernens sind gleichermaßen wichtig, sie wirken in konkreten Lernvorgängen zusammen. Aus der Sicht der Lernforschung gibt es in der Lernpsychologie immer wieder Forschungen mit interessanten Schwerpunkten, aber Didaktiker sollten sich eine Übersicht über die Grenzen einzelner Ansätze hinaus verschaffen. Wichtig erscheinende Aspekte hierzu stelle ich aus meiner Sicht vor.
7. *Kapitel 7:* Die Planung erscheint in vielen Didaktiken als der Kern didaktischer Arbeit. Für mich ist es ein wichtiger Teil, der in einem perspektivischen Netzwerk zu anderen Gesichtspunkten steht. Viele didaktische Ansätze haben sich so sehr auf die Planung konzentriert, dass dabei das Beobachten weiterer Kontexte, die für die Didaktik wichtig sind, verloren ging. Insbesondere will ich die Planungsarbeit dadurch verändern, dass ich sie nicht nur als eine Handlungsfolge beschreibe, sondern immer auch dabei antreibende oder hemmende Einflüsse des Imaginären (unseres Begehrens, unserer Fantasien und Visionen) mit in die Beobachtung und Reflexion aufnehme. Dies erweitert die didaktischen Planungsperspektiven erheblich.
8. *Kapitel 8:* Die Methoden des Lehrens und Lernens nehmen auch in der konstruktivistischen Didaktik einen entscheidenden Platz ein. Ich führe in mehreren Schritten in sie ein: Zunächst beschreibe ich eine Methodenlandschaft, um durch Metaphern ein weites und offenes Verständnis für die methodische Arbeit anzuregen. Dann stelle ich methodische Prinzipien auf, die zeigen sollen, dass in der konstruktivistischen Didaktik kein beliebiger Methodeneinsatz praktiziert werden soll. Ich hoffe damit, den Didaktikern zu helfen, die nach Prinzipien suchen, wie sich der Einsatz bestimmter Lernmethoden, wie sich die Auswahl bestimmter Techniken und Medien für einzelne Themen rechtfertigen lässt und inwieweit dabei ein Methodenwechsel zu beachten wäre. Die methodischen Leitfragen, die ich einführe, sollen Didaktikern bewusst machen, dass Unterrichtsmethoden nicht beliebig einsetzbar sind. Der Methodenpool schließlich, der diesem Buch als CD-ROM beigegeben ist, bietet eine umfassende Einführung in unterschiedliche Methoden für verschiedene Unterrichtszwecke. Dabei wird zwischen konstruktiven Methoden, die überwiegend der inhaltlichen Arbeit dienen, und systemischen Methoden, die stärker auf die Beziehungsarbeit im Unterricht bezogen sind, unterschieden. Es finden sich auch Beiträge zur Demokratie im Kleinen, zu Lernarrangements, zur Werkstatt- und Öffentlichkeitsarbeit, zu Erlebnissen und Feiern, wie auch zur Benotung, Supervision und Evaluation. Der Methodenpool erlaubt es, darin zu surfen, aus dem Internet Updates und neue Entwicklungen zu beziehen und alle Texte bequem auszudrucken. Hier findet sich auch ein kurzes Wörterbuch mit Erklärungen, die bei der Lektüre hilfreich sein können.
9. *Auf CD:* Der konstruktivistische Ansatz nimmt zum Benoten eine kritische Haltung ein. Der bisherige Ansatz des Benotens muss reflektiert, reformiert und durch

Zielvereinbarungs- und Fördergespräche erweitert werden – dies sind Konsequenzen aus der konstruktivistischen Haltung. Hier wird ein Modell vorgeschlagen, das eher in der Personalentwicklung von Betrieben üblich ist, aber für die Schule noch Neuland bedeutet. Es geht grundsätzlich davon aus, dass das Benoten auch systemisch erfolgen sollte: nicht nur von oben nach unten, sondern auch von unten nach oben. Dabei macht es zur Optimierung des Lernens keinen Sinn, bloß mit Noten zu arbeiten. Dies wird vielen Lehrenden als zu radikal erscheinen, ist mir jedoch besonders wichtig, um die Rolle der Lerner in der konstruktivistischen Didaktik in Richtung auf höhere Partizipation zu verändern. Eine Lernerdidaktik zu entwickeln bedeutet, den Lerner stärker in die Verantwortung für sein Lernen zu nehmen. Dies gilt auch für Bewertungsfragen.

10. *Auf CD:* Für die konstruktivistische Didaktik ist eine Evaluation aller unternommenen didaktischen Planungen und Handlungen entscheidend. Auf der CD findet sich das entsprechende Kapitel; es wird durch konkrete Methoden wie z.B. Feedback und »reflecting teams« ergänzt. Auch wenn im Methodenpool bisher der evaluative Anspruch im Vordergrund steht und noch viel empirische Arbeit zu leisten ist, um evaluativ den Erfolg des Ansatzes zu bestätigen, so will ich verdeutlichen, dass die Didaktik an dem zu messen ist, was sie erstellt und erzeugt. Die Ergebnisse solcher Evaluationen werden dann unser Bild von Didaktik – auch das Bild der konstruktivistischen Didaktik – verändern, um den in meinen Augen schlimmsten didaktischen Feinden zu entgehen: Stillstand, Langeweile, Gleichgültigkeit und Beliebigkeit.

Dieses Buch ist eine Konstruktion des Verfassers. Dies gilt auch für die eben gesetzte Aussage zu didaktischen Feinden. Es gibt dabei für mich nie vollständige Aussagen, abgeschlossene theoretische Bereiche oder Felder, in denen die Leserin oder der Leser sicher sein könnte, eine letztgültig »wahre« Didaktik für alle Zeiten zu finden. Ich suche eine Didaktik auf Zeit, die zu mir und den Leser/innen passen soll. Ich stelle Aussagen, Behauptungen, Soll-Forderungen, Wünsche, Zweifel auf, aber nur die Leserin bzw. der Leser wird für sich beantworten können, was zu ihm passt und was keine Wirkung zeigt oder Kritik hervorruft.

Die konstruktivistische Didaktik ist auch eine Kritik an bestehenden Lernbedingungen. Ich greife deshalb in meiner Argumentation an einigen Stellen z.B. auf die PISA-Studien zurück, um dadurch Fehlentwicklungen im deutschen Schulsystem zu belegen. Allerdings sind dies Belege, die man durchaus auch kritisch sehen kann, denn die PISA-Studien stehen unter dem Vorbehalt, einen Vergleich sehr unterschiedlicher Lerner mit einer relativ begrenzten Methode eindeutig erheben zu können. Sie geben hierzu in meinen Augen Hinweise, Denkansätze, und sie zeigen eine Misere an, die vielen didaktischen Praktikern schon lange klar war und die sie oft genug in der Vergangenheit beklagt hatten, ohne hinreichend gehört zu werden. Als Pädagogen und Didaktiker sollten wir jedoch jenseits solcher Vergleiche zunächst eine grundsätzliche Frage stellen: Inwieweit können wir je unsere Bemühungen aufgeben, möglichst alle Lerner noch mehr zu ihrem individuell erfolgreichen, optimierten, für sie passenden

Lernen kommen zu lassen – und dies selbst dann, wenn wir schon PISA-Spitzenreiter wären? Auf diese Frage, die mir als eine zentrale didaktische Frage im Blick auf Lerner erscheint, bekommen wir durch solche Studien keine Antwort. Ich hoffe jedoch, durch die konstruktivistische Didaktik einige Hinweise, Hilfestellungen, aber vor allem auch begründende Reflexionen geben zu können, die für alle Leser/innen zu möglichen Antworten auf diese Frage werden.

Die Leserin und der Leser können in diesem Lehr- und Studienbuch an jeder Stelle einsetzen, da es keinen linearen Ausgangspunkt einer konstruktivistischen Didaktik gibt. Zwar mag es vielen leichter fallen, der Argumentation in der vorgegebenen Reihenfolge des Textes zu folgen, aber Quereinstiege erscheinen mir ebenfalls möglich und sinnvoll. Das Buch ist insoweit ein Lehrbuch, weil es den gegenwärtigen Stand der Begründung und Durchführung konstruktivistischer Didaktik zu dokumentieren versucht. Dies gilt auch für die Methodenübersicht auf der CD. Das Buch will zudem ein Studienbuch für Einsteiger in die Didaktik sein, indem zu allen Kapiteln auf der CD Beobachtungs- und Selbstlernaufgaben erstellt wurden, die aufbauend auf Fallstudien eine Verbindung von Theorie und Praxis sowohl individuell als auch für Gruppen erleichtern mögen.

Bei den vielen Hilfen, die ich zu diesem Buch erhalten habe, musste ich erfahren, was der Konstruktivismus mir zuvor schon oft in meiner konkreten Lebenswelt plausibel gemacht hatte: Jeder erfindet seine Version von Didaktik, die sich in etlichen Gesichtspunkten von dem unterscheidet, was ich hier argumentativ zu entwickeln versuche. Viele Wünsche wurden bei zahlreichen Vorträgen und Diskussionen an mich herangetragen, dies oder jenes noch aufzunehmen, diesen oder jenen Autor noch zu beachten, diese oder jene Theorie oder Praxis zu beschreiben, um immer vollkommener eine konstruktivistische Didaktik zu entwickeln. Dies war mitunter amüsant, denn der eine Leser empfahl mir »Hier noch Kant und Hegel einbauen«, während eine andere Leserin bei der gleichen Stelle meinte: »Das musst du noch viel leichter erklären.« Meist habe ich mich für die letztere Variante entschieden. Aber auch dies nicht durchgehend, denn es gab wieder andere Leser/innen, denen fast alles zu schwer erschien. In dieser Lage habe ich mich dazu entschieden, leichtere und weniger leichte Passagen einander abwechseln zu lassen. Ich hatte dabei aber von vornherein keinen Anspruch auf ein vollständiges Lehrbuch, das alle Grundlagen zur konstruktivistischen Didaktik umfassen soll, sondern allenfalls auf ein Lehr- und Studienbuch, das als Möglichkeitsraum für die Entfaltung dieser Didaktik gelten mag. Ich denke, dass es ein falscher Anspruch wäre, damit *die* konstruktivistische Didaktik als irgendwie abgeschlossen zu betrachten. Denn ein solches Denken suggeriert eine Hoffnung auf Vollständigkeit, die in der hier gewählten wissenschaftlichen Sicht illusionär bleibt. Eine konstruktivistische Didaktik weiß von Pluralität und Ambivalenz der Postmoderne (Bauman 1999), aber sie will auch nicht der Wissenschaft entsagen und bloß noch subjektive Rezeptlehre sein. In diesem Anspruch und bei der Bearbeitung des Darstellungsdilemmas, für möglichst viele Leser/innen hinreichend verständlich zu sein, war es mir in der Vorbereitung dieses Buches eine Ermutigung, dass mir sehr unterschiedliche Gesprächspartner versichert haben, es sei mir öfters gelungen, Übereinstimmungen mit ihren Einschätzungen zur Didaktik, damit durchaus gemeinsame Überzeugungen und Beurteilungen, einen gemeinsamen Rahmen und leitende Gesichtspunkte zu entwickeln, für die man nicht unbedingt die konstruktivistische Anschauung von Wissenschaft übernehmen müsse. Dies liegt mir am Herzen, denn der Konstruktivismus ist keine Bekennerwissenschaft, in der eine konstruktivistische Gemeinschaft von Experten kontrolliert, wer sich korrekt verhält. Konstruktivistische Ansätze bemühen sich, offen und auch gegeneinander kritisch zu sein. Ob mir dies hinreichend gelungen ist, dies kann allein die Leserin und der Leser für sich oder im Austausch mit anderen beurteilen.

Studierende der Universität Köln haben im Wintersemester 2001 einen ersten Rohentwurf dieses Buches bearbeitet. Weitere haben in den folgenden Jahren aktiv als Autor/innen des Methodenpools mitgewirkt. Sie haben mich dabei in meinem partizipativen Ansatz in der Lehre unterstützt und durch ihre Arbeiten gezeigt, welche guten Ergebnisse man mit einem partizipativen Konzept erreichen kann. Ich danke ihnen. Sie haben z.B. dazu beigetragen, dass ich längere Argumentationen in knappere Aufzählungen verwandelt habe, um die Übersichtlichkeit des Textes zu erhöhen. Aber die Aufzählungen in diesem Buch sollen nicht dazu verführen, etwas als in sich geschlossen zu betrachten. Es sind Perspektiven und Denkmöglichkeiten, die für den Autor plausibel und viabel erscheinen, die aber auch stets weiterzuentwickeln und neu zu denken sind. Dies gilt auch für die von mir zahlreich gegebenen Beispiele. Insoweit ist der Leser bzw. die Leserin aufgefordert, für sich Lücken und fehlende Passungen aufzuspüren, um ein neues Konstrukt aufzubauen. Wenn dabei einiges aus dieser Arbeit von Nutzen sein kann, dann hat sie für mich ihren Zweck erfüllt.

Ohne die Unterstützung von Charlotte, Nils und Heike Reich hätte ich das Projekt nicht realisieren können. Besonderer Dank gebührt meinem Freund Johannes Wickert, der den Text nicht nur eingehend studiert und kritisiert, sondern mir durch seine vielen Gespräche auch wertvolle Anregungen gegeben hat. Viele seiner Hinweise haben zu einer Verbesserung geführt, die hoffentlich seinen Ansprüchen genügt – auch wenn ich Albert Einstein nicht wie gewünscht als Vorläufer des Konstruktivismus in den Text einbauen konnte. Luise Mangold hat mir mit grundsätzlichen Vorschlägen sehr geholfen. Sie hat auch fast alle Symbole in dieser Arbeit entworfen. Meine Kollegen Stefan Neubert, Hans-Joachim Roth und Dietrich Zilleßen haben den Text der 1. Auflage kritisch kommentiert und mir dadurch neue Impulse gegeben. Aus meiner damaligen Doktorandengruppe möchte ich für ausführliche Hinweise insbesondere Michael Hasenfratz, Bertram Otte, Gertrud Wolf, Rüdiger Wild und Lucia Zimmermann danken.

Köln, im Frühjahr 2008   *Kersten Reich*

Hinweise

Symbole im Buch

Während der inneren Dialoge über diese Arbeit habe ich festgestellt, dass mir drei »Gesprächspartner« wichtig waren. Sie treten mit folgenden Symbolen im Text auf:

Der Buchverweis steht ausgewählt dort, wo auf wichtige weiterführende Literatur verwiesen wird, die den konstruktivistischen Ansatz noch näher erhellen kann. Er soll dort auf weiter führende Literatur hinweisen, wo im Text nur kurz ein Thema angesprochen werden kann, obgleich es für den Ansatz wichtig ist. Für weiteres Interesse mögen auch die ansonsten gegebenen Literaturhinweise hilfreich sein.

Die Ironikerin ist eine Position, die für die konstruktivistische Didaktik eine wichtige Perspektive darstellt (vgl. Kapitel 5.3.5). Sie lächelt, wenn der Autor wieder einmal meinte, etwas auf den Punkt gebracht zu haben, sie macht zwischendurch Einwände, die der Autor unkommentiert stehen lässt, sie verstört den Text oder spitzt ihn zu.

Die Praktikerin hingegen fordert ein, worauf viele Leser Wert legen werden: Was heißt dies konkreter für die Praxis? Sie ist auch bei den Studienaufgaben im Internet eine tragende Leitfigur. Mitunter hat sie mich ermahnt, möglichst alles nur für die Praxis zu denken, aber ich habe mich gegen sie auch behauptet: Ohne Reflexion würde die Praxis keinen Gewinn von einer konstruktivistischen Didaktik haben.

Das Symbol ▥ taucht überall dort auf, wo weiterführende Texte auf der CD im Methodenpool (der auch im Internet steht) gefunden und nachgeschlagen werden können. Im Methodenpool findet sich eine umfassende Text- und Linksammlung.

Studienbuch

Auf der CD wie im Internet findet sich auf der Eingangsseite ein Link zum Studienbuch, in dem sowohl mit individuellen als auch mit gruppenbezogenen Aufgaben einzelne Aspekte der konstruktivistischen Didaktik – geordnet nach den Kapiteln dieses Buches und ausgewählten Methoden des Methodenpools – erweiternd bearbeitet werden können. Dieser Teil wird ab 2008 fortlaufend überarbeitet und nach und nach erweitert werden.

> Bitte beachten: Der Username für die Studienaufgabenseite lautet **Didaktiker**, das Password heißt **KonDidaktik**.

Beigelegte CD mit Methodenpool

Diesem Buch ist eine CD-ROM mit dem aktuellen Stand des Methodenpools kostenlos beigelegt. Der Methodenpool zur konstruktivistischen Didaktik gibt einen Überblick über geeignete Methoden für den Lehr- und Lernprozess. Auf der CD findet sich der Stand des Pools von Ende April 2008. Sie müssen einen Internet-Browser installiert haben, wie es heute üblich ist, um den Pool zu nutzen. Ältere Betriebssysteme können hierbei ggf. nur eingeschränkt funktionieren. Die Downloadmöglichkeiten aller Texte gibt es nur über die beigelegte CD. Alle Dateien sind im PDF-Format verfügbar. Einen entsprechenden Reader müssen Sie auf ihrem Rechner installieren. Die CD startet in der Regel automatisch, nachdem sie in das Laufwerk eingelegt wurde (wenn die Autorun-Funktion aktiviert ist). Sollte sie nicht starten, dann gehen Sie über Ihren Explorer bitte in das Stammverzeichnis der CD und wählen Sie die Datei *index.html* aus. Dann gelangen Sie auf die Startseite. Sie können sich diese Datei auch auf den Desktop legen, um auch später einen leichten Zugriff zu erhalten.

Wenn Sie die CD offline betreiben, dann bedenken Sie bitte, dass nicht alle Links zur Verfügung stehen. Der Methodenpool ist mit sehr vielen Links versehen und daher nur online voll funktionsfähig. Im Internet finden Sie auch fortlaufend Updates zur beigelegten Version. Bei diesen Updates stehen Ihnen online auch die vollen Downloadmöglichkeiten der neuen Dateien zur Verfügung. Zu den Inhalten der CD vgl. einführend auch das Kapitel 8.2.

Beachten Sie bitte die im Impressum der CD genannten rechtlichen Einschränkungen. Wir legen die CD kostenlos bei, da der Methodenpool frei von allen wirtschaftlichen Interessen als ein öffentliches universitäres Angebot unterhalten wird. Bei Rückmeldungen oder Fragen wenden Sie sich bitte über die Internetseiten an den Autor.

Zu diesem Buch gehören zwei Websites:

> Zur konstruktivistischen Didaktik mit konstruktiven und systemischen Methoden:
> *http://methodenpool.uni-koeln.de*
> Dieser Pool mit allen Links und Downloads findet sich auch auf der beigelegten CD zu diesem Buch. Dabei ist das Impressum auf der CD zu beachten: Der Verfasser ist nicht für Inhalte verantwortlich, auf die durch die Links hingewiesen wird.

> Zum Konstruktivismus allgemein mit Literaturhinweisen, Internetveröffentlichungen und Link-Hinweisen:
> *http://konstruktivismus.uni-koeln.de*

1. Beziehungsdidaktik

Denken Sie einen Moment zurück an Ihren ersten Schultag. Erinnern Sie sich an den Raum, die Sitzordnung, den ersten Eindruck von Ihrer Lehrerin oder Ihrem Lehrer, an die Mitschüler? Neben mir saß Marie. Ich war zu spät gekommen und musste mich neben sie in die letzte Reihe setzen. Sie war sehr vorsichtig, schüchtern, und brachte kein Wort heraus, als ich sie ansprach. Später erfuhr ich, dass sie keine Geschwister hatte und sehr behütet war. Sie suchte immer Kontakt zur Lehrerin, und nach ein paar Wochen saß sie in der ersten Reihe, weil sie so leise sprach. Ich dagegen blieb hinten sitzen. Die Schule interessierte mich nicht sonderlich. Dafür kannte ich alle Automarken meiner Zeit auswendig und rechnete mit Zahlen nur so aus Spaß. In Deutsch hatte ich gleich schlechte Leistungen, weil ich keine Bücher las. Bei uns zu Hause gab es ja auch keine. Die Lehrerin hatte es nicht leicht. Wir waren so viele Schüler. Und sie konnte nicht auf jeden eingehen. In die hinteren Reihen kam sie ohnehin nie, das war zu weit entfernt, und es standen zu viele Bänke dazwischen. Und deshalb saß ich gerne dort, denn so merkte sie nicht, wenn ich wieder Autos zeichnete. Nur Marie kam besser mit, was ich bei ihr nicht gedacht hatte. Sie war so ängstlich, dass sie alles mitschrieb, und das gefiel der Lehrerin ausgesprochen gut.

1.1 Warum sind Beziehungen auch im Lehren und Lernen entscheidend?

Die Skizze meines ersten Schultages zeigt, dass es im Lernen und in der Schule nicht nur um Fachinhalte geht. Wenn wir uns zurückerinnern, dann fallen uns in erster Linie unsere Lernumgebungen und die in ihnen agierenden Personen ein. Ich weiß auch nicht, warum ich mich heute an Marie erinnere, aber sie muss mich beeindruckt haben, denn ich kam aus einer anderen Lebenswelt. Wer wird sich an mich als damaligen Schüler erinnern? Zur Lernumgebung gehören auch der Raum, die Zeit, die Umstände und Ereignisse, die wir sehr unterschiedlich wahrnehmen.

Von heute aus frage ich mich insbesondere, wie meine Lehrerin ihren Beruf aufgefasst haben mag. Sie hatte ab der Mitte der Klasse nach hinten jedenfalls wenig Kontakt und alle Lieblingsschüler vorne um sich herum versammelt. Erst später wurde mir klar, dass so Bildungschancen als Lebenschancen verteilt wurden. Wir sind dann bald weggezogen, und ich vermute, dass ich wohl nicht aufs Gymnasium gekommen wäre, wenn ich mich nicht in den engeren Freundeskreis vorgearbeitet hätte. Bei einem anderen Lehrer hatte ich später mehr Chancen. Ihn interessierte Mathe mehr als Deutsch.

Beziehungen im Lernen, so denke ich, sind die entscheidende Lernumgebung, damit Lernen in der einen oder anderen Weise stattfinden kann. Marie hat es durch ihre Beziehung geschafft, in die erste Reihe zu kommen und Kontakt zu ihrer Lehrerin zu finden. Dies war für sie passend und schaffte, wie ihre Ergebnisse dann zeigten, eine gute Lernvoraussetzung. Ich hingegen schaffte es, mich aus der vorderen Ebene herauszuhalten, und selbst meine mathematischen Fähigkeiten kamen in der letzten Reihe kaum noch zur Geltung. Die Lehrerin wunderte sich zwar, weshalb ich denn wenigstens in Mathe gut sei, aber ansonsten hatte sie ihr Urteil über mich schnell gefällt. Sie mochte Autos überhaupt nicht, da ihr Bruder bei einem Autounfall ums Leben gekommen war.

 Aber kann und darf es sein, dass Lehrerinnen und Lehrer so willkürlich nach ihren eigenen Vorstellungen ihre Lerner beurteilen? Hatte Marie nicht einfach nur Glück, auf diese Lehrerin zu stoßen und nicht auf deinen späteren Lehrer, der Mathe mehr schätzte? Liegen in diesen blinden Flecken deiner ehemaligen Lehrer nicht große Gefahren für die Lerner, wenn sie Lern- und Bildungschancen zugewiesen bekommen?

Bevor wir diese Fragen diskutieren wollen, gebe ich ein weiteres Beispiel: Frau S. war immer in schwarz gekleidet. Erst später nach der Schulzeit hatte ich erfahren, dass sie die einzig Überlebende ihrer Familie war. Sie war Jüdin. Berühmt war sie für ihren hohen moralischen Anspruch und ein ausgeprägtes Gerechtigkeitsempfinden. Wenn sie ein Urteil sprach, dann hatten wir intuitiv ein hohes Vertrauen, weil ihre Autorität unangreifbar schien. Sie war jedoch eher gefürchtet als beliebt. Eines Tages stellte sie uns das Aufsatzthema »Menschen im Regen«. Wir tuschelten und einige bemerkten, jetzt müsse wohl etwas Depressives geschrieben werden. Ich war schnell wieder einmal in einer Verweigerungshaltung und suchte eine Lösung, nicht über den Regen zu schreiben. Also wählte ich einen Regentropfen, aus dem heraus ich auf Menschen in der Stadt sah, aber ich konnte sie nur durch den verzerrten Fokus meines Tropfens erblicken. Als sie die Arbeit zurückgab, verharrte sie einen Moment und las dann mit langsamer Stimme meinen Aufsatz vor. Zum Schluss sah sie mich an und sagte: »So etwas Schönes habe ich Ihnen gar nicht zugetraut. Ich gebe Ihnen ein Gut dafür.« Das war meine beste Deutschnote bis dahin. Heute muss ich sagen, dass ich offenbar sehr viel Glück hatte, in der Strenge ihrer Gedanken mit einem Regentropfen Platz bekommen zu haben. Weil sie so unangreifbar schien, habe ich ihren Worten geglaubt. Damit konnte eine sich selbst erfüllende Prophezeiung geschehen, und meine Leistungen in Deutsch wurden schlagartig sehr gut. Später habe ich jedoch erkennen müssen, dass die Geschichte nicht so viel hergab wie meine Fantasie über sie. Doch seitdem wusste ich für mich, dass Beziehungen ausschlaggebend sind, um etwas im Leben zu verändern.

Seither habe ich immer wieder auf solche Geschichten geachtet, die zwischen den Zeilen zeigen, wie die Beziehungen unser Leben bestimmen. Manche Geschichten beeindruckten mich besonders, wie z.B. die folgende Geschichte eines Freundes: »Als ich in die weiterführende Schule kam, da hatte ich einen langen Fahrweg. So kam ich am ersten Schultag als Letzter an. Alle Plätze waren belegt, und der Lehrer stand streng vor der Klasse. Unpünktlichkeit mochte er nicht. Als ich ihn fragte, wo ich denn sitzen solle, da antwortete er, dass ich nun lernen müsse, dass man eben kein Pech haben darf. Pech sei, wenn man der Letzte sei. Und die Letzten werden diese Schule ohnehin verlassen müssen.«

Es sind bestimmte Geschichten, die in unserer Erinnerung auftauchen. Sie scheinen tief in uns verwurzelt zu sein. Und mit Abstand erinnern wir gerne jene, in denen wir auch emotional sehr betroffen waren. Denken Sie an Ihre Kindheit und Jugend zurück. Was waren die glücklichsten Lernmomente? Was waren die schönsten Lernerlebnisse? Was erinnern Sie, wenn Sie daran denken, wann Sie etwas Neues mit einem Aha-Erlebnis gelernt haben? Ich habe immer wieder Freunden und sehr vielen Studierenden verschiedener pädagogischer Richtungen diese Fragen gestellt. Nur ganz selten kamen der Unterricht und die Schule in den Antworten vor, obwohl wir dort einen großen Teil unserer Zeit verbracht haben. Offenbar haben wir jedoch in anderen Situationen intensiver gelernt.

Fragte ich die ältere Generation, so war oft von der Nachkriegszeit, von einer großen Autorität und von rigiden Strafen die Rede, die sich tief in das Bewusstsein eingeprägt hatten. Lehrende erschienen als allwissend und unnahbar. Nähern sich die Befragungen immer mehr unserer heutigen Zeit, dann werden sie oft menschlicher und liberaler – ganz ein Spiegel im Wandel der kulturellen Verhältnisse. Nun gibt es aber auch viele Geschichten, in denen öfter nicht rigide Autorität und Ignoranz, sondern Überbehütung, Laisser-faire und Gleichgültigkeit als ebenso unglückliche Beispiele stehen. Lehrende, ganz gleich wie wir sie fachlich, d.h. in den Fächern, die sie unterrichten, beurteilen mögen, sind zunächst immer Menschen und als Menschen bilden sie eine menschliche Lernumgebung. Diese Seite hat man ihnen in ihrer Ausbildung aber meist verschwiegen, weil man erwartet, dass sie dies selbst regeln und professionell lösen.

Jede Lehrerin und jeder Lehrer, alle Dozenten, Professoren, Weiterbildner und überhaupt pädagogisch Handelnde müssen sich stets vergegenwärtigen, dass nicht nur die Räume und äußere Bedingungen, nicht nur die Schülerinnen und Schüler mit ihren Voraussetzungen, nicht nur alles andere um sie herum eine Lernumgebung darstellt, sondern dass sie zunächst die wichtigste Lernumgebung für ihre Lerner sind. Frau S. mag für sich gedacht haben, dass sie »nur« eine Deutschlehrerin sei, aber in ihren Urteilen hat sie weit mehr als fachliche Urteile gesprochen. In ihrer Kommunikation mit den Lernern stellen Lehrende immer Beziehungen her, die als Rahmen und Umgebung auch über alles fachliche Lernen mit entscheiden:

- In einer gemeinsamen Interaktion und Kommunikation wird eine kulturelle, zwischenmenschliche Atmosphäre gebildet, die für jedes Lernen einen Rahmen der Forderung und Förderung herstellt. Gelingt dieser Rahmen nicht, dann werden Forderungen unglaubwürdig und Förderungen fallen zu gering aus.
- Die Glaubwürdigkeit des Lehrenden für das, »wofür« er oder sie steht, ist ganz entscheidend für die Glaubwürdigkeit und damit Wertigkeit der Interaktion und Kommunikation. Lernende spüren sehr schnell, wenn jemand nicht sagt, was er meint, wenn eine Lehrende nicht das lebt, was sie vorgibt und fordert, wenn Krea-

tivität gefordert, aber nur Langeweile geboten wird. Lernen ist immer eine soziale Situation und ein zwischenmenschliches kommunikatives Ereignis.
- Wenn die Inhalte einseitig in den Vordergrund geschoben werden, dann wird zugleich ein Mangel an Beziehungen erkennbar. Rationalisierungen, formale Denksysteme und Beurteilungen, einseitige Bevorzugung bestimmter Denk- und Lernmuster sind dann die Folge. Ein solches rationalisierendes System verwehrt vielen Lernern hinreichende Lernchancen. Obwohl dies manchen Lehrenden als bequem erscheinen mag, weil es Distanz zu den Lernern und damit eine scheinbare Objektivität des Urteils wahrt, ist es nichts anderes als eine Flucht in eine pädagogische Inkompetenz, die den gewählten Beruf verfehlt, weil sie Kontaktschwäche, Mangel an fördernder Begegnung und vor allem eingeschränkte Dialogfähigkeit zeigt. Solche Fehlhaltungen führen zu negativen Vorbildern nicht nur in der Sozial- und Methodenkompetenz, sondern auch in der Fachkompetenz: Hier sind heute mehr denn je Teamfähigkeit und wechselseitig bereicherndes Beziehen aufeinander gefragt. Eine rein inhaltsdominante Schule oder ein inhaltsbezogenes Lernen ohne Beziehungen ist nicht nur eine Illusion, sondern führt auch zu einer qualitativ schlechten und ineffektiven Gestaltung der Lehr- und Lernprozesse.
- Für Lerner ist es wichtig, den Sinn und Verwendungszusammenhang ihres Lernens zu erkennen. Wenn sie noch klein und unerfahren sind, dann vertrauen sie insbesondere ihren Lehrerinnen und Lehrern. Sie erwarten, dass sie nichts Sinnloses lernen, auch wenn sie noch nicht immer verstehen können, warum sie etwas Bestimmtes lernen sollen. Auch wenn die Lerner erwachsen werden, so bleibt die Sinnfrage kommunikativ vermittelt. Zu oft durchschauen wir als Lerner nicht, wohin uns das Lernen führen wird. Deshalb benötigen wir Beziehungen, in denen wir Fragen hierzu wie auch Fragen über die eingesetzten Methoden des Lernens offen und vertrauensvoll besprechen können.

Wenn man jedoch regelmäßig als Lerner oder Besucher deutsche Schulen betritt, dann drängt sich der Eindruck auf, dass besonders ab der Sekundarstufe wenig von der Beziehungsseite bei Lehrenden anzukommen scheint. Wie jedoch konnte es trotz der genannten Gründe zu einer gegenwärtig in Deutschland festzustellenden Vernachlässigung der Beziehungsseite des Lehrens und Lernens und einer nur mangelhaft entwickelten Beziehungsdidaktik kommen?

Dahinter steckt, so glaube ich, eine große Illusion über das Lernen: Viele Lehrende gehen immer noch von einem pädagogischen Robinson-Modell aus. Robinson steht in der Aufklärungspädagogik für die Möglichkeit eines individuellen Lerners, der durch Einsatz von Kraft und Disziplin sich am eigenen Schopf packt und so aus dem Sumpf zieht.[1] Indem er individuell lernt, scheint er das Wesen des Lernens begriffen zu haben: sich mit den Inhalten allein und den Gegenständen, die für sein Leben wichtig sind, individuell zu beschäftigen. In einer vernünftigen Welt sagen ihm Experten, was diese Inhalte und Gegenstände sein sollen, aber immer müssen wir allein uns mit ihnen be-

---

1 Eine genauere Analyse gebe ich in Reich (2005, Kapitel 6).

schäftigen und eigenverantwortlich lernen. So hat man Schulbücher erfunden und große Schulklassen mit frontalen Methoden, denn auch in solchen Klassen lernt scheinbar ein jeder wie auf einer Insel für sich allein.

Heute wissen wir immer mehr, wie illusionär eine solche Lernvorstellung ist. Selbst wenn es disziplinierte Einzelkämpfer gibt, die vor allem das lernen, was ihnen Experten vorgeben, so sind sie keineswegs mehr der Idealfall für eine berufliche Situation mit Zukunft. Und auch rückblickend erkennen wir, dass eine individualisierende Überlebenspädagogik – meist verbunden mit starkem Selektionsdruck – nicht nur individuell Inhalte vermittelt hat, sondern immer auch Beziehungen z.B. in autoritärer Abhängigkeit, die bestimmte Weltbilder und Interessen kulturell vermittelt haben. Oder, wenn wir heutige empirische Schulleistungsforschungen ansehen, dann müssen wir erkennen, dass die sozialen Beziehungen gerade in Deutschland ausschlaggebender für den Schulerfolg sind als etwa Intelligenz oder Durchhaltekraft der Lerner. Die Illusion der Chancengleichheit, in der ein jeder Einzelkämpfer gegen den Rest der Welt dann siegreich sein kann, wenn er nur nach Begabung und Neigungen gewissenhaft lernt, wird uns lebenspraktisch durch die Beziehungen, in denen wir leben, immer wieder vorgeführt. Hier hat der Lerner aus sozial schwachem Hintergrund bei gleicher Begabung wie ein Lerner aus »guten« Verhältnissen eben nachweislich nicht die gleichen Chancen. Und diese Chancenungleichheit hat die Schule der Moderne, auch wenn sie es sich zum Ziel gesetzt hatte, nicht beseitigen können.

 Die Idee der Chancengleichheit war in Deutschland in den letzten 30 Jahren immer wieder eine bildungspolitische Leitlinie. Aber Studien belegen eindringlich, dass diese Idee mehr ein Ideal als eine Realität war und ist. In kaum einem anderen Land der Welt hat der soziale Status einen so starken Einfluss auf den schulischen und beruflichen Erfolg wie in Deutschland, was zuletzt vor allem durch die Pisa-Studien belegt wurde. Zur Illusion der Chancengleichheit vgl. insbesondere die klassische Arbeit von Bourdieu/Passeron (1971). Zur Analyse von Chancengleichheit und Chancengerechtigkeit im internationalen Vergleich siehe vor allem die Einführung von Hutmacher u.a. (2001), in der auch Gerechtigkeitstheorien vorgestellt und diskutiert werden. Aus der Sicht dieser Forschungen ist immer deutlicher geworden, wie entscheidend Beziehungen vor allem in sozialer, kultureller und ökonomischer Hinsicht für das Lernen sind.

1.2 Ist ein didaktisches Menschenbild notwendig?

Der Gymnasialprofessor Raat, der von seinen Schülern als Tyrann mit dem Titel »Unrat« verhöhnt wird, kennt nur Pflichttreue zu den Werten der kleinbürgerlichen Welt, den Segen der Schule für das spätere Leben und verherrlicht die Liebe zum Waffendienst. In seinem Roman »Professor Unrat oder das Ende eines Tyrannen« hat Heinrich Mann damit nicht nur eine Satire über die kleinbürgerliche Welt geschrieben, sondern auch über eine Pädagogik geurteilt, die durch Machtmissbrauch in Beziehungen gekennzeichnet ist und sich der Inhalte und des Wissens als einer Schablone für diesen Missbrauch bedient. Solche Macht äußert sich in einer engen Auswahl von normativen Inhalten, die autoritäre Unterwürfigkeit artikulieren und deren Sinn aufgeschlossenen

Lernern zuwider ist. Um den Sinn jedoch durchzusetzen, praktiziert der Pädagoge drakonische Strafen, gibt ungerechte Zensuren, greift sich einzelne Schüler willkürlich heraus und erlässt sinnwidrige Anordnungen. Um den Widerstand seiner Schüler immer weiter zu brechen, verfolgt er sie auch nachts und wird dabei dann Opfer seiner eigenen unterdrückten Triebe. Auf der Suche nach aufsässigen und sittenwidrig lebenden Schülern gelangt »Unrat« in die zwielichtige Kneipe »Zum blauen Engel«, um in Rosa Fröhlich eine verwirrende Erotik zu finden, die ihn nicht mehr loslässt. Er untergräbt damit die Autorität bei seinen Schülern und aus dem Jäger wird ein Gejagter, denn als er Rosa verfallen ist und sie heiratet, da vernichtet er zugleich seine kleinbürgerliche Existenz und wird selbst zu dem, was er bei seinen Schülern als Entartung fürchtete: zu einem Untertan, der schließlich Hass gegen seine Unterdrücker entwickelt.

Professor Unrat mag als literarische Verarbeitung eines Prototyps von Pädagogik gelten, der lange das Schulsystem beherrscht hat. Sich selbst oft als gescheiterte Gelehrte sehend, waren insbesondere Gymnasialprofessoren meist dem praktischen Leben entfremdete Personen, denen äußerliche Disziplin über alles ging und die in einem autoritären Staat in einem Korsett von Normen und Verpflichtungen gefangen waren, das sie voller Macht gegen ihre Schüler agierten. Hier wurde aus Angst vor Strafen gelernt, und die Hackordnung, die der Lehrer produzierte, wurde unter den Schülern weitergegeben.

In einer solchen Pädagogik entstand das Menschenbild des Besserwissers, der durch die Macht des Lehrers verkörpert wurde. Sein Besserwissen bezog sich einerseits auf die Bildung, die durch ein Studium erworben wurde, andererseits durch die Disziplin, die als normative Tugendlehre den Beziehungsalltag beherrschte. In dieser Ausgestaltung haben jene, die solche Pädagogik zur Aufrechterhaltung der Herrschaftsinstitution Schule unterhielten, offen davon gesprochen, die Lehrenden auf ein bestimmtes Welt- und Menschenbild festzulegen.

Im Prozess der Demokratisierung der Gesellschaften ist eine derartige Herrschaftspädagogik überwunden worden. Aber dennoch sind damit nicht alle Erscheinungen beseitigt worden, die durch ein großes Machtgefälle zwischen Lehrenden und Lernenden besonders im schulischen Lernen immer wieder entstehen. Angesichts einer offeneren Gesellschaft würde ein Gymnasiallehrer, der in seiner Freizeit erotischen Bedürfnissen nachgeht, heute zwar weniger auffallen, damit ist auch ein starker unterdrückender Impuls im Sinne des Nachspionierens oder eines Zugriffs auf die gesamte Lebensweise von Menschen verschwunden. Dennoch sind bestimmte Bildungsinhalte geblieben, die Lehrer als Experten verteidigen. Und es gibt bestimmte Disziplinierungen, die sie als Verhalten erwarten. Solche Erwartungen jedoch bestimmen sich durch ein Menschenbild, das die Lehrenden bewusst oder unbewusst vertreten. Dieses Menschenbild ist gegenüber Professor Unrat heute sehr viel offener, in der Werthaltung auch ambivalenter geworden (vgl. Kapitel 2.3), aber in der Haltung des Besserwissers ist oft auch ein Rest der autoritären Haltung erhalten geblieben.

 Das Unbewusste, der drängende Impuls aus eigenen, unverarbeiteten Motiven, das kann ich dir als erfahrene Ironikerin sagen, spielt auch heute noch eine wichtige Rolle im Handeln der Lehrer. Der Besserwisser ist eine Figur, die gerne dann auftritt, wenn der eigene Selbstwert nicht sehr hoch ist. Mag dies auch menschlich sein, so gibt es angesichts der Beziehungsmacht, die Lehrende ausüben, heute nicht die Offenheit, wie du glaubst. Die Lerner wehren sich bis heute, indem sie bei besonderen Schrullen ihren Lehrern Spitznamen wie zu »Unrats« Zeiten geben. Schau auf deinen Spitznamen, und ich sage dir, wer du bist.

Mit der Entscheidung für ein bestimmtes inhaltliches und beziehungsorientiertes Vorgehen in Lehr- und Lernprozessen entwickeln Didaktiker grundsätzlich eine Haltung und einen Stil, den ein Außenstehender als ein didaktisches Menschenbild deuten könnte. Insbesondere die wiederholt und kontinuierlich auftretenden Aspekte des didaktischen Handelns können wir einem solchen Menschenbild zuordnen. So etwa hat früher Paul Heimann, der Begründer der lerntheoretischen Didaktik, Lehrende darauf aufmerksam gemacht, dass sie in der Analyse der Voraussetzungen des Unterrichts Verantwortung dafür tragen, die Lerner möglichst alle gleich zu behandeln und ihre Lernvoraussetzungen nicht zu übersehen. Wolfgang Klafki hatte insbesondere auf Schlüsselphänomene auf der Inhaltsseite aufmerksam gemacht, die Lehrende in ihr Denken über Demokratie, Gleichheit, Umwelt usw. einbringen sollten. Und ich mache hier besonders darauf aufmerksam, dass die Beziehungen und die Kommunikation mit den Lernern und der Lerner untereinander ganz wesentlich zu einem didaktischen Menschenbild gehören.

Ein solches Menschenbild jedoch kann heute nicht mehr wie zu Professor Unrats Zeiten von oben instruiert und kontrolliert werden. Jeder muss seinen eigenen Weg finden, jede muss ihre eigenen Entscheidungen in der Bevorzugung des einen oder anderen Weges, der einen oder anderen Perspektive finden. Insoweit kann und will ich an dieser Stelle nur einige Anmerkungen über *mein* didaktisches Menschenbild machen, um der Leserin und dem Leser so auch einen Zugang zu einigen Motiven und Gründen, dieses Buch zu schreiben, zu nennen. Lehrende, so denke ich, sollten Beziehungsdidaktiker sein. Zu ihrem didaktischen Menschenbild sollte dabei für mich mindestens gehören:

- Eine Freude am menschlichen Kontakt, eine Offenheit für solche Kontakte und ein dialogisches Verhalten in der Kommunikation.
- Die Fähigkeit zur Anerkennung und Wertschätzung anderer in dieser Kommunikation, was insbesondere bedeutet, anderen Anerkennung im Blick auf ihre und nicht die eigenen Voraussetzungen zu geben. Dazu ist ein eigener hoher Selbstwert erforderlich.
- Geduld und Durchhaltevermögen, weil in pädagogischen Prozessen fast nie etwas schnell und mechanisch geschieht.
- Die Bereitschaft zur Förderung und Unterstützung anderer, weil dies das wesentliche Kernziel aller pädagogischen Berufe ist.
- Die Bereitschaft zur eigenen Weiterentwicklung, weil auch der Pädagoge nicht ohne Krisen und Entwicklung bleiben kann.

- Eine forschende und neugierige Einstellung zu allem, was auf der Beziehungs- und Inhaltsseite erscheint, weil nur darüber eine mechanische Routine vermieden werden kann.
- Fantasie in der Gestaltung einer anregenden Lernumgebung, um Langeweile für andere und für sich zu vermeiden.
- Fachliche Kompetenz und inhaltlicher Forscherdrang, um hinter die Oberflächlichkeit der Stoffvermittlung zu blicken und den Sinn der Inhalte zu ergründen.

Test: Sie sollten am Beispiel der nachfolgenden Tabelle in einer Selbstreflexion sich einmal vergewissern, was Ihr didaktisches Menschenbild ist. Stimmen Sie mit meinem überein oder ergeben sich auch andere Felder?

	Das bringe ich schon mit	Das muss ich noch besser entwickeln	Welcher didaktische Ansatz hilft mir hier?
Kontaktfreude			
Anerkennung/Wertschätzung mit hohem Selbstwert			
Geduld und Durchhaltevermögen			
Fördern und unterstützen können			
Eigene Weiterentwicklung wollen			
Forschende und neugierige Einstellung			
Fantasie in der Gestaltung der Lernumgebung			
Fachliche Kompetenz			
Ihre Felder:			

Schaubild 1: Mein didaktisches Menschenbild

1.3 Lehrer- und Lernerrollen pragmatisch, konstruktiv und systemisch gestalten

Aus der Sicht einer Beziehungsdidaktik nimmt die fachliche Kompetenz nicht die erste Stelle ein. Das bedeutet nicht, dass wir sie damit unterschätzen wollen. Aber es ist vor allem im Blick auf den beruflichen Erfolg aller, die professionell Didaktik über längere

Zeit betreiben, bekannt, dass die fachliche Seite allein nicht den Erfolg garantiert. Wenn Sie bei der Selbstreflexion nach *Schaubild 1* erkennen, dass Sie wenig mitbringen und noch vieles entwickeln müssen, dann entsteht die kritische Frage, ob Sie den für Sie richtigen Beruf ergreifen oder ergriffen haben.

Die letzte Spalte in dem Schaubild soll helfen, auch den didaktischen Ansatz zu markieren, der Ihnen bei Ihren Aufgaben helfen kann. Hier gibt es einige Angebote, die teils eine gleiche Richtung zeigen, in vielen Fragen jedoch auch unterschiedliche Möglichkeiten aufweisen. Sie müssen für Ihren Stand und für Ihre Bedürfnisse entscheiden, was zu Ihnen passt und was Ihnen helfen kann. Dabei scheinen mir heutzutage drei Anforderungen an die Didaktik allgemein sehr wichtig geworden zu sein:

1. Didaktik sollte pragmatisch sein, denn nur das, was auch praktisch umsetzbar und realistisch durchführbar ist, wird über eine längere Zeit Orientierung geben und Erfolgserlebnisse verschaffen.
2. Didaktisch sollte konstruktiv sein, denn nur das, was auch zu konkreten Ergebnissen und evaluierbaren Erfolgen führt, wird Lernende überzeugen können.
3. Didaktik sollte systemisch sein, denn nur das, was im Kontext von Beziehungen und Wechselwirkungen in Beziehungen begründet, erlebt und reflektiert wird, kann der Komplexität des Lernens genügen.

Ich will nachfolgend für diese drei Anforderungen im Blick auf die Bedeutung für die Lehrer- und Lernerrolle einige Hinweise geben, die zugleich die eben eingeführte Selbstreflexion noch weiter differenzieren helfen können.

1) Pragmatisch

Eine pragmatische didaktische Einstellung zeigt sich für mich vor allem darin, dass keine unerfüllbaren und in die Praxis nicht umsetzbaren Ideale aufgestellt werden, die nur den Theoretikern in den Universitäten Befriedigung verschaffen, die Praktiker hingegen mit einem Praxisschock in die Praxis gehen lassen. Eine pragmatische Wende in der Pädagogik ist insbesondere durch John Dewey vollzogen worden, dessen Werke deshalb bis heute nachhaltig zur Entwicklung unserer pädagogischen Einstellungen genutzt werden können. Experience, was wir nur eingeschränkt mit Erfahrung übersetzen können, weil es eine stark aktive Seite trägt, ist bei Dewey ein pragmatischer Grundbegriff, der zugleich die Quelle, das Ziel und das Kriterium unserer geistigen und lernenden Aktivität angibt. Wir lernen in Erfahrungen, d.h. im Handeln, was uns etwas lernen lässt, das wir in späteren Handlungen einsetzen. So verändern wir uns im handelnden Lernen und verändern über das Lernen das Handeln. Dabei kommt es auf verschiedene pragmatische Kriterien an, die ich hier zusammenfassend und ohne Anspruch auf Vollständigkeit nennen will[1]:

---

1 Zur Literatur vgl. auch meine Internet-Seite URL: http://dewey.uni-koeln.de. Zu den Lernstufen, die Dewey vorschlägt, vgl. Kapitel 6.1.

- *Experience* zeigt sich für das Lernen als *learning by doing*. Hier ist die Ermöglichung von Erfahrungen für die Lerner notwendig, die in weiteren Erfahrungen genutzt, erweitert, verändert werden können. Deshalb sollte es ein oberster Grundsatz allen Lernens sein, dass dieses Lernen dazu genutzt werden kann, ein Wachstum (*growth*) für den Lerner zu erzielen. Ein Lernen um seiner selbst willen, d.h. z.B. bloßes Auswendiglernen oder »toten« Stoff lehnt eine pragmatische Sicht ab. Dagegen wird ein Lernen bevorzugt, das neue Lern- und Handlungschancen eröffnet.
- Lernen erfolgt immer in einem Kontext, in einer Lernumgebung, und der wichtigste Aspekt einer solchen Lernumgebung ist die Interaktion der Lerner zwischen sich und dem Lerngegenstand, der Lerner untereinander und zu den Lehrenden. Solche Interaktionen sind situativ, d.h., es sind jeweils einmalige Situationen und menschliche Begegnungen in ihnen, die beachtet werden müssen. Aus pragmatischer Sicht mag es hier zwar oft ähnliche Lösungen für ähnliche Situationen geben, aber eine schematische Lösung für alle Fälle ist weder sinnvoll noch möglich.
- Eine Interaktion in einer demokratischen Gesellschaft erzwingt zwei Richtungen, die wir pragmatisch realisieren müssen: Freiheit und Partizipation. Einerseits streben auch Lerner immer wieder nach Freiheit und müssen im Lernen jene Freiheiten erhalten, die sie eigene Wege gehen lassen. Vor allem dürfen Lehrende sie nicht ausschließlich auf ein tradiertes und überkommenes Wissen verweisen, sondern müssen ihnen stets die Freiheit zur eigenen Interpretation und Deutung ermöglichen. Dies gelingt nur dann hinreichend, wenn eine umfassende Partizipation ermöglicht wird. Das Beispiel Demokratie kann dies zeigen: Wenn Demokratie bloß als ein Lehrstoff von außen unterrichtet wird, dann führt dies schnell in die Politikverdrossenheit. Wenn hingegen in konkreter Partizipation Demokratie als eine lebbare Lebensform schon im Kleinen gezeigt wird, dann wird sie verteidigt und entwickelt werden (vgl. *Demokratie im Kleinen*).
- Interaktionen fordern uns zugleich auf, immer auf den sozialen Hintergrund und die Wirkungen, auf das Soziale zu achten, wenn wir Lehren und Lernen. Da Lernen auf Wachstum orientiert sein soll, müssen wir insbesondere die Lerner fördern, ihre Lern- und Handlungschancen konkret erhöhen, wenn das Lernen insgesamt erfolgreich sein soll. Diese Förderung muss für Dewey immer kommunikativ vermittelt sein, und sie erfolgt nie ausschließlich oder überwiegend fachlich, sondern muss an die alltägliche Lernumgebung, den kulturellen Kontext und die sozialen Voraussetzungen der Lerner anschließen. Dabei kommt es weniger darauf an, ein spezielles und begrenztes Wissen zu erwerben, als vielmehr darauf, sich Methoden der Untersuchung (*inquiry*) und des Experimentierens anzueignen, die auch für andere Fälle in Zukunft genutzt werden können.
- Lerner benötigen eine konsequent gestaltete Lernumgebung, aber diese darf nicht alles aus der Sicht der Lehrenden vorgeben. Sie muss vor allem für ein eigenes Handeln des Lerners, für das Herausfinden von Problemen und Lösungen aus der Sicht der Lerner offen sein, um das Lehren und Lernen nicht bloß von außen und mittels extrinsischer Anreize (z.B. Belohnungen oder Bestrafungen) zu regulieren, sondern aus dem Bewusstsein und Wollen der Lerner heraus intrinsisch, d.h. aus eigener

Überzeugung und eigenem Willen zu fördern. Dabei ist ein pragmatisches Vorgehen, das zugleich partizipativ ausgelegt und auf eine Freiheit (mit verantwortlicher Lernkontrolle) hin angelegt ist, eine wesentliche Voraussetzung, dieses Ziel überhaupt erreichen zu können.

Will man als Lehrender diese pragmatischen Kriterien einhalten, dann verändert sich die Rolle des Lehrenden erheblich. Eine pragmatische Haltung ist mehr als ein Leben nach Tipps und Ratgeberhilfen. Es ist eine umfassende Einstellung, denn in den je einmaligen Situationen wird den Lehrenden nie ein Ratgeber mit seinen Tipps für alle Fälle zur Seite stehen, der einem etwas ins Ohr flüstert, wenn man nicht weiter weiß.

Als Lehrender muss ich mir selbst Rat werden, indem ich eine Haltung kultiviere, die auf Kriterien beruht, die ich selbst eingesehen und verstanden habe. Dies wird meinen persönlichen Lehr- und Lernstil bestimmen, und so werde ich von anderen wahrgenommen werden.

Deshalb erscheint die Beziehungsarbeit am eigenen Bild und Stil mir heute als ausgesprochen wichtig. Sie findet z.B. gegenwärtig in Kommunikationstheorien einen wesentlichen Ausdruck (vgl. weiterführend Reich 2005, Kap. 2).

2) Konstruktiv

Was bedeutet es, in einer Beziehungsdidaktik konstruktiv vorzugehen? Konstruktiv ist zunächst alles, was den Lernern nützt, in ihrem Lernen jene Fortschritte zu machen, die von ihnen und von anderen (bei Vorgaben) erwünscht sind. Wenig konstruktiv ist es, wenn die Lehrenden sehr aktiv, die Lernenden sehr passiv sind, weil dann die Lehrenden immer schlauer und auf Dauer vielleicht gelangweilter werden, die Lerner jedoch zu wenig selbst konstruieren und damit nicht effektiv lernen und behalten. Im Bereich der Konstruktion muss sich die Lehrkraft deshalb zurücknehmen, um nicht als Mehrwisser, die sie in der Regel durch Ausbildung und fachlichen Vorsprung ist, die Aktivitäten der Lerner zu sehr zu leiten und in die bloße Reproduktion zu treiben. Lehrende sind zwar verantwortliche Didaktiker in Lernprozessen, dies bedingt das Berufsbild, aber dieses Berufsbild unterliegt zurzeit einem großen Wandel. Lehrende sind nicht mehr selbstverständlich jene Autoritäten, die ein sicheres Wissen scheinbar für alle Zeiten vorgeben können, sondern sie müssen mehr und mehr heute eher eine Basis dafür schaffen, dass Lerner lernen, sich lebenslang selbst ein schnell veränderliches Wissen anzueignen. Lehrende müssen dabei gegenwärtig viele Rollen realisieren können: Sie sind Mehrwisser, Impulsgeber, Planer, Helfer, Berater, Ermöglicher, Moderatoren, Visionäre, Evaluateure und anderes mehr. Die klassische Rolle des vortragenden, kontrollierenden, besserwissenden Dozenten wird mehr und mehr durch eine moderierende Rolle abgelöst, was allerdings keineswegs fachliche oder kommunikative Abstriche bezogen auf die Lehrerrolle bedeutet, sondern den Schwierigkeitsgrad sogar erheblich steigert.[1] Lehrende müssen nunmehr mindestens in einer Doppelrolle agieren: Einerseits als mehrwissende Experten in bestimmten Fächern, andererseits als lernerorientierte Moderatoren der Wissens- und Handlungskonstruktion.

Lehrende werden aber heute noch zu einseitig nur als mehrwissende Experten ausgebildet.[2] Dies liegt daran, dass sie traditionell eher von Fächern her ausgebildet werden und dabei zu wenig pädagogische, didaktische und vor allem kommunikative Kompetenzen erwerben. Was bedeutet ihre *zusätzliche* neue Rolle über die fachliche Ausbildung hinaus?

Beziehungsdidaktik, Kommunikation und Moderation sind keine einfachen und bloß ans Fachliche anlehnbare Methoden der Wissensvermittlung. Diese neuen Einstellungen und Ansprüche unterscheiden sich klar von allen Präsentationsmethoden, die in der Didaktik bisher zur Veranschaulichung von Intentionen und Inhalten zum Einsatz kommen. In der Beziehungsdidaktik geht es vorrangig darum, gemeinsam ein Problem zu erfahren und zu erkennen, multiperspektivische, multimodale und Kreativität fördernde Lösungsmöglichkeiten zu ermitteln und anzuwenden, eine Lösung individuell und im Team zu finden, Interaktionen in Offenheit, mit Wertschätzung und in lösungsorientierter Einstellung zu bewältigen. Der Lehrende ist hierbei ein wesentlicher Helfer. Lehrkräfte als Helfer, Berater und Moderatoren ermöglichen bei der Leitung von Brainstormings und Besprechungen, bei der Durchführung von Workshops, bei Lösungen in Arbeitsgruppen, in Projektteams, bei den *handlungsorientierten Methoden* ein möglichst passendes Lernen für möglichst alle Lerner. Ziele solcher Didaktik sind dabei vorrangig die Problemermittlung und Problemlösung durch eine Gruppe (unter Einbezug individueller Leistungen), das Finden einer effektiven Lösung in Teamarbeit, eine gute Visualisierung des Lösungsprozesses und eine hohe Identifikation aller Beteiligten im Prozess der Lösung, da diese gemeinsam erarbeitet und abgestimmt wird. Zugleich müssen individuelle Lösungen begründbar und durchsetzbar bleiben.

Auch wenn der Lehrende hier stärker als früher in den Hintergrund tritt, so ist er andererseits kein gleichgültiges Wesen, sondern zeichnet sich, wenn er erfolgreich sein will, auch durch Fach-, Methoden- und Sozialkompetenz und in allen drei Feldern durch Visionen aus. In der imaginären Begegnung mit den Schülerinnen und Schülern, mit Teilnehmerinnen und Teilnehmern bringt er Impulse und Fragen ein, die als sein Beitrag zu Problemfindung und Problemlösung erkennbar sind.

Durch Zeitknappheit und große Stoffmengen, durch viele Fächer und große Lerngruppen, durch kasernenartige Räume und mangelnde Finanzmittel entstehen allerdings Zwänge, die Lehrende oft in eine überwiegende Instruktionsrolle klassischer Prä-

---

1   Das Ansehen der Lehrenden ist z.B. in Finnland und Schweden deutlich höher als in Deutschland. Dies spiegelt eine Anerkennung der Schwierigkeit des Berufes, was wiederum dazu führt, dass besonders qualifizierte Lehrende durch Auswahlverfahren für das Studium gewonnen werden können.
2   Dies ist vor allem ein deutsches Problem. Im Lehrerstudium beträgt der Fachanteil 4/5 gegen 1/5 Grundlagen der Pädagogik und ihrer Anwendung. In erfolgreicheren Bildungsländern wie Finnland ist das Verhältnis genau umgekehrt.

gung treiben. Als reflektierte und gut ausgebildete Lehrkräfte erkennen sie dann, dass sie diese Instruktionsrolle, in die sie getrieben werden, durch eine Konstruktionsrolle ergänzen müssen, um hinreichend das Lernen ihrer Gruppen zu sichern. Seltener sind Lehrende in der glücklichen Lage (meist in Versuchs- oder Modellschulen) die Konstruktionsrolle durchgehend aktiv gestalten zu können, wobei sie dann diese, wenn es überhaupt noch erforderlich erscheint (dies ist auch fachabhängig), mit instruktiven Anteilen ergänzen.

Lehrende müssen – ganz gleich in welchem System sie stecken – ihre Doppelrolle stets reflektieren: Wann verbleibe ich in der eher klassischen Lehrerrolle, die den Lernern vornehmlich rekonstruktiv Wissen präsentiert und wann wechsle ich in die konstruktive Gestaltung, damit die Lerner sich möglichst eigenständig das für sie passende (viable) Wissen und Handeln selbst erarbeiten?

Bei dieser Grundfrage sollten Lehrende bedenken, dass das Lernen mittels *konstruktiver Methoden* meist effektiver, aber auch zeitaufwändiger erfolgt. Sie benötigen zudem eine zusätzliche Ausbildung in der Breite der handlungsorientierten Methoden, da dies (außer in der Weiterbildung) immer noch nicht zum Standard der Lehrerausbildung gehört. Nach meinen Erfahrungen reicht eine theoretische Aneignung der handlungsorientierten Methoden jedoch nicht aus. Erst in praktischen Übungen unter Supervision lernen Lehrende die neue Rollenauffassung hinreichend kennen und üben.

Neben dieser Doppelrolle gibt es auch weit reichende Persönlichkeitsbedingungen, die Lehrende zu beachten haben:

Lehrende sind immer auch Lernende, wenn es um Konstruktionen geht. Hierbei ist ihre eigene imaginäre Rolle nicht zu unterschätzen. Ohne Visionen, die anregen, herausfordern, verstören, wird das Lernen oft zu einer langweiligen und stereotypen Angelegenheit. Als Visionäre sind Lehrende kreative Künstler[1], ohne dass wir hier festlegen könnten, was ihre Kreativität und Kunst im Einzelnen sein soll. Es ist jedoch ein innerer Anspruch in dieser Hinsicht wünschenswert, und es ist positiv, wenn er unterschiedlich ausfallen wird. Wer ihn nur minimal entwickeln will, der sollte sich bewusst sein, dass es so ungleich schwieriger sein wird, Lerner zu begeistern und positives *Feedback* zu erhalten. Gibt es nicht hinreichend positives Feedback, so wird der Lehrberuf oft als anstrengend und wenig befriedigend erlebt.

In der Rekonstruktion sind Lehrende stets Mehrwisser und Führungskräfte. Die Gruppe um Linda Lambert (1995, 1996) z.B. verbindet hierbei konstruktive Einsichten in das Lernen und Führungskräfte-Notwendigkeiten, die aus ihrer Sicht gerade in der heutigen Zeit von Unterrichtenden eingenommen werden sollen. Dabei ist *leadership*, das in amerikanischen Diskussionen nicht den Beigeschmack einer Führungs-

---

1 Vgl. dazu auch Dewey (1985, 8f.), der den Didaktiker als Künstler sieht. Seine Kunst besteht insbesondere darin, eine Kommunikation zu entwickeln, die etwas aus dem experience eines anderen an- und aufnimmt, um ihm etwas von dem eigenen experience mitzuteilen. Dies ist dem künstlerischen Prozess vergleichbar. Oder wie Dewey verallgemeinernd sagt: »All communication is like art.« (Ebd.)

lehre wie in Deutschland hat[1], kein Konzept, das ein Führer-Gefolgschaft-Prinzip aufstellt, sondern es schließt an Ansätze der Demokratie-Bewegung im Anschluss an Dewey (vgl. auch ⊞ *Communities of Practice*) an:

- Jede politische Gemeinschaft bzw. jede Verständigungsgemeinschaft benötigt Visionen und handelnde Akteure, die wechselseitig Beobachtungs- und Handlungsrollen übernehmen und so helfen, nicht bloß Fortschritte in bestimmten Eliten zu theoretisieren, sondern Ideen auch praktisch und breit in Wirklichkeiten umzusetzen.
- Ganz ähnlich zu neueren Führungskräfte-Trainings in der Weiterbildung sollen die Lehrer und Lerner als konstruktive »Führer« sich möglichst situativ verhalten und auf die Wirkungen ihres Handelns eingehen. Sie sollen vor allem ein persönliches Engagement einbringen, um Dinge und Ereignisse geschehen zu machen. Und sie sollen mit anderen darüber diskutieren, wie ihre Lösungen gesehen werden. Es soll gemeinsam nach passenden Lösungen für die jeweiligen Probleme gesucht werden.
- Diese handelnde, aktive Seite der Lebensgestaltung, einer *vita activa*, wie wir mit Hannah Arendt auch sagen können, soll Fokus, Schlüssel, integrativer Mechanismus, mitunter auch vereinheitlichende Perspektive sein, um Visionen einerseits differenziert zu entwickeln, sie aber andererseits auch in eine Handlung, ein Ereignis der Praxis zu überführen. Für Lambert u.a. wird dies gesehen als
    - reziproker Prozess (Austauschbarkeit von Rollen als Führender und Geführter; keinesfalls Festschreibung der Führungsrollen auf nur einer Seite),
    - Beteiligungsprozess möglichst aller in einer pädagogischen Gemeinschaft (im weitesten Sinne einer Verständigung über Gemeinsamkeiten und Unterschiede in einer Erziehungs- oder Bildungssituation), in der Bedeutungen konstruiert werden;
    - Prozess, der für einen gewissen Zeitraum zu gemeinsamen Zielen und Zwecken führt (Lambert u.a. 1995, 32ff.).

Diese Aspekte der »Führung« haben sich in einer konstruktiven Unterrichtspraxis in kritischer Reflexion auf die dabei auftretenden Stile der Lehrenden ergeben. So soll darauf aufmerksam gemacht werden, dass eine konstruktive Didaktik weder Laisserfaire noch gleichgültig ist. Die Lehrenden können und sollen sich nicht aus ihrer Rolle in ein Vakuum zurückziehen. Dies verweist auf ein Problem aller auf Selbstorganisation und hohen Konstruktionsanteil zielenden Didaktiken:

- Sofern wir die Aktivität als ein bloßes Sollen verstehen, das ohne innere Anteilnahme, ohne Verbindlichkeiten und Führung, ohne Resultat und vorzeigbare Werke geschieht, werden Lernende am Sinn solcher Unternehmung zweifeln.
- In der Praxis zeigt sich immer wieder, dass aktivierende Methoden (wie z.B. ⊞ *Gruppenunterricht, Projekte, Leittexte, Moderationen* usw.) dann abgelehnt werden,

---

[1] Selbst die reformpädagogisch orientierte »Führungslehre« Peter Petersens ist dagegen ein hierarchiebetontes Führungsmodell, das nicht zufällig in den 30er-Jahren der Nazi-Zeit publiziert wurde und dessen Neuauflagen in der Gegenwart kritisch gesehen werden sollten.

wenn sie unverbindlich sind, wenn sie einen Mangel an Engagement auch der Lehrenden erkennen lassen, wenn nicht eingesehen werden kann, warum so vorgegangen wird und wozu es führen kann.

Schülerinnen und Schüler, alle Lerner sind immer Konstrukteure ihres Lernens. Selbst wenn dies ziemlich vollständig auf Reproduktion angelegt ist, so müssen sie als Lernende doch aktiv im Lernen und in der Konstruktion ihres Lernens sein. In der heutigen Kultur, wo alles auf Freiheit drängt und wo schnelle Erfolge mehr als langsames Erarbeiten zählen, scheinen allerdings alle Methoden fragwürdig geworden zu sein, die das Lernen trocken, langweilig, von außen stimuliert, wenig praxisbezogen, unanschaulich, autoritär legitimiert aussehen lassen. Methoden unterliegen wie Intentionen und Inhalte einem kulturellen Wandel, der in der heutigen Zeit zu einer sehr hohen Eigenständigkeit des Lerners geführt hat, wie es in früheren Zeiten kaum vorstellbar erschien. Bei allen Lernern, so eine neuartige Schlussfolgerung der hier vertretenen Didaktik, sollten wir deshalb heute zugeben, dass sie nicht nur die Konstrukteure ihres Lernens sind, die sich als Konstrukteure damit auch für ihren Erfolg oder Misserfolg verantwortlich zeigen, sondern dass wir sie auch als Didaktiker des eigenen Lernens sehen müssen.

> War früher die Rolle des Didaktikers den Lehrenden vorbehalten, so muss sie heute auch den Lernern zugesprochen werden. Je mehr die Lernerrolle auf Selbsttätigkeit, Selbstbestimmungsanteile, Steigerung der Selbstverantwortung und des Selbstvertrauens, Zunahme des Selbstwerts hin angelegt ist, desto mehr didaktisiert der Lerner sein eigenes Lernen. Insoweit sind Lehrende wie Lernende für mich Didaktiker.

Lerner werden unter einer solchen Perspektive zumindest dazu angehalten, ihre Intentionen im Blick auf den von anderen gesetzten Rahmen zu suchen, ihre Inhalte auszuwählen, die exemplarisch helfen, Konstrukte zu verstehen, ihre Medien zu wählen und zu gestalten, mit denen sie sich das zu Lernende veranschaulichen und einprägen, eine Methodenkompetenz zu entwickeln, auf welchen Wegen und wie dies besonders günstig gelingen kann. Insoweit sind Lehrende und Lernende heute gleichermaßen Konstrukteure und Didaktiker.

Hierbei sind Visionen besonders wichtig. Lerner entwerfen Perspektiven, Aufgaben, Umsetzungen, Vermittlungen nicht einfach als Abbild von, sondern immer im Blick auf etwas. Sie treffen sich in Teilmengen von Visionen untereinander, wobei diese in anderen Teilen durchaus unterschiedlich ausfallen, sie treffen sich mit den Lehrenden in einem imaginären Raum, der etwas begehren, wollen, wünschen lässt. Erst auf dieser Grundlage und vermittelt mit ihr kommt es zu einer begründeten Einsicht in die Notwendigkeit von Lernarbeit, die für die Umsetzung der Visionen erforderlich ist. Es gehört zum besonderen Verständnis der Lehrenden, diese beiden Seiten – Visionen und Einsicht in Notwendigkeiten – nicht aus den Augen zu verlieren und offen (nicht manipulativ) miteinander zu vermitteln.

Diese Veränderung der Lerner- bzw. Teilnehmerrolle bedeutet nun allerdings nicht, dass die Lehrerrolle im Lernprozess herabgesetzt oder gleichgültig wird. Sie wird im Gegenteil komplizierter. Dort, wo früher die Lehrenden oft versuchten, sich auf ein scheinbar reines und vollständiges Wissen zurückzuziehen, das für alle gleichermaßen gelten sollte, tritt nun ein Wissen auf, das seine Reinheit und Vollständigkeit verloren hat und das zudem zeigt, dass nie alles für alle gleich sein kann. Dies gilt nicht nur für die unterschiedlichen Vorkenntnisse und Bedürfnisse unterschiedlicher Teilnehmer, sondern auch für eine nicht planbare zukünftige Passung (Viabilität) solchen Wissens und damit verbundener Handlungen. Hier wirkt sich die gegenwärtige gesellschaftliche Verunsicherung früher sicher geglaubter Bildungsordnungen heute dekonstruierend aus (vgl. ausführlicher Kapitel 4.1). Zudem gibt es folgende grundsätzliche Schwierigkeit: Es gibt Teilnehmerinnen und Teilnehmer, die ganz anderes begehren, als es der Moment im Unterricht bereithalten mag. Sie äußern ihre Distanz als Passivität, weil sie sich nicht angesprochen fühlen, als Widerstand, weil sie nicht überzeugt sind und eigentlich anderes wollen, als Ablehnung, weil der Unterricht nicht zu ihnen passt. Das Phänomen ist so alt wie die Pädagogik und Didaktik selbst. Es ist heute angesichts der Ekstase der Freiheit für Lehrende nur schwerer erträglich, einsehen zu müssen, dass auch die Freiheit als Einsicht in die Notwendigkeit oder einen unterstellten Fortschritt nicht alle zu jedem Zeitpunkt gleichermaßen erreicht. Doch für mich ist dies kein Signal, gleichgültig gegenüber jenen Teilnehmern zu werden. Es wäre verkehrt, sich die Schuld für alle Ablehnungen zu geben, wenn man hinreichend versucht hat, Didaktik im hier vorgeschlagenen Sinne zu betreiben.

 Lehrende leben angesichts der veränderten Rolle der Lernenden in einer grundsätzlichen Ambivalenz: Einerseits tragen sie Verantwortung für das, was als Unterrichtsprozess geschieht, sie werden für Erfolg oder Misserfolg haftbar gemacht; andererseits können sie Erfolge nicht allein durch ihre Tätigkeit garantieren. Da mag es schwer fallen, sich immer wieder zu motivieren. Meinst du, dass man dabei auf Dauer eine positive Ironie entfalten kann?

Sie müssen sich in diesem Dilemma, so denke ich, für die Verantwortung entscheiden, möglichst viel für den Erfolg ihres Unterrichts zu unternehmen, ohne dann zu resignieren, wenn dies nicht immer hinreichend klappt. Und die Lerner weisen ihnen dabei zunehmend ein begrenztes Vermögen zu: »Hast du hinreichend versucht, für diese Gruppe ein Unterrichtsangebot zu entwickeln, das auf diese Gruppe (oder zumindest eine Mehrheit in dieser Gruppe) passt?« Insoweit kommt es, wenn Lehrende sich in ihrem Beruf nicht überfordern wollen, darauf an, vor allem zu hinterfragen, was hinreichend ist, und dabei auch Supervision nicht zu scheuen. Je mehr die Lerner als Didaktiker im Unterricht auftreten, umso mehr werden sie Schwierig- wie Möglichkeiten der Lehrerrolle reflektieren können. Diese Wechsel der Beobachter-, Teilnehmer- und Akteursrollen ist für die hier vorgeschlagene Didaktik, wie noch gezeigt werden soll, grundlegend. Die Wechsel sollten bewusst von Lernenden und Lehrenden geplant werden. Und dies wäre zugleich mein Wunsch und meine Forderung an andere didaktische Ansätze: Lasst die Lerner sich als Didaktiker entwickeln!

3) Systemisch

Das Wechselspiel von Inhalten und Beziehungen ist stets Voraussetzung von Lernprozessen. Eine Didaktik, die sich diesem Anspruch stellt, sollte eine Beziehungsdidaktik sein, weil ich von der Annahme ausgehe, dass die menschlichen Beziehungen, die Interaktionen in Lehr- und Lernprozessen, entscheidend für den Sinn und Erfolg des Lernens sind. Dies sollten auch die kurzen Beispiele eingangs dieses Kapitels zeigen. Hier geht es nicht darum, allein etwas auswendig zu lernen oder bloß für einen Test oder eine Prüfung zu erwerben, um einen gesellschaftlich höheren Rangplatz einzunehmen, sondern darum, ein grundsätzliches Lernklima zu schaffen, das sich auf Anerkennung, wechselseitige Entwicklung und kommunikative Kompetenz stützen kann. Eine solche Beziehungsorientierung ist für mich die Grundlage einer heute angemessenen Didaktik. Für eine solche Beziehungsdidaktik ist es vorrangig wichtig, bei allen Beteiligten einerseits einen möglichst hohen Selbstwert zu erzeugen (= nur wer sich selbst lieben kann, kann andere lieben), andererseits eine wechselseitige Wertschätzung zur Grundlage der Beziehungen zu machen (= in einem wertschätzenden Klima ist es leichter, Lob oder Fehler zuzugestehen und sein Verhalten zu ändern).

An dieser Stelle kann ein systemisches Denken und Handeln helfen, sich einige Grundsätze zu verdeutlichen, die für die Entwicklung einer Beziehungsdidaktik hilfreich und maßgebend sein können. Was meint hierbei systemisch?

Systemisch bezeichnet eine Zirkularität im menschlichen Handeln und Verhalten, die vor allem durch Interpunktionen in unseren Beschreibungen von Wirklichkeiten erzeugt wird. Kehren wir noch einmal zum eingangs in diesem Kapitel beschriebenen Beispiel zurück und verwandeln wir die Lehrerin in eine systemisch denkende Person:

Marie, die vor allem für ihre Lehrerin lernt, findet dann mehr Spaß am Lernen, wenn die Lehrerin eine gute Beziehungsdidaktik entfaltet. Die Lehrerin, die z.B. auch möchte, dass Marie Lesen und Schreiben gut lernt, kann über die positive Einstellung zu Marie und von Marie zu ihr das Leseverhalten beeinflussen. Sie sagt dann nicht: »Marie, du musst mehr lesen!« Sie sagt vielmehr: »Marie, ich schätze so sehr, wie du mit deinen Ideen uns allen hilfst. Willst du nicht einmal einen Text der Klasse vorstellen. Was hältst du davon, wenn wir einen gemeinsam aussuchen?« Marie anerkennt, wenn sie mit ihrer Lehrerin eine gute und persönlich wertschätzende Beziehung hat. Sie wird sich nicht verweigern, einen Text auszusuchen. Die Lehrerin anerkennt Marie in dieser Beziehung, und sie wird dies weiterhin tun, auch wenn Marie im Moment keinen Text aussuchen möchte, und wird rückwirkend von Marie so leichter in ihrer Wertschätzung für das Lesen anerkannt. So lernt Marie in der Beziehung nicht nur die Lehrerin als freundliche Person kennen, sondern auch die Forderungen der Lehrerin als angemessen für ihre Entwicklung. So wollen beide zunächst etwas Gemeinsames (Wertschätzung) und anderes (Lesen lernen), aber bewirken zirkulär eine Veränderung in ihrem Verhalten.

Leider hatte sich die Lehrerin damals nicht so pädagogisch gebildet verhalten. Sie gab Marie nur ein Vorbild, das überwiegend auf Anpassung hinauslief. »Pass immer schön auf und werde so, wie ich es für richtig halte.« Je angepasster Marie war, eine desto bessere Schülerin schien sie. Diese Lehrerin arbeitete mit Soll- und Muss-Forderungen: »Marie, das sollst du gründlicher lernen. Ich frage das morgen ab.« Oder: »Marie, das musst du genau so und nicht anders machen.«

 Hier wird Marie kein eigener Raum zur Entfaltung gelassen, um ihre Vorsicht und Ängstlichkeit zu überwinden, sondern die Vorsicht und Angst werden benutzt und damit gesteigert, um die Bedürfnisse der Lehrerin zu befriedigen. Diese Beziehungsdidaktik ist negativ. Und wie oft bleiben Lehrende bis heute blind gegen solche Wirkungen? Wird Marie sich später von einer solch ungünstigen Lernhaltung emanzipieren können?

In unseren Interaktionen mit anderen beziehen wir uns immer auf andere. Wir leben in einem System von Kommunikation mit bestimmten Mustern, die wir dabei erzeugen. Und diese Muster wirken systemisch: Ich kann mich in solchen Mustern nicht nicht verhalten, sondern alles, was ich tue, hat wieder eine Rückwirkung auf den anderen *und* auf mich. Für kommunikative Situationen ist Zirkularität immer typisch. So sagen wir z.B. »Ich liebe dich, wenn du mich liebst.« Solche Abhängigkeit provoziert die Gegenthese: »Du liebst mich nicht, obwohl ich dich liebe.« Oder sachlicher: »Ich gehe immer in die Kneipe, weil du so oft nörgelst.« Dann die Gegenantwort: »Ich nörgle ja nur, weil du in die Kneipe gehst.«

Das Problem, das in solchen Deutungen entsteht, ist, dass ein jeder denkt, dass er oder sie die »richtige Wahrnehmung« der Situation hat und somit die »Wahrheit« spricht. Dagegen weiß der systemisch Denkende, dass solche Zuschreibungen nie einfach nach richtig und falsch aufgehen und die Wahrheiten daher relativ sind (vgl. genauer Reich 2005, Kap. 2).

Systemisch müssen heute alle Didaktiken denken, sofern sie die Beziehungsseite und die Kommunikation von Lernenden und Lehrenden nicht vernachlässigen wollen. Da die Lehrenden und Lernenden in unterschiedlichen Systemen (z.B. Lerngruppe, Familie, Schule, Gemeinde, Gesellschaft) interagieren, würde eine Vernachlässigung der jeweiligen Wirkungen von Kommunikation sehr negative Folgen haben, wie das Beispiel von Marie zeigte. Lehrende würden z.B.:

- übersehen, welche Chancen der Verbesserung des Lernklimas (z.B. mehr Wertschätzung) und damit des Lernens aller Lerner (z.B. mehr Engagement) in einer bewussten Planung und Durchführung systemisch reflektierter Beziehungsdidaktik liegen;
- ihre eigene Veränderungsfähigkeit unterschätzen, die in einer Reflexion ihrer systemischen Beziehungen liegt und die sie dazu bringen kann, eine effektivere Kommunikation mit Lernern zu praktizieren;
- ihre persönlichen Ressourcen vergessen, die sie für Lösungen in der didaktischen Arbeit kommunikativ selbst herstellen können (»Fange bei dir selbst an!« oder »Sei dein eigener Chairman!«);
- leichter anderen die Schuld an Missständen geben, statt sich selbst als ein Teil des Systems zu sehen und ihren Anteil im System zu verändern.

Die im Lehren und Lernen erzeugten und beobachtbaren Wechselwirkungen, die zirkulären Vernetzungen, die Rückkopplungen von Einstellungen und Handlungen, die symbolischen und imaginären Interaktionen insgesamt (vgl. Reich 2005), zeigen die Notwendigkeit an, systemische (interaktive) Bedingungen zu reflektieren und eigene *systemische Methoden* der Beobachtung, der Teilnahme und der Handlungen zu entwickeln.

Früher blieben die systemischen Wirkungen oft eher zufällig, wie mein Beispiel von Frau S zeigte. Sie verhielt sich einfach nach ihren strengen Urteilen und ich hatte Glück, einmal in ihre Denkmuster mit meinen Ideen zu passen. Ihre Reaktion erzeugte für mich einen Impuls, obwohl sie dies nicht geplant hatte. Sie meinte wahrscheinlich nur, in einer bestimmten Situation gerecht auf eine Arbeit eines Schülers zu reagieren, die sie subjektiv – aus welchem Grund auch immer – interessiert hatte. Sie wäre wohl über das Resultat erfreut gewesen, denn ich verhielt mich nach ihrem Urteil und wurde ein produktiver Texteschreiber. Aber ich erinnere mich auch, wie oft ihr Urteil hart und streng – und heute denke ich auch: vorschnell – ausfiel, und ich male mir nun aus, wie viele Texteschreiber, die gerne schreiben, wie viele Gedichte, schöne Worte oder mögliche Bildungsgänge dies auch verstellt haben mag. Könnte ich heute noch einmal mit ihr sprechen, so würde ich Wert darauf legen, dass sie stärker die systemischen Wirkungen ihres Verhaltens bedenken müsste, denn als Lehrerin spricht sie Urteile, die möglichst für alle Lerner Chancen bieten sollten, den Selbstwert zu erhöhen und damit – ganz gleich bei welchem Ausgangspunkt – auch fachlich bessere Leistungen zu erzielen. Lehrende wissen nämlich nie, was ihre Lerner noch alles erreichen können. Und die Hoffnung auf dieses »Können« ist die schönste Seite des Lehrberufes, wenn sie mit einer positiven Einstellung zu allen Lernern verbunden werden kann.

Die systemische Seite verweist für den kommunikativen Bereich auch darauf, dass eine solche Didaktik immer bewusst die Beziehungen zwischen Lehrenden und Lernenden und der Lernenden untereinander konstruktiv entwickelt. Den Beziehungen, in denen Lernende und Lehrende interagieren, muss heute in jedem didaktischen Ansatz ein viel höheres Gewicht als in der herkömmlichen Didaktik beigemessen werden.

Nach meinen Erfahrungen im Blick auf die systemische Seite der Beziehungen und der Kommunikation gibt es einige Aspekte, die Lehrende und Lernende heute verstärkt zu beachten haben. Hierzu gibt es Grundsätze, die in den Interaktionen, in den Beziehungen aller Beteiligten in einer Beziehungsdidaktik gelten sollten (vgl. Schaubild 2 auf S. 34):[1]

Selbstwert

Der Selbstwert ist kein fester Platz in uns, der immer gleich gefüllt sein kann. Es ist für uns wohl meist der schönste Platz, wenn wir uns in Beziehungen sicher und wohl füh-

---

[1] Ähnliche Grundsätze wurden vor allem für systemische Beratungsprozesse aufgestellt, vgl. z.B. Schlippe/Schweitzer (1996). Die hier von mir aufgestellten allgemeinen Grundsätze gelten zur Beachtung für die Beziehungsseite in didaktischen Prozessen. Es handelt sich um Orientierungen, die im Einzelfall zu konkretisieren sind.

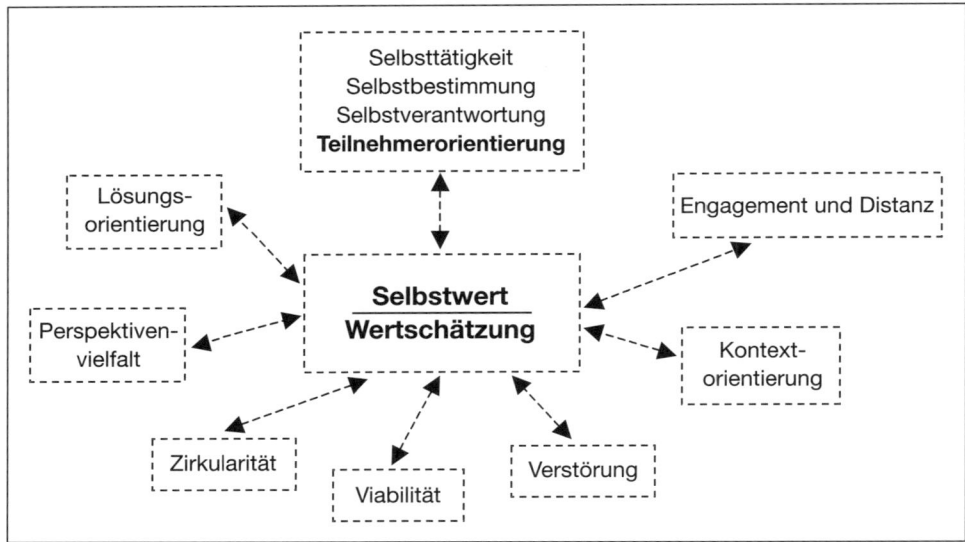

Schaubild 2: Beziehungsgrundsätze in der didaktischen Interaktion

len, aber er kann dann ein sehr schrecklicher Platz sein, wenn wir uns selbst nicht achten und durch andere zu wenig geachtet erscheinen. Als Selbstbeobachter nehmen wir diesen Platz oft kritisch in Augenschein, weil wir aus der eigenen Sicht und aus dem strengen Blick der Fremdbeobachter (einen Blick, den wir bereits verinnerlicht haben) stets als unvollkommen und mit irgendwelchen Mängeln versehen erscheinen. Dieser Platz zwingt uns in die Ambivalenz: Einerseits wollen wir uns kritisch betrachten können, um nicht in Ignoranz und Arroganz zu enden, andererseits müssen wir uns mit unseren Mängeln lieben lernen, um nicht über uns selbst resigniert zu sein. Dieser Platz nötigt uns in die Geduld, den Zweifel, die Veränderbarkeit. Man kann Selbstwert nicht einfach erwerben, man kann ihn nie zweifelsfrei besitzen, und was man eben besessen hatte, verkehrt sich im nächsten Moment. Wir messen uns selbst einen Wert zu: Eine Wertschätzung für uns. Wir arbeiten an unserem Selbstwert, indem wir uns als Akteure beobachten und als Teilnehmer beurteilen. Je stärker wir die dabei eingenommenen Perspektiven innerlich wohlwollend koordinieren, uns in ihnen mit Gefühlen der Freude, der Anerkennung, einer – mitunter durchaus narzisstischen – Zuneigung bewegen, desto stärker mag dieser Selbstwert ausfallen und sich dann auch in Wertschätzung anderen gegenüber verwandeln können.

Wertschätzung
Der Selbstwert als ambivalenter Platz entscheidet sehr oft, »ob Beziehungen gelingen und wie dann auch die inhaltliche Kommunikation vonstatten geht. Habe ich ein hohes Selbstwertgefühl, dann fällt es mir leichter, Kritik zu ertragen, Niederlagen zu verstehen, nicht mit jedermann Freund werden zu müssen, nein sagen zu können, wenn ich wirklich nein meine, Grenzen zu setzen, auch wenn ich anschließend nicht

mehr von allen geliebt werde, Beziehungen mit einem Satz möglichst offen und doch immer wertschätzend und klar gestalten zu können. Für die Seite des anderen bedeutet dies dann, dass ich ein Gefühl für den anderen entwickle, nicht immer erst im Nachhinein erfahre, was ich alles falsch gemacht und wo ich andere verletzt habe, sondern auch schon im Voraus Gefühle eines anderen antizipieren lerne.« (Reich 2005, 66f.) Wertschätzung fällt uns immer dann leicht, wenn wir unsere eigenen Sichtweisen in anderen spiegeln können: »So ›sind‹ wir und das ist gut so.« Zur Wertschätzung gehört aber auch, dass ich fremde, zerstörerisch erscheinende, schädigende oder mich störende oder gar verletzende Handlungen zu verstehen suche, ohne sie teilen zu müssen. Wertschätzung auf der Beziehungsseite bedeutet, andere verstehen zu wollen, indem ich ihr Anderssein nachempfinde und beachte. Dazu muss ich das wertschätzen, was »ist«, was mir aber zugleich erlaubt, eine Distanz aufzunehmen und nach der Wertschätzung (= dem Eingeständnis, wie es auch zu mir negativ erscheinenden Handlungen gekommen ist) mit den Beteiligten eine Veränderung des Bestehenden anzustreben. Die Wertschätzung kann also nicht bedeuten, nur sich und seine eigenen Ziele und Vorstellungen zu schätzen. Wertschätzung meint eine möglichst große Offenheit für andere und deren Selbstbilder zu erreichen, ohne jedoch in Gleichgültigkeit und Beliebigkeit der eigenen Werte abzurutschen oder sich allem bloß anzupassen. So kann Wertschätzung auch dazu führen, deutliche Grenzen zu setzen: »Ich kann dich gut leiden und verstehe deine Position, aber aus meiner Sicht kann ich sie aus folgenden Gründen ... nicht teilen.«

Teilnehmerorientierung
Eine systemisch orientierte Didaktik ist teilnehmer-, lerner- bzw. schülerorientiert. Sie will Selbstbestimmung möglichst weit ermöglichen, sie sieht eine umfassende Selbsttätigkeit als Mindestbasis auch für reproduktives Lernen (sofern dieses notwendig ist), sie will die Selbstverantwortung aller Teilnehmer umfassend stärken. Deshalb postuliert diese Didaktik auch, dass Lernende wie Lehrende Didaktiker sind, was ein neues Verständnis der Didaktik eröffnet. Die Teilnehmerorientierung bedeutet vor allem, dass Lehrende sich zugestehen, dass ihre Lerner besser als sie über sich und ihre Situation Bescheid wissen (= Mündigkeit des Lerners). Zwar ist es für die Lerner nicht immer möglich zu überschauen, welche Bildung oder welches Verhalten sie erwerben können und sollten, aber Lehrende müssen einsehen, dass auf Dauer kaum sinnvoll *gegen* den Willen, die Vorstellungen, die Wünsche und Erwartungen der Lerner erfolgreich unterrichtet werden kann. Wird auf der Beziehungsseite durch hohe Teilnehmerorientierung geklärt, was wann warum und wie unterrichtet werden soll (muss, kann, darf), dann kann eine hinlängliche Balance von »Ich-soll«- und »Ich-will-Anteilen« erreicht werden (vgl. weiter unten Kapitel 2.3).

Lösungsorientierung
Störungen in Beziehungen zeigen *als Symptome* immer schon eine Lösung für einen externen oder internen Konflikt an. Allerdings sind diese Lösungen als Symptome meistens ineffektiv, d.h., sie lösen das Problem nicht am Ort seiner Entstehung. Hier

ist es sehr oft »eine Anleitung zum Unglücklichsein« (Watzlawick), wenn wir stärker auf die Ursachen der Störungen (= wer ist Schuld?) als auf lösungsorientierte Möglichkeiten (= was lässt sich ändern?) schauen. In der Suche nach Ursachen verstricken wir uns in Beziehungen anders als in sachlogischen Fragen in der Regel in unerquickliche Schuldzuweisungen, die sich fast nie einfach ausmachen lassen. Selbst wenn wir hier einen Schuldigen fänden, so erzeugen wir mit solchen meist einseitigen Schuldzuweisungen sofort ein neues Beziehungsproblem, das sich negativ auf die Zukunft auswirken kann. Hier ist es geschickter, die Lösung zu favorisieren. Eine Lösungssuche schließt nicht aus, dass wir zunächst durch Rückmeldungen aller Beteiligten klären, wie ein bestimmtes Verhalten auf jeden Einzelnen wirkt. Nach dieser Bestandsaufnahme können wir konkret fragen, wie das Verhalten geändert werden muss, damit es allen besser damit gehen kann. In der Suche nach Lösungen können wir dann z.B. klären:

- Welche Ressourcen sind zur Lösung vorhanden?
- Welche Vor- oder Nachteile erreichen wir, wenn wir zu einer Lösung des Problems kommen?
- Lohnen sich die Veränderungen? Für wen?
- Welche Auswirkungen auf uns und andere hat diese Lösung?

Engagement und Distanz
Als Beobachter von Beziehungen müssen wir uns anders verhalten, als wenn wir Akteure oder Teilnehmer sind (vgl. Kapitel 5.3). Als Akteure sind wir in den Handlungen meist blind gegen andere, sofern wir nicht gezielt beobachten, was in unseren und durch unsere Handlungen geschieht. Als Teilnehmer sind wir immer schon engagiert, eingelassen in Voraussetzungen des Handelns, die wir als Legitimation oder Offensichtlichkeit heranziehen, sofern wir überhaupt danach gefragt werden. Meist bleiben unsere Teilnahmen unhinterfragt. Aber als Beobachter in Beziehungen sind wir sehr stark gefordert, eine Balance zwischen Engagement und Distanz zu erreichen. Unser Beobachten bedarf einer gewissen Neutralität, die wir dadurch einnehmen, dass wir unterschiedliche Beziehungspartner mit relativ gleichem Wohlwollen und Verständnis beobachten, dass wir nicht einseitig für bestimmte Personen Partei ergreifen, dass wir nicht jedes Verhalten oder jede Sache bewerten, dass wir uns nicht immer gleich für bevorzugte Ideen oder Sichtweisen entscheiden. Eine solche neutrale Haltung (Distanz) gilt gegenüber einer Fremdbeobachtung, die wir in die Gruppe rückmelden. Eine solche Rückmeldung schließt aber nicht aus, dass wir eigene Meinungen zu den Beobachtungen entwickeln (Engagement).

Perspektivenvielfalt
In Beziehungen gibt es kein Richtig oder Falsch in einfacher Zuordnung. Alle Beteiligten haben Perspektiven, sehr oft bereits in sich sehr unterschiedliche, ambivalente Vorstellungen. Hierüber können wir als Beobachter Hypothesen bilden, die Informationen ordnen und uns bestimmte Sichtweisen anbieten. Aber solche Hypothesen sind nie absolut, sie sind unsicher, offen und kontextgebunden. Erst eine Rückkopplung mit

allen Beteiligten wird es ermöglichen, Hypothesen gegeneinander abzugleichen und ein gemeinsames Verständnis zu erreichen. Solche Gemeinsamkeit muss nicht ein Konsens sein, sondern kann auch ein markierter Dissens sein, weil fast nie alle übereinstimmen werden. Die Perspektivenvielfalt zu achten, dies ist deshalb besonders wichtig, weil hierin unsere Wertschätzung der Möglichkeit des Andersseins wurzelt. Eine solche Möglichkeit aber ist die Voraussetzung für Freiheit.

Kontextorientierung
Menschliche Kommunikation geschieht nie in ausschließlichen Robinsonaden, sie lässt sich nicht isoliert begreifen. Menschen agieren, beobachten und nehmen teil in Interaktionen, in sozialen Kontexten. Solche Kontexte können allerdings sehr unterschiedlich ausfallen, da es sehr vielfältige, unterschiedliche Systeme (Strukturen, Ordnungen, Muster, Perspektiven usw.) gibt, die solche Kontexte definieren. Kontextorientierung bedeutet deshalb, dass nicht einseitig Kontexte von außen, von Experten, von Lehrenden festgestellt werden, sondern in jeder Situation mit allen Beteiligten neu erhoben werden. Dabei greifen allerdings immer gewisse Vorverständigungen ein: Die Anschlussfähigkeit an andere (ähnliche) Kontexterhebungen, der soziale Gruppenkontext, bestehende Praktiken, Routinen und auch Institutionen – um nur einige Wesentliche zu nennen.

Zirkularität
In Beziehungen gelten keine eindeutigen und strikten Kausalbezüge, die linear ein Verhalten festlegen oder Kommunikation beschreiben können. Das Verhalten eines jeden Elements in einem zirkulären System ist durch Rückkopplung bedingt. Wenn sich auch technische Regelkreise nicht auf menschliches Verhalten direkt beziehen lassen, da sie nur einfache Wechselwirkungen beschreiben, so kann man dennoch die Metapher des 📖 *Feedback* aufnehmen und auf menschliche Kommunikation anwenden. Dies betrifft insbesondere die Erweiterung einer bloß kausalen Wenn-dann-Beziehung hin zu einer zirkulären: Jede kommunikative Äußerung wird in einer Kommunikation Anlass für andere Äußerungen, die dann, wenn sie zum Kommunikator zurückkehren, wieder Anlass für neue Äußerungen werden. Jede Äußerung birgt eine potenzielle Anregung oder auch Verstörung des Systems in sich. Dies ist für menschliche Kommunikation typisch. Lineare Wenn-dann-Zuschreibungen sind für kommunikative Prozesse immer zu einfach. Menschen sind keine Planetensysteme, die nach klar zu bezeichnenden Regeln um sich kreisen und vorausberechnet werden können. Eine zirkuläre Sichtweise hilft, die Verwobenheit von interaktiven Bezügen anzuerkennen. Wenn wir nach eindeutigen Ursachen für ein Verhalten suchen, dann imaginieren wir diese meist erst, nachdem eine Wirkung bereits erfolgt und beobachtet ist. Hier nehmen unsere Perspektiven entscheidend Anteil an den Resultaten. Wir suchen nach Gründen, Entschuldigungen, Erwartungen. In einer zirkulären Haltung stehen wir *möglichen* Ursachen und Wirkungen offener gegenüber als in einer bloß kausalen Suche. Wir betrachten zirkulär vor allem die Unterschiedlichkeit der individuellen Erfahrungen und Erlebnisse, die wir kommunikativ austauschen, um ein tieferes, weites Bild über uns

und unsere Interaktionen zu erhalten. Unsere Sprache hilft uns, diese zirkulären Netzwerke symbolisch zu diskutieren und Gemeinsamkeiten festzuhalten. Unsere Imaginationen erweitern dies stets durch neue Vorstellungen, die uns teils antreiben und teils beunruhigen mögen. Das reale Erleben von Zirkularität erscheint uns als ein Bereich unterschiedlicher Wirklichkeitskonstruktionen bei gleichzeitiger wechselseitiger Interpretation, wenn wir in einer Situation unsere Wahrnehmung für andere öffnen und in einen Austausch über Wirkungen eintreten. Insbesondere *zirkuläre Fragen* können uns dabei helfen, erweiterte Positionen einzunehmen.

Viabilität
Was zu den Lernenden jeweils passt, das kann nie allein von den Lehrenden bestimmt werden. Passung (Viabilität) als ein kulturelles, soziales, kommunikatives Passen bedeutet die Notwendigkeit zuzugestehen, in didaktischen Prozessen die Pass-Formen stets neu mit allen Beteiligten zu ermitteln, situativ anzupassen, individuell zu differenzieren und zu variieren. Lehrende und Lernende als Didaktiker sind von beiden Seiten her Experten ihres Lernens und Lehrens. Nur wenn diese beiden Seiten sich jeweils darüber verständigen, was für sie lehrend und lernend viabel ist, wird die Didaktik hinreichend effektiv organisiert werden können. Die Schwierigkeit besteht hier vor allem in einer Abstimmung von individueller und kollektiver Viabilität, denn dass das Lernen stets ohne Unterschiede universell für alle Lerner aus rationalistischer Dominanz gelten kann, hat sich als große Illusion der Aufklärungspädagogik erwiesen.

Verstörung
Didaktik ist ein Bereich, in dem Gewohnheitsbildungen besonders bedeutsam sind: Was einmal erfolgreich war, das wird gerne zum Muster einer praktischen Meisterlehre erhoben und generalisiert. In diesem generalisierten Muster kann eine einst durchaus erfolgreiche Gewohnheit über kurz oder lang jedoch zu einem großen Hindernis werden, denn sie vermag fast nie mit den kulturellen Veränderungen und den individuellen Unterschieden Schritt zu halten. Insoweit sollten Didaktiker gerade Gewohnheiten immer wieder verstören. Als Selbst- und Fremdbeobachter verstört bereits ein Wechsel der Perspektive, indem wir die Beobachtungspositionen verändern und aus dem Blick von anderen schauen lernen. Der kurzfristige Erfolg, wie er didaktisch immer wieder vorkommen sollte und von uns erwünscht wird, ist oft kaum möglich ohne eine gewisse Kurzsichtigkeit: Wir sehen den Moment und nicht das, was auf lange Sicht viabel ist. Der Blick zurück kann uns hier verstören, wenn wir zugeben lernen, was sich für uns in der Viabilität alles verändert hat. Aus dieser Erfahrung heraus sollten wir stets damit rechnen, dass sich vieles auch in die Zukunft hin verändern wird.

Diese Grundsätze geben didaktische Haltungen an, auf deren Grundlage einzelne *systemische Methoden* ausgewählt werden. Dabei ist für das Lehren und Lernen keineswegs intendiert, eine direkt therapeutische Haltung einzunehmen. Es geht vielmehr um eine Beratung, um einen kommunikativ gestalteten Dialog, um ein Wissen von Techniken, die auch in pädagogischen bzw. didaktischen Prozessen in der Beziehungsarbeit eingesetzt werden können. Es geht vor allem darum, dass die Beteiligten um systemische Wirkungen wissen. Um dies zu erreichen, müssen zunächst alle Lehrende in dieser Hinsicht qualifiziert werden bzw. sich eigenständig zu qualifizieren suchen, da solche Angebote nach wie vor in den Studiengängen an Universitäten noch vernachlässigt werden. Es müsste sich auch um Qualifizierungsmaßnahmen mit hohen Selbsterfahrungsanteilen handeln, die nur schwer in Studiengängen realisiert werden können.

4) *Zusammenfassung*

Fassen wir die genannten Rollenaspekte zusammen: Lehrende als Mehrwisser sollen durchaus ihr Mehr an Wissen in Lernprozesse einbringen. Aber sie müssen zugleich realisieren, dass sie eben nicht mehr alles besser wissen als die Lernenden. Sie wissen nicht besser,

- wie jeder Lerner am erfolgreichsten lernt;
- welcher Lernstoff auf Dauer hält, was er verspricht;
- welche Beziehungen am Ende die besten und richtigen sind;
- wer die Beste in der Klasse »ist«; aus wem was »erfolgreich« später werden wird.

Sie wissen nur – und auch dies nur in Annäherung –, was für sie viabel ist, und sie sollten wissen (dialogisch ermitteln und evaluieren), welche Viabilität im Lernen es für ihre Lerner bzw. Teilnehmer gibt. Sie können diese Viabilität ihres Wissens in das Lernen mit einbringen. Sie müssen aber zugleich kritisch sehen lernen, ob diese Viabilität auch für andere gilt und wo sie abweicht. Und dies bedeutet zugleich, kritisch zu erkennen, dass es für Lehrkräfte immer einen Hang zur Manipulation über das Mehrwissen gibt:

- dass sie letztlich am Ende doch entscheiden, was wie gemacht werden soll;
- dass sie scheinbar frei wählen lassen, was sie zuvor so eingeengt haben, wobei kaum eine Wahl geblieben ist;
- dass sie nur Material anbieten, das schon vorstrukturiert, was sie erwartet haben usw.

Diesen Hang zu dekonstruieren erscheint mir als eine Hauptaufgabe der didaktischen Analyse. Solche Dekonstruktionen können den Kopf frei für neue Entwicklungen, Visionen und kreative Krisen und Lösungen machen. Lehrende sollten den Mut haben, diese Dekonstruktion nicht nur selbst reflexiv einzulösen, sondern auch die Teilnehmerinnen und Teilnehmer in die Evaluation möglicher Manipulation einzubeziehen. Dies könnten Lerner z.B. in der Form von *Reflecting teams* leisten.

In der heutigen Didaktik muss sich vor allem die Lehrerrolle wandeln. Denn jede Didaktik fängt mit der Einstellung der Lehrenden und Lernenden an. Dieser Ansatz lässt sich nicht einfach instruktiv von anderen übernehmen, sondern verlangt sein je eigenes, individuelles Gewicht und Gesicht.

1.4 Fördern, fördern, fördern

Wenn gefragt wird, warum eine Lerngruppe so besonders gut abgeschnitten hat, dann antworten Lehrende sehr gerne damit, was sie alles für die Gruppe getan hätten und wie gut ihr Unterricht gelaufen sei. Schneidet eine Lerngruppe hingegen schlecht ab, so werden meist äußere Faktoren wie das schlechte soziale Milieu, der zu volle Lehrplan und Zeitknappheit, das Vermögen der Lerner, d.h. vor allem mangelnde Begabung, genannt. Diese Zuschreibungen sind in der psychologischen Attributionsforschung lange bekannt, aber die Publikation solcher Forschungsergebnisse führt in der Regel offenbar bisher nicht zu einer Verhaltensänderung. Es scheint einfach sehr bequem zu sein, die Schuld immer anderen zu geben.

Nun gibt es auch wissenschaftliche Forschungen, die sich uneinig über die Bedeutung der individuellen Begabung der Lerner bei der Zuschreibung von Lernerfolgen zeigen. Auch hier scheint ein pädagogisches »Stammtischurteil« leicht gefällt: »Je begabter ein Kind ist, desto besser wird es lernen und später im Leben Erfolg haben.« Oder: »Bei unbegabten Kinder, da kann auch die beste Lehrerin nicht viel erreichen.«

In solchen Fällen ist es schon schwer, überhaupt genauer erklären zu können, was es mit der Begabung konkret auf sich hat. Nehmen wir einmal an, es könne gesagt werden, dass ein Kind wenig begabt im Sprachenlernen sei. Was wird dann der Didaktiker mit einem solchen Kind tun? Der Hinweis auf Begabungen, auf genetische Anlagen, auf ein biologisches Kapital des Lerners wird den Didaktiker hilflos lassen. Er könnte es allenfalls dazu benutzen, jegliche Schuld bei Misserfolgen des Lernens von sich zu weisen. Aber geht es hier überhaupt darum? Besteht die didaktische Kunst nicht vielmehr darin, unabhängig von solchen Zuschreibungen den Lerner möglichst optimal zu fördern, damit er so weit in seinem Lernen gelangen kann, wie es eben in der Lernsituation und Lernumgebung geht?

Ich denke, es bringt Didaktikern nicht viel, sich immer wieder zuschreibend mit Fragen der Begabung oder mangelnder Begabung zu befassen. Sie sollten vielmehr dort pragmatisch, konstruktiv und systemisch einsetzen, wo sie immer etwas erreichen können: Dies ist in der konkreten Förderung ihrer Lerner. Je mehr sie diese Förderung erreichen können, desto gerechter werden sie zumindest in ihrem Umfeld mit Bildungschancen umgehen. Die Förderung aber ist keine Technik, sie ist auch keine Methode allein oder vor allem an bestimmten Stoff gebunden, sondern sie ist zunächst und vor allem eine Einstellung: »Ich will fördern!« Dies scheint mir ein wesentlicher ethischer wie praktischer Rahmen einer jeden heutigen Didaktik sein zu müssen, und deshalb will ich dies hier so hervorheben.

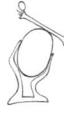

> In anderen Berufen gelten andere Ziele. So wird der Immobilienverkäufer auf drei Dinge schwören: Lage, Lage, Lage. Der Aktienverkäufer ist anders orientiert: Gewinn, Gewinn, Gewinn. Und wenn man so vereinfachend schauen will, dann müsste der Slogan aller Lehrenden wohl lauten: Fördern, fördern, fördern! Und man sollte den Lehrberuf auch nur dann ergreifen, wenn es im eigenen Leben dabei weniger um die besonders guten Lagen und einen maximalen Gewinn an Geld geht. Ohne diese Ironie kein didaktisches Glück.

2. Didaktik heute: Welcher Kontext ist zu beachten?

Seit Menschengedenken gibt es mannigfaltige Formen des Lehrens und Lernens, weil Menschen darauf angewiesen sind, ihre kulturelle Entwicklung über die Generationen hinweg zu sichern und zu entfalten. Schon früh gibt es Grundsätze, wie dies am besten geschehen kann, und daraus ist zunächst als Gestaltungslehre und später als Wissenschaft die Didaktik entstanden. Klassisch für Arten der Didaktik sind z.B. drei Vermittlungsformen:

- Lernen durch Nachahmung und Sozialisation, indem Verhaltensweisen und Tätigkeiten in der Praxis der Lebensformen übernommen werden.
- Lernen in Meister-Lehrlings-Verhältnissen, indem Verhaltensweisen und Tätigkeiten in Arbeitsteilung, z.B. in bestimmten Arbeitsbereichen (später Berufen), nachgeahmt oder gezielt geschult werden.
- Lernen in Schulen, in denen Lerner meist in größeren Gruppen Verhaltensweisen und Tätigkeiten nachahmen oder gezielt vermittelt bekommen. Insbesondere durch das schulische Lernen werden auch größere Wissensvorräte in unterschiedlichen Fächern gesammelt und vermittelt.

Wenn wir heute die Didaktik vor allem auf die Schule und berufliche Bildung beziehen, so ist dies ein sehr eingeschränkter Blick. Seit der Moderne hat sich neben der üblichen Erziehung in Familien und einer späteren Ausbildung in Berufen zwar vor allem die Schule durchgesetzt, um ein kulturelles Maß von Wissen und Verhalten der heranwachsenden Generation zu vermitteln. Die Didaktik wurde deshalb besonders für dieses Anwendungsfeld entwickelt. Aber die grundsätzlichen Aufgaben der Didaktik reichen weit darüber hinaus, denn didaktische Situationen entstehen immer dann, wenn etwas über Lehren vermittelt oder im Lernen gezielt und bewusst verarbeitet wird. Heute sehen wir stärker als frühere Zeiten, dass ein jeder Lerner seinen eigenen Lernprozess auch eigenständig und selbstbestimmt didaktisieren muss.

In diesem Kapitel werde ich mich zunächst kurz mit der Didaktik in der Moderne beschäftigen, um verständlich zu machen, woher bis heute Ansprüche bisheriger didaktische Ansätze stammen (Kapitel 2.1). Dann werde ich auf Probleme dieser Ansprüche in der neueren Zeit, die auch als Postmoderne bezeichnet wird, eingehen (Kapitel 2.2). Anschließend soll das Lernen in der Postmoderne vereinfachend in seiner Problemlage zwischen den »Ich-will«-Wünschen und den »Ich-soll«-Anforderungen in der Kultur charakterisiert werden. Dies soll verdeutlichen helfen, dass es heute notwendig ist, eine Balance zwischen beiden Anspruchsebenen zu finden (Kapitel 2.3).

Schließlich will ich auf die gegenwärtige Krise der Didaktik zu sprechen kommen, die sowohl mit der postmodernen Situation als auch spezifischen Fehlentwicklungen zusammenhängt (vgl. Kapitel 2.4).

2.1 Didaktik in der Moderne

Die Moderne ist ein Zeitalter, die das Lehren und Lernen seiner privaten Sphäre entrissen und maßgeblich zu seiner Institutionalisierung beigetragen hat. Für die arbeitsteilige Welt der Moderne sind Arbeitskräfte und Bürger auszubilden, die nach Plänen und Zielen, in kostengünstiger kasernierter Form und durch geschultes und loyales Personal auf Berufe und kulturelle Verhaltensweisen vorbereitet und diszipliniert werden. Die Didaktik bekam aus der Aufklärungsbewegung dabei durchaus auch kritische Impulse in Richtung einer freien Ausbildung von Vernunft und Kritik, aber zugleich wurden praktisch entweder durch Religion oder durch den Staat die professionell Lehrenden auf gewünschte Herrschaftsinteressen ausgerichtet und kontrolliert. Die damit einsetzende Didaktisierung ist charakterisiert durch eine Zunahme an Rationalisierung, indem Normen und Werte versachlicht, persönliche Abhängigkeiten juristisch reguliert wurden. Zugleich ist sie durch Individualisierung gekennzeichnet, indem z.B. in der Erziehung das Subjekt entdeckt wurde, um es zugleich zu domestizieren und zu kultivieren, d.h. in gesellschaftliche Fremd- und Selbstzwänge der modernen Kultur zu integrieren.

Der Pädagogik und besonders der Didaktik kam im Zeitalter der Moderne die Aufgabe zu, insbesondere je auf neuer Entwicklungsstufe den Prozess der Vermittlung von äußeren, veränderten gesellschaftlichen Anforderungen mit individuellen Möglichkeiten zu vermitteln. Dabei waren es von Anfang an widersprüchliche Aufgaben, die sie zu erfüllen hatte: einerseits z.B. das Lernen zu fördern, es andererseits aber aufgeteilt nach Klassenprivilegien zuzuweisen und Lerner zu selektieren. Einerseits eine berufliche Bildung vorbereiten zu helfen, andererseits aber auch allgemeine Kulturtechniken vermitteln zu müssen. Einerseits didaktische Theorien zu entwickeln, um das Lernen effektiv zu gestalten, andererseits aber meist noch in autoritären gesellschaftlichen Strukturen dabei nur bedingt Freiheit zulassen zu können. Die Moderne ist zudem in ihren Idealen der Aufklärung, die insbesondere in der Französischen Revolution als Werte der Freiheit, Gleichheit und Brüderlichkeit artikuliert wurden, in der konkreten pädagogischen und didaktischen Praxis meist sehr abweichend von diesen Idealen betrieben worden.

Didaktische Theorien sind seit dem 17. Jahrhundert angetreten, die Ideale der Moderne realisieren zu helfen. Diese Ideale, die ihrerseits Ausdruck eines kulturellen Wandels vom Mittelalter in die Neuzeit sind, haben sich zwar immer wieder verändert, aber sie zeigen in wesentlicher Übereinstimmung verschiedener didaktischer Ansätze, dass vor allem das alte Abbildungslernen der Klosterschulen überwunden werden sollte.[1]

---

1 Vgl. hierzu auch Dewey (1989); Reich (2005, 256ff.).

Die Klöster produzierten ein Lernen, das die Bildung in fest gefügten Vorannahmen sah. Zu diesen Vorannahmen gehörte eine klare Hierarchisierung derer, die über Wissen und Bildung zu verfügen hatten. Die persönliche Autorität – immer gespeist durch höchste göttliche oder weltliche Autoritäten, auf die man sich berufen musste – hatte Vorrang vor individuellen Auslegungen und Wünschen. Der Glauben war primär gegenüber dem Wissen, bzw. das Wissen wurde in den Diskursen zur Begründung der jeweiligen Glaubensrichtungen konstruiert und reglementierend benutzt. Rituale und Mythen waren hoch bedeutsam, für das Lernen waren ein großer Ernst und autoritäre Unterwürfigkeit maßgebend. Eine solche Didaktik des Klosters war gewiss nicht unumschränkt gültig; auch in den Klostermauern und der mittelalterlichen Lebenswelt gab es mancherlei Formen, die Abbildungen zu verweigern oder zu modifizieren.[1] Aber der vor allem religiös und sozial geformte Geist des Mittelalters erlaubte nur wenig Didaktik für sehr wenige Menschen. Und diese wenigen standen unter einer starken Abbildungsnorm.[2]

Vergleichen wir die bürgerliche Bildung und Erziehung der Moderne mit dem Mittelalter, dann erkennen wir schon bei einer groben Einsicht, dass die Abbildungsnormen sich zunehmend vom Glauben auf das Wissen verlagern. Es entsteht nach und nach eine Bildungsvorstellung, die repräsentative Gültigkeit auf der Basis von theoretischen und empirischen Annahmen erhebt und die sich selbst als Theorie formalisiert, um kategorial verfügbar zu sein. Es entfaltet sich eine Geschichte pädagogischer und didaktischer Grundbegriffe, die uns bis heute vertraut sind. Hierzu gehört z.B. das Gleichheits*ideal*, das allen Menschen möglichst gleiche Bildungschancen einräumen will. Die persönliche Dominanz eines richtigen Wissens durch einzelne Autoritäten wird durch eine sachliche Autorität ersetzt, die Wissenschaften, die unabhängig vom persönlichen Status eine Garantie für die Wahrheit der Aussagen übernehmen sollen. Dort, wo früher Fremdzwänge die Individuen veranlassten, ihre Handlungen aufgrund z.B. von Gewalt- und Todesdrohungen zu regulieren, soll nun eine eigene Vernunft einsetzen, die sich als Selbstzwang ausbildet.[3] Es entsteht eine wissenschaftliche Didaktik, die durch Pläne, aufgeklärte Logik und einen Anspruch auf universelle Weltverbesserung mittels Bildung und Erziehung gekennzeichnet ist.

Ein Klassiker moderner Didaktik war Comenius (Jan Amos Komenský). Er fasste in seiner »Großen Didaktik« Grundsätze des Lehrens und Lernens zusammen, wie sie typisch für ein enzyklopädisch geprägtes Bürgertum waren, welches das Wissen der Zeit festhalten wollte und in der Heraufkunft der Vernunft die Möglichkeit universeller Gesetze für alle Zeiten sah. Viele der Grundsätze nach Comenius haben sich sehr

---

1   Insbesondere dem grotesken Leib, den Formen einer begrenzten karnevalistischen Lebensweise, wie Bachtin (1969) hervorhebt, kam hier die Aufgabe zu, den Ernst durch eine Lachkultur zu relativieren und zu subvertieren.
2   Gleiches gilt auch für die chinesische Hochkultur, in der mittels Reproduktion von Klassikern die autoritäre Unterwürfigkeit gesichert wurde. Allerdings ließ hier die eher weltliche Orientierung mehr Spielraum für die individuelle Entfaltung von Wissenschaften und Künsten nach der Phase der Ausbildung. Vgl. Reich/Wei (1997).
3   Vgl. dazu die Analysen von Elias (1976, 1983, 1988, 1990).

lange gehalten, weil sie repräsentativ für den Wunsch der Moderne standen, ein für alle Menschen verobjektivierbares Bild von Welt zu ermöglichen, in dem der Fortschritt an das Voranschreiten der Vernunft gekoppelt ist.

Aus solchen Kontexten heraus verwundert es nicht, dass diese Didaktisierung sich besonders mit Inhalten und Fächern verbunden hat. In ihnen schien nicht nur das eigentliche Wissen, die Vernunft, der Menschheit aufbewahrt, der fachliche Fortschritt schien auch selbst Garant für eine effektive Didaktik.

> Zwei Beispiele können helfen, die Ansprüche der Moderne für heutige Erziehungsfragen noch einmal anschaulich nachzuvollziehen:
> In dem Film »Der Club der toten Dichter« wird beschrieben, wie sich ein Lehrer vom herkömmlichen totalisierenden Wissensanspruch seines Faches lösen will, um seinen Lernern eigenes, freies Denken zu ermöglichen. Nach bestimmten Lehrbüchern lernen Schüler, wie ein »gutes« Gedicht auszusehen hat. Sie sollen dabei reglementiert vorgeschrieben bekommen, wie der Geist in der Lyrik auf einmal frei wird, was unterstellt, dass solche Freiheit offenbar verordnet und instruiert werden kann. Der Lehrer lässt die Lehrbuchseiten herausreißen und widmet sich den Gedichten selbst. Er lässt die Lerner erfahren, was für sie gute Gedichte sind, und traut ihnen zu, selbst welche zu schreiben. Sein Scheitern zeigt die Zwänge, in die man in der Moderne geraten kann, denn die Ideale der Moderne entsprechen in Fragen der Freiheit meist nicht ihrer Wirklichkeit.
> In Hans Peter Hoegs Buch »Der Plan von der Abschaffung des Dunkels« wird einer modernen Didaktik ebenfalls ein eindrucksvolles Denkmal gesetzt. Hier kann man nachlesen, was geschehen kann, wenn eine Pädagogik vor allem auf das Inhaltliche vertraut und einzelne Lerner auch noch denken, dass darin ein verborgener Sinn liegen muss. Wenn Schülern aus pädagogischen Gründen vorgeblich verheimlicht wird, woraufhin man sie erziehen und bilden will, dann suchen sie subversiv eine Partizipation und bilden sich ein eigenes Urteil. Dies führt dann in die Tragödie, wenn sie nicht durchschauen, dass die Ideale der Erwachsenen nicht immer ernst genommen werden sollten.

Die Ansprüche der Moderne haben sich bis in die Gegenwart in unterschiedlichen Akzentsetzungen gehalten. Denken wir z.B. an die entscheidenden deutschen Didaktikansätze nach 1945 zurück, dann erkennen wir sehr klar unterschiedliche Strömungen, die damals mit Wirkungen bis heute typische Merkmale einer rationalistischen Bildungskultur im Sinne eines Strebens nach Modernität trugen:

- Es gibt eine überwiegende Orientierung an Rationalität und ein Hoffen auf die Durchsetzung der besseren Argumente. Deutlich ist auch die Verweigerung, sich der emotionalen Seite der Begegnung von Lernern und Lehrenden vertiefend zu nähern[1], eine geringe Entwicklung dialogischer Verständigung auf gleichberechtigter Ebene. *Für die Didaktik hieß dies, die Voraussetzungen der Lernteilnehmer überwiegend inhaltlich oder formal sozial zu untersuchen, den Lehrer als Experten zu etablieren und die Lerner nur für eingeschränkt dialogfähig zu halten.*

---

1 Eine Ausnahme machte Paul Heimann zumindest in seinen frühen Schriften, in denen er sich mit der Emotionalität aus der Sicht der Psychoanalyse auseinander setzte; vgl. Heimann (1976).

- Aufklärerische Intentionen wurden im Sinne eines Fortschrittgeistes modelliert, und es schien nur eine Frage der Zeit, insbesondere die soziokulturellen oder anthropogenen Quellen des Lernens näher aufzuspüren, um die Didaktik zu vervollkommnen. *Für die Didaktik hieß dies, die Lehrerbildung zu professionalisieren und die Lehrenden im Sinne ihrer Modelle mündig zu machen – ein Prozess der zur Institutionalisierung insbesondere der Lehrerbildung bis hin zu heutigen Formen beitrug.*
- Die Suche nach universalistischen Vernunftlösungen führte zu überwiegend formalen Denkmodellen, die für alle Lerner, in allen Klassen, in allen Situationen gelten sollten. *Für die Didaktik hieß dies, vorwiegend formale Modelle der Unterrichtsanalyse und Planungsdurchführung zu entwickeln, ein formales Exerzitium der Lehrerausbildung zu fördern, in dem möglichst alle didaktischen Handlungen reflektiert und bestimmt werden.*

In diesen drei Ansprüchen konkurrierten mehrere Ansätze miteinander, wobei jeder für sich die höhere Rationalität und bessere Erklärung beanspruchte. Die Modernitätshoffnungen verteilten sich auf verschiedene Akzentuierungen[1], von denen ich nur einige skizzieren will:

- Zunächst sind hermeneutisch-reflektierende Verfahren zu nennen, die sich an Inhalten einer Bildungsreflexion auf einen eher konservativ ausgerichteten Bürger im Sinne der Tradition der geisteswissenschaftlichen Pädagogik orientierten. Später wendeten sich solche Ansätze auch stärker gesellschaftlichen Schlüsselphänomenen in Richtung Emanzipation zu. Hier wollte man in einem sehr weiten Sinne einem aufklärerischen Fortschritt dienen. Vorrangig zu nennen sind die Arbeiten der bildungstheoretischen Didaktik (insbesondere Klafki 1962, 1963, 1976, 1986). Allerdings blieben die herausgestellten emanzipatorischen Schlüsselphänomene sehr allgemein. Diese Didaktik wurde vorwiegend inhaltsorientiert entwickelt und fand nur wenig Zugang zu Lerntheorien, zu Beziehungsproblemen und einem umfassenden Verständnis der kommunikativen Seite des Unterrichts.
- Der Behaviorismus und seine Lerndiagnosen hatte besonders bei jenen Didaktikern Einfluss, die ein einfaches und scheinbar naturwissenschaftlich abgeleitetes Modell des Lernens zur Begründung ihres Handelns suchten. Hier setzte man auf einen Nützlichkeits-Fortschritt und wissenstechnologischen Optimismus, um vereinfachende Übertragungen aus Tierkonditionierungen als hinreichende Begründung heranzuziehen. In den klassischen didaktischen Ansätzen in Deutschland konnte sich diese Ableitung weniger durchsetzen, dafür umso stärker als eine Ablösung der an Dewey orientierten Pädagogik in Amerika.[2]

---

1 Vgl. dazu als Übersicht für die 60er- und 70er-Jahre z.B. Reich (1977). Diese Arbeit stellt die hier genannten und noch weitere relevante Ansätze eher aus der Sicht der Lerntheorie dar. Unter Bevorzugung der bildungstheoretischen Perspektive vgl. dagegen Blankertz (1969). Als neueren Überblick vgl. z.B. Jank/Meyer (1991).
2 Als eine grundsätzliche Kritik an behavioristischer Vereinfachung vgl. z.B. Devereux (1967).

- Die lerntheoretische Sicht, die aus unterschiedlichen Lerntheorien ein anthropologisches Grundmuster abzuleiten bemüht war, um auf einer teilweise naturalistischen und teilweise sozial-kulturellen Orientierung[1] ein möglichst realistisches Bild von pragmatischer Didaktik zu gewinnen, fand in den 60er- und 70er-Jahren eine weite Verbreitung. Wegbereitend hierfür waren die Arbeiten von Paul Heimann (1976). Bei Gunter Otto (1976) – auch in Boettcher u.a. (1976) – , Wolfgang Schulz (z.B. 1979) und auch bei Reich (1979) finden sich stärker emanzipatorische Ansätze, die auf die kritische Stimmung der Studentenbewegung der 60er- und 70er-Jahre reagierten. Auch dieser Ansatz unterschätzte, obwohl er stärker als die Bildungstheorie dem Lernen zugewandt war, die Bedeutung von Kommunikation und Beziehungen.
- Ein konstruktives Lernverständnis, wie es durch die Forschungen von Piaget nahe gelegt wurde, ließ eine universalistische Hoffnung auf eine Entwicklungslogik des Lernens erscheinen, die uns große Sicherheit in der Planung von Lernprozessen suggerierte. In der Umsetzung jedoch zeigte sich, dass eine Entwicklungslogik aus psychologischer Sicht allein nicht hinreicht, die Komplexität der Lernvorgänge umfassend zu steuern.[2]

Diese didaktischen Ansätze repräsentierten Hoffnungen der Moderne, insofern sie als allgemein-didaktische Modelle auf eine Erhöhung und einen stetigen Fortschritt der Rationalität setzten. Eine bessere und effektivere Didaktik erschien früher nur als eine Frage der Zeit. Je stärker, so etwa bei Heimann, die anthropogenen und sozial-kulturellen Voraussetzungen des Unterrichts durchschaut wurden, desto gewisser sollten Didaktiker das Lehren und Lernen wissenschaftlich begründen und effektiv handeln können. Gleichwohl war Heimann oder auch anderen Didaktikern bewusst, dass es Grenzen didaktischer Planbarkeit gibt. Aber diese umfassend zu erörtern lag weniger im Zeitverständnis.

Bis in die 70er-Jahre des 20. Jahrhunderts wurden didaktische Ansätze aus wissenschaftlicher Perspektive begründet, daran anschließend begann sich seit den 80er-Jahren eine gewisse Stagnation der wissenschaftlichen Modelle im deutschen Sprachraum abzuzeichnen.

Seit dieser Zeit gibt es zunehmend eine didaktische Ratgeberliteratur, die sich überwiegend auf praktische Handreichungen und Rezepte beschränkt. Am deutlichsten ist dies am Erfolg von Klippert zu sehen, der ohne eine systematische didaktische Theorie methodische Möglichkeiten des Unterrichts sammelt und darstellt.[3] Didaktische Modelle scheinen abgeschlossen, eine Weiterentwicklung erfolgt eher rudimentär, und die Didaktik benötigt immer mehr Anregungen von außen: So sehr erfolgreich aus der

---

1 Exemplarisch hierfür waren die Arbeiten Heinrich Roths. Vgl. insbesondere Roth (1957, 1966, 1971, 1976).
2 Zum konstruktivistischen Hintergrund bei Piaget vgl. z.B. Reich (1998a, 138ff.), von Glasersfeld (1996).
3 Vgl. z.B. Klippert (1996a, b; 1998, 1999).

Weiterbildung, in der neue handlungsorientierte Methoden stärker als in der Schule oder Hochschule entwickelt werden, besonders aber aus der Sicht von Kommunikationstheorien für die Beziehungsseite, die nun neben der Inhaltsseite zumindest bei vielen Praktikern als wesentlich auch für das didaktische Handeln angesehen wird. In dieser handlungsorientierten und kommunikativen Wende werden heute, wenn didaktische Begründungen nicht bloß rezepthaft bleiben sollen, als theoretische Bezugstheorien verstärkt der Pragmatismus (Neuentdeckung Deweys) oder der Konstruktivismus zur Begründung eines nicht nur methodisch differenzierten praktischen Handelns genutzt. Diese Ansätze stehen im Bemühen, eine umfassende Reflexion auf die Bedingungen und Möglichkeiten eines solchen Handelns in der Vermittlung von Inhalten und Beziehungen leisten zu wollen.

2.2 Didaktik in der Postmoderne

Es gibt aber auch eine Krise im weiteren Sinne, die das Verhältnis von Moderne und Postmoderne betrifft. Heutzutage ist die Hoffnung auf ein notwendig und hinreichend anwachsendes Potenzial wissenschaftlicher Verbesserungen nach den Mustern und Wünschen der Moderne erschüttert. Die Moderne konnte nicht alle Hoffnungen der oben aufgestellten rationalistischen Ideale befriedigen, ja mehr noch, sie zeigte sich selbst als brüchig. Die Zeiten haben sich gewandelt, besonders beschleunigt in den letzten 50 Jahren. Lehren und Lernen, dies ist meine Ausgangshypothese, stehen heute im Zeichen einer notwendigen Reflexion über diese Veränderungen. Theorien, die dies besonders intensiv reflektieren, nennen sich Diskurse über die Postmoderne.

Mit Postmoderne meine ich allerdings nicht das Zerrbild, was Kritiker an Diskursen über die Postmoderne gerne zeichnen: ein Zeitalter des *anything goes* und der Beliebigkeit, das bloß reinen Skeptizismus auszudrücken scheint. Die Diskurse über Postmoderne lösen keineswegs alles in Beliebigkeit auf, und sie sehen die Postmoderne auch nicht als die Nachfolgerin der Moderne, wie das irreführende Vorwort *Post-* zu signalisieren scheint. Vielmehr entwickeln sich in der Moderne Positionen des Übergangs, der Dekonstruktion ihrer eigenen Voraussetzungen, die heute von unterschiedlichen Theorien bearbeitet werden.

> Die Postmoderne ist ein umstrittener Begriff, der wie andere Begriffe auch – z.B. Spätmoderne, Hochmoderne oder reflexive Moderne[1] – einen Übergang bezeichnen soll, den in letzter Zeit Zygmunt Bauman (1995, 1996, 1997, 2000, 2001, insbes. 1999) sehr treffend herausgearbeitet hat.

Beziehen wir diesen Übergang auf die Pädagogik und Didaktik, so will ich vereinfachend in einem Schaubild Veränderungen markieren, die für die Didaktik kennzeichnend sind (vgl. *Schaubild 3* auf S. 48). Eine Reflexion dieser Veränderungen erscheint mir als wichtig, um die Aufgaben der Didaktik in der Gegenwart zu bestimmen:

---

1 Vgl. zu einführenden Diskussionen z.B. Beck u.a. (1986) und Beck/Giddens/Lash (1996).

Didaktik		
in der Moderne	als Übergang	in die Postmoderne
Rationalität als bester und erfolgreichster Zugang zur inhaltlichen Bestimmung der Didaktik	zeigt sich mehr und mehr als ein unzulänglicher, widersprüchlicher, unsicherer Zugang	und verliert ihre zentrale Stellung: Sie ist heute an Beziehungs- und Kommunikationsformen, unterschiedliche Kontexte gebunden
Formale Modelle mit universalistischem Kode erzeugen einheitliche Lösungen für möglichst viele Fälle, aber in der komplexeren Welt	passt kein Modell auf alles; keine Analyse ist je vollständig; keine Handlungsanleitung ist in ihren Wirkungen langfristig abschätzbar (obwohl formale Modelle in bestimmten Bereichen erfolgreich bleiben),	so dass universalistische Ansprüche scheitern; die Postmoderne ist pluralistisch, widersprüchlich, unübersichtlich, ambivalent (bei gleichzeitiger praktischer Globalisierung bestimmter »Universalien« vor allem in der Technik)
Didaktische Professionalisierung soll die Universalisierung durch Errichtung von Normen, Werten, formalen Prozeduren als Selbstzwang ausbilden, aber	das Nach- und Nebeneinander verschiedener Geltungs-Ansätze verstört und verunsichert; Bildung und Didaktik sind ein gesellschaftspolitischer Streitfall, der	zu didaktischer Ambivalenz zwischen Freiheit der Wahlen und Notwendigkeit einer solidarischen Perspektive mit den Lernern führt
Didaktik steht unter dem Zwang oder Wunsch eines **Fortschrittglaubens,** aber	der Fortschritt zeigt sich als abhängig von den Deutungen unterschiedlicher Beobachter, die auch Risiken des Fortschritts markieren,	so dass die Didaktik heute zwischen Versicherung bestimmten Erfolgs und Verunsicherung eben dieses Erfolgs steht

Schaubild 3: Didaktik zwischen Moderne und Postmoderne

In dem Schaubild wird die Didaktik im Übergang von modernen hin zu postmodernen Perspektiven beschrieben. Dabei ist dieser Übergang nicht einlinig zu verstehen. Es handelt sich um einen graduellen Übergang mit vielen Schattierungen, Unschärfen, und in der postmodernen Situation lauern immer wieder die modernen Ansprüche. Ich beschreibe also nachfolgend einen Prozess, der längst nicht abgeschlossen ist und dessen weitere Richtungsentwicklung viele Unklarheiten aufweist.

Schauen wir zunächst auf die Ansprüche der Moderne: Im bürgerlichen Fortschrittsglauben der Moderne dient auch in der Pädagogik und Didaktik die Rationalität als eine Leitfigur, durch die die inhaltliche Bestimmung wahrer Erkenntnisse, eines gültigen Wissens und eindeutiger Normen, Werte, Verhaltensregeln, Erwartungen geregelt wird. Es gibt viele philosophische und pädagogische Schriften, die die Rationalität als besten und wichtigsten Zugang zur inhaltlichen Bestimmung auch der didaktischen Arbeit sehen. Pädagogen wird dabei eine Rolle zugewiesen, rational das Gute, Richtige, Wahre, Erfolgreiche voraussagen zu können, und ihnen wird als Experten dabei eine legitime Machtposition zugesprochen, die durch ein Fachstudium als hinreichend begründet gilt. Insbesondere der Begriff der Bildung markiert hierbei Ansprüche, die ein solches Expertenwissen setzt. Hinter den lehrenden Experten aber gibt es noch die forschenden Experten, die die Fachstudien begründen und legitimieren.

Ein solches im rationalen Kalkül aufeinander abgestimmtes System erzeugt Sicherheiten, die Erwartung einer Ordnung und eines wahren Wissens. Gleichwohl war dies auch in der Moderne immer mehr Ideal als Wirklichkeit. Die Moderne war von Anfang an durch eine Brüchigkeit gekennzeichnet, die im Laufe der Modernitätsentwicklungen zunahm, aber erst mit den postmodernen Diskursen wurde die Brüchigkeit gezielt herausgearbeitet.

Mit der Einsicht in die Brüchigkeit der Moderne schwindet zunehmend mehr ein universalistisches Fachverständnis wie auch ein allgemein verbindlicher Bildungskanon (vgl. dazu genauer Kapitel 4.1). Alle wissenschaftlichen Fächer werden von Spannungen heimgesucht, in ihnen erscheinen Interessen- und Machtpositionen, diskursiv widersprüchliche Entwicklungen, neue Erfindungen bei gleichzeitiger Entwertung lieb gewordener Gewohnheiten.

In den Fächern gibt es einen Kampf zwischen Vertiefung von Kontexten, Steigerung von Komplexität als größere Bereitschaft, langfristige Folgen zu beachten, dies auch gegen die oft dominanten Verlockungen eines kurzfristigen Erfolgs und einer schnellen Karriere. Es gibt hier nicht nur eine Zunahme von widersprüchlichen, unsicheren Wegen des Forschens und von einem Zugeständnis stets unvollkommener, unzulänglicher, nie vollständiger Forschungsergebnisse, von einer nur begrenzten Aussage- und Voraussagekraft der Wissenschaften, sondern nun auch die Einsicht, dass die Wissenschaften nie frei von Beziehungen, von Kommunikation sind, dass es also nicht mehr ausreicht, Legitimationen der Wissenschaft allein auf einer Subjekt-Objekt-Ebene zu suchen. In der Didaktik führte die rationalistische Dominanz der Modelle zu einer Überschätzung der Modelle selbst, die in pädagogisch-didaktischer Praxis nicht so einfach umzusetzen waren und damit Lehrende frustrierten und teilweise so als Gegenbewegung auch Theoriefeindlichkeit erzeugten. Die Überbetonung der Inhaltsseite in der Suche rationaler Begründungen führte zu einem Primat des Kognitiven. Deshalb vernachlässigte die Didaktik vor allem die Beziehungsseite, eine angemessene dialogische Arbeit mit Lernern und Teilnehmern.

Didaktische Rationalität hat heute ihre Einheit verloren: Sie ist an plurale Vorstellungen, Macht, Interessenunterschiede, unterschiedliche Verständigungen und uneinheitliche Kontexte gebunden. Rationalität kann keine einheitliche Matrix abgeben, mit der aus *einer* Sicht Didaktik als sichere Wissenschaft anzuleiten ist. Rationalität zerfällt, so sehen wir es gegenwärtig, in eine Pluralität spezifischer rationaler Konstrukte, deren Viabilität (*Passungen in der Lebenswelt*) immer erst in unterschiedlichen Praktiken nachzuweisen und zu reflektieren ist.

Dagegen drückten formale Modelle in der Didaktik einen universalistischen Kode aus, der einheitliche Lösungen erzwingen sollte. Aber der Wunsch nach Einheitlichkeit, wie er früher für didaktische Modelle typisch war, reduziert die viablen Handlungsmöglichkeiten, vereinfacht die kreativen Lösungen auf bestimmte Exerzitien, die immer mehr versprechen, als sie halten können.

Heute scheint für mich ein anderer Grundsatz bestimmend für didaktische Modelle:

> Kein Modell passt auf alles; keine Analyse erweist sich als vollständig; keine Handlungsanleitung ist in ihren Wirkungen auf Erfolg eindeutig auf lange Sicht abschätzbar. Diese Kränkungen müssen alle didaktischen Ansätze hinnehmen.

> Hier stellst du einen Allsatz auf: »Müssen alle hinnehmen«. Ist dies jetzt eine universalistische Wahrheit? Das kann sie ja nicht sein, denn du sagst an anderen Stellen immer wieder, dass Wahrheiten relativ im Blick auf Verständigungsgemeinschaften und kulturelle Zeiten, aber auch nach Erfolg oder Misserfolg oder ähnlichen Kriterien sind. Du scheinst dir aber ziemlich sicher in deiner Aussage zu sein. Doch müsstest du streng genommen nicht auch diese Aussage unter einen relativen Anspruch setzen?

Eine Didaktik in der Postmoderne sollte sich im kulturellen Kontext der Gegenwart sehen und reflektieren, und dies allein ist schon eine Relativierung. Dies verändert die gewählte erkenntniskritische Ausgangsposition: Universalistische Ansprüche scheitern nach einer gewissen Zeit. Die Postmoderne zeigt unser Wissen und Verhalten in komplizierten Kontexten: pluralistisch, widersprüchlich, unübersichtlich, ambivalent.

> Aber gleichwohl gibt es in vielen Bereichen einen Konsens, der universalistisch erscheint. So z.B., wenn wir eine Sprache erlernen, bestimmte als richtig angesehene Lösungen oder Regeln, z.B. die Grundrechenarten, vermitteln. Dann sagen wir ja nicht, es könnte so oder auch ganz anders sein.

Das sollten auch postmoderne Überlegungen nicht. Aber sie bestehen darauf, dass wir kritisch auf das schauen, was uns oft als selbstverständlich gilt. Und wenn wir über formale Kulturtechniken und elementare Wissensbestände hinausgehen, dann erscheint sehr schnell, dass es nie nur *eine* beste Wahrheit gibt, sondern meist mehrere Lösungen für ein Problem, ganz abgesehen davon, dass es meist nie nur ein Problem gibt. Und wir sollten auch nicht vergessen, dass die uns heute so vertrauten Selbstverständlichkeiten irgendwann einmal in der Vergangenheit konstruiert wurden, weil sie z.B. als nützlich, erfolgreich, viel versprechend, schön galten. Jedes Zeitalter aber überprüft neu, was es aus der Vergangenheit übernehmen und was es verwerfen kann oder muss. Insoweit hindert eine universalistische Sicht stets eine kritische Sicht, auch wenn es schon aus lebenspraktischen Gründen sinnvoll sein wird, bestimmte Praktiken und Routinen als relativ dauerhaft anzusehen (vgl. genauer Kapitel 4.3).

Diskurse der Postmoderne, auf die ich hier aufmerksam machen will, behaupten daher nicht, dass alles willkürlich oder bloß subjektiv erfunden ist. Sie sehen uns hingegen immer in einem Übergang aus der Anschlussfähigkeit einerseits und im Schaffen eines Neuen andererseits, was unser Zeitalter sehr viel brüchiger in seinen Erwartungen und Resultaten macht, als es die Aufklärung als Fortschrittsglauben der Moderne noch erhoffen konnte. Wenn wir diese Veränderung anerkennen, dann muss sich eine Didaktik unter den Bedingungen der Postmoderne gegen traditionelle didaktische Ansätze stellen, die auch falsche Hoffnungen verbreiten. In diesen sollte didaktische

Professionalisierung die Universalisierung durch Errichtung von Normen, Werten, formalen Prozeduren als Selbstzwang ausbilden. Doch der Selbstzwang wurde meist nur durch kurzzeitigen Fremdzwang in der Ausbildung gesichert, er hat sich kaum je dauerhaft als eine kontinuierliche didaktische Praxis bewähren können.

> Ich bin mir nicht sicher, ob ich dies glauben kann. Sind nicht immer noch viele Lehrende gedanklich in einer Moderne gefangen, damit auch in einer traditionellen Didaktik, weil es einfach unbequem ist, postmodern auf die Welt zu schauen? Ist nicht die Schulzeit bis heute ein überwiegender Fremdzwang geblieben, wobei allenfalls einige Lehrende uns in eine Brüchigkeit führen, die wir als Lerner dann meist noch nicht einmal wollen?

Das mag stimmen. Aber das Nach- und Nebeneinander verschiedener Ansätze, die Geltung beanspruchten, verstört und verunsichert heute zumindest die Etablierung didaktischer Hegemonien einer vielseitig durchsetzbaren Aufklärung aus nur einer Perspektive. Der Pluralismus, Interessengegensätze und unterschiedliche Machtansprüche, die wir gesellschaftlich erzeugen und erfahren, begrenzten Allmachtansprüche einzelner Didaktiken, wie nicht nur am Untergang der DDR-Didaktik gesehen werden konnte, denn auch im Westen ging die Bewertung des Nutzens von Didaktik stets mit der Entwertung einzelner ihrer Ansätze einher. Bildung und Didaktik sind ohnehin ein ständiger wissenschaftlicher, lehr- und lernpraktischer, aber auch gesellschaftspolitischer Streitfall.

Für die Didaktik ist dies durchaus unbequem, und die Wirkungen sind auch nicht immer positiv. In der Postmoderne erscheint eine Ekstase der Wahlmöglichkeiten, damit eine Zunahme an Freiheit von Wahlen, die sich in einer Zunahme von Ratgeberliteratur für Lehrende spiegelt. Die Frage stellt sich, inwieweit so ein großer Nutzen für die Lerner erzielt werden kann. Didaktiker können nicht nur vom Pol ihrer Freiheiten – und erleichternden Handreichungen für eine schnelle Lehre – aus agieren, sondern müssen perspektivisch stets die Lerner ins Auge fassen, mit denen sie eine solidarische Perspektive verbindet. Denn Didaktik ist eine Perspektive auf Lerner. Diese Solidarität scheint mir ein viabler Rest aus den Ideen der Aufklärung zu sein, den wir vor allem gegen die Bequemlichkeit ausspielen müssen.

> Solidarität mit Lernern sehe ich als eine Norm, die es den Lernern ermöglichen soll, eigene Wahlen zu treffen, aber zugleich auch Anschluss an die Kultur halten zu können. Lehrende müssen praktisch zweierlei leisten: Den Lernern Freiheiten geben, damit diese für sich lernen können, ihnen aber auch solidarisch eine Welt zur Auswahl, zur Rekonstruktion vorstellen und diese bearbeiten lassen, damit sie den Anschluss an die heutige Welt nicht verpassen.

Aus solcher praktisch gemeinten Solidarität, wie sie heutzutage eine Didaktik vertreten sollte, resultiert aber eine Ambivalenz, wie sie typisch für postmoderne Verhältnisse ist. Diese Ambivalenz wird sehr deutlich, wenn wir die Gegenüberstellung moderner und postmoderner Erwartungen an die Didaktik, wie sie in *Schaubild 3* skizziert ist, noch näher betrachten. In der Moderne steht die Didaktik unter dem Zwang oder Wunsch

- langfristigen Erfolgs, der durch lang geplante Handlungsketten, das Einlassen auf langfristige Wissensspiele, der Verinnerlichung von Bildung und Verhaltenserwartungen in die Langsicht des Subjekts erreicht werden soll;
- eines ständig steigenden Fortschritts, der insbesondere durch das Anwachsen von Wissen und Bildung repräsentiert zu sein scheint;
- einer zunehmenden Wahrheit des Wissens, die immer vollkommener, realistischer, nützlicher, effektiver zu sein verspricht;
- einer Zunahme symbolischen Kapitals, das gebildete Individuen anhäufen und aus dem sie großen Nutzen und erwarteten ökonomischen Erfolg zu schöpfen scheinen;
- des notwendigen Aufschubs von schnellen Befriedigungen, damit einer Arbeits- und Leistungshaltung, die auf eine Zukunft hin sich entwirft und langfristigen Erfolg vor kurzzeitige Motivation stellt;
- der Kontrollierbarkeit der Zukunft, die aus der Position der Gegenwart heraus als hinreichend kalkulierbar und sicher prognostizierbar erscheint.

Diese Versprechungen erwiesen und erweisen sich als riskant, denn

- in der postmodernen Gegenwart werden kurzfristige Erfolge wichtiger und gesellschaftlich auch höher anerkannt als Erfolge, die durch langen Verzicht erworben werden;
- Fortschritte können Rückschritte bedeuten; die Fortschritte in der Moderne haben stets auch ihre Kehrseiten, die neue Risiken erzeugten; die Moderne hat ihre Naivität gegenüber dem eigenen Fortschrittsglauben angesichts des Scheiterns vieler als zunächst unriskant entworfener Erfolge verloren;
- die Halbwertzeit des Wissens vernichtet »symbolisches Kapital« (Bourdieu) schneller als es von ihren Besitzern genutzt und in Erfolge umgewandelt werden kann; so erscheint Bildung als ein grundsätzlich riskantes und unsicheres Unterfangen, dessen Nutz- und Erfolgswert nur begrenzt kalkulierbar ist und das auch keineswegs eine Garantie z.B. eines der Bildung entsprechenden Berufes oder Einkommens bietet;
- schnelle Befriedigungen gelten als erfolgreich, langfristiger Aufschub oder mühsames Ansparen gelten zunehmend eher als normale und langweilige Wege zum Ziel;
- die Zukunft soll möglichst offen sein, dabei aber ist eine zu große Bindung an die Vergangenheit oft eher hinderlich.

In diesem Übergang ist Didaktik ein Konstrukt, das eine Grundlagenreflexion erforderlich macht. In einer für mich zeitgemäßen Didaktik

- müsste Erfolg durch Viabilität ersetzt werden; dies bedeutet, dass stets eine Beteiligung aller direkt Betroffenen erst bestimmen hilft, was als Erfolg oder Misserfolg gedeutet wird;
- sollte eine prinzipielle Risikozunahme des Handelns auch didaktisch zugestanden werden; didaktisches Handeln sollte sich dem Wagnischarakter bewusst stellen und diesen nutzen, statt ihn zu fürchten;

- sollte die Relativierung von Wahrheit und Wissen zu einem Grundausgangspunkt heutiger Didaktik werden;
- müsste die Beschleunigung des Wissenserwerbs und -verfalls, der eingegangenen und gelösten Beziehungen, nicht einfach verurteilt und abgelehnt werden, sondern sollte als eine Ausgangsposition gegenwärtiger Kultur beachtet und reflektiert bleiben;
- sollte die Infragestellung eigener Ansprüche als Dekonstruktionsmöglichkeit auch des eigenen Ansatzes zugestanden und erwartet werden.

In der heutigen gesellschaftlichen Situation gibt es vor diesem Hintergrund ein Spannungsverhältnis zwischen traditionellen Anforderungen und postmodernen Verunsicherungen:

Einerseits sollen insbesondere die öffentliche Schule oder andere Bildungseinrichtungen vorwiegend in vom übrigen Leben abgetrennter Form Lernern scheinbar bleibende objektive Realitäten nach ausgewählten Texten, Sachverhalten oder gestellten Szenarien vermitteln. Die Auswahl solch verordneter Objektivität ist Experten überlassen, Hierarchien und für Außenstehende meist undurchschaubare Verwaltungen dominieren die Auswahlbedingungen. Didaktische Prozesse und Reformen werden dabei oft auch zum vordergründigen Kampfplatz von ideologischen Besitzständen: Parteien, Schulbürokratien, Verbänden, organisierten Eltern und anderen. Gleichwohl gibt es einen großen didaktischen Freiheitsraum der Lehrenden, der allerdings oft nur noch als begrenzter Möglichkeitsraum (gegen einschränkende Umstände) begriffen wird. Vor diesem Hintergrund sollen Lehrkräfte die vorgegebene Auswahl umsetzen, bzw. sie fungieren ihrerseits als Fachexperten. Als Kriterien werden meist – eher pauschal als differenziert – entweder traditionelle Bildungsansprüche (das, was sich bewährt hat) oder Marktbedürfnisse (das, was dem Konsum und seiner Erhöhung dient) genannt.

> Die Postmoderne ist eine Konsumgesellschaft, wie insbesondere Bauman (1999) herausstellt. In ihr sind alte Bildungsideale nach Aufsparen von Erfolg in lang geplanten Handlungsketten, nach langfristiger Geduld und Erreichen einer hohen Bildungsstufe tendenziell entwertet, da die Handlungsspiele kurz gehalten werden müssen, Bildung sich ständig verändert und relativiert wird, schnell erlangter Reichtum oder die Fähigkeit, gut zu konsumieren, als erfolgreich gilt. Die alten bürgerlichen Sekundärtugenden (Sparsamkeit, Fleiß, Pünktlichkeit, Ordnung usw.) verschwinden zwar nicht ganz, aber ihre Ironisierung ist allgegenwärtig. Wenn Theoretiker der Postmoderne solche Diagnosen erstellen, dann heißt dies nicht, dass sie diese Entwicklung unkritisch befürworten. Sie wollen sie aber auch nicht durch bloß kontrafaktische Unterstellungen »besserer Idealsetzungen« ignorieren und verdrängen.

Andererseits werden diese »objektiven Realitäten« in der Postmoderne ständig entwertet, über den Haufen geworfen und in neue Bildungsansprüche oder Marktbedürfnisse verwandelt. Die Inhalte sind brüchiger, zeitbezogener geworden, weil das Wissen nur noch als begrenzt gültig erscheint. Der Streit der Experten findet immer beschleunigter statt (eine Beschleunigung, an der die Lehrenden als Experten oft zögerlich teilnehmen), die Halbwertzeit des Wissens erreicht die Lehrkräfte mit Verzögerungen und mitunter viel zu spät (vgl. Dalin 1999). Es wird immer mehr zu einer Frage persönlicher Ansichten und Meinungen, was denn nun wichtig geblieben oder schon unwichtig geworden ist.

> Manche denken, es sei leichter, Lehrender zu sein als Fachexperte. Der Lehrende scheint alles nur halb können zu müssen. Aber wenn immer wieder andere über ihn entscheiden, wie soll er dann authentisch jemand sein wollen, der eigenständig gebildet ist? Wäre dies nicht die grundlegende Voraussetzung, wenn er als Vorbild auch seine Lerner in der Eigenständigkeit ihres Denkens fördern soll oder besser will? Müsstest du über dieses »Ich-soll« und »Ich-will« nicht einmal nachdenken? Aber ich sehe schon, du willst dich zunächst wohl lieber allgemein äußern.

Aus dieser Brüchigkeit entspringt eine Verunsicherung für die Didaktik als Wissenschaft nach zwei Seiten, die ich überspitzt darstellen will:

(1) Die an der Moderne, an der Aufklärung und traditionellen Bildungsidealen orientierten Pädagogen stehen in der Gefahr als Konservative bloß noch der Vergangenheit anzuhängen und die Veränderungen der Praxis, der Markt- und Konsumbedürfnisse einer sich stark wandelnden Gesellschaft schlichtweg zu verpassen. Ihr Unbehagen an der Postmoderne äußert sich oft in einer Kritik der neuen Unübersichtlichkeit, eines Verfalls alter Werte (insbesondere der Solidarität), einer Orientierungslosigkeit und scheinbaren Beliebigkeit, einer Auflösung für objektiv gehaltener Realitäten. Waren einige dieser Pädagogen und Didaktiker vor zwanzig oder dreißig Jahren noch die fortschrittlichen Neu-Denker, so werden sie jetzt zu konservativen Sachwaltern einer vergangenen Zeit, die sie idealisierend den stattfindenden Veränderungen entgegenhalten, und in den Idealisierungen verlieren sie einen hinreichenden Kontakt zur Lebenspraxis nachwachsender Generationen. In gewisser Weise ist dieser Kontaktverlust ohnehin typisch für dieses Denken, weil es auch früher schon mehr auf kontrafaktische und utopische Annahmen statt auf praktische Schritte im Kleinen setzte.[1]

An diesem Denken wird von mir nicht kritisiert, dass es kritisches Hinterfragen im Sinne von Aufklärung über Voraussetzungen, über die Bedingung der Möglichkeit von Veränderungen gefordert und teilweise umgesetzt hat. Diese Seite bleibt auch für postmoderne Denker wesentlich. Was kritisiert wird, ist die Erwartung einer beobachterunabhängigen Objektivität, einer möglichst vollständigen oder irgendwann besten Lösung, einer Gewissheit und Eindeutigkeit des Wissens und ständigen Besser-Wissens gegen andere, die in der heutigen Kultur scheitert und damit dieses Denken als nicht mehr hinreichend viabel für gegenwärtige Problemlösungen erscheinen lässt. Dies gilt insoweit dieses Denken die Konstruiertheit des eigenen Ansatzes nicht hinterfragt. Wenn Wissen unabhängig von Macht und Beziehungen betrachtet wird, wenn nicht

---

1 Symptomatisch dafür steht, dass es in Deutschland kaum eine Auseinandersetzung mit der Pädagogik Deweys gegeben hat, der eine Reform der kleinen Schritte und der Demokratie im Kleinen gefordert und angeleitet hat. Bei uns galt der pragmatische Weg eher als unfein – der Weg akademisch höchster Ziele, die eher abstrakte Leitfiguren für eine ferne Praxis blieben, hingegen galt oft auch als Königsweg der Pädagogik.

stets dazu aufgefordert wird, alle an der Bildung und Erziehung Beteiligten aus ihrer Situation heraus Perspektiven, Sinn und Geltung ihrer Weltkonstruktionen einbringen zu lassen und dies diskursiv zu verarbeiten, dann entsteht leicht eine unreflektierte Besserwisserei. Ein solches Denken, das die Bedeutung in den Dingen selbst sieht, das sie auf einige wesentliche Kernkräfte reduziert und deshalb andere übersieht und ausschließt, das überwiegend auf Experten vertraut und alles objektiv bemessen und regulieren will, lehnen die postmodernen Diskurse ab. Sie kritisieren insbesondere drei Mythen der Wissenschaft, die immer wieder zur Begründung derartiger wissenschaftlicher Geltungsansprüche herangezogen werden:

- Der Universalismus bezeichnet eine Grundlage von Theorien, die unabhängig vom kulturellen Wandel Gesetzmäßigkeiten oder Prinzipien festzuhalten versuchen, die scheinbar ewig und immer gelten (dies wird oft mit so genannten Naturgesetzen gleichgesetzt). Der Mythos des Universalismus wird sowohl aus theoretischen Konstrukten gespeist, die den Ursprung universeller Aussagen in bestimmten Ideen oder im Glauben (insbesondere des Christentums) sehen, als auch aus einer Übergeneralisierung von bestimmten naturwissenschaftlichen Gesetzen, die die Natur an sich abzubilden scheinen.[1]
- Der Naturalismus wird abgelehnt, weil in ihm mittels eines Fehlschlusses eine Übertragung von rekonstruierten Naturphänomenen (die meist als eindeutige Abbildung behauptet werden) auf kulturelle Bereiche vorgenommen wird. Dagegen setzen postmoderne Reflexionen, dass auch bei rekonstruierten Naturphänomenen eine menschliche Konstruktion vorgenommen wird, die für die menschlich gesetzten Zwecke oder einen unterstellten Sinn als viabel angenommen werden können. Wenn dann ein solches Rekonstrukt auf andere Rekonstruktionsbereiche (von der Natur auf die Kultur) übertragen wird, dann müssen wir einschränkend erkennen, dass wir damit ein Konstrukt der Generalisierung oder Übergeneralisierung schaffen, das schon deshalb nicht ungebrochen passen kann, weil es in einem anderen Sinn- und Geltungszusammenhang entworfen wurde.[2]
- Der Realismus ist heute wohl die stärkste Bastion des scheinbar »gesunden« Menschenverstandes. In diesem nimmt man die Dinge so, wie sie scheinen. Man übersieht den konstruktiven Anteil an ihrer Herstellung und hält sie für reine Natur, reine Realität. Der Realismus beruft sich gerne auf eine bewusstseinsunabhängige Realität, die wir nicht konstruieren können. Eine solche kann auch der Kritiker zugeben. Aber im Gegensatz zum Realisten behauptet er nicht, dass diese gleichsam ohne menschliches Zutun uns von selbst zufällt oder sich in uns direkt abbildet. Und damit kann er auch nicht dem Mythos folgen, dass aus solcher bewusstseinsunabhängigen Realität eindeutig geklärt werden könnte, was wahr oder falsch, erfolgreich oder erfolglos, nützlich oder nutzlos sei.[3]

1 Zur Kritik vgl. insbes. Reich (1998 a, b), Reich in Burckhart/Reich (2000).
2 Vgl. zu einer solchen Kritik am Naturalismus auch Hartmann/Janich (1996).
3 Vgl. dazu ausführlicher Reich (2002b).

Wissenschaftliche Begründungen aus der Sicht dieser drei Perspektiven erweisen sich – aus postmoderner Kritik – als zu kurzschlüssig. Es wäre ebenso kurzschlüssig, wenn wir behaupten würden, dass der festgelegte Zeittakt der Schulstunden, die Stühle und Bänke im Unterricht, das Klingeln zum Schluss der Stunde, die abgeschlossenen Türen des Lehrerzimmers Konstruktionen sind, die wir nicht aufgeben können, nur weil wir uns an sie als Konstruktionen gewöhnt haben.

(2) Die an der Postmoderne orientierten Pädagogen, die ich – mit der eben geübten Kritik – favorisiere, stehen in der Gefahr, als neue Progressive (die irgendwann wohl auch Konservative werden) bloß noch der Singularität von Ereignissen, der Dekonstruktion eines jeden Universalismus, Naturalismus oder Realismus nachzugehen, vorwiegend neue Visionen zu entwickeln und dabei die strukturellen Bedingungen und Voraussetzungen der Moderne, in der sie fest verankert immer *auch noch* stehen, zu übersehen. Sie blieben dann reine Kritiker oder Skeptiker der Dekonstruktion der großen Meta-Erzählungen, wozu die Aufklärung gehört, der kulturellen Selbstbezüglichkeit unseres Denkens, der Relativität unserer Wahrheiten und der Veränderung dessen, was als Realitäten Geltung und Gültigkeit in der Verständigung hat. Zwar wäre ihr berechtigtes Unbehagen an der Moderne in einer Kritik der Unzulänglichkeit der vermeintlichen Übersichtlichkeit, des verfehlten Vollständigkeitsanspruches z.B. des Wissens, der veralteten Wertevorstellungen, der traditionellen und einseitig interessebezogenen Orientierung der Moderne, der Kritik der Objektivitätsvorstellungen begründet und nachvollziehbar, aber ihre Skepsis und Kritik allein würde zu wenig helfen, die stattfindenden Praktiken, Routinen und Institutionen zu verändern, wenn sie bloß theoretisch und begrenzt akademisch blieben. Dann würde auch diese Kritik bloß idealisierend betrieben und bloß ein kontrafaktisches Ideal gegenüber den post-modernen Praktiken darstellen.

2.3 Lernen in der Postmoderne zwischen »Ich-will-« und »Ich-soll-Ansprüchen«

Nun haben postmoderne Kritiker in letzter Zeit genau den zweiten Punkt auch gegen eigene Illusionen thematisiert. Von einer Postmoderne zu sprechen heißt eben nicht, dass die Moderne schon abgeschlossen ist (die alten Objektivitätsbilder und Aufklärungsansprüche, so unmöglich sie auch im Ganzen realisiert werden können, existieren plural neben anderen Vorstellungen ja immer noch). Es heißt auch nicht, dass die Postmoderne als ein paradiesischer Zustand betrachtet wird, den wir nun alle als besten anerkennen sollten. Das Unbehagen an der Postmoderne äußern sie als Kritiker der Moderne *und* der Postmoderne: Der gesellschaftliche Zustand, in dem wir in den westlichen Industrieländern leben, ist ein von den Ambivalenzen der Postmoderne selbst geprägter. Solche Ambivalenzen äußern sich – grob vereinfacht – in einer immer unübersehbareren Widersprüchlichkeit:

Einerseits gibt es eine Ekstase der Freiheit, die als individueller Wunsch nach erhöhten Chancen von Individualität, Einkommen und Besitz, nach verbesserter Lebenserwartung und ständig fortschreitenden Lebensbedingungen ein unendliches Begehren mobilisiert. Die Voraussetzung der Möglichkeit einer Wahrscheinlichkeit des Gelingens dieser Ekstase liegt in Entbettungsprozessen aus Traditionen, überkommenen Werten, die diese Freiheit behindern. Unterwerfungen unter allgemeine Zwänge, Normen und Werte, behindern zunächst grundsätzlich die Freiheit. Die individualisierte Lebensform aber scheint der einzige Bezugspunkt zur Erzielung von persönlichem Erfolg zu werden. Eine sehr egoistische Kultur erscheint. Sie wird dadurch verstärkt, dass die kollektiven Fantasien auf Solidarität und wechselseitiges Abgeben als zunehmend gescheitert angesehen werden.[1]

Andererseits wird diese Ekstase der Freiheit in gelebter Form kaum ertragen, denn die Freiheit selbst benötigt Sicherheiten, die nicht nur auf allgemeinen rechtlichen Ordnungsvorstellungen, wie insbesondere den Menschenrechten, aufbauen, sondern sich auch in die Teilnahmebedingungen an den Freiheitsmöglichkeiten einschreiben. Solche Teilnahmebedingungen werden, so argumentieren kritische Sozialwissenschaftler, zunehmend mehr über Geld und Konsum geregelt, und mangelnder Konsum wird – so folgert Bauman – zu einer fehlenden Ressource einer gesellschaftlich erwarteten und erhofften Identitätsbildung.

Nehmen wir diese Ambivalenz zum Ausgangspunkt eines Unbehagens an der Postmoderne, zeigt sich ein individuelles und gesellschaftliches Gesicht dieses Unbehagens:

- Individuell scheinen unterschiedliche Menschen jeweils ihre Identität erlangen zu wollen, in der eine Balance aus individueller Erfolgsekstase bei gleichzeitig sicherer Landung in sozialen oder ökonomischen Netzen im Notfall geleistet werden soll.
- Gesellschaftlich gelten für eine Mehrheit Geld und Konsummöglichkeiten als Grundbedingungen, diese Balance überhaupt schaffen zu können. Wer diese Grundbedingungen nicht erfüllt, der findet sich im ausgestoßenen Teil der Gesellschaft wieder, der der besseren Seite als bedrohlich erscheint. Die besser gestellten Menschen rufen daher leicht nach neuen Sicherheiten und verstärken einen Kreislauf der Abgrenzung.

Beziehen wir solche allgemeinen Analysen auf Bedingungen, unter denen heute gelebt und gelernt wird, dann erscheint als Grundambivalenz des postmodernen Lernens ein reflexives Selbstbild des Lerners, das ich vereinfachend als »Ich-will-« und »Ich-soll-Gegensatz« in *Schaubild 4* (S. 58) zusammenfassen will[2]:

---

23 In diesem Sinne folgt z.B. Bauman: »Unter Berufung auf Bachtins berühmte Analyse der Funktion des Karnevals als Bestätigung der Normen durch eine periodische, doch streng kontrollierte Vergegenwärtigung ihrer Umkehrung können wir sagen, im wohlhabenden Teil der Welt besteht eine deutliche Tendenz, Nächstenliebe, Mitleid und brüderliche Gefühle ... an die Karnevalsereignisse zu delegieren und damit ihr Nichtvorhandensein im täglichen Leben zu legitimieren und für normal zu erklären.« (Bauman 1999, 122)

24 In einem Gespräch regte Mechthild Reinhard das nachfolgende Schaubild »Ich will – ich soll« durch eigene Vorarbeiten an. Hierfür möchte ich ihr danken. Das Schaubild findet sich auch in Reich/Roth (2000), es wird dort auf das Lesen- und Schreiben-Lernen hin interpretiert. Vgl. ferner Reinhard (2001).

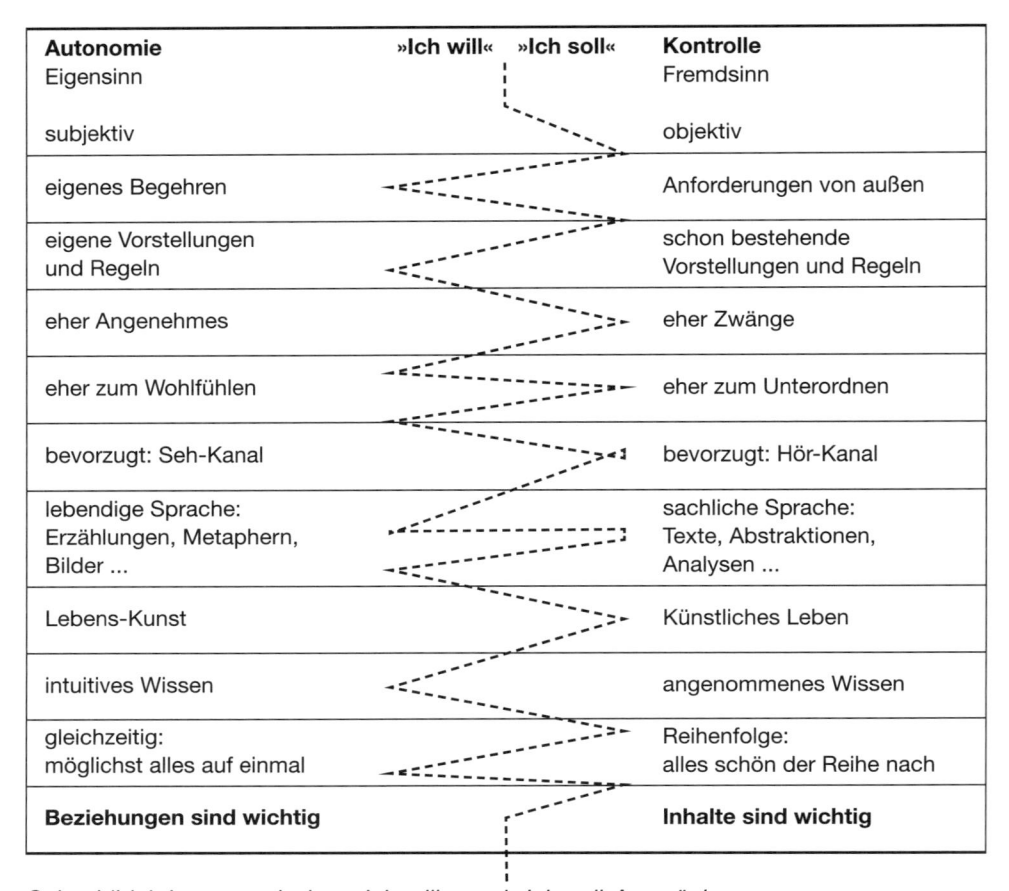

Autonomie	»Ich will«	»Ich soll«	Kontrolle
Eigensinn			Fremdsinn
subjektiv			objektiv
eigenes Begehren			Anforderungen von außen
eigene Vorstellungen und Regeln			schon bestehende Vorstellungen und Regeln
eher Angenehmes			eher Zwänge
eher zum Wohlfühlen			eher zum Unterordnen
bevorzugt: Seh-Kanal			bevorzugt: Hör-Kanal
lebendige Sprache: Erzählungen, Metaphern, Bilder ...			sachliche Sprache: Texte, Abstraktionen, Analysen ...
Lebens-Kunst			Künstliches Leben
intuitives Wissen			angenommenes Wissen
gleichzeitig: möglichst alles auf einmal			Reihenfolge: alles schön der Reihe nach
Beziehungen sind wichtig			**Inhalte sind wichtig**

Schaubild 4: Lernen zwischen »Ich-will«- und »Ich-soll-Ansprüchen«

Betrachten wir stichwortartig die beiden – hier allerdings idealtypisch genannten – Perspektiven. Zunächst ist festzustellen: Das Schaubild verfährt grob verallgemeinernd und in durchaus unscharfen Zuordnungen. Aber eben solche Unschärfe ist durchaus typisch für die Beobachterpositionen, die wir heute einnehmen. Weiter ist zu bemerken, dass das Schaubild eine Selbstbeschreibung ermöglichen will. Es handelt sich also nicht um eine empirische Feststellung von zwei Seiten, die wir etwa eindeutig prozentual an Menschen festmachen können: Der hat so viel Prozente »Ich-will-Anteil«, und der hat so viel »Ich-soll-Anteil«. Es ist vielmehr ein Modell der Selbst- und Fremdreflexion: Wenn ich auf mich oder auf andere (über meine Perspektiven) schaue, inwieweit entdecke ich dann Anteile, die eher meine Freiheits- oder meine Unterwerfungsseite thematisieren? Inwieweit gelingt es mir, mich in meinen Erwartungen, Hoffnungen, Haltungen, auch in meinen Normen, Werten und meinem Wissen in diesen beiden Seiten zu sehen, um Bevorzugungen der einen oder der anderen Art zu reflektieren? Aber auch: Inwieweit gelingt es mir, andere so zu sehen und mich mit ihnen darüber zu verständigen?

Die dabei gewählte Zweiteilung ist dualistisch, und Dualismen führen leicht in ein Schwarz-Weiß-Denken. Dem können wir nur entgehen, wenn das Schaubild als ein Anlass der Reflexion genommen wird, wenn die begrifflichen Nennungen mit Argumentationen, mit konkreten Ereignissen und Erfahrungen, mit eigenen Interpretationen gefüllt werden. Nur dazu soll es anregen.

Ich will nachfolgend das Schaubild erläutern: Der Seite der Autonomie, die hier auch den Eigensinn des Subjekts und seinen Ich-will-Anspruch beinhaltet, entspricht die Ekstase der Freiheit, wie wir sie kulturell in der Postmoderne erfahren. Aber es ist eine Freiheit, die pädagogisch und didaktisch gesehen in Lernsituationen immer auch deutlich an die Rekonstruktionen einer Kultur, damit an Fremdsinn, Zwänge, Vorgaben gebunden ist. Dies ist die andere Seite, die zu beachten ist.

Für traditionelle pädagogische oder didaktische Ansätze ist auffällig, dass sie überwiegend auf eine inhaltliche Emanzipation der Lerner setzten: Über Bildung, gemeint ist in erster Linie die Vermittlung von Inhalten, sollen die Lerner zu ihrer wahren Freiheit kommen, oder genauer gesagt: sich erst einmal die Voraussetzungen, die Bedingungen der Möglichkeit von Freiheit erarbeiten. So kommt es zu einer inhaltlichen Dominanz, die die Beziehungsseite vernachlässigte. Für diese Pädagogik ist es so typisch geworden, weder die Autonomie der Lerner umfassend Ernst zu nehmen noch der Beziehungsseite hinreichend etwas abgewinnen zu können. Zwar wurde die Freiheit als Anspruch nicht geleugnet, aber immer überwiegend von der Inhaltsseite und den Soll-Rekonstruktionen her gedeutet. Betrachten wir diese Soll-Seite in dem Schaubild zunächst einmal näher:

(1) Auf der *Inhaltsseite*, auf der eine objektive bzw. objektivierende Perspektive immer wieder wichtig, wenn nicht sogar meistens dominant wird, geht es für Lernende und meist indirekt auch für Lehrende vorrangig um Anforderungen von außen. Diese Anforderungen erscheinen in aller Regel als von Experten gesetzt, die nach eingehender Analyse des Systems, der Strukturen und Bedingungen, bestehende Vorstellungen und Regeln markieren, die als Repräsentationen einer Kultur, Wissenschaft, Religion usw. gelten. Nun stimmt dieses Idealbild der inhaltlichen Repräsentation so einfach nicht, denn hinter allen agierenden Personen stehen Macht- und Interessenaspekte, die das, was als repräsentativ erscheint, leiten und bestimmen. Eine kritische Sicht auf die Inhalte, wie sie etwa die *Kritische Theorie* nach Horkheimer/Adorno entwickelte, hat auch schon zuzeiten einer inhaltsdominanten Pädagogik und Didaktik geholfen, die Inhaltsansprüche selbst zu hinterfragen. Aber diese kritische Sicht ist ebenfalls eher inhaltlich orientiert.

Auf der Inhaltsseite geht es im Lernen, wenn es günstig läuft, nicht um reine Unterwerfung unter vorausgesetzte Normen. Man eignet sich Repräsentationen oder Kritik an ihnen am besten aus aktiver Einsicht an. Die Sozialisationsinstanzen flankieren solche Einsicht allerdings immer auch mit Zwängen: Mit Fremdzwängen, die über kurz oder lang als Selbstzwänge verinnerlicht werden sollen. Erfolgreiche Verinnerlichungen werden kontrolliert und belohnt. Man ordnet sich ein – dies meint meistens: Man soll sich auch unterordnen oder einen legitimierten, begründeten, objektiv nachvollziehbaren Standort aktiv kritisch einnehmen. Hier gilt das gesprochene und geschriebene Wort mehr als ein Augenblick, ein oberflächliches Sehen – und die klassische Philosophie verlangt seit Hegel, dass einem erst einmal das Sehen vergehen muss, um sich in die höchsten Ebenen der Abstraktion hoch zu denken. Im Hör-Kanal vertraut man auf das Vorlesen, das Vorsprechen, das Vortragen, damit die Worte instruktiv übermittelt, die Aussagen der Experten gehört und übernommen werden. Hier zählt auch nicht mehr ein prügelnder oder autoritärer Pädagoge, der aus Angst heraus lernen lässt, sondern es regiert eher eine nüchterne Sachlichkeit, die sich auf Texte, Abstraktionen und begründende Analysen einlässt. Allerdings wird auf dieser Seite die Sachlichkeit gerne übertrieben: Sie ist inhaltlich orientiert, rationalisierend, vergesslich den Emotionen und gefühlsmäßigen Ambivalenzen gegenüber. Sie lässt ein künstliches Leben erscheinen, denn hier wird für die Schule und eben nicht für das Leben gelernt. Es dominiert ein anzunehmendes, ein angenommenes Wissen, das von Experten in eine Chronologie von Lehrplänen gezwängt wurde, nach denen alles schön der Reihe nach kommen soll. Solche Lehrpläne, in die manche faulen Kompromisse eingegangen sind, hinken immer der gelebten Zeit hinterher, das müssen auch die inhaltsorientierten Didaktiker zugeben. Aber noch bedrohlicher als ihre konkrete, situative, spontane Aktualisierung durch die Lehrenden und Lernenden vor Ort erscheint rationalen Aufklärern, die vor allem die Inhaltsseite favorisieren, die Willkür, die alles Aktuelle und Lebendige nach sich ziehen könnte. Die Objektivation zwingt alles zu den Experten hin, die in den Über-Orten hausen, von denen aus allgemeiner Sicht alles erst bestimmt oder kritisiert wird.

Wer will diese »Ich-soll-Seite« als notwendigen Teil einer Kultur bestreiten? Das können wir nicht, denn zu viele Seiten der heutigen Kultur beruhen auf einer Übernahme von Sprache, Regeln, Verordnungen, Gesetzen, geschriebenen und ungeschriebenen Verhaltenskodexen. Die arbeitsteilige Gesellschaft hat sich funktional in unterschiedliche Expertenrollen aufgeteilt. Auch jede Kritik an solchen Seiten gerät wiederum auf inhaltliche, objektivierende, repräsentierende Felder. Die »Ich-soll-Seite« können wir nicht einfach abschaffen, auch wenn wir ihr immer selbstreflexiv kritisch gegenüberstehen sollten. Aber wir müssen auch erkennen, dass sie in der Postmoderne nicht mehr so exerziert werden kann wie in der Moderne: Sie wird mehr und mehr selbst in Zweifel gezogen, weil ihre Objektivität, ihre Sachlichkeit, die Wahrheit ihrer Experten, die Notwendigkeit ihrer Lehrpläne nicht mehr unstrittig sind. Sie waren vielleicht auch früher nicht unstrittig, aber meist löste eine vorausgesetzte Autorität das Problem der Uneinigkeit durch Vereinheitlichung. Je mehr auch auf der Inhaltsseite Freiheitsrechte greifen, desto stärker erscheint ein Wandel: Pluralität, Differenz, Ambivalenz – dies sind Stichworte, die diese Seite unsicher gemacht haben, und niemand ist zu erkennen, der uns mit neuen absoluten Begründungen solche Sicherheit zurückgeben könnte oder sollte.

> Als Ironikerin kann ich dir versichern, dass sich solche Leute, die dies versuchen, heute nur lächerlich machen können. Aber ist es nicht auch befremdend, wenn andere die Inhaltsseite vernachlässigen? Machen wir uns nicht auch lächerlich, wenn wir alles nur noch vereinfachen und »didaktisieren« wollen?

(2) Die andere Seite ist die *Beziehungsseite*, in der es nicht um äußere Experten geht, die alles zu bestimmen versuchen, sondern um die Subjektivität der Lerner und der Lehrenden, die sich selbst betont: Es ist mein Begehren, es sind meine Regeln und Vorstellungen, die jeder akzeptieren muss, wenn ich etwas lernen oder lehren soll. Ihr müsst, so sagt hier das Ich, immer in Rechnung stellen, dass ich erst einmal will oder nicht will, was ich soll. Die heranwachsende Generation, die weniger der Autorität als frühere Generationen unterworfen wurde, argumentiert: Vom Kindergarten an habt ihr es uns so eingerichtet, dass wir möglichst angenehm lernen sollen, dass wir uns wohl fühlen. Ihr habt gewollt, dass wir uns eigenständig entwickeln und entscheiden sollen, was wir wollen und nicht wollen. Wir haben dies angenommen und entscheiden deshalb auch bei Dingen, die wir noch nicht vollständig verstehen. Wer versteht denn je etwas vollständig? Wie könnt ihr denken, dass wir diese Grundlage aufgeben oder verlassen, zumal sich auch Experten nicht mehr untereinander hinreichend abstimmen können? Insgesamt ist die postmoderne Kultur ja ohnehin so aufgebaut, dass das Subjekt in ein neues Recht, in eine Auswahl, in Entscheidungsfreiheiten gesetzt wird (auch wenn wir dann nur begrenzt etwa als Konsumenten zwischen relativ ähnlichen Dingen auswählen können). Wir leben in einer Welt des Sehens, zunehmender Virtualisierung – und deshalb wollen wir auch im Lernen mehr sehen, wir benötigen eine lebendige Sprache, die sich des Fiktiven, der Erzählungen, der Metaphern und Bilder annimmt, und wir verstehen zunehmend weniger jene Abstraktionen, mit denen sich früher die Generationen quälten. Welchen Sinn macht heute eine solche Qual? Wir halten nicht mehr viel von einem künstlichen Leben, das uns nicht auch ein gutes Stück einer Lebens-Kunst anbietet: Wie komme ich durch, wo muss ich hin, was sind die Auswahlkriterien, welche Möglichkeiten bei geringstem Aufwand gibt es – das sind wichtigere Fragen, als sich in alle Inhalte zu vertiefen. Wir brauchen mehr Intuition, um in der Postmoderne mit ihren Ambivalenzen zu überleben, und wir wollen nicht gerne warten, dass irgendwann einmal etwas passiert, wenn wir es schon heute haben können. Die »Ich-will-Seite« mag vieles vereinfachen und die Inhalte nicht mehr so ernst nehmen wie früher, aber sie wendet sich auch stärker den Beziehungen zu, der Art und Weise, wie wir miteinander umgehen und kommunizieren. Anerkennung, Freundlichkeit, Dialog und Enthierarchisierung – dies sind moderne Stichworte, die in der Kultur postmodern nicht mehr nur idealisierend benutzt werden sollten. Wir erwarten, dass sie praktisch im Lehren und Lernen umgesetzt werden.

Ich habe ein einfaches, dualistisches Bild gesetzt, eine Gegenüberstellung. Es ist eine Selbstbeschreibung eines auf sich schauenden und auf andere schauenden Menschen. In solcher Selbstreflexion können wir die beschriebenen zwei Perspektiven einnehmen, die in dieser idealtypischen Unterscheidung in reiner Form selten vorkommen werden, aber der Tendenz nach immer wieder anzutreffen sind. Alle im Schaubild gewählten Begriffe sind konstruiert und je einer Seite zugeordnet. Andere Begriffe und andere Zuordnungen sind möglich. Eine Diskussion hierüber ist sinnvoll, denn sie kann ermöglichen, dass wir uns über Grundannahmen des Lernens und unserer Didaktik verständigen.

Ich mag solche Schaubilder nicht. Sie suggerieren, als wäre die Welt sehr einfach. Dann wird alles in einen Dualismus gezwängt, als ob es keine Zwischenpositionen, keine anderen Positionen, überhaupt kein tieferes, für jeden Menschen unterschiedliches, einzigartiges Erleben gäbe.

Ich setze das Schaubild in meiner Gruppe ein. So kann ich über die beiden Extreme diskutieren, und jeder kann sich sein eigenes Bild machen. Es hilft mir, dass wir darüber diskutieren, was wir sollen und wollen. Diese Transparenz ist wichtig, damit jeder die Wünsche und Rollen der anderen besser einzuschätzen lernt. Als bloße Theorie bringt es nicht viel.

Ich stimme beiden Einwänden zu. Daher möchte ich noch einige Hinweise geben: Die gestrichelte Linie zwischen den beiden Perspektiven soll symbolisieren, dass die Ressourcen und Lösungen in der einen Situation mal mehr zur einen, dann wieder zur anderen Seite ausschlagen können. Die gestrichelte Linie ist völlig fiktiv, sie mag je nach Fall und Sachlage in den einzelnen Punkten einmal mehr hier- und dann dorthin ausschlagen – und es hängt ohnehin vom deutenden Beobachter ab, was er hier als Ausschlag auf welcher Seite markiert. Auch die genannten Punkte sind nicht vollständig, vielleicht auch nicht immer trennscharf genug.[1] Mitunter denke ich, wir sollten der Ironikerin folgen, und das Schaubild besser nicht benutzen. Wenn ich es wie die Praktikerin mache, dann habe ich den größten Nutzen: Die Lerner reflektieren mit mir über den Lehr- und Lernprozess. Und wenn ich dies Schaubild für meine eigene Reflexion auf die Didaktik heranziehe, dann erkenne ich:

- Eine Didaktik, die sich überwiegend auf der Inhaltsseite situiert, wie die traditionellen Didaktiken, hat an Wirkung verloren. Sie steht heute als Zumutung Lernern und auch Lehrenden gegenüber, die erweiterte und veränderte Erwartungen haben – ob die Experten dies nun gut finden oder nicht.
- Eine Beziehungsdidaktik reflektiert die Beziehungsseite. Sie markiert z.B., dass in didaktischen Prozessen Beziehungsstörungen Vorrang haben, das meint: Sie müssen erst beseitigt werden, wenn wieder auch inhaltlich gelernt werden soll. Aber dies bedeutet nicht, dass nun von dieser Seite her alle Inhalte abgeschafft oder gleichgültig werden. Didaktik entsteht nur aus dem Zusammenwirken dieser beiden Seiten.

Alle heutigen Didaktiken müssten mit diesem Gegensatz, der allerdings immer erst mit den Lernern zu diskutieren wäre, reflektierend umgehen. Beide Perspektiven markieren für das Lernen eine entscheidende Krise, wenn sie einseitig bevorzugt werden, wenn die andere Seite nicht mehr in den Blick genommen wird. Wir kennen dies aus eigenem Erleben: Immer wieder streitet Eigensinn gegen Fremdsinn, immer wieder wurden wir oder werden wir gezwungen sein, eigene, sehr subjektive, sehr persönliche oder intime, vielleicht auch sehr bequeme, mitunter intuitive, erlebnisnahe oder auch beängstigende (dieses Feld ist im Schaubild ausgelassen) gegen vermeintlich objektive,

---

1 Es gibt keine vollständigen Schaubilder. Es gibt immer Auslassungen, die wir gegen solche Modelle thematisieren können und sollten.

von außen sicher oder bedeutsam erscheinende, zwang- und regelhafte, konventionelle und versachlichte, Sicherheit und Ordnung (zumindest zeitweise) schaffende Selbst- und Fremdkontrollen streiten zu lassen.

In der Moderne scheint es noch so, dies zeigt uns ein Blick auf ältere Generationen, dass der Erfolg stärker auf der Seite der Ein- und Unterordnung gesehen wird. Pädagogen und Didaktiker wurden daher dazu angehalten, diese Seite gegen die andere auszuspielen. Zwar konnte dieses Spiel eigentlich nie richtig gewonnen werden, da nicht alle Lerner instruktiv hinreichend alles Angebotene tatsächlich lernen wollten, aber erfolgreich schien es schon, wenn eine bestimmte willige Anzahl von Soll-Lernern produziert werden konnte.

In der Postmoderne setzen viele auf den Eigensinn. Je früher er begehrt und gelebt wird, desto höher scheinen die Chancen eines lebenslangen Erfolgs, d.h. hinreichender Durchsetzungskraft, zu sein. Doch gerade Theoretiker des postmodernen Diskurses sehen solche Ekstase durchaus als Schwäche der postmodernen Lebensform (vgl. Bauman 1999)[1]: Je stärker die Freiheit anwächst, desto schwächer fallen soziale Netze aus und desto sehnsüchtiger hoffen wir auf Solidarität (jene Utopie der Moderne), ohne die auch die Ekstase der Freiheit bedrohlich wird.

Didaktiken in der Postmoderne balancieren zwischen dem Eigensinn und dem Fremdsinn. Heute, so denke ich, muss Didaktik die Freiheit viel stärker respektieren als traditionelle Didaktiken, aber sie kann dies nicht ohne eine Solidarität für die Lerner. Sie wird sich Modellen verweigern müssen, die aus Eigensinn nur noch bestimmte Lerner mit günstigen Voraussetzungen bevorzugen und andere vernachlässigen. Eine solche Einseitigkeit kann für eine demokratische Lernkultur nicht als viabel erscheinen.

Die Pisa-Studien der Jahre 2001 bis heute, die für die deutsche Schulsituation rekonstruieren, dass ca. 1/5 der Schülerschaft nicht hinreichend gefördert, integriert, gebildet wird, die zeigen, dass viele Lerner bildungsmäßig vernachlässigt werden – mit großen Auswirkungen auf die Leistung und das Verhalten (vgl. z.B. Schnepf 2002), verdeutlichen, dass die Solidarität mit schwächeren Lernern zu einer wesentlichen Herausforderung an die Bildungsreform geworden ist. So weit diese und andere Studien es ermitteln können, wird aus meiner Sicht auch der Weg einer besseren Förderung erkennbar: Er müsste (neben Forderungen an strukturelle Verbesserungen des Lernens) von den in Deutschland noch üblichen lehrer- und dabei soll-orientierten Didaktiken fortführen und hin zu einer größeren Handlungsorientierung und Kommunikation als notwendige Solidarität mit den Lernern gelangen.

Die Didaktik, das zeigen solche evaluative Studien, kann nicht länger ihre Solidarität bloß inhaltlich ausrichten und über ihre eigenen Setzungen aus der Soll-Seite heraus alles regeln wollen. Ihre Solidarität muss vielmehr fundamentaler werden: Eine grundsätzliche solidarische Haltung setzt voraus, dass die Beziehungen mit den Lernern erst die Bedingungen schaffen, die das konstruktive »Ich-will« mit dem rekon-

---

1 In der Moderne wurden z.B. soziale Netze in den Industrieländern geschaffen, so dass Solidarität teilweise erreicht werden konnte. Gemessen an den höheren Idealen insbesondere im Blick auf tatsächliche Chancengleichheit blieb jedoch vieles utopisch.

struktiven »Ich-soll« vermitteln. Deshalb sollten alle didaktischen Ansätze grundsätzlich dialogisch zwischen Lehrenden und Lernenden und insgesamt in allen Beziehungs- und Inhaltsprozessen ausgerichtet sein.

Das Schaubild ist allerdings nur eine Konstruktion. Es ist ein vereinfachendes Modell, das uns verdeutlichen soll, wie leicht es uns fällt, uns dualistisch zu situieren. Mehrfach habe ich bei Diskussionen mit Lehrenden und Lernenden feststellen können, dass diese Gegenüberstellung auf den ersten Blick einleuchtend erscheint. Wir haben sowohl eigene Erfahrungen als auch hinreichend Beispiele, die in ein solches Raster passen.

> Aber wie verläuft diese Passung eigentlich? Auf welche Aspekte sollte ich z.B. achten, wenn ich in einer Gruppe über diese Perspektiven diskutiere?

Die Mitte des Schaubildes markiert eine offene Grenzlinie, die sich unscharf durch die beiden Soll- und Will-Anteile erstreckt. Nur der Einzelfall entscheidet, nach welcher Seite es einen größeren Ausschlag gibt, und jeder Fall weist Unterschiede zum anderen auf. Und dennoch endet – pädagogisch gesehen – hier nichts in Beliebigkeit. Die angezeigte (offene, deutbare) Mitte erscheint uns nämlich als ein heute pädagogisch und didaktisch sinnvolles, als ein relevantes Konstrukt, das an die Lebenswelt anschlussfähig ist:

- Es gibt postmodern gesehen keine reine Pädagogik des »Ich will« oder »Ich soll«, d.h. eine verabsolutierende Sicht aus einer der beiden Seiten erscheint kulturell als wenig sinnvoll. Unsere Situierung in der gegenwärtigen Kultur bedeutet vor allem, eine Vermittlung mit beiden Seiten herstellen zu können, eine Balance im Lernen zu finden, die beiden Herausforderungen entspricht. Dies zumindest artikulieren viele Lerner, wenn sie sich biografisch mit ihrem Lernen auseinander setzen.
- Das »Ich-soll« ist in der Pädagogik und Didaktik der Gegenwart als Kontroll- oder Fremdsinn, als objektive Forderung, als Expertenwissen gebrochener, unschlüssiger, verunsicherter – oder sagen wir es positiv: vielfältiger, pluraler und unterschiedlicher – geworden als in früheren Zeiten. Die Freiheitsseite macht sich immer stärker bemerkbar.
- Freiheit ist auch die Freiheit des Konstruierens. Vielleicht passt deshalb gerade der Konstruktivismus in ein Zeitalter der Freiheitsekstasen. Aber es gibt diese Freiheit, das versucht eine postmoderne Kritik zu reflektieren, nur um einen doppelten Preis: Sie muss einerseits das rekonstruieren, was an kulturellen Kontexten in der Lebenswelt bereits wichtig ist – also z.B. das Erlernen einer gemeinsamen Sprache und bestimmter kultureller Voraussetzungen, die von vielen oder bestimmten Gruppen geteilt werden –, und sie muss andererseits zugestehen können, dass auch die eigenen Konstruktionen dekonstruiert werden können – also z.B. einsehen, dass auch die subjektive Seite Kritik und Begrenzungen erfahren kann.
- Didaktik zwischen Freiheit und Zwang ist ein schwieriges Unterfangen, denn sie vermittelt scheinbar Gegensätzliches, aber sie weiß um den falschen Schein: Nur

der Gegensatz treibt an, nur der Widerspruch regt auf, nur der Wechsel der Positionen und das Heraustreten-Können aus der Positionierung, um sich beobachten und sehen und über sich reflektiert entscheiden zu können, ermöglichen eine Balance, die im Wechsel vom »Ich will« zum »Ich soll« noch die Lust erhält, in der das Ich sich wohl fühlt; die im Wechsel vom »Ich soll« zum »Ich will« die Einsicht ermöglicht, warum auch ein Sollen für mich wichtig sein kann.
- Didaktik ist dialogisch zu entwickeln, denn nur im Gespräch, in Auseinandersetzung mit- und gegeneinander, werden wir von der flüssigen, der flexiblen Grenze in unseren unterschiedlichen Perspektiven erfahren, werden wir situativ lernen, welche Lösungen wir für das Sollen und Wollen finden können.

2.4 Didaktik in der Krise

Wenn ich von einer Krise der Didaktik spreche, dann meine ich zunächst den engeren Umstand, dass es die wissenschaftliche Didaktik im deutschen Sprachraum in den letzten zwei Jahrzehnten nicht mehr geschafft hat, von sich aus Modelle und Theorien zu entwerfen, die als passende Konstrukte für praktizierende und reflektierende Didaktiker hinreichend hätten dienen können. Wesentliche Impulse zur Erweiterung, zur Veränderung und Erneuerung didaktischer Verfahren sind von außen gekommen: Aus einer eher psychologisch oder therapeutisch orientierten Kommunikationstheorie, aus Management-Schulungen in der Weiterbildung, aus Moderationsverfahren im außerschulischen Bereich, wie z.B. *Zukunftswerkstätten*.[1] Diese Krise führte dazu, dass sich viele Didaktiker heute weniger an der wissenschaftlichen didaktischen Literatur orientieren als vielmehr an Handreichungen unterschiedlicher Art, wobei eine methodische Vielfalt, allerdings auch ein Mangel an übergreifenden theoretischen Konzeptionen in allgemein-didaktischer Hinsicht erkennbar ist.

Bei der Beantwortung der Frage: »Wie begründet sich Didaktik als Wissenschaft?«, können wir diese Krise und ihren Bezug zur gegenwärtigen kulturellen Situation nicht unbeachtet lassen. Auch hier erscheint die Ambivalenz der Postmoderne, und sie macht sich, wie ich denke, in der Didaktik in schärferer Form als in anderen Wissenschaften geltend. Dies liegt vor allem daran, dass der Status der Didaktiken in den Wissenschaften besonders unsicher ist: Welche Wissenschaften genießen höchstes Ansehen? Fachwissenschaften, die direkt im naturwissenschaftlich-technischen Wandel stehen, haben gemeinhin in der breiteren Öffentlichkeit nicht nur eine zunehmend größere Reputation als insbesondere geistes- oder kulturwissenschaftliche Fächer, sondern verschlingen auch ungleich mehr Geld und Zuwendungen. Als Kriterium wird meist die nachweisbare Nützlichkeit genannt, die oft an materielle Fortschritte, die auch breiten Massen sichtbar werden, geknüpft sind. Dies stellt grundsätzlich jene Wissenschaften schlechter, die es mit komplexen kulturellen Fragestellungen nach Inhalt und

---

1   Vgl. dazu im Blick auf die veränderte Lernkultur insgesamt z.B. auch Arnold/Schüßler (1998).

Beziehungen der Menschen zu tun haben, für die es eben keine patentierbaren Lösungen gibt.

Nun benötigten gerade die kulturell orientierten Wissenschaften im Grunde aber eine erhöhte Zuwendung, um der Komplexität ihrer Tätigkeit gerecht zu werden. Die zu verzeichnende Verknappung führt insbesondere für alle didaktischen Fächer zu einem zunehmenden Legitimationsdruck, mittels Evaluationen oder empirischer Forschungen den *tatsächlichen* Erfolg didaktischen Handelns nachzuweisen. Dabei geht es den Didaktikern ähnlich wie gesellschaftlichen Randgruppen und Außenseitern: Man erwartet, dass sie in das System stets erfolgreich zurückkehren, aber helfen sollen sie sich möglichst selbst. So ist die Didaktik in eine Krise geraten.

Nehmen wir einmal an, die Ergebnisse der Pisa-Studien seit 2001, die dem deutschen Schulsystem besonders schlechte Noten ausstellten, würden analog für einen Automobilkonzern und sein Produkt getroffen. Es würde dann – ganz im Sinne der Ironikerin – heißen:

Das produzierte Auto genügt nicht mehr den Mindestanforderungen des Marktes, ist schon veraltet, bevor es auf den Markt kommt, befriedigt kaum die Kundenwünsche und lässt eine demotivierte Belegschaft zurück. Man müsste zwangsläufig die Fabrikation ändern. Was würde geschehen, wenn man es nach dem Modell der heutigen und zu erwartenden (stets aufgeschobenen) Schulreform realisiert?

Zunächst soll die neue Fabrikation nicht mehr kosten als die alte, am besten noch weniger. Dann soll die Fertigung des Produkts in kürzerer Zeit erfolgen. Dabei sollen Mittel und Personal gespart werden. Das Personal soll schneller ausgebildet werden, um weitere Kosten zu sparen. Die Weiterbildung des Personals soll von diesem aus privaten Mitteln aufgebaut werden, weil es so seine Motivation am besten zeigt. Mittel sollen von Sponsoren kommen, die nichts von ihren Spenden haben. Und die Einsparungen realisiert man strategisch so, dass man der Belegschaft nur noch eine Mindestausstattung zur Verfügung stellt, sie sollen dann selbst organisieren, wie sie das Auto noch bauen können. Dies ist Selbstverantwortung. Da am Ende das Geld ausgeht, muss die Belegschaft mit gekauften Pinseln und billiger Farbe die Autos in der Freizeit anstreichen. Die technischen Mängel werden verschwiegen. Immer weniger Kunden wollen solche Autos kaufen, und der Vorstand des ruinierten Betriebs (mit Sitz in der Landeshauptstadt) fordert jetzt über die Betriebsleitung, die auch abseits der Fabrikation sitzt, die Kundschaft und die Öffentlichkeit auf, die Belegschaft als Verursacher der Pleite zu beschimpfen.

Didaktiker an Schulen und Hochschulen stehen längst in einer Situation, die nur noch über solch ironisierende Vergleiche charakterisiert werden kann. Solange hier nicht ein gesellschaftliches Verständnis und Bewusstsein erwacht, zu einer umfassenden Reform zu gelangen, werden die Bedingungen für Didaktik strukturell sehr schwierig sein. Gleichwohl müssen Didaktiker in dieser Situation das verändern, was sie aus eigener Kraft vermögen, um nicht immer weiter in die Krise und damit auch in weitere gesellschaftliche Vernachlässigung zu geraten, denn gegenwärtig erscheint mir die Didaktik *als gefährdete Wissenschaft*. Diese Gefährdung dokumentiert sich insbesondere in institutioneller Hinsicht:

- Gab es noch in den 70er-Jahren zahlreiche didaktische und fachdidaktische Lehrstühle an Universitäten, die in eigenen Bereichen angesiedelt waren und teilweise einen umfangreichen Kontakt zur Praxis unterhielten, so schrumpfte dieser Anteil durch die Neuorganisation der Universitäten, den Abbau von Pädagogischen Hochschulen, immer mehr zusammen. Im Zuge von Stelleneinsparungen verringerten sich didaktische Stellen an Universitäten. Einstmals aufgebaute hochschuldidaktische Zentren wurden wieder aufgelöst, eine Betreuung von Studierenden in Schulpraktika findet kaum hinreichend angemessen statt.
- Die Massenuniversität führte dazu, dass Didaktiker kaum mehr Kontakte zur Praxis unterhielten, sondern sich auf Theorien in der Lehre beschränkten. Dies minderte die Qualität ihrer Arbeit.
- Die Fachdidaktiken gelten sehr oft in der Konkurrenz zu ihren Fachwissenschaften als schwächere Seite, die bessere Wissenschaft und damit bessere Karrieren versprechen die Fachwissenschaften. Dies führte zu einer Entwertung der Fachdidaktiken.
- Insgesamt wird die didaktische Ausbildung zunehmend mehr ins Referendariat verlagert, wobei die dort Ausbildenden zwar der Praxis näher sind, aber kaum forschen können, so dass die wissenschaftliche Grundlegung der Didaktik nicht hinreichend entwickelt werden kann.
- Neben diesen institutionellen Voraussetzungen ist auch das praktische Bezugsfeld der Didaktiken schwierig, denn vor allem die Lehrerbildung, als ein Kernfeld der Didaktik, ist ein bürokratisiertes und durch äußere Verordnungen von Seiten der Politik stark reglementiertes Gebiet, in dem der Didaktiker oft jene schlechten Ausgangslagen (zu große Klassen, zu wenig weitergebildetes Personal, zu hohe Stundenbelastung, zu wenig Individualisierung) ausgleichen soll, die von vornherein seine Nützlichkeit fundamental behindern.

Didaktiker sollten meines Erachtens in dieser Situation Defizite der Voraussetzungen ihres Handelns immer wieder rekonstruieren und auch öffentlich markieren, sie müssen aber zugleich versuchen, eigene neue Wege zu gehen, um die wissenschaftliche und gesellschaftliche Bedeutung der Didaktik zu erhöhen. Dies ergibt sich vor allem aus den Interessen, die Didaktiker nicht nur für sich, sondern auch für andere wahrnehmen. Auch in der Postmoderne verschwinden nicht die schon in der Moderne bekannten Widersprüche. Sie verwandeln sich nur: Schülerinnen und Schüler, Teilnehmerinnen und Teilnehmer, sie sollten als Lerner alle je nach Voraussetzungen umfassend gefördert werden. Dies erscheint als ihr Menschenrecht, das unter einer emanzipativen Didaktik der Aufklärung mittels einer kompensatorischen Erziehung zu dem Ziel einer möglichst hohen Chancengleichheit geführt werden sollte. Heute stehen wir diesen Versuchen, wenn wir sie kulturtheoretisch oder im Lichte der didaktischen Entwicklungsgeschichte reflektieren, teilweise ernüchtert gegenüber. Insbesondere die empirisch nachweisbaren Resultate zeigen, dass der Anspruch ein bloßes Ideal geblieben ist. Chancengleichheit hat sich immer wieder als Illusion erwiesen, weil die besseren Chancen bei jenen liegen, die bessere Ausgangsvoraussetzungen haben. Die empirischen Daten über das gegenwärtige Schulsystem in Deutschland erschüttern jene Ideologien besonders stark, die glaubten, dass sich Chancengleichheit einfach so ergeben würde, wenn man nur ein öffentliches Schulsystem anbietet. In Deutschland führte dies zu einem besonders ausgeprägten (im Vergleich zu anderen Ländern auch höheren) Mangel an Integration und gezielter Förderung sozial schwacher oder ausländischer Kinder und Jugendlicher (vgl. z.B. Baumert u.a. 2001). Es führte zum Scheitern der Ideologie der Chancengleichheit (vgl. auch oben S. 19).

Für die Didaktik kann dies nun aber nicht bedeuten, nur noch spezifische Gruppen in ihren beschränkt gehaltenen Voraussetzungen fördern zu wollen. Vielmehr ist insbesondere die Didaktik aufgerufen, die Defizite des Schulsystems aufzugreifen, Alternativen zu entwickeln und verstärkt an der Differenzierung von Förderungsangeboten mitzuwirken. Nicht nur die Schule in Deutschland – nach den ernüchternden Pisa-Ergebnissen –, sondern auch die wissenschaftlichen didaktischen Ansätze, bedürfen heute einer Erneuerung. Sie verweigerten mehrheitlich zu sehr eine Reflexion der Brüchigkeit, die in ihrem Anspruch liegt, der sich oft als zu utopisch erwiesen hat. Ihr Ziel- und Methodenhorizont war in den letzten Jahrzehnten zu sehr von den Zeitbedingungen abgekoppelt, und dies ließ sie als Didaktiken schnell weltfremd werden. Dabei vernachlässigen viele bis heute vor allem den kulturbezogenen Teil ihrer Beobachtungen und Handlungen. Die meisten haben die Komplexität didaktischer Begründungen und Geltungen möglichst vereinfachen wollen, teilweise auf Rezepte oder Handreichungen zurückgeführt, und damit die eigenen Anforderungen systematisch unterschätzt. Die Didaktiken haben sich in der Regel zudem der Beziehungsseite, der Kommunikation in einem umfangreichen Sinne, viel zu sehr verweigert, weil sie die Komplexität didaktischer Vorgänge in Anlehnung an Traditionen der Fachwissenschaft reduziert und inter- oder transdisziplinäres Arbeiten und Forschen zu wenig entwickelt und verwirklicht haben. Die Didaktik muss daher heute erst als ein komplexes, als schwieriges Fachgebiet entdeckt und neu erfunden werden. Und hierbei stellt sich heute auch die emanzipative Aufgabe der Didaktik komplizierter, denn sie unterliegt den Bedingungen der Postmoderne:

- Einerseits muss sie individuell an den Ekstasen der Freiheit teilhaben (denn diese Ekstasen sind Grundlage von Freiheits- und Emanzipationsvorstellungen in der heutigen Kultur), ohne in ihnen je ganz aufgehen zu können. Dies erzeugt paradoxe Anforderungen:[1] Die Lehrenden sollen Kritikfähigkeit an der Gesellschaft und anderen Sachverhalten fördern, zugleich aber in die Gesellschaft integrieren; sie sollen Selbstbestimmung erhöhen, zugleich aber über kulturelle und fachliche Voraussetzungen relativ eng belehren; sie sollen neue Sichtweisen eröffnen, zugleich aber an bewährten Perspektiven orientieren; sie sollen individuelle Lernhelfer sein, zugleich aber benoten und selektive Rangfolgen erstellen; sie sollen mit dem Elternhaus kooperieren, zugleich aber Fehlentwicklungen in den Familien kritisieren; sie sollen zu weltanschaulicher Kritik anhalten, zugleich aber sich weltanschaulich neutral verhalten; sie sollen soziales und politisches Engagement fördern, aber

---

1 Vgl. auch Döring (1992, 347), Arnold/Schüßler (1998, 34).

nicht politisieren und radikalisieren – in all diesen paradoxen Anforderungen zeigt sich eine Ambivalenz des Lehrens und Lernens – und oft eine Überforderung der Lehrenden.
- Andererseits zwingt die didaktische Aufgabe aber auch zu einer Verantwortung, weil die Lerner nicht von vornherein nach Konsumenten und Nicht-Konsumenten aufgeteilt werden können, sondern selbst in der schwierigen Lage des nicht mit hinreichenden Ressourcen ausgestatteten Teilnehmers so zu versorgen sind, dass sie eine verantwortbare Chance an Teilnahme erreichen können. Auch diese Aufgabe zwingt Lehrende in paradoxe Handlungsaufforderungen: Sie sollen den Unterricht individualisieren, um Lerner differenziert zu fördern, aber zugleich sich an einem Durchschnitt von Entwicklung und Zeit orientieren, der auf einen fiktiven Lerner abzielt; sie sollen Unterschiede der Lerner respektieren, aber zugleich die Unterschiede nicht zu groß werden lassen; sie sollen Benachteiligungen einzelner Lerner vermeiden, zugleich aber bestehende Strukturen nicht grundsätzlich anzuweifeln.

Diese paradoxen Anforderungen zeigen, dass es in der Postmoderne schwierig ist, zu lehren und zu lernen. Im Blick auf ein emanzipatives Ziel steht dabei für einen pragmatischen Ansatz weniger ein kontrafaktisches Ideal im Vordergrund, das uns darauf vertrauen lässt, dass die Menschen prinzipiell zu einer Verbesserung ihrer Situation durch Aufklärung kommen werden – denn etliche Tatsachen unserer Gesellschaft erschüttern den Glauben und die Hoffnung eines solchen Vertrauens. Ökonomisch, sozial und kulturell bleibt es heute in der Tat mehr als fraglich, ob die Gutsituierten, wie Bauman sagt, sich »über ihre Einzel- und Gruppeninteressen aufschwingen und als verantwortlich für die menschliche Existenz des anderen, weniger Glücklichen betrachten werden. Ob sie mit anderen Worten bereit sind, in Wort und Tat und bevor sie dazu gezwungen werden (und nicht aus Angst, dass man sie dazu zwingen könnte), solche Prinzipien der Gerechtigkeit zu vertreten, denen nur dann Genüge getan wird, wenn sie den anderen dasselbe Maß an praktischer positiver Freiheit zuerkennen, wie sie selbst es bisher genossen haben.« (1999, 112f.)

Gerade eine solche Beschreibung sollte die Didaktik ermuntern, Forderungen an die und in der Gesellschaft zu stellen. Für die Didaktiken gibt es trotz aller Widersprüchlichkeit der Positionen in der Postmoderne eine normative Perspektive als viablen Rest emanzipativen Strebens unter den veränderten postmodernen Bedingungen: Didaktik ist für *alle* Lerner notwendig und schöpft bei weitem heute nicht die produktiven Möglichkeiten des Lernens und eine Verbesserung der Lernkultur aus. Man kann die gegenwärtig schwierige Situation auch teilweise positiv interpretieren: Die widersprüchlichen Anforderungen in der Gegenwart ermöglichen immerhin einen Freiheitsgrad der Lehrenden und Lernenden, wobei es notwendig ist, in jedem konkreten Einzelfall Lösungen entsprechend der Situation und Kontexte auszuhandeln und umzusetzen. Auch wenn die Didaktik ein sehr komplexes Fachgebiet ist, das noch einen niedrigen Forschungsstand aufweist, weil sie entweder als gemeinhin überflüssig (Fachinhalte werden dominant betont) oder zu ungenau (die didaktischen Visionen der Aufklärung konnten nicht bewahrheitet werden) gilt, so kann sie gerade in dieser unsicheren Situation *entwickelt* werden. Didaktik kann dabei mehr als andere Wissenschaften eine Breitenbasis von Lehrenden als Forschenden entwickeln, wenn denn die Bereitschaft besteht, Didaktik als ein großes Experiment in der Gesellschaft zu begreifen, das uns neue Wege des erfolgreichen Lehren und Lernens in vielen einzelnen (experimentellen) Situationen weisen wird. Es käme dann aber auch darauf an, dass Lehrende erfolgreiche und erfolglose Strategien viel stärker empirisch erheben und theoretisch reflektieren und sich wissenschaftlich mit dafür einsetzen, Didaktiken zu entwickeln. Allein diese Selbsthilfe scheint viel versprechend genug, um zu erwarten, dass die Didaktik als Wissenschaft ihre eigene Misere überwinden kann.

Die forschende Einstellung der Lehrenden und Lernenden aber bedeutet auch, eine rezepthafte oder bloß methodische Einstellung zur Didaktik aufzugeben. Es gibt gegenwärtig bei vielen Lehrenden einen Mangel an wissenschaftlicher Begründungstiefe. Dieser Mangel wurzelt in einem Verständnis der Didaktik als überwiegendes Modelldenken, das zwar möglichst auf praktische Vorgänge des Lernens bezogen sein soll, das aber letztlich kurzsichtig und abgekoppelt von einem breiteren, experimentell durchgeführten, reflektierten und darin dokumentierten Lehr- und Lernhandeln steht. Was muss sich hier besonders verändern? Wir können auch fragen: Wo liegen zentrale Fehler bisheriger Didaktiken?

Ein wesentlicher Fehler erscheint in einem Umstand, der von den didaktischen Klassikern nach 1945 – insbesondere von Paul Heimann und Wolfgang Klafki – durchaus selbstkritisch gesehen wurde: Es ist die Verlockung des didaktischen Exerzitiums, die schematische Umsetzung der Modelle, die Hoffnungen auf eine lebendige Gestaltung des Didaktischen, auf eine kreative Lösung für Unterricht, auf Variation und Vision, auf Neues und Entwicklung immer wieder zurückdrängte. Die didaktischen Modelle, mit anderen Worten, wurden in aller Regel zu Totengräbern der eigenen Intentionen, denn obwohl fast alle wissenschaftlich propagierten Ansätze durchaus wollten, dass die Lehrenden kreativ mit ihnen umgehen sollten, obwohl die bekannteren zumindest wollten, dass keine neue normative Didaktik im Sinne eines geschlossenen Systems praktiziert wurde, so führte die Umsetzung insbesondere im Bewertungsraum des Referendariats zu oft dazu, dass sich ein Schematismus und ein Exerzieren breit machten, die alle wohlmeinenden Intentionen mehr als relativierten.

Bisher machen es sich Didaktiker an den Universitäten an einer solchen Stelle meist leicht. Es sind letztlich die Rezipienten, die alles falsch verstehen, die Gültigkeit des Nutzens der allgemeindidaktischen Modelle aber bleibt unbezweifelt. Das ist ein weiterer Fehler. Didaktik sollte nicht bloß ein Modell im engeren Sinne darstellen, sondern beansprucht erweiterte Mindestanforderungen, die von vornherein klarmachen müssten, dass auch das wissenschaftliche Fach Didaktik kein Anhängsel an Fachwissenschaften in einer *Light-Version* ist. Didaktik ist vielmehr einerseits ein notwendiger Bestandteil von Fachwissenschaften, aber darüber hinaus auch eine eigene Wissenschaft mit Forschungen über die Fachrichtung hinaus. Wegen der Komplexität der Lernvorgänge, die ihr Gegenstandsfeld im weitesten Sinne ausmachen, gehört sie auch nicht zu den leichteren Übungen, sondern den schwierigen Anwendungen in den Wissenschaftsdisziplinen.

3. Warum konstruktivistische Didaktik?

In diesem Kapitel sollen einige wichtige Vorläufer einer konstruktivistischen Pädagogik und Didaktik genannt, einige wesentliche Grundannahmen des konstruktivistischen Erkenntnisbildes charakterisiert und derzeitig vorhandene konstruktivistische Ansätze skizziert werden. Dabei soll deutlich werden, weshalb sich die bisher in den Kapiteln 1 und 2 herausgearbeiteten Anforderungen an eine heutige Didaktik besonders gut mit einer konstruktivistisch orientierten Didaktik verbinden lassen.

3.1 Dewey, Piaget und Wygotski als Vorläufer der konstruktivistischen Sicht

Fragt man nach theoretischen Vorläufern einer konstruktivistischen Didaktik, so sind drei Ansätze zum Lernen besonders wichtig. Sie werden immer wieder von konstruktivistisch orientierten pädagogischen und didaktischen Richtungen aufgenommen und weitergeführt:

1. Der pragmatische Ansatz John Deweys sieht menschliche Erfahrungen als eine Vermittlung von erfahrenen (*experienced*) und erzeugten (*processes of experiencing*) Handlungen, wobei im Handeln Wissen aufgebaut und interaktiv durch ein untersuchendes, neugieriges, experimentierendes Verhalten konstruiert wird. Das Lernen wird als ein aktiver Vorgang begriffen, der keineswegs äußere Wirklichkeiten abbildet, sondern in den Handlungsprozessen selbst erst herstellt. Solche Handlungen geschehen in Situationen, die mit dem Begriff *experience* bezeichnet werden. Impulse, die aus Handlungssituationen entstehen, in denen der Mensch durch Wahrnehmung mit seiner Umwelt steht, führen über kontinuierliche Erfahrungen zu Verhaltenseigenschaften (*habits*), die dem Wissen einen Kontext, einen interpretativen Rahmen von Verwendung und Bedeutung geben, der für das Lernen unerlässlich ist. Mit diesem Ansatz hat Dewey vor allem dualistische Sichtweisen von Körper und Geist oder Individuum und Gesellschaft überwunden. Zudem steht sein Ansatz in einer kulturtheoretischen Perspektive, die heute wieder hochaktuell ist und von zahlreichen neueren Forschungen aufgenommen wird.[1]

---

1 Vgl. von Dewey einführend (1985, 1991); zum Verhältnis Pragmatismus und Konstruktivismus vgl. Reich (2005, 197ff.); Neubert (1998); Garrison (1994, 1998); Hickman/Neubert/Reich (2004).

2. Ein weiterer Ansatz stammt von Jean Piaget, der mit seiner konstruktiven Psychologie zu einem wesentlichen Wegbereiter einer konstruktivistischen Auffassung geworden ist. Er legt besonderen Wert auf die Entwicklungsstufen, die ein Lerner nach und nach durchläuft, um seine konstruktiven Lernfähigkeiten in handelnder, aktiver Auseinandersetzung mit der Umwelt zu regulieren und zu optimieren. Dabei entwickelt der Lerner bestimmte Schemata, die ihm als verinnerlichte Muster helfen, unterschiedliche Umwelt-, Problem- oder Handlungssituationen zu bewältigen. Assimilation bezeichnet für Piaget ein Schema, mit dem wir im Lernen aktiv Ereignisse der Außenwelt einordnen, strukturieren, deuten. Dagegen ist Akkommodation eine jeweils situative Anpassung an unterschiedliche Umweltbedingungen. Mit der Unterscheidung dieser beiden Wirkkräfte im Lernen hat Piaget eine klassische Unterscheidung getroffen, die in fast allen Lernansätzen – wenngleich in mitunter veränderter Terminologie – vorkommt. Auch wenn Piagets empirische Ergebnisse zu den einzelnen Entwicklungsstufen nicht unstrittig geblieben sind, so hat seine Erkenntnis, dass das Lernen subjektiv konstruiert werden muss, in konstruktivistischen Diskursen eine hohe Bedeutung. Allerdings fällt Piaget gegenüber Dewey und Wygotski bei der Beachtung der Interaktionen deutlich hinter deren Forschungsansätze zurück.[1]

Piagets Ansatz ist stark subjektorientiert und hinterfragt weniger das wissenschaftlich-kulturelle Wissen, das mehr oder minder als gegeben aufgefasst wird. Was diesen Ansatz interessiert, ist schwerpunktmäßig die Entwicklungslogik des Wissenserwerbs Hier wird ein überwiegend kognitives Lehr- und Lernverständnis entwickelt, das sich auf den einzelnen Lerner konzentriert, auch wenn soziale Lernprozesse nicht negiert oder als unbedeutend angesehen werden.[2]

3. Schließlich ist auch Lev S. Wygotski hervorzuheben, der in seinen Arbeiten den Zusammenhang von Kognition und Sozialisation betont. Der soziokulturelle Ursprung der Kognitionen weist in Richtung auf soziale Konstruktionen von Wirklichkeiten, die in Interaktionen aufgebaut werden. Diese Theorie betont kooperative menschliche Tätigkeiten, die einen lernsteigernden Effekt auslösen. Psychologisch gesehen ist die »Zone der proximalen Entwicklung« für Wygotski entscheidend, weil sie eine Lernstufe markiert, in der soziale Prozesse und Werkzeuge des Handelns in psychische Forderungen umgesetzt werden, die Lerner antreiben, ein neues Niveau des Wissens und Verhaltens zu erreichen. Lerner werden als aktive Gestalter des eigenen Lernprozesses gesehen, wobei Lernen immer dann erfolgreicher abzulaufen scheint, wenn selbstbestimmende Lernprozesse einsetzen, die das Wissen in seiner kulturellen Verankerung und seiner Handlungsperspektive aktualisieren.[3]

---

[1] Vgl. aus konstruktivistischer Sicht z.B. Reich (1998a, 138ff.); von Glasersfeld (1996, 1997). Eine interaktionistische Wende in der Piaget-Forschung zeigt sich bei Grundmann u.a. (1999).
[2] Vgl. dazu z.B. Driver/Easley (1978), Driver/Oldham (1986), Fosnot (1993).
[3] Vgl. einführend Wygotski (1977, 1978); zur amerikanischen Rezeption vgl. für die Pädagogik/Didaktik insbesondere Bruner (1983, 1984, 1990, 1996), Bruner/Haste (1987). Diese Rezeption hat sich insbesondere auf heutige sozial orientierte konstruktivistische lernpsychologische Ansätze ausgewirkt (siehe Kapitel 6.2).

Wygotskys Lerntheorie ist stärker als Piagets Ansatz sozial-kulturell orientiert. Das Wissen wird hier prinzipiell als ein sozial konstruiertes aufgefasst, aber zugleich dominiert hier eine eher objektivistische Suche nach Entwicklungslogiken. Der Status des Wissens als Ausdruck von Wissenschaftlichkeit wird wenig hinterfragt. Das Wissen selbst scheint ein Garant für viable Weltkonstruktionen, und es erscheint sehr monolithisch. Die Schüler und Studenten sollen zur Wissenschaft gebracht werden, die Entwicklungslogiken sollen richtige Zugänge eröffnen.

Im Hintergrund steht bei Wygotsky eine marxistische Deutung, die einerseits antimetaphysisch orientiert ist und kulturelle Konstruktionen als Ausdruck menschlicher Handlungen markiert (insbesondere der Mensch als Produktivkraft), die andererseits aber auch objektivistisch-materialistisch von einer Widerspiegelung objektiv richtig erkannter Sachverhalte ausgeht und hierbei die Unterschiedlichkeit menschlicher Konstruktionen unter das Gebot *einer* Deutung stellt. Die dekonstruktivistische Ablehnung dieses Gebotes, wie sie im Rahmen einer Dekonstruktion des Marxismus insbesondere politisch z.B. von Laclau/Mouffe (1991) durchgeführt wurde und heute z.B. auch für einen konstruktivistisch orientierten Feminismus kennzeichnend ist (vgl. z.B. Butler 1990, 1993), verweigert den übertriebenen Objektivismus und wendet sich stärker in das Feld pluralistischer Kulturen: Zwar mag es je in einer Zeit bestimmte und auch bestimmende Objektivationen geben, die im politischen Raum vor allem als Hegemonien erscheinen, aber keine Kultur und Zeit ist vollständig durch eingrenzbare Gesetze bestimmt und durch Letztbegründungen erfassbar. Eine solche Sicht erzwingt vielmehr bei einer Betonung der kulturellen Perspektiven und ihrer Veränderungen eine Aufgabe der übertriebenen Erwartungen des Objektivismus (sei es in personal-anthropologischer oder in sozial-objektivistischer Orientierung). Wenn man Wygotski so umdeutet, dann fällt es leichter, den Ansatz auf die heutige Zeit zu beziehen.

Diese drei klassischen Ansätze sind bis heute wichtige Impulsgeber eines Verständnisses des Lehrens und Lernens, das die aktive Seite des Lernprozesses betont, das einen Begriff des Wissens benutzt, der stets auf die Vermittlung mit Handlungen verweist, das eine grundsätzliche Spannung zwischen Subjekt und Umwelt annimmt, ohne ein dualistisches Weltbild einer Abbildung von »draußen« nach »drinnen« aufzubauen.

Alle drei Ansätze haben sich dem Problem gestellt, wie das Verhältnis einer sinnlich gewissen und erfahrbaren Welt unserer Wahrnehmungen mit unseren kognitiven oder emotionalen Beschreibungen, Interpretationen, Deutungen und Deutungsmustern über die Erfahrungen zusammengebracht und zusammengedacht werden kann. Die Lösungen hierfür sind unterschiedlich. Wygotski und Piaget versuchen aus ihrer psychologischen Perspektive, vor allem Stufen der lernenden Entwicklung zu rekonstruieren, die als Beschreibungen einer Logik des Lernens gelten können. Diese Stufen sind für die Interpretation von Lernvorgängen aus entwicklungspsychologischer Sicht besonders zur Beurteilung des Lernens in verschiedenen Altersstufen interessant.[1]

---

1   Vgl. zur Einführung in den entwicklungspsychologischen Diskussionsstand z.B. Oerter/Montada (1995).

Dewey hingegen nimmt eher eine pädagogische Perspektive ein, die für die Didaktik von unmittelbarem Interesse ist. Er arbeitet heraus, dass Lernvorgänge als Handlungsvollzüge zu sehen sind, in denen Wissen und Verhalten über Handlungen vermittelt gelernt werden.

Alle drei Ansätze sind bis heute wichtig, wenn wir Lernvorgänge zu bestimmen versuchen. Ergebnisse dieser Klassiker erscheinen immer wieder, wenn wir uns mit aktuellen Fragen und Ergebnissen der gegenwärtigen – insbesondere konstruktivistisch orientierten – Lernforschung beschäftigen.[1]

3.2 Konstruktivistische Grundannahmen

Die konstruktivistische Didaktik, wie sie hier vertreten wird, ist ein didaktischer Ansatz, der sowohl die Begründung der Didaktik als auch deren Geltungsansprüche in Theorie und Praxis gegenüber anderen wissenschaftlichen Didaktiken verändert. Ich will an dieser Stelle nur einige einführende Hinweise zu der Erkenntniskritik geben, die dieser Didaktik zugrunde liegt. Anderen Ortes ist diese Erkenntniskritik ausführlich begründet worden:

> Wissenschaftlich sollte jede Didaktik durch eine Erkenntniskritik begründet sein, d.h. eine Theorie, die den Ansatz im Blick auf die eingesetzten wissenschaftlichen Methoden und Resultate reflektiert. Nur so kann der Nutzer einer solchen Theorie erfassen, worauf er sich als Weltbild einlässt. Dabei wird im Spektrum der Konstruktivismen (vgl. Kapitel 3.3) hier eine Position vertreten, die im Anschluss an Interaktionstheorien eine vorrangig kulturbezogene Perspektive begründet und einnimmt.[2]

Was unterscheidet den Konstruktivismus von anderen wissenschaftlichen Ansätzen? Der Konstruktivismus betont zunächst, dass wir einer oft von Menschen naiv unterstellten unmittelbaren Verbindung von Welt (»da draußen«) und Abbild (»in uns«) misstrauen müssen. Nehmen wir eine solche Möglichkeit direkter Abbildung an, dann geraten wir nämlich leicht in Versuchung, uns höchste, beste oder letzte Beobachter oder Experten auszumalen, die darüber entscheiden könnten, was auf Dauer wahres Wissen, vollkommene Bildung und vielleicht auch eine für alle »richtige« Didaktik sein könnte. Dies aber ist eine Illusion, die heute verloren scheint.

Es gibt in keinem interagierenden System, in keinem Beziehungsgeflecht Beobachter, Teilnehmer oder Akteure (vgl. Kapitel 5.3), die allein aus ihrer Position heraus definieren sollten, welche beste oder letzte Beobachtung für andere auf Dauer zu gelten hat. Auch solche vermeintlich besten und letzten Beobachter sind Teil eines Systems, in

---

1 Zur aktuellen Lehr- und Lernforschung vgl. z.B. insbesondere Slavin (2006), Ormrod (2004, 2006), Woolfolk (2005). Alle diese weit verbreiteten Lehrwerke schließen Einführungen auch in neuere konstruktivistische Ansätze ein.
2 Der interaktionistische Konstruktivismus, der dieser Didaktik zugrunde liegt, ist ausführlich theoretisch hergeleitet worden insbesondere in Reich (2005, 1998a, b, 2002b, 2004).

dem sie relativ zu- und miteinander interagieren. Solche Interaktion kann und muss hinterfragt werden, um Machtansprüche zu klären, Interessen offen zu legen und Einseitigkeiten zu problematisieren. Dies hindert nicht, dass sich Verständigungsgemeinschaften darauf einigen können, viable Lösungen (z.B. in technischen und regulativen Fragen) auf eine gewisse Zeit für die günstigsten oder erfolgreichsten zu halten. Sie können diese dann kritisch rekonstruieren und als ihre Lösungsmöglichkeit (in Abgrenzung zu anderen) markieren. Hierbei gibt es auch universell erscheinende Aussagen (z.B. naturwissenschaftliche, technische, mathematische, medizinische usw. »Tatsachen« oder *hard facts*), die jedoch auch nur so lange gelten, bis der Forschungsstand sie überholt. Weil die konstruktivistische Didaktik sich diesen erkenntniskritischen Fragen umfassend stellt, erscheint sie mir als besonders geeignet, auch mit den in Kapitel 1 und 2 beschriebenen Problemlagen umzugehen.

Die konstruktivistische Didaktik knüpft dabei vor allem kritisch an John Dewey an, der aus seiner Sicht ebenfalls den Verlust bester und letzter Beobachter zum Anlass genommen hatte, eine pragmatische Pädagogik zu entwerfen.[1] Sie ist von folgender Grundthese getragen: Die Menschen greifen durch ihre Handlungen, mit ihren Erfahrungen, im Testen der Wirklichkeit durch Experimentieren, Ausprobieren, durch ihr Tun umfassend in die Konstruktion dessen ein, was ihnen dann als Natur der Dinge oder als Fortschritt in der Kultur erscheint. Sie dürfen dabei aber nicht vergessen, dass ihre Konstruktionen und Versionen von Wirklichkeit, die sie in einer Zeit schaffen und folgenden Generationen hinterlassen, kein einfaches Abbild einer Welt sind, in der alles schon vorentschieden, vollständig oder irgendwie abgeschlossen und sicher ist. Vielmehr gehört es zum menschlichen Entdecken und Erfinden, dass immer neue Welten und Versionen über sie gebildet werden können, ohne dass dies allerdings gleich als willkürlich und beliebig erscheinen müsste. Es gibt nach Dewey keine Liste der menschlichen Probleme, die wir abzuarbeiten hätten, keine Vollständigkeit von Naturgesetzen, die nur darauf warten, von uns entdeckt zu werden, kein Ende unserer lernenden Bemühungen, wenn wir es nur geschickt genug anfangen, da wir in unseren Erfahrungen und im Experimentieren mit unseren Handlungen und Beobachtungen uns immer auch neue Welten erschaffen, die Voraussetzungen für weitere Probleme sind. Diese Sichtweise nimmt die konstruktivistische Didaktik auf und führt sie weiter: Der Mensch ist ein beobachtendes und handelndes, ein schaffendes Wesen, das viele der Probleme bewältigen muss, die ihm eine äußere Natur auferlegen, der aber in der Zivilisation auch zunehmend seine eigenen Probleme schafft, die er zu lösen hat. So sind wir als Konstrukteure unseres Lebens immer auch und immer mehr mit uns selbst beschäftigt, wenn es um Fragen der Wahrheit, der Richtigkeit, der Verständlichkeit und Bedeutsamkeit unseres Tuns und Denkens geht.

Es war in der Erkenntniskritik des 20. Jahrhunderts schon länger klar geworden, dass Subjekte bereits durch Sprache entscheidend in die Konstruktion ihrer Welten eingreifen. Die Überwindung alter metaphysischer Weltbilder wurde vor allem in einer

---

[1] Vgl. zum Verhältnis von Pragmatismus und Konstruktivismus Neubert (1998), Hickman/Neubert/Reich (2004).

sprachpragmatischen Wende der Wissenschaft, wie sie z.B. Habermas (1992) zusammenfasst, thematisiert. Dies veränderte die Erkenntniskritik: Wahrheit in diesem Kontext zeigt sich nicht mehr in einer »Realität in sich« oder »da draußen«, die wir bloß finden müssen, sondern der Mensch, das Subjekt, wird in seiner Bedeutung und Rolle als Wahrheiten herstellendes Wesen erkannt.[1] Seit Beginn des 20. Jahrhunderts wurden unterschiedliche Gemeinschaften von Menschen ausgemacht, die solche Wahrheiten relativ sicher herstellen sollten: Deutende und interpretierende, wissenschaftliche, experimentierende, verifizierende oder falsifizierende Gemeinschaften von Forschern wurden beispielsweise angeführt, um zu zeigen, dass die Wahrheiten nicht beliebig sind. Aber in der Arbeit all dieser Gruppen wurde zugleich erkennbar, dass solche Gemeinschaften, so hoch und ehrenvoll ihre Ansprüche schienen, nie ganz frei von Fragen der Macht, der Interessen und einem gewissen Habitus eigener Karriere und Betroffenheit waren, auch nicht frei von ethnozentrischen und geschlechtsspezifischen Perspektiven, was stets schon die Wahrheitssuche mit anleitete und relativierte.

Vor dem Hintergrund solcher wissenschaftlicher Reflexionen sieht die konstruktivistische Didaktik die Festlegung von Wahrheit und Wissen als eine sehr komplexe und schwierige Angelegenheit an, denn es gibt zwar einerseits Bereiche, in denen sich viele Menschen recht schnell in der Praxis einigen können und müssen, was als wahr gelten kann, aber es gibt ebenso viele andere Bereiche, vor allem in sozialen und kulturellen Fragen, in denen immer mehr ein Dissens über die Versionen von Weltauslegungen herrscht und gelebt wird. Dies kann nicht ohne Folgen für die Didaktik bleiben, wenn sie Lernern zu Orientierungen in ihrem Lernen verhelfen will. Sie muss der Multiperspektivität von Wirklichkeitsauffassungen heute deutlicher entsprechen als in vergangenen Zeiten.

Der hier vertretene Konstruktivismus ist vor dem Hintergrund, dass Lernen immer in einem kulturellen Kontext geschieht, ein notwendig kulturell orientierter. Ähnlich wie bei Dewey mit seinem Pragmatismus wird eine Theorie entwickelt, die sich umfassend auf die Praxis bezieht, ohne zu verschweigen, dass dies keine leichte und rezepthaft gefasste Aufgabe sein kann. Wahre Aussagen gewinnen wir, wenn wir in einer Kultur, mit bestimmten Perspektiven Wirklichkeiten bestimmen. Für Konstruktivisten ist dies ein vermittelter Vorgang: Wir sind zwar subjektiv frei, etwas zu konstruieren, aber zugleich in unserer Lebenswelt, die unsere Perspektiven formt und unsere Interessen leitet, auch gebunden in dem, was wir tun, beobachten, wofür wir uns einsetzen. Die dabei erzeugten Konstruktionen wirken oft noch für viele Beobachter wie eine vom Menschen unabhängige Realität, aber sie sind es nicht. Der Konstruktivismus behauptet damit allerdings nicht, dass es überhaupt keine Realität gibt, die nicht menschlich geschaffen ist. Diese taucht in der Erscheinung des Realen auf, das uns überraschen, erfreuen, aber auch schrecken und schockieren kann (vgl. dazu weiter Kapitel 4.2.3). Ein solches Reales ist ein Ereignis, das wir immer dann wahrnehmen, wenn wir noch kein Konstrukt, noch kein Verständnis, keine Erklärung über das gebildet haben,

---

1 Vgl. zu diesem Thema grundlegend z.B. Bourdieu (1992, 1993), Foucault (1978, 1993), Rorty (1988, 1991), Giddens (1996), Butler (1990, 1993).

was uns – in welchen Formen auch immer – erscheint. Haben wir ein Verständnis oder eine Erklärung, dann ist die Realität schon bewusstseinsabhängig und in menschliche Konstruktionen eingebunden. Eine solche Realität wird über Sprache dargestellt, über kulturelle Wahrnehmungen auch emotional empfunden, die unterschiedlichen Versionen, die es über sie gibt, sind sowohl kulturell als auch subjektiv vermittelt. Diese Welt, die wir mit unserem Bewusstsein vermitteln, nennen wir Realität oder Wirklichkeit.

> Aber wie wirklich ist die Wirklichkeit? Brauchen wir nicht eine Sicherheit, eine sinnliche Gewissheit, der wir vertrauen können, wenn wir von Wirklichkeit sprechen? Erscheint es dir nicht als naiv, wenn du deiner Wirklichkeit nicht mehr trauen könntest? Was sagst du zu folgendem ironischen Gedicht von Christian Morgenstern?

Die Westküsten

Die Westküsten traten eines Tages zusammen
und erklärten, sie seien keine Westküsten,
weder Ostküsten noch Westküsten –
»dass sie nicht wüssten!«

Sie wollten wieder ihre Freiheit haben
und für immer das Joch des Namens abschütteln,
womit eine Horde von Menschenbütteln
sich angemaßt habe, sie zu begaben.

Doch wie sich befreien, wie sich erretten
aus diesen widerwärtigen Ketten?
Ihr Westküsten, fing eine an zu spotten,
gedenkt ihr den Menschen etwa auszurotten?

Und wenn schon! rief eine andre schrill.
Wenn ich seine Magd nicht mehr heißen will? –
Dann blieben aber immer noch die Atlanten –
meinte eine von den asiatischen Tanten.

Schließlich, wie immer in solchen Fällen,
tat man eine Resolution aufstellen.
Fünfhundert Tintenfische wurden aufgetrieben,
und mit ihnen wurde Folgendes geschrieben:

Wir Westküsten erklären hiermit einstimmig,
dass es uns nicht gibt, und zeichnen hochachtungsvoll:
Die vereinigten Westküsten der Erde. –
Und nun wollte man, dass dies verbreitet werde.

Sie riefen den Walfisch, doch er tat's nicht achten;
sie riefen die Möwen, doch die Möwen lachten;
sie riefen die Wolke, doch die Wolke vernahm nicht;
sie riefen ich weiß nicht was, doch ich weiß nicht was kam nicht.

Ja, wieso denn, wieso? schrie die Küste von Ecuador:
Wärst du etwa kein Walfisch, du grober Tor?
Sehr richtig, sagte der Walfisch mit vollkommener Ruh:
Dein Denken, liebe Küste, dein Denken macht mich erst dazu.

Da war's den Küsten, als säh'n sie sich im Spiegel;
ganz seltsam erschien ihnen plötzlich ihr Gewiegel.
Still schwammen sie heim, eine jede nach ihrem Land.
Und die Resolution, die blieb unversandt.

> Schon aus praktischen Gründen stellen sich doch solche Fragen nach der Wirklichkeit. Kennst du von Bertolt Brecht die Geschichte des Klosters Mi Sang,[1] das die Frage zu lösen hatte, ob die Dinge in der Welt in uns konstruiert werden oder außer uns existieren, für sich, auch ohne uns?

Der Lehrer fragt seinen Schüler: »Wurde diese Frage gelöst?« Der Schüler: »Der Kongress, der die Entscheidung bringen sollte, fand wie seit zweihundert Jahren im Kloster Mi Sang statt, welches am Ufer des Gelben Flusses liegt. Die Frage hieß: Ist der Gelbe Fluss wirklich, oder existiert er nur in den Köpfen? Während des Kongresses aber gab es eine Schneeschmelze im Gebirge, und der Gelbe Fluss stieg über seine Ufer und schwemmte das Kloster Mi Sang mit allen Kongressteilnehmern weg. So ist der Beweis, dass die Dinge außer uns, für sich, auch ohne uns sind, nicht erbracht worden.«

Ich will auf beide Beispiele antworten. Das Beispiel des Klosters ist sehr schön, und es untermauert den alten Streit zwischen einer realistischen und idealistischen Haltung. Dabei ist die Pointe die, dass Brecht selbst mit einer Einbildung, mit einer Fiktion des Klosters Mi Sang arbeitet, um die Realität des Realismus zu beweisen. Dies ist der Pferdefuß in all diesen scheinbar einleuchtenden Beispielen. Das ist alles so fantasievoll, dass wir nur eines glauben müssen: Allein unsere sinnliche Gewissheit scheint ein wahrer Garant für die Wirklichkeit zu sein (vgl. Kapitel 5.2.1).

Bei Morgenstern gibt es eine andere Ironie des Gedichtes. Wir sollen eine große Lust und Schadenfreude empfinden, weil das, was geschieht, möglichst unwahrscheinlich ist, um uns so mit der Nase an der Realität zu reiben. Die Westküsten, dies ist nur ein Name, eine Konstruktion, aber als Realität wollen sie nun einfach anders oder gar nichts heißen. Dies aber können sie nur, indem sie Tiere bemühen, die ihnen Namen geben, Resolutionen schreiben, in denen etwas konstruiert wird usw. Und hier kenn-

---

1 Bertolt Brecht: Turandot oder der Kongress der Weißwäscher. In: Gesammelte Werke Bd. 5, 2211f.

zeichnet Morgenstern etwas, was auch den Konstruktivismus ausmacht: Ist man erst einmal im symbolischen System der Sprache gefangen, dann kann man diesem System auch nicht mehr durch eine realistische Wende entkommen.

Der Realismus will dennoch entkommen. Aber wie gewiss ist nun eine »wirkliche« Wirklichkeit? Es gibt Wirklichkeiten, die uns in der Tat als sehr gewiss erscheinen. Wir benötigen sie in unserem Handeln und Beobachten, um nicht ständig verwirrt zu werden, z.B. wenn wir uns zu einer bestimmten Uhrzeit verabreden, verlässliche Aussagen gegenüber anderen treffen wollen, uns auf gemeinsame Sprachregelungen oder Verhaltensweisen einigen. Gegen solche Realität wendet der Konstruktivismus nichts ein. Es ist auch kein Problem, von Wahrheiten zu sprechen, z.B. wenn wir die Aggregatzustände des Wassers möglichst exakt bezeichnen (wann wird es Dampf, wann Eis?), wenn wir Landkarten präzise vermessen oder Geschwindigkeitsübertretungen exakt festlegen. Es gibt viele Wahrheiten in den Routinen des menschlichen Zusammenlebens, die zu bezweifeln wenig Sinn machen würde. Dies gilt vor allem in naturwissenschaftlichen und mehr noch in technischen Fragen, in der mathematischen Logik, aber auch im Recht und in alltäglichen, vor allem funktionalen Verrichtungen. Gleichwohl können wir nicht verkennen, dass diese Sachverhalte irgendwann einmal konstruiert wurden, um das menschliche Leben zu erleichtern, sicherer, verlässlicher oder geregelter zu machen. Wir sind von vielen Erfindungen – Konstruktionen – umgeben, die uns heute wie Tatsachen erscheinen. Und diesbezüglich hat Morgenstern Recht: Wir können nicht einfach die einmal gegebenen Namen ohne Verlust abschütteln. Sie bedeuten kulturelle Anschlussfähigkeit, und ein befreiendes Spiel mit ihnen mag uns nur besonders dann zum Spaß gelingen, wenn wir uns nicht allzu ernst in unseren Erwartungen nehmen. Die Verstörung durch die »Westküsten« macht uns ja gerade diesen Spaß, und wenn alles immer nur seine Ordnung hätte, dann wäre das Leben sehr langweilig.

Aber alles hat ohnehin nie seine vollkommene Ordnung. Die Wirklichkeit erscheint als sehr viel flexibler, offener, lückenhafter als es auf den ersten Blick und in realistischer Erwartung gedacht wird. Dies wurde im 20. Jahrhundert bereits im Existenzialismus immer wieder thematisiert. Bei Sartre etwa heißt es, dass der Mensch seine Freiheit ergreifen muss, er ist ein Wesen, das die Welt sich entwirft und auf seinen Entwurf hin strebt. Wir »sind« immer das, was wir aus uns machen. In der gegenwärtigen Erkenntniskritik sind besonders Pragmatismus und Konstruktivismus angetreten, dies in ihrer Weise zu verdeutlichen.[1] Aus konstruktivistischer Sicht ist es vor allem der Umgang mit der Wirklichkeit, der zeigt, wie »wirklich« sie für uns ist:

- Alle so genannten Welten, Dinge, sprachlich bezeichneten Objekte, alles, was wir als wirklich aussagen und dem wir Bedeutung, Werte und was auch immer zuschreiben, sind menschliche Konstruktionen von Wirklichkeiten. Allerdings verschwinden diese Konstruktionen nicht einfach mit neuen Konstruktionen, sondern alles Neue benötigt einen Anschluss, eine Koordination, eine Rekonstruktion mit schon

---

1 Vgl. dazu einführend auch Hickman/Neubert/Reich (2004).

Vorhandenem. Deshalb müssen wir die konstruktive Seite menschlicher Tätigkeit immer mit den kulturellen und natürlichen Kontexten zusammendenken. Dieses Zusammendenken, diese Rekonstruktion, erzeugt die Passung, die Viabilität, die die Konstrukte für uns haben oder nicht bekommen können: Nur das, was für uns anschlussfähig ist, was wir mit unseren Handlungen und unseren Voraussetzungen koordinieren können, was in bestimmte Imaginationen, in ein Begehren, Wünschen, Erhoffen, dann aber auch in lebensweltbezogene Praktiken, Routinen und Institutionen übersetzt werden kann, werden wir als hinreichend viabel für uns erleben. Die Viabilität sagt für uns z.B. jeweils aus, was wir als passend oder unpassend, nützlich oder unnütz, wirksam oder unwirksam, erfolgreich oder erfolglos sehen und verstehen.

- Auch die Natur, eine bewusstseinsunabhängig von uns gedachte äußere Welt, ist immer konstruktiv mit unseren Versionen von Welten verbunden. Die Natur ändert sich schließlich mit der menschlichen Entwicklung, sie ist für unterschiedliche Kulturen nichts Feststehendes. Gleichwohl können wir zugeben, dass Menschen nicht die Natur alleine herstellen oder kontrollieren könnten. Sie können nur nach passenden Formen eines Umgangs mit der äußeren, vom Menschen beeinflussten, aber auch der vom Menschen nicht beeinflussbaren Wirklichkeit suchen.

> Natur steht immer in Vermittlung mit Kultur. Wir haben keinen reinen, völlig von unserer Kultur freien, unverstellten Zugang zur Natur, obgleich dies nicht bedeutet, dass die Natur damit einfach in Kultur aufgeht. Vgl. zur Einführung in den Diskurs über das Verhältnis Natur und Kultur z.B. Böhme (1988) und Böhme/Böhme (1992, 1996).

Über die Wahrheit und Gültigkeit solcher Viabilität oder Passung entscheiden immer wieder Mehrheiten. Solche Mehrheiten stehen in einer Kultur meist schon in bestimmter Repräsentation: Machtinstanzen, die durch Kompetenz- und Kontrollverteilungen regeln, was als passend angesehen werden kann. Diese Vorverständigungen bilden einen Kontext für die möglichen Entscheidungen der Subjekte. Und die Subjekte sind nie nur Privatwesen, sondern interaktiv verbunden. Denn Verständigungen setzen nicht nur im sprachlichen Bereich immer eine Gemeinschaft der sich Verständigenden voraus. So ist z.B. Sprache schon vorhanden, wenn sie erworben wird, aber auch andere Praktiken, Routinen, Institutionen sind als Verständigungsverhältnisse schon vorhanden, wenn wir in ihnen beobachten und handeln. Beispielsweise durchqueren uns ethische oder moralische Beanspruchungen schon, bevor wir ihnen folgen oder uns vielleicht teilweise von ihnen befreien können. Gleiches gilt auch von didaktischen Einstellungen. Zwar bedeuten diese relativen Wahrheiten bei näherer Betrachtung bloß Ansprüche und Geltungen bestimmter Verständigungsgemeinschaften (mit beispielsweise zeitlicher, räumlicher, sozial-kultureller, ethnischer Begrenztheit) über ein richtiges Handeln in bestimmten Situationen und Kontexten, aber längst hat sich hierfür der Begriff der Wahrheit sinnvoll eingebürgert: Wahrheiten sind Zuschreibungsformen eines adäquaten Handelns und Beobachtens im Sinne von Vorverständigungen und gemeinschaftlich ausgebildeten Normierungen, Beobachtungen und Kontrollen hierüber.[1] Auch wenn Konstruktivisten solche Wahrheiten relativieren, so behaupten sie dennoch einen Wahrheitsanspruch auf dieser relativen Grundlage. Sonst zerfielen alle ihre Aussagen in Beliebigkeit, was aber nicht die Intention des hier vertretenen Konstruktivismus ist. Die Verständigungsgemeinschaften regeln mehr oder minder eindeutig, welche Konstrukte in einer Kultur und kulturübergreifend für bestimmte Kulturen gelten, was auch (in unterschiedlichen Ausprägungen) Wahrheitsansprüche, Ansprüche auf Wahrhaftigkeit und Richtigkeit von Aussagen einschließt. Hier ist zu bedenken, dass es kulturell gesehen ohnehin nie Beliebigkeit gibt, wenn es um sehr eindeutig erscheinende Tatsachen in einer Lebenswelt geht, wie z.B. Regeln (etwa im Verkehr, im Umgang, im Alltag), formale Praktiken (etwa bei Tauschgeschäften, zugelassenen Verhaltensformen), konstante Routinen (z.B. Kontrollen durch berechtigte Personen) oder auch gefestigte Institutionen (z.B. Schulen, Polizei, Gerichte). Dies ist didaktisch gesehen bedeutsam, denn in diesen Bereichen haben wir es mit einem scheinbaren Universalismus zu tun, der auch ein bestimmtes didaktisches Handeln erzwingt: insbesondere Kulturtechniken *als Anpassung an eine Kultur* zu vermitteln. Hier gibt es eine konventionelle didaktische Handlungsebene (vgl. Kapitel 5.2.2). Aber dies bedeutet nicht, dass wir damit absolute Wahrheiten in einem universellen Sinne oder als Abbilder von Realität tatsächlich über lange Zeit vermitteln könnten. Es gibt in unserer Kultur immer mehrere Verständigungsgemeinschaften, die zwar jede für sich nur *eine* Verständigung scheinbar zeitlos definieren mögen – und hier erscheint im Appell an die Vernunft eine universale Normierung als Aufklärungsideal –, aber in der Reflexion dieses modernen Anspruches wird gegenwärtig die Erwartung an die Vernunft-Moderne auch gekränkt: Die Definitionsmacht *einer* Vernunft ist immer dadurch relativiert, dass mehrere Verständigungsgemeinschaften nach- und nebeneinander existieren. Diese unterschiedlichen Verständigungsgemeinschaften mögen alle an *die* Vernunft appellieren, aber sie werden sich darum doch nicht notwendig einigen können. Gerade dies zeigte die Geschichte der bürgerlichen Vernunft eindringlich: In sie gehen immer wieder kulturelle, ökonomische, religiöse, soziale, politische, ethnische, ästhetische und viele andere Begründungshorizonte ein, die zu einer begrenzten und keineswegs universalen Geltung im Abgleich und im Unterschied zu anderen führen.

> Wenn sich jetzt, wie es in den USA geschieht, in einem Ort eine Verständigungsgemeinschaft findet und mehrheitlich abstimmt, dass der »Creationism« gilt, dann muss im Unterricht die Evolutionstheorie Darwins abgeschafft und durch »Gott als eigentlichen Designer« der Welt ersetzt werden. Ist das dann Wahrheit?

Dies mag zwar *eine* Wahrheit für *diese* Verständigungsgemeinschaft sein, aber im Blick auf den derzeitigen Stand naturwissenschaftlicher Erkenntnisse ist es unwahr. Der hier angedeutete Konflikt ist durchaus typisch für die Gegenwart: Wir haben so viele unterschiedliche Wahrheiten in unseren Familien, in Subkulturen, in jeweils kleineren Verständigungen, dass es immer wieder zu Dissens in einer Kultur kommt. So verklagen

---

1 Vgl. dazu auch Reich (2000).

z.B. religiöse Sekten in Amerika die Schulen, wenn sie meinen, dass der Lehrstoff den Glauben erschüttern könnte. Aus konstruktivistischer Sicht aber ist dies ein Streit, den wir aus dem Blickwinkel kultureller Erwartungen und Interessen reflektieren müssen. Wenn in den Naturwissenschaften oder in anderen Bereichen sich Theorien etabliert haben, die relativ sicher in ihrem Kontext und mit übergreifender Bedeutung für die Lebenswelt mit Daten, Experimenten, Erklärungen umgehen, dann sollten diese den Lernern keinesfalls vorenthalten werden. Die Lerner können sie dann als Konstrukte für bestimmte Zwecke sehen und erkennen. Sie werden unterscheiden lernen, was in welchem Kontext Relevanz hat und dass es wenig Sinn macht, Fragen aus unvereinbaren Bereichen (z.B. des naturwissenschaftlichen Wissens und des Glaubens) gegeneinander auszuspielen. Sie werden auch lernen, dass das naturwissenschaftliche Wissen ein eingegrenztes, gezieltes Wissen ist, das notwendige verallgemeinerte Regeln und Beschreibungen enthält, das sich aber noch weiterentwickeln lässt. Und sie werden immer wieder darauf aufmerksam achten müssen, dass alle Wahrheitssetzungen durch zwei Perspektiven geprägt sind:

- Entweder ist es die Viabilität in unseren Lebensformen, die die Wahrheiten als erfolgreich oder erfolglos, nützlich oder nutzlos, sinnvoll oder sinnlos erscheinen lassen,
- oder es ist im Zusammenwirken mit dieser Viabilität die Verständigungsgemeinschaft, die sich jeweils durchsetzt, die eine nur für sie passende Wahrheit fordert oder verweigert.

Heute haben wir es durchgängig mit einer Erhöhung der Wahrheitsrelativierungen zu tun. Woran liegt das? Gegenwärtige Gesellschaften sehen sich nicht mehr nur oder überwiegend in einem Nacheinander, einer Chronologie von fortschreitender Verständigung und erweitertem Verstehen, sondern sind als Verständigungsgesellschaften plural mit vielen Verständigungsgemeinschaften beschäftigt. Konsens und Dissens treten damit notwendig bei allen Bestimmungen der Lebensgestaltungen, erwünschter oder unerwünschter Lebensformen, auch geförderter oder vernachlässigter wissenschaftlicher Ansprüche auf Begründungen und Geltungen auf. Insoweit können wir nicht mehr erwarten, den einen richtigen didaktischen Ansatz für alle zu finden und zu begründen. Wir können allenfalls ein Angebot unterbreiten, das möglichst vielen als passend erscheinen kann und das eine zahlenmäßig große Verständigungsgemeinschaft anspricht, orientiert, motiviert. Wir bemerken, dass es in der heutigen Kultur immer wichtiger wird, diese Verständigungsgemeinschaften und die Prozesse des Verständigens daher an die Seite der früher allein maßgeblich erscheinenden Verobjektivierungen zu setzen. Dies hat auch grundlegende Konsequenzen für die konstruktivistische Didaktik, die ich in einigen weiteren Punkten skizzieren will:

- Eine wesentliche Annahme der konstruktivistischen Didaktik ist ihre Begründung des Vorrangs der Beziehungs- vor der Inhaltsdidaktik. Beziehungen bilden den Rahmen und Kontext jeglicher Inhaltsvermittlungen, dies haben kommunikative

Beobachtungen in der gegenwärtigen Lebenswelt erkennen lassen. Beziehungen der Lerner und Lehrer zeigen das innere Begehren ebenso wie die Anerkennungssuche, die durch den interaktiven Bezug zwischen lernenden und lehrenden Individuen hergestellt werden. In der menschlichen Kommunikation wirken sich Beziehungen bestimmend auf gelingende oder misslingende Aktionen, auf gelingendes oder gestört erscheinendes Verhalten aus. In der Kultur bestimmen Beziehungen als Kontext jegliches Inhaltslernen. Insofern gibt es einen Primat der Beziehungen vor den Inhalten. Es sind stets beziehungsmäßige Kontexte zu schaffen, die das Lernen erleichtern, nicht jedoch solche, die es erschweren.[1]

> Jetzt hast du durch die Hintertür offenbart, warum du das erste Kapitel an den Anfang gestellt hast. Nun bleibt deiner Leserin und deinem Leser scheinbar nichts anderes übrig, als die konstruktivistische Didaktik wohlwollend zu sehen. Aber ich nehme es erst einmal so, wie es ist: Du favorisierst sie, und ich warte die näheren Gründe ab.

- Die konstruktivistische Didaktik ist praxisorientiert. Sie schließt weniger an akademische Traditionen in der Pädagogik an, die wie die deutsche Bildungstheorie und geisteswissenschaftliche Pädagogik zu einem spekulativen, theorieorientierten und oft praxisabgehobenen Denken neigte, das deshalb bereits von der lerntheoretischen Didaktik vor 40 Jahren kritisiert wurde.[2] Sie steht in der Tradition des Pragmatismus, wie er von John Dewey vertreten wurde, der in Deutschland bisher eine viel zu geringe Beachtung gefunden hat. Eine solche pragmatische Einstellung bedeutet allerdings nicht, einen naiven Praktizismus, eine Rezeptlehre für Unterricht, entwickeln zu wollen, sondern verlangt nach einer Praxissicht, die die Lernenden und Lehrenden in ihren kulturellen Kontexten reflektiert, kritisch zu Entwicklungen in dieser Kultur Stellung bezieht, sich aber auch intensiv mit den Praktiken in der Kultur auseinander setzt.[3]
- Die konstruktivistische Didaktik ist interdisziplinär ausgerichtet. Für die Didaktik sind Grundlagenwissenschaften wie die Pädagogik, Philosophie, Psychologie und Soziologie vorrangig, um insbesondere eine Reflexion kultureller Kontexte, die Analyse von Verhaltens- und Lernvorgängen, die unterschiedliche Konstruktion von Erziehungs- und Bildungsverhältnissen, gesellschaftliche und individuelle Be-

---

1 Zur ausführlicheren Begründung und Darstellung der Beziehungs- und Inhaltsseite für die konstruktivistische Pädagogik vgl. Reich (2005, Kap. 2 und 3).
2 Vgl. dazu insbesondere Heimann (1976).
3 Die auf Deutsch veröffentlichten Werke Deweys haben durch eine uneindeutige Übersetzung der Fachterminologie die Rezeption erschwert. Die Einführung von Bohnsack (1976) konnte dies bereits herausarbeiten. Aufgrund der mangelnden Rezeption gibt es heute große Verständigungsprobleme im internationalen Austausch zwischen Pädagogen und Didaktikern, denn ohne eine intensive Rezeption der Werke Deweys bleiben Entwicklungen z.B. im amerikanischen Bereich für uns unverständlich. Zum Verhältnis von Konstruktivismus und Dewey vgl. aus der Sicht des interaktionistischen Konstruktivismus Neubert (1998), Hickman/Neubert/Reich (2004). Siehe auch URL: http://dewey.uni-koeln.de.

dingungen des Lehrens und Lernens hinreichend breit und tief beurteilen zu können. Für diese Didaktik sind alle Fachwissenschaften relevant, die immer auch eine fachdidaktische Seite tragen. Diese fachdidaktische Seite wird von vielen Fächern noch unterbewertet, weil und insofern sie nicht immer hinreichend erkennen, dass alle Fachaussagen sowohl in der Professionalisierung des eigenen Nachwuchses als auch in der Darstellung der Wichtigkeit des Faches gegenüber der Öffentlichkeit auch eine didaktische Relevanz haben. Die konstruktivistische Didaktik versucht zu begründen, weshalb diese Relevanz wesentlich ist, weshalb sie zunehmen wird und weshalb die didaktische Seite immer zur Fachseite dazugehört (vgl. Kapitel 4.3 und 4.4).

- Die konstruktivistische Didaktik verzichtet von vornherein auf den Anspruch, möglichst leicht, schnell verständlich und rezepthaft sein zu wollen, um gute Marktchancen zu erzielen. Ich halte Didaktik für ein anspruchsvolles, sehr schwieriges und komplexes Unternehmen, das nicht mit einem Anspruch auf Leichtigkeit ernsthaft und effektiv betrieben werden kann. Eine ständige, übertriebene Komplexitätsreduktion führt – ähnlich wie in der Pädagogik (Reich 2005, 192ff.) – zu einer Illusion, die den Didaktikern mehr schadet als nützt. Es wird heute zunehmend erwartet, dass didaktische Prozesse einfach zu steuern seien, es wird verlangt, dass sie möglichst kostengünstig und effektiv zu gestalten sind, und wenn dies keinen Erfolg bringt, dann sind die Didaktiker Schuld, die als nicht hinreichend qualifiziert oder professionalisiert erscheinen. Ich will diese Illusion bekämpfen, indem ich zu zeigen versuche, dass Didaktik äußerst anspruchsvoll ist, dass darin aber auch – entgegen landläufiger Meinungen über Didaktiker – ein besonderer Reiz und wissenschaftlicher Anspruch liegen kann.

Die hier genannten Voraussetzungen sind nicht vollständig. Sie sollen nur einen ersten Eindruck über die Richtung der Argumentation beschreiben, die nachfolgend Schritt für Schritt auch konkreter für die Didaktik entwickelt wird.

> Zur konstruktivistischen Didaktik gibt es insbesondere auf Englisch viele Einführungen. Dabei bleibt allerdings meist der interaktive (systemische) Teil geringer als in der von mir vertretenen Didaktik. Vgl. zur Einführung in die Vielfalt der Ansätze z.B. im Überblick Slavin (2006), Omrod (2004, 2006), Woolfolk (2005). In diesen Lehrbüchern werden die konstruktivistischen Ansätze in den Kontext der Entwicklung der pädagogischen Psychologie gestellt. Einzelne Darstellungen finden sich z.B. bei Fosnot (1996), Larochelle u.a. (1998), Steffe/Gale (1995), Tobin (1993), Science and Education (Vol 6, 1–2 January 1997). Im Zusammenhang mit der kognitiven Lernforschung z.B. Dubs (1995) und weiter unten das Kapitel über situiertes Lernen. Konkrete didaktische Ansätze entwickeln sehr anschaulich z.B. Lambert (1995, 1996), Marlowe/Page (1998). Einen Überblick über die deutsche Diskussion findet man insbesondere bei Voß (1997, 1998, 2002) und Siebert (1999, 2000, 2005). Anregungen gibt auch Schmidt (2005). Ein Ansatz, der eher subjektorientiert und entlang der Begriffe des radikalen Konstruktivismus entwickelt wird, findet sich bei Kösel (1997).

3.3 Konstruktivistische Ansätze

Wenn dem Konstruktivismus in der deutschen Diskussion häufig Beliebigkeit in seinen Konzepten vorgeworfen wird, so liegt das sehr oft an einer vereinfachten Darstellung konstruktivistischer Positionen. Zwar haben insbesondere radikal-konstruktivistische Autoren dazu beigetragen, solcher Vereinfachung Vorschub zu leisten, indem sie verkürzt ausdrückten, alle Wirklichkeit sei eine »bloße« Erfindung, aber bei näherer Hinsicht wird selbst bei den eher subjektivistischen Annahmen des radikalen Konstruktivismus deutlich, dass es immer noch Kriterien gibt, die Beliebigkeiten begrenzen.[1] In der englischsprachigen Diskussion ist hier im Gegensatz zur deutschen ein auffallender Unterschied festzustellen, weil hier sehr viel stärker neben subjektivistischen Positionen auch soziale Konstruktivismen entwickelt und berücksichtigt werden. Man muss beim Konstruktivismus ohnehin prinzipiell voraussetzen, dass es Konstruktivismen und nicht bloß einen Ansatz gibt.

Hier will ich in kurzer Form einige wichtige explizit konstruktivistische Ansätze nennen (nach Reich 2001a), dabei lasse ich die oben beschriebenen Vorläufer (vgl. Kapitel 3.1) hier aus:

1. *Konstruktiv-subjektive Psychologie* (Kelly): Eine Sonderform macht der in der Psychologie rezipierte Ansatz der persönlichen Konstrukte von Kelly (1986) aus. Er radikalisiert die subjektive Seite der Konstruktion von Wirklichkeiten sehr viel stärker als Piaget.[2]
2. *Radikaler Konstruktivismus:* Der radikale Konstruktivismus überbetont die Relativität der subjektiven Erkenntnis als Ausdruck von Wirklichkeitskonstruktionen. Es gibt eine Reihe von sehr unterschiedlich ausgeprägten radikalen Konstruktivismen, deren Kerngemeinsamkeit eine starke subjektivistische Orientierung ausmacht.[3] Insbesondere der radikale Konstruktivismus, der bei den Grundvertretern Heinz von Foerster (z.B. 1993) und Ernst von Glasersfeld (z.B. 1996, 1997, 1998) entwickelt wird, betont eine relativierende Sicht auf das Wissen selbst. Zwar werden hier nicht philosophische Diskussionen um die Postmoderne oder die Kränkungsbewegungen der Vernunft im 20. Jahrhundert hinreichend aufgenommen, aber aus einer spezifischen Sicht des Subjekts wird versucht, die individuellen Konstruktionen in ihrer relativierenden Bedeutung von Erkenntnissetzungen herauszustellen.
Im Hintergrund steht hier eine diskursive Reflexion von Veränderungen in den Wissenschaften, insbesondere in Kybernetik, Sprachwissenschaften, kognitiver Psychologie und Biologie. Die Arbeiten von Bateson (1985, 1990), von Maturana (1982, 1987), aber auch von Piaget sind besonders wichtig in der Entwicklung des Ansatzes gewesen. Dabei erscheint bisweilen ein Naturalismus, der eine Herleitung

---

1   Vgl. dazu z.B. Ernst von Glasersfeld (1999) und die Diskussion um seinen Ansatz in »Ethik und Sozialwissenschaften« 9/1998, Heft 4.
2   Vgl. dazu auch Westmeyer (1999).
3   Vgl. einführend z.B. Schmidt (1987, 1992).

dieses Konstruktivismus aus den objektiven Erkenntnissen dieser neuen Wissenschaften postuliert, wenngleich nicht abgestritten werden kann oder soll, dass auch diese Neuerungen im Kontext von sozial-kulturellen Veränderungen stehen.[1] Gleichwohl ist eine einseitige Bevorzugung der subjektiven Seite bei Wirklichkeitskonstruktionen vorherrschend, die allenfalls ansatzweise die Interaktionen von Subjekten, die kulturellen Kontexte und auch die Besonderheit der Postmoderne als Ort der praktischen Relevanz des Konstruktivismus thematisieren.[2]

3. *Systemtheorie Luhmanns:* Eine Sonderform konstruktivistischer Argumentation nimmt die Systemtheorie Luhmanns ein, die zwar eindeutig einen konstruktivistischen Kern aufweist[3], sich jedoch zu einem eigenständigen Ansatz vor allem innerhalb der Sozialwissenschaften entwickelt hat. Sie baut auf einem konstruktivistischen Fundament auf, insofern sie systemische Vorgänge nicht als Abbilder von Wirklichkeiten begreift, sondern als Prozesse sieht, die Beobachter voraussetzen und von Handelnden konstruiert werden. Gleichwohl kann man darüber streiten, ob nicht Luhmann durch Übergeneralisierung binärer Codierungen und Analyse meist sehr abstrakter Systemebenen die konstruktivistische Ausgangslage methodisch verengt (Vernachlässigung der Ebene der Konstruktion und einer viablen Praxis), so zumindest meine kritische Schlussfolgerung in Reich (1998a).

4. *Methodischer Konstruktivismus und Kulturalismus:* Der methodische Konstruktivismus, auch als Erlanger Schule bezeichnet, ging aus der Phänomenologie hervor (vgl. z.B. Janich 1999), ist strikt antinaturalistisch und antirealistisch ausgelegt. Er sucht in einer Rekonstruktion rationalen Zweck-Mittel-Denkens jene Prototheorien objektiv zu fixieren, nach denen die Wissenschaften, insbesondere die Naturwissenschaften, verfahren. Aus der Praxis von Anwendungen heraus soll rekonstruiert werden, nach welchen nicht reflektierten Voraussetzungen in den Wissenschaften immer schon vorgegangen wird. Das rekonstruierte Wissen steht im Vordergrund.

Der methodische Konstruktivismus wird heute durch die Arbeiten Peter Janichs und anderer als Kulturalismus weiterentwickelt. Kulturalistische Autoren rekonstruieren Konstruktionen und wissenschaftliche Methoden aus den kulturellen Praxen, in denen sie Anwendung finden. Sie negieren einen übertriebenen Relativismus, indem sie methodisch stringent zu rekonstruieren versuchen, welche Vo-

---

1 Zur Diskussion vgl. einführend z.B. Fischer (1995); zum umstrittenen Konzept der Autopoiese z.B. Fischer (1991). Auch Schmidt (1994), der sehr zur Verbreitung des radikalen Konstruktivismus beigetragen hat, relativiert in neueren Arbeiten den Ansatz und wendet sich stärker der Kultur zu. Er vertritt heute einen Ansatz der Geschichten & Diskurse, vgl. Schmidt (2003, 2005).
2 Vgl. zu dieser Kritik weiterführend auch Hartmann/Janich (1996); Reich (1998a, 159ff.). Der radikale Konstruktivismus hatte großen Einfluss auf die Familientherapie. In ihrer systemischen Ausrichtung problematisiert diese sehr wohl interaktive Bezüge der Theorie, indem sie die Konstruktionen von Familienmitgliedern miteinander abgleichen und reflektieren hilft. Hier ist eine Kombination von systemischem Denken und Konstruktivismus entstanden. Vgl. dazu einführend z.B. Schlippe/Schweizer (1996). In der Bedeutung für die Pädagogik Reich (2005).
3 Vgl. z.B. Luhmann (1988).

raussetzungen im Zweck-Mittel-Denken jeweils gemacht werden, wenn Prototypen wissenschaftlicher Verfahren und Erkenntnisse auftreten.[1]

5. *Sozial-kulturtheoretisch begründete Konstruktivismen:* Auch wenn der Kulturalismus Janichs schon auf das Feld kultureller Praktiken als Basis der Rekonstruktion von Wissenschaften zielt, so ist hier noch ein engerer methodischer Weg beschritten, der in den nachfolgenden Ansätzen eher in die Breite getrieben wird, um auch den Aspekten der Konstruktionen, die nicht auf Zweck-Mittel-Denken basieren, und pluralistischer Praxis hinreichend Rechnung zu tragen.

Der soziale Konstruktivismus hat viele Gesichter. Klassisch ist der Ansatz von Berger/Luckmann (1995). Deutlich vertreten wird er auch im Ansatz von Knorr-Cetina (1984), die allgemein die Fabrikation des Wissens sozial-konstruktivistisch herleitet. Viele andere Ansätze gebrauchen konstruktivistische Argumentationen implizit. Die Diskussion in den Sozial- und Kulturwissenschaften ist gegenwärtig von einem hohen Anteil sozial-konstruktivistischer Argumente bestimmt. Eine soziale Rekonstruktion erscheint nunmehr als eine wesentliche Anforderung, wenn man sich mit wissenschaftlichen Konstruktionen befasst. Dabei aber kommt es häufig zum Streit mit Realisten, wie sie stärker in den Naturwissenschaften auftreten. Sie hängen oft noch dem Weltbild nach, dass sie Gesetze der Natur aufspüren, die als nicht gleichermaßen konstruiert aufgefasst werden dürften wie soziale Ereignisse (vgl. z.B. Hacking 1999). Demgegenüber ziehen die in diesem Feld angesprochenen Konstruktivismen hier eine deutliche Grenze. Sie setzen stärker auf die kulturelle Verankerung auch der konstruktivistischen Theoriebildung selbst. Eine bloß subjektiv-personale Deutung erfährt hier ebenso eine Ablehnung wie eine übertriebene objektivistische Erklärung über eine vermeintlich natürliche Entwicklungslogik, nach der Menschen ihr Wissen konstruieren.

Für die sozial-kulturell begründeten Konstruktivismen hat die Veränderung der Kultur im Übergang von der Moderne in die Postmoderne eine hohe Bedeutung. Sie betonen, dass das Wissen immer durch Gesellschaften und soziale Diskursgemeinschaften geschaffen wird. Auch unsere Aussagen über die Natur, natürliche Vorgänge, also z.B. über das Gehirn, das für radikale Konstruktivisten so bedeutsam wurde, sind immer konstruierte Aussagen aus dem Kontext einer Kultur heraus. Wer diesen Kontext übersieht und nicht reflektiert, der landet in einem nicht haltbaren Naturalismus. Die sozialen Konstruktivisten kritisieren an konstruktivistischen Richtungen, die zu sehr subjektivistisch argumentieren, wie z.B. Piaget und der radikale Konstruktivismus, dass sie die kulturelle Einbindung und damit die Intersubjektivität unterschätzen, mithin zu wenig über die soziale Konstruktion des Wissens arbeiten. Geschieht dies, dann tritt ein technisch-rationales Wissen einseitig in den Vordergrund. Man sollte zudem sehen, dass der Konstruktivismus selbst ein Ausdruck sozial-kultureller Entwicklung ist (vgl. Reich 1998a).

---

1   Im methodischen Konstruktivismus sind hier Prototheorien zu einzelnen Wissenschaften gebildet worden. Vgl. z.B. Janich (1996), Hartmann/Janich (1996, 1998). Interessant ist Janichs Einführung in die logische Pragmatik (2001b).

Aus den sozial-kulturell begründeten Konstruktivismen will ich drei herausgreifen, die zurzeit nicht nur theoretisch, sondern auch anwendungsbezogen entwickelt werden:

a) *Sozialer Konstruktionismus:* Der soziale Konstruktionismus ist insbesondere in der Psychologie mittlerweile etabliert. Er ist in zahlreichen Veröffentlichungen begründet worden.[1] Die Orientierung des Ansatzes ist anti-realistisch, er ist sozial ausgerichtet, sieht Wissen als Ausdruck von Kultur und historischen Kontexten, versteht Sprache als Voraussetzung für Denken, bestimmt Sprache als eine Form sozialen Handelns, bezieht sich schwerpunktmäßig auf Interaktion und soziale Praktiken.

b) *Pragmatischer Konstruktivismus:* Es gibt sehr viele Verbindungen des Konstruktivismus zum Pragmatismus. Insbesondere die Aufarbeitung der Werke John Deweys kann als maßgebend angesehen werden, hier eine Schnittstelle zum Konstruktivismus zu finden. Derzeit arbeitet diese insbesondere Garrison (1998a) im Blick auf die Pädagogik aus.

c) *Interaktionistischer Konstruktivismus:* Der interaktionistische Konstruktivismus sieht den Konstruktivismus als einen Diskurs, der Konstruktionen, Methoden und Praxis umfasst. Er verbindet Aspekte des sozialen Konstruktionismus mit dem Kulturalismus und findet eigene Wege im Blick auf die Bestimmung von Wissenschaft und Lebenswelt. Insbesondere reflektiert dieser Ansatz die Interaktion als Bedingung menschlicher Verständigung und erweitert das Spektrum der Reflexion neben dem symbolischen Bereich auch auf das Imaginäre und Reale.[2]

6. *Impliziter Konstruktivismus in anderen Ansätzen:* Jede wissenschaftliche Theorieschule neigt dazu, sich die gesamte Vergangenheit der Wissenschaft und Kultur, vornehmlich jene Diskurse, die eigene Beobachtungen im Forschungsfeld berühren, neu zu erfinden. Auch der explizite Konstruktivismus kommt zu einer Deutung, die einen verborgenen Konstruktivismus in der Vergangenheit entdeckt. Dies gilt nicht nur für direkte Vorläufer des Konstruktivismus, die in der Philsosophie beispielsweise bei Vico gesehen werden, sondern im Grunde für alle Denkschulen der Vergangenheit, da sie als Konstrukteure unterschiedlicher Wirklichkeiten im Vergleich, in ihrem Nach- und Nebeneinander ohne Beanspruchung einer bevorzugten Entscheidung für den einen oder anderen Ansatz beschrieben werden können. Es ist eine Stärke des Konstruktivismus, dass er so einen breiten Zugang zur Geschichte des Denkens findet, weil er nicht einzelne Ansätze auf Grund von wissenschaftlichen Vorbehalten (d.h. von Konstrukten, die nicht ins eigene Bild passen) ausschließen muss. Das zeigt eine tolerante Haltung, die zu verstehen versucht, warum in der Kultur- und Sozialgeschichte bestimmte Konstruktionen gebildet wurden, warum sie sich durchsetzten und was zu ihrem Scheitern führte. Diese Be-

---

[1] Vgl. z.B. Gergen (1991, 1994, 1999); im Blick auf Sprache Shotter (1993).
[2] Vgl. z.B. Reich (1998a, b, 2000, 2005), Neubert (1998), Neubert/Reich (2000), Burckhart/Reich (2000), Reich/Wei (1997), Reich/Sehnbruch/Wild (2005).

trachtung schließt auch den Konstruktivismus selbst ein, der auf die Bühne der Erkenntnistheorien erst dann treten konnte, als universalistische und letztbegründende Ansätze immer zweifelhafter wurden. Es bedurfte der Reflexion von Kränkungsbewegungen der Vernunft, wie ich sie ausführlich zu beschreiben versucht habe (vgl. Reich 1998a, b), um Konstruktivismen als neue erkenntniskritische Spielart auftreten zu lassen und dieser Spielart zu einem zunehmenden Erfolg zu verhelfen.

Im 20. Jahrhundert zeigen einige wissenschaftliche Ansätze schon so deutliche konstruktivistische Züge, dass sie zur Entstehung von expliziten konstruktivistischen Ansätzen viel beigetragen haben und zugleich in einer positiven Wechselbeziehung mit diesen stehen. Ich will nur einige ausgewählte wichtige Ansätze im Bereich der Kultur- und Sozialwissenschaften nennen:[1]

Die Phänomenologie hat den Konstruktivismus weit reichend beeinflusst und steht bis heute in einer starken Wechselwirkung mit konstruktivistischen Konzepten. Insbesondere der methodische Konstruktivismus ist aus der Phänomenologie hervorgegangen. Aber auch der soziale Konstruktivismus nach Berger/Luckmann steht in dieser Tradition.

Der Pragmatismus ist in vielen Teilen konstruktivistisch angelegt, auch wenn bei seinen klassischen Vertretern dabei oft noch naturalistische Einschübe erkennbar sind. Insbesondere der Ansatz von Dewey ist sehr anregend für den Konstruktivismus (vgl. Neubert 1998). In den neopragmatischen Formen, etwa bei Rorty (z.B. 1991, 1992), sind viele Gemeinsamkeiten mit konstruktivistischen Ansätzen feststellbar.[2]

Zwischen Ethnomethodologie (vgl. z.B. Goffman 1959, 1963, 1974, 1983, 1996) und sozialem Konstruktivismus gibt es enge Verbindungen.

Der Strukturalismus hat Konstruktionen sehr differenziert als Ordnungsmuster erfassen und klassifizieren helfen. Das Scheitern der Etablierung universeller Strukturen hat insbesondere im Wandel zum Poststrukturalismus dazu beigetragen, konstruktivistisches Denken zu fördern. Sehr unterschiedliche Autoren, wie z.B. Foucault und Bourdieu, benutzen in ihren Argumentationen einen impliziten Konstruktivismus, was sich daran zeigt, dass in ihren Werken immer wieder von den unterschiedlichen sozialen, machtbezogenen, lebensweltlichen usw. Konstruktionen von Wahrheit oder Praktiken (als wechselnder Ausdruck unterschiedlicher Verständigungsgemeinschaften im sozial-kulturellen Wandel) die Rede ist.

Der Dekonstruktivismus Derridas weist in seiner Grundstruktur auf ein konstruktives Ergänzungsprinzip hin, das dem konstruktivistischen Denken einen kritischen Standort gibt. Hier wird insbesondere ein positivistischer Konstruktivismus der bloßen Bekenntnis zu allem, was wirklich ist, weil es konstruiert ist, verhindert,

---

1 Umfangreich habe ich mich mit solchen und noch weiteren Strömungen in Reich (1998a, b) beschäftigt und deren Bedeutung für den Konstruktivismus herauszuarbeiten versucht.
2 Vgl. ferner von Rorty die gesammelten Philosophical Papers (Vol. 1–3) bei Cambridge University Press.

indem das dekonstruktive Potenzial, das den Konstruktionen selbst innewohnt, artikuliert wird. Insbesondere in der dekonstruktiven Literaturwissenschaft als auch im feministischen Konstruktivismus sind hier interessante Denkansätze entstanden, die z.B. vermittelt über Ernesto Laclau und Chantal Mouffe auch zu einer Dekonstruktion des Marxismus als Universalismus beigetragen haben und zugleich die Politik einer neuen Linken markieren, die nicht in postmoderne Beliebigkeit zerfällt. Symbolische Ordnungen, Diskurse als Orte ihrer Begründung, bleiben hier unvollständig und unabgeschlossen, weil sie nicht als »genähte Totalitäten« aufgefasst werden sollen, die universell jene eine Naht bewerkstelligen, die alles zusammenhalten müsste. Der (konstruktive) Bedeutungsüberschuss verhindert, dass wir je eine letzte Lösung oder einen letzten und besten Beobachter oder Akteur etablieren könnten, dessen Diskurs in den Stillstand und eine abschließende Hegemonie zurückfallen würde. Aus dieser Richtung wird deutlich, dass konstruktivistisches Denken nicht naiv gegenüber den kulturellen und sozialen Verhältnissen seiner eigenen Praxis sein darf und nach radikaler Demokratie als Voraussetzung des eigenen Überlebens verlangt. Hegemoniale Praktiken sind kein Betriebsunfall der Geschichte, sondern ein durchgängiges Problem aller Ansätze – auch der Dekonstruktivisten. Hier entsteht eine Diskussion zwischen Dekonstruktivismus und Pragmatismus (vgl. Mouffe 1999), die auch für Konstruktivisten eine hohe Relevanz hat.

Die *Cultural Studies* stellen eine umfangreiche, teilweise widersprüchliche, aber insgesamt stark implizit konstruktivistische Richtung dar, in der insbesondere auf Grund von dekonstruktiver und poststrukturalistischer, auf durch Foucaults Machtanalysen geprägter Basis betont wird, dass Menschen ihre Kulturen verändernd konstruieren. Zugleich existieren sie in bestimmten Strukturen, die als Bedingungen und Grenzen ihrer konstruktiven Freiräume zu rekonstruieren sind. Dieses Spannungsfeld lässt ein Schwanken erkennen, das einerseits eine Suche nach Gründen symbolisiert, die kulturelle und soziale Gesetzmäßigkeiten herauszustellen sucht, nach denen Gesellschaften organisiert sind und mit denen strukturelle Vorbedingungen subjektiver Lebensformen und Identität eingegrenzt sind; das andererseits aber auch Konstruktionen aufweist, die sich nicht als universale Gesetze mittels Letztbegründungen mehr behaupten lassen, sondern die ihrerseits eine veränderliche, eine konstruierte Größe darstellen. Damit können zwei relevante Sichtweisen eingenommen werden, die für den Konstruktivismus wesentlich sind: Einerseits die Vorverständigungen durch Rekonstruktion von bereits vorgängigen Lebensverhältnissen in den Diskursen des Wissens, der Macht, der Beziehungen und unbewussten/nicht bewussten oder tabuisierten Feldern zu beobachten und zu entschlüsseln[1], andererseits die hierbei wirkende Subjektivierung der Konstruktionen durch die Freiheitsgrade der Individuen und die Veränderungsmöglichkeiten und stattfindenden Veränderungen in den Diskursen und den durch sie repräsen-

---

1 Diesen Ansatz verfolgt insbesondere die interaktionistisch-konstruktive Diskurstheorie, die ich vertrete (vgl. Reich 1998b, Kap. 4; Neubert/Reich 2000).

tierten Wirklichkeiten selbst. Insbesondere die Veröffentlichungen der *open university* der Gruppe um Stuart Hall zeigen diesbezügliche Ansatzpunkte und einen ausgeprägten sozial-konstruktivistischen Ansatz.[1]

Die Bedeutung des Konstruktivismus in den Sozial- und Kulturwissenschaften wird heute im deutschen Sprachraum noch unterschätzt. Dies liegt daran, dass in der Regel wissenschaftliche Schulen an den engen Grenzen ihres symbolischen Systems, das in Abgrenzung zu anderen steht, festgemacht werden. Hier ist der Konstruktivismus auf Grund der Vielfalt seiner Felder und der Unterschiedlichkeit seiner Ansätze nur schwer für Außenstehende zu erfassen. Es setzt zudem ein gehöriges Literaturstudium voraus, wenn man sich mit der Fülle gerade auch impliziter Konstruktivismen vertraut machen und deren Bedeutung in den wissenschaftlichen Diskursen der Gegenwart einschätzen will. Erschreckend naiv und willkürlich verfährt daher mitunter die Kritik am Konstruktivismus, sofern sie ihn nicht in der Breite seiner Ansätze rezipiert und nicht hinreichend den erkenntniskritischen Status seiner Ansätze markiert.[2] Hier zeigt sich allerdings auch ein generelles Problem der Wissenschaft im Spannungsfeld moderner und postmoderner Diskurse: Jene, die noch nach aufgeklärter Allgemeinheit und Universalisierung von Ansätzen streben, stehen mit einem völligen Unverständnis vor Ansätzen, die wie der Konstruktivismus Unschärfebedingungen der Erkenntnis thematisieren und damit die wissenschaftliche Dignität traditioneller Verfahren stark in Frage stellen. Dies erscheint mir insbesondere auch als ein deutsches Problem, da bei uns in Diskursen noch zu oft eine wissenschaftskritische Einstellung an der Anerkennung einer letztbegründeten Formalisierung von Rationalität (so auch noch bei Habermas und in seinem Gefolge) festgemacht wird. Diese Sachlage verändert sich sofort, wenn man an postmoderne, poststrukturalistische oder z.B. dekonstruktivistische Diskurse anschließt, wenn man z.B. Focault, Bourdieu, Derrida, Laclau, Rorty, um einige bekannte Autoren zu nennen, statt Habermas oder z.B. Apel, stärker rezipiert.

Zudem enthält der Konstruktivismus die konkrete Aufforderung zur Transdisziplinarität, was dem gegenwärtigen Stand fachwissenschaftlicher Abgeschlossenheit und

---

1 Vgl. dazu z.B. Hall u.a. (1992a, b c, 1996, 1997).
2 Kritiken beziehen sich sehr wenig auf die Vielfalt der Konstruktivismen, sondern überwiegend auf den Radikalen Konstruktivismus. Dabei wird zu wenig bemerkt, dass dieser Ansatz nicht alleine existiert, sondern in einem Spektrum von Ansätzen steht. Besonders peinlich ist die Rezeption in der Pädagogik. Hier wurde der Konstruktivismus z.B. entweder aus der Sicht der Systemtheorie bewertend als weniger lesenswert abgewertet (Scheunpflug 1998) oder nur rudimentär dargestellt (Rustemeyer 1999). Rustemeyer z.B. schreibt über Konstruktivismus im erziehungswissenschaftlichen Diskurs und nennt nur von Glasersfeld und Dubs, ignoriert mithin die gesamte Breite bereits konstruktivistisch arbeitender Pädagogen hierzulande. Auch Terhart (1999) verfährt einseitig, indem er nur eine begrenzte Auswahl radikal-konstruktivistischer oder kognitivistischer Ansätze näher bespricht, um die These zu beweisen, dass der Ansatz ohnehin nicht viel Neues biete. Allerdings gibt Terhart (2005) gegenwärtig auch zu, dass die konstruktivistische Didaktik als einziger Ansatz von hoher Relevanz erscheint, der neu zu traditionellen Ansätzen in der Didaktik hinzu gekommen ist und damit der stagnativen Tendenz in den Didaktiken entgegenläuft. Dies entspricht auch der Faktizität einer mittlerweile breiten Rezeption im deutschen Sprachraum.

des Abgekoppeltseins in deutschsprachigen Universitäten, damit mangelnder Anschlussfähigkeit an Diskurse anderer Fächer, entgegenläuft. Zwar wollen angeblich alle Wissenschaftler transdisziplinär arbeiten und ihre Forschungen in der Relevanz für andere Fächer thematisieren, zwar wollen sie alle mit anderen Fächern kooperieren und interdisziplinätr vorgehen, aber dies ist heute leider immer noch mehr Illusion als Realität. Insbesondere ein sehr stark fachorganisiertes System erweist sich hier zunehmend als beschränkend und zu eng. Der Konstruktivismus könnte sich als eine Kraft entwickeln – wie er es in praktischen Beispielen schon ist[1] –, die auch im akademischen Bereich weiterführende Frage- und Forschungseinstellungen in den nächsten Jahren auslösen könnte, ohne dabei jedoch notwendig zu *einer* geschlossenen Schule werden zu wollen. Konstruktivismus muss Vielheit ermöglichen, dies ist in seinem theoretischen Kern eingeschrieben, aber er bietet auch ein hinreichendes konstruktives, methodisches und praktisches Repertoire, um wissenschaftlich relevante, neue Ergebnisse zu erzielen.

Vor allem könnte es diesem Ansatz, wie seine zwischen Theorie und Praxis vermittelnden Beispiele besonders in den Sozial- und Kulturwissenschaften schon heute zeigen, gelingen, die in diesen Wissenschaften immer wieder problematische Grenze zwischen abstrahierender Theorie und konkreter Praxis, zwischen methodischer Strenge mit allgemeinen Begründungen und praktischen, viablen Konstruktionen mit blinden Flecken zu vermitteln. Hierbei ist er in der Lage, eine neue kritische Reflexion zu etablieren, die lösungsorientierte Konstruktionen eröffnet und sich nicht damit begnügt, bloß ein Fenster zur Welt da draußen zu zeichnen, durch das man wissenschaftlich distanziert und passiv kontemplativ von einem höheren Fleck aus blickt. Der Wissenschaftler sollte sich nicht mit Methoden und begrenzter Praxis begnügen. Ein umfassendes Verständnis von Konstruktionen, Methoden und Praktiken sollte Teil von Wissenschaft gerade auch im Blick auf ihre Folgen sein. Damit wird Wissenschaft schwieriger, aber genau diese Schwierigkeit scheint die Wissenschaft – mit ihren unterschiedlichen Ansätzen – annehmen zu müssen, wenn sie sich nicht von den sozialen und kulturellen Verhältnissen, die sich heute beschleunigt verändern, zu sehr entfernen will.

Betrachtet man konstruktivistische Perspektiven im Überblick, so ist festzustellen, dass aus allen Feldern heraus Forschungen geleistet werden, die interessant und bereichernd sind. Auch wenn manche, wie z.B. Solomon (1994), davon sprechen, dass der Konstruktivismus z.B. im Blick auf ein neues Lernverständnis nicht das hat leisten können, was man sich – insbesondere vom kognitiven Konstruktivismus oder auch vom radikalen Konstruktivismus – versprochen hat, so sollte gegenwärtig gerade in der Vielfalt der Konstruktivismen und in ihrer Bereitschaft, auch Konstruktionen anderer Theorieschulen als viable Lösungen für bestimmte Bereiche anzuerkennen, eine hin-

---

1   Der Konstruktivismus trug mit zu einer starken Veränderung der therapeutischen Praxis, der Weiterbildungspraxis im Bereich der Personal- und Unternehmensentwicklung bei, er verbreitet sich gegenwärtig sehr stark auch in der pädagogischen und sozialen Praxis.

reichende Möglichkeit gesehen werden, Pluralität von Erkenntnissen und Lösungsversuchen mit Viabilität von praktischen Anforderungen unterschiedlicher Gruppen von Menschen zu verbinden. Und hier ist ein steigender Erfolg konstruktivistischer Ansätze festzustellen.

In der englischsprachigen Diskussion wurde von Cobern (1993) dabei die Tendenz festgestellt, dass die historische Entwicklung der für Erziehung und Wissenschaft relevanten konstruktivistischen Ansätze immer stärker zu sozial-kulturellen Begründungen führt. Dies könnte man analog auch für die Bedeutung der Konstruktivismen für die Kultur- und Sozialwissenschaften schließen. Es fragt sich jedoch, ob es im gegenwärtigen Zeitpunkt klug ist, den einen gegen den anderen Ansatz auszuspielen. Sie alle scheinen ein noch nicht ausgeschöpftes Entwicklungspotenzial zu besitzen, und es hängt im Kampf der Ansätze um Anerkennung ohnehin nicht allein von ihnen ab, wie viabel ihre Lösungen anderen Menschen erscheinen werden. Aber sie alle sind sich im Übergang in ein neues wissenschaftliches Zeitalter darin einig, dass alte wissenschaftliche Denkweisen nicht nur der Metaphysik, sondern jeder Form einer großen Meta-Erzählung im Sinne universalistischer Lösungen ausgedient haben. Die konstruktiven Fähigkeiten der Menschen treten in den Vordergrund. In dieser Hinsicht ist der grundlegende Relativismus von Konstruktivisten, der nicht mit Beliebigkeit verwechselt werden darf, vor allem darauf gerichtet, universalistische Reduktionisten und Letztbegründer von Wahrheit in den gegenwärtigen Diskursen zu bekämpfen, um ein breites Spektrum kreativer Lösungen zu ermöglichen. Dabei jedoch müssen auch Konstruktivisten erkennen, dass die Kultur immer schon einen Rahmen für die Konstruktionen bildet, der nicht einfach ignoriert werden kann, sondern Bemühungen erforderlich macht, auch in kulturkritischer Hinsicht das Programm des Konstruktivismus zu erweitern.

4. Theoretische Zugänge: Didaktik als Wissenschaft – Grundlagen und Grundbegriffe

Leserinnen und Leser, die einen theoretischen Zugang zur konstruktivistischen Didaktik suchen, sollen in diesem Kapitel in vier Schritten in Grundlagen und Grundbegriffe einer konstruktivistischen Didaktik eingeführt werden:

1. Zunächst wird Bildung aus konstruktivistischer Sicht als durch die Postmoderne veränderter Horizont der Didaktik problematisiert. Dabei wird herausgearbeitet, inwieweit sich der Bildungsbegriff in Richtung Wissen zunehmend aufgelöst hat, und gefragt, ob es noch Mindestanforderungen in der Bildung geben sollte.
2. Inhalte und Beziehungen erscheinen als die beiden Grundperspektiven, auf die in jeder Didaktik geschaut werden sollte. Die konstruktivistische Didaktik ist eine Beziehungsdidaktik, ohne dabei die Inhalte aus den Augen zu verlieren. Aber die kommunikative Seite des Lehrens und Lernens wird grundsätzlich betont. Zudem werden symbolische, imaginäre und reale Zugangsmöglichkeiten zu Inhalten und Beziehungen herausgearbeitet.
3. Didaktik als Wissenschaft benötigt eine Reflexion auf gesetzte Begründungs- und Geltungsansprüche. Aus der Sicht einer konstruktivistischen Erkenntniskritik werden hierzu drei Begründungsebenen (Konstruktivität, Methodizität, Praktizität) eingeführt.
4. Betrachtet man die Didaktik als gegenwärtige Wissenschaft, dann fällt recht schnell ihr unterprivilegierter Status gegenüber anderen Fächern auf. Liegt dies daran, dass die Didaktik eher als Simulation der wissenschaftlichen Ergebnisse anderer Fächer aufgefasst wird? Ist Didaktik eine besondere, andere, untypische Wissenschaft?

Im nächsten Kapitel wird die Einführung in Grundlagen und Grundbegriffe eher im Blick auf praktische Zugänge fortgeführt.

4.1 Bildung aus konstruktivistischer Sicht

Traditionell sind die Inhalte für Unterricht von Experten in Abstimmung mit Politik und Bürokratie, mit Interessenlagen und Machtpositionen, mit wissenschaftlichen Normierungen (*mainstreams*) gesetzt. Solch gesetzter Sinn hat, wie in Kapitel 2 argumentiert wurde, in der Postmoderne die Selbstverständlichkeit seiner Legitimation verloren, und wir erwarten ständig, dass er hinterfragt werden kann. Dies bedeutet allerdings nicht im Umkehrschluss, dass Inhalte und Intentionen immer nur einseitig oder unsinnig seien.

Ich schlage vor, dass dieses Problem ironisch genommen wird. Dann kann ich sagen: Ich soll etwas als eindeutiges Wissen festhalten, aber es ist brüchig, also muss ich damit auskommen wie andere auch, ohne deshalb verzweifeln zu müssen. Ich kann über die Suche nach Vollständigkeit und Sicherheit und über Lehrende, die dies verlangen, aber lächeln. Vor dem Hintergrund dieser Relativierung weiß ich: Soll-Inhalte bleiben für mich möglich, indem ich etwas nicht Vollkommenes in die Welt setze, was mir aber dennoch als sinnvoll erscheint – zumindest eine Zeit lang und wenn ich es will. Die Ironie hilft mir, manches aufzugeben, was andere noch für ganz sicher halten.

Wer oder was legt im Blick auf Inhalte und Beziehungen der Lerner fest, was ich soll oder will? Und was geschieht, wenn der Lerner nicht will? Wenn eine eigene Einsicht fehlt, dann führt das Lächeln in die Lächerlichkeit. Der Lerner wird sich aus seiner Sicht lächerlichen Inhalts- oder Beziehungsforderungen verweigern. Als idealtypischer Grundsatz gilt deshalb in der konstruktivistischen Didaktik:

> Jeder Sinn, den ich selbst für mich einsehe, jede Regel, die ich aus Einsicht selbst aufgestellt habe, treibt mich mehr an, überzeugt mich stärker und motiviert mich höher, als von außen gesetzter Sinn, den ich nicht oder kaum durchschaue und der nur durch Autorität oder Nicht-Hinterfragen oder äußerlich bleibende Belohnungssysteme gesetzt ist.

Insoweit ist es für die Konstruktion von Intentionen und die Auswahl von Inhalten selbst dann notwendig, sie sich neu zu konstruieren, wenn sie bereits als Lehrplan fixiert und markiert sind. Angesichts z.B. von Rahmenplänen in Schulen oder offeneren Planungen in der Weiterbildung ist hier ohnehin oft genügend Spielraum, mit Lernenden stets zu diskutieren und zu vereinbaren, was die derzeitigen Setzungen von anderen *für uns* bedeuten sollen und können. Es gibt daher für eine konstruktivistische Didaktik keinen Sinn und keine Regeln, die allein deshalb vernünftig sind, weil sie von außen oder aus scheinbar berechtigter Hand kommen.

Dies bedeutet im Gegenschluss nicht, dass nun bewusst gegen alle Lehrpläne oder Setzungen von außen verstoßen werden soll. Vielmehr wird aus der Sicht der Lernenden gefragt, was der Sinn hinter der (*vorausgesetzten*) Intention ist oder sein könnte:

- Was, wenn dieser Inhalt oder dieses Ziel für uns gesetzt sind, können wir damit anfangen?
- Welcher mögliche Sinn ergibt sich für uns? Welche Regeln gelten für uns?
- Macht es Sinn, Regeln zu übernehmen oder eigene zu erfinden?

Werden diese Fragen nicht gestellt und wird nicht prinzipiell davon ausgegangen, dass solche Fragen Ausgangspunkt jeder Lehre und jedes Lernens sind, dann bevorzugen wir Fremdübernahmen aus autoritärer Vorschrift vor Selbstverantwortung, Selbstbestimmung und Selbstvertrauen in eigene, kreative Lösungen aus Einsicht.

Zwischen der lerntheoretischen und bildungstheoretischen Didaktik gab es früher einen Streit darüber, inwieweit Intentionalität nicht auch ein Bildungsverständnis voraussetzt. Zwar wollten die Lerntheoretiker Bildung nicht ausschließen, aber sie betonten strikter als die Bildungstheoretiker eine Rückbindung der Intentionen an die Praxis der Lebenswelt. Die Bildungstheoretiker hingegen neigten zu einem eher bewahrenden Diskurs traditioneller Bildung, der aber auch schon zu ihrer Zeit in Auflösung begriffen war.

Heute sehen wir die Begrenztheit beider Ansätze. Die Lerntheorie war zu sehr formal auf den Lernvorgang fixiert, was aber kaum umfassende kulturelle Kriterien der Re/De/Konstruktion von Wirklichkeiten beinhaltete. Zudem wurde der konstruktive Vorgang des Lernens noch zu wenig gesehen. Die Bildungstheorie hingegen war nicht umfassend in der Lage, hinreichend das Lernen als Prozess zu entwickeln noch ihre eigene inhaltliche Begrenztheit auf dem Hintergrund der geisteswissenschaftlichen Pädagogik zu überwinden. In beiden Ansätzen wurde Bildung mehr oder minder als eine selbstverständliche Voraussetzung von Didaktik immer schon angenommen, dabei aber kaum vor dem Hintergrund kultureller Veränderungen umfassend interpretiert.

In postmoderner Reflexion erkennen wir, dass wir *Bildung* heute nicht mehr als selbstverständlichen Hintergrund von Didaktik benutzen können:

- Es gibt keine gesellschaftliche Einigung über einen Mindestbestand an Bildung mehr, selbst kaum noch dann, wenn wir eine bloß formale Bildung wie die Rechtschreibung und Grammatik (die mittlerweile auch zum Streitfall wurden!) und einfache Kulturtechniken zum Ausgangspunkt nehmen. Bildung ist zum Streitpunkt unterschiedlicher gesellschaftlicher Interessen ohne Aussicht auf einen übergreifenden Konsens geworden und spiegelt darin die Zerrissenheit, Unübersichtlichkeit und Ambivalenz der Postmoderne.
- Die Zunahme an Wissen subvertiert schon quantitativ jede Chance auf eine umfassende Bildung, da selbst die Gebildetsten kaum mehr einen Überblick über das bewahren können, was alte Bildungsideale der Moderne beschworen. Bildung ist schon Mitte des 20. Jahrhunderts von der Hoffnung auf Vollständigkeit zur Halbbildung geworden, eine Bildungsform, die Adorno als notwendigen Mangel an Bildung, als Mangel einer Haltung, sich umfassend zu bilden, bezeichnete, und sie ist bis heute grundsätzlich auf eine zunehmend begrenzte Bildung herabgesunken, weil nicht nur die Haltung fehlt, sondern auch die Wissensmenge und Wissensvielfalt selbst bei günstigen Haltungen Bildung erschweren.
- Die Beschleunigung des Wissens und seine Zerfallszeiten entwerten vor allem die Bildungseinstellungen, da zunehmend weniger Menschen einen Sinn darin erkennen können, Bildung als ein Spiel der Tiefe von Wissen und Verstehen und nicht der kurzfristigen Nutzung und arbeitsteiligen Funktionalisierung zu akzeptieren. So bleibt die Bildung als stete Möglichkeit eines Nicht-Tuns, die schon wieder individuelle Freiheit verspricht (= man könnte sich bilden und tut dies nicht mög-

lichst umfassend, sondern nur in einzelnen Segmenten, weil dies den kulturellen Anforderungen mit ihren kurzfristigen und beschleunigten Erwartungen am besten entspricht).
- Bildung als ästhetisches Reservoir trennt zwar noch den »gemeinen« vom »besonderen« Geschmack, ohne dass es jedoch ein vorherrschendes Geschmacksurteil auf Dauer geben könnte. Je gebildeter man wird, desto unsicherer werden die Urteile. Es ergibt sich eine »Ästhetik des Unwissens im Wissen«, die denen, die sich für gebildet halten können, einen subtileren Genuss verspricht als ein einfältiges Wissen, das der Gebildete verachten muss. In der Lebenskunst der Postmoderne kann es dabei ein Ziel sein, einen ästhetischen Stil zu entwickeln, der eine Haltung nach möglichst umfangreicher Bildung bewahrt und praktiziert, obwohl gerade dieser Gebildete aufgrund seiner Bildung weiß, dass jegliche Bildung nur begrenzt sein kann.[1]
- Bildung wird daher immer mehr zu einer Imagination von Abgrenzungen, die für eine neue Sicherheit sorgen sollen, aber nur um den Preis neuer Geschlossenheiten erreicht werden können. Hier erweist sich die Sorge um Bildung als eine »Sorge um sich«: um Status, Habitus, Anerkennung von Verzichtsleistungen im Erwerb des Wissens. Da Bildung nicht schnell erworben werden kann, warnen mit einer anderen Abgrenzungsstrategie die gebildeten Mehrwisser ihre Lerner, dass sie später schon verstehen werden, wie Bildung nach Nutzen, Schönheit oder Genuss eigentlich »wirklich« sei. Dabei werden diese Lerner allerdings postmodern erfahren, dass nichts mehr einfältig »wirklich« ist.
- Wir können daher von negativer Bildung reden: In sie geht immer schon das ein, was ihr mangelt, denn wenn sie etwas als positives und nutzbares Wissen erwerben lässt, so zeigt sich in diesem Erwerb und Nutzen bereits der Mangel, da nichts vollkommen gewusst, verstanden und genutzt werden kann. Bildung ist heute mehr eine Prozedur, sich eigenständig und vertiefend mit Wissen, mit diskursiven Praktiken, aber auch mit einer Reflexion über den Mangel, zu beschäftigen, aber nicht mehr eine Ansammlung kultureller Güter, die die Persönlichkeit im Sinne *einer bestimmten* Vernunft oder Tugend, vor allem nicht in ausgewiesener Sittlichkeit für alle umfassend formen kann. Ein Mindestmaß an Bildung als negative Bildung ist jedoch noch ein Verständigungswissen und ein diskursiver, verständigender Umgang auf der Inhalts- und Beziehungsebene miteinander, den eine Verständigungsgesellschaft, die in unterschiedliche Verständigungsgemeinschaften mit unterschiedlichen Interessen und Erwartungen (mit unterschiedlicher Bildung) zerfällt, als Anspruch ihrer Offenheit benötigt, um sich zumindest darüber zu verständigen, worüber man sich nicht mehr inhaltlich vollständig verständigen kann und will, ohne dass dies sogleich in gewaltvollen Konflikten oder bloßem Unverständnis enden muss.

---

1 Vgl. dazu die im Anschluss an Foucault aufgestellten Thesen zur Philosophie einer Lebenskunst bei W. Schmid (2000, 2001a, b).

Was kann unter diesen Voraussetzungen eine postmoderne, kulturkritische, konstruktivistische Bildungsdiskussion noch leisten? Ich stelle folgende Überlegungen zur Diskussion:

Negative Bildung
Verständigungsleistungen in einer Kultur und in Auseinandersetzung mit anderen Kulturen setzen ein Mindestmaß an »negativer Bildung« voraus, das aber nicht mehr von außen gesetzt werden kann, sondern aus dem Bildungsprozess als Lernprozess selbst resultiert. Dies bedeutet, dass keine Autorität uns einfach eine Bildung gleich welcher Art allein von außen vorschreiben kann, sondern dass wir im Lernen uns unser Maß an Bildung konstruieren, das zu uns passt. Je mehr diese Passung sich auf ein oberflächliches Zeigen, Markieren, Nennen, Aufzählen bezieht, desto weniger ist mit Bildung zu rechnen, wie Konstruktivisten sie fordern. Bildung schließt für mich die Forderung mit ein, die Begründungsfiguren, die im oberflächlichen Wissen, in symbolischen Artikulationen oder in beobachtbaren Präsentationen erscheinen, theoretisch und praktisch möglichst weit reichend zu reflektieren. Dies ist eine Art multiperspektivischer Habitus, der aber nicht nur vieles sehen will, sondern auch vor der Tiefe und Komplexität des Sehens nicht zurückschreckt. Gerade der Konstruktivismus will die Augen dafür öffnen, Konstruktionen nicht bloß als gegeben, sondern als stets durch Kontexte begründet zu erfahren und zu reflektieren. Viabilität bedeutet für mich nicht einen bloßen instrumentellen Nutzen als unreflektierte Anpassung an die Setzungen (letztlich immer bestimmter und einschränkender) gesellschaftlicher Erwartungen und Normen, sondern deren bewusste Re- oder De-Konstruktion, um einerseits den Möglichkeiten des individuellen Freiheitsanspruches entsprechen und andererseits die Beachtung der Freiheitsansprüche anderer respektieren zu können.

Fortschritt durch Bildung?
Bildung allein ist kein Kriterium oder Garant für Fortschritt. Das humanistische Bildungsideal hat zwar verdeutlichen können, dass Bildung erst nach und nach erworben werden kann, dass es durchaus Unterschiede in der Bildung geben mag, aber es hat auch die universalistische Hoffnung verkörpert, die Menschheit durch Bildung »besser« machen zu wollen. Bildung ist aber nicht einfach gut, sondern kann auch Vorurteile erzeugen oder verfestigen. Gerade die abendländische Bildung war oft ein Prototyp für Hierarchisierungen, Kolonialisierungen, Missionierungen, Geschlechterunterdrückung, Fremdenhass und ständiges Besserwissertum. Bildung ist re/de/konstruktivistisch gesehen daher stets auch die Umdeutung dessen, was als Bildung bereits angeboten wird. Bildung verwandelt sich in der Postmoderne von einem Kanon selbstverständlich angenommener Kulturzuschreibungen, die sich im Fortschritt und als Fortschritt deuten, in ein vielfältiges, widersprüchliches und ambivalentes Angebot:

- Bildungsvielfalt lässt Wahlmöglichkeiten zu, deren Bewertung zunehmend uneinheitlicher durch gesellschaftliche Gruppen und deren unterschiedliche Interessenlagen ausfällt. Bildung als langes Sprachspiel der Aneignung einer Vielfalt unter einheitlichen Gesichtspunkten verwandelt sich in eine Vielfalt des nicht mehr einheitlich zu Denkenden. Hier gibt es auch keinen zwangsläufigen Fortschritt in der aufsteigenden Schulbildung nach Jahrgangsstufen. Lerner können zwar ihr Wissen und Verhalten stets verbessern, aber dies garantiert ihnen nicht auf Dauer eine »komplette« Bildung. Schulbildung kann nur exemplarisch sein und sollte stärker ein lebenslanges Lernen als Methodenkompetenz ermöglichen statt sich auf einen möglichst umfangreichen Wissenskatalog zu beschränken.

- Bildung ist widersprüchlich, weil die Bildungsinhalte selbst nicht ohne Widersprüche auftreten. Je mehr die Universalisierungen der Moderne scheiterten, desto stärker treten unterschiedliche Interessen- und Machtgruppen in Verständigungsprozessen auf.
- Bildung ist wertend und interessegeleitet ausgerichtet, denn eine re/de/konstruktive Deutung setzt ein gebildetes Vorverständnis in bestimmte Richtungen immer schon voraus. Aber die Teilnahme an solchen Vorverständnissen bedeutet in einer Verständigungsgesellschaft, verschiedenen Verständigungsgemeinschaften angehören zu können, deren Teilmengen von Bildung und Verstehen durchaus widersprüchlich zueinander stehen können.
- Fortschritte durch Bildung können daher nur noch in engen Bereichen ausgemacht werden, die in globalisierender Weise z.B. in der Technik und in den Naturwissenschaften auftreten, und in denen eine Machbarkeit demonstriert wird, die sehr viele Menschen nutzen. Allerdings stehen auch gegen solche Machbarkeiten Reflexionen, die mögliche Risiken und Nebenwirkungen thematisieren. Im Hinblick auf die Fortschritte ist Bildung hier einseitig normierend, indem sie ein Mindestmaß an Normen, Werten, Techniken verkörpert, die zu einer Verständigung in einer Kultur und über eine Kultur hinaus gehören. Aber dies Übergreifende zu thematisieren und zu diskutieren setzt wiederum Verständigungen, Dialoge, sehr oft aber auch nur bloße Teilnahme an gesellschaftlichen Prozessen voraus. Insbesondere die Naturwissenschaften und Techniken in ihrem wirtschaftlichen Gebrauch und im Konsum zwingen die Menschheit mehr und mehr unkritisch zu einer neuen Art von Bildung, die sich auf diesen Gebrauch und seine Spezialisierung auf bestimmte Verhaltensweisen und für bestimmte Berufe konzentriert. Dagegen müsste Bildung differenzierter angelegt werden.

Nehmen wir diese Punkte im Zusammenhang, dann muss insbesondere die allgemeine Schulbildung hinreichend multiperspektivisch für Inhalte und Beziehungen und multimodal (Vielfalt von Lernwegen und -möglichkeiten) auch innerhalb der Fächer ausgelegt sein.

Ambivalente Bildung
Bildung ist ambivalent, weil jeder Bildungsinhalt die Möglichkeit zu seiner Entwertung schon einschließt. Mit Richard Rorty (1991) können wir auch davon sprechen, dass die Gebildeten zugleich Ironiker des eigenen Bildungsprozesses sein müssen, um nicht den Täuschungen der modernistischen Versprechen aufzusitzen und unvorbereitet ent-

täuscht zu werden. Bildung ist hier ambivalent mit Wissen verbunden. Je mehr die gesellschaftliche Entwicklung eine Informationsgesellschaft produziert, in der das Wissen zu einer bloßen Information wird, von der man kaum noch Hintergründe weiß (siehe vor allem die Informationsflut in den Massenmedien und im Internet), desto stärker sinkt die Hoffnung auf Bildung, die hiergegen eine Rettung hätte sein können. Aber diese Rettung ist unmöglich, weil und insofern die Informationen längst die Bildung und die Gebildeten überschwemmt haben. Jede Information scheint wichtig und könnte nur durch eine rigide Bildung abgewehrt oder kanalisiert werden. Zugleich aber weiß der Gebildete, dass solche Abwehr und eine zu enge Kanalisierung vor allem die Bildung als eigenständige Suche nach neuen Lösungen und erweiterten Sichtweisen verhindert. So führt die Ambivalenz, die wir in der heutigen Bildung spüren, zu einer Umstellung von Bildung auf Wissen. Der Begriff des Wissens erscheint als neutraler, um auch gegensätzliche Positionen und Aussagen nach- und nebeneinander stellen zu können, ohne zugleich als ungebildet im Sinne eines umfassenden Weltbildes erscheinen zu müssen. So wie mit der Postmoderne die großen Bildungserzählungen verloren gegangen sind, so werden mit dem Übergang zum Wissen auch die »universalistischen Gebildeten« zu bescheideneren Experten.

Mindestmaß an Bildung
Ein Mindestmaß an Bildung ist gleichwohl unumgänglich, um im Zerfall der Bildung wenigstens eine Verständigung über die Vielfalt, Widersprüchlichkeit und Ambivalenz zu ermöglichen. Bildung bedeutet daher vor allem, einen Überblick über unterschiedliche Verständigungen in einer Kultur (bis hin in bestimmte Unterrichtsfächer) und über eine Kultur hinaus zu erwerben; sie bedeutet, verschiedene Versionen von Welten zu kennen und reflexiv weit reichend zu erfahren, um sich eigene Urteile begründet bilden zu können.

> Dies schließt eine diskurstheoretische Reflexion ein, die ich anderen Ortes (vgl. Reich 1998a, b) ausführlich theoretisch begründet habe. Dabei unterscheide ich vier Diskurstypen, die ein Mindestmaß an Selbst- und Fremdreflexion definieren. Diese Diskurse sollen helfen, vor allem darauf zu schauen, ob die Reflexion breit genug erfolgt. Ich skizziere die vier Diskurse nachfolgend kurz.

- Für den Diskurs des Wissens bedeutet dieses Mindestmaß, dass wir uns dialogisch darüber verständigen müssen, welches Wissen für uns in bestimmter, begrenzter Zeit viabel ist. Diese Bestimmung eines im Kontext gesehenen Wissens können wir Bildung nennen. In einem Zeitalter der Beschleunigung des Wissensaufbaus und -zerfalls ist es unumgänglich, dass wir immer wieder reflexiv innehalten und unsere Wissens- und Bildungsansprüche thematisieren. Die Bildungswirklichkeit erscheint als relativierte Wahrheit auf Zeit, für bestimmte Ereignisse, für bestimmte Gruppen. Hatte die Moderne noch die Hoffnung auf einen universellen Platz der Wahrheit, auf dem ein wahres Wissen sitzt, so verwandelt sich dieser Platz heutzutage in einen der Wirklichkeiten, auf dem relativ wahres Wissen als Gast auf Zeit Platz nimmt. Öfter kommen mehrere Gäste.

- Dabei sollten wir nicht nur zugestehen, sondern auch stets aktiv untersuchen, inwieweit wir einen Diskurs der Macht erzeugen oder verstetigen, der sich mit Wissen/Bildung verbindet. Macht in unterschiedlichen Formen ist Garant eines Mindestanspruches von Bildung, denn Bildung ist nie ein »An-Sich« aller Möglichkeiten, sondern bestimmte Auswahl, Abgrenzung und Auslassung. Wer organisiert die Auswahl, die Abgrenzungen und Auslassungen? Wie bildet sich dabei unser eigenes Wissens- und Bildungsverständnis, das mit diesen Möglichkeiten zirkulär/systemisch verknüpft ist?
- Zudem ist Bildung keine Einzelerfahrung, sondern ein Verständigungsprozess in Beziehungen. Die Vermittlung von Inhalts- und Beziehungsseite zeigt heute oft noch die Einseitigkeit, Bildung überwiegend als Inhalt bzw. Wissen begreifen zu wollen. Bildung ist immer auch Beziehung, die primär das Verständigen prägt und dessen Kontext und Deutungsrahmen umfasst. Deshalb gehören heute kommunikative Kompetenzen zu einem Mindestmaß an Bildung.
- Die Motive und Deutungen der Bildung schließen immer ein Unbewusstes, Ungewusstes und Unvollständiges mit ein. Warum bildet sich ein Mensch möglichst umfassend, was sind seine Antriebe, was ist sein Begehren? Warum produziert Bildung immer wieder leere Stellen, Löcher des Wissens, neue, vorher ungeahnte Abgründe, vor denen der sich Bildende zurückschreckt oder erstaunt ist? Wo liegen Tabus, unhinterfragte Einstellungen, ein Begehren, das sich nicht sieht? Aber auch: Warum würde der Versuch, etwas Vollständiges zu erreichen, zugleich ein wesentliches Motiv, sich zu bilden, beseitigen? Diese und andere Fragen in diese Richtungen zeigen uns, dass es Grenzen der Beobachtung, Unschärfen des Beobachtens gibt, die zu reflektieren notwendig ist, wenn wir Neues entdecken, Tabus hinterfragen, uns selbst besser verstehen wollen.

Bildung als Verständigung
Eine solche Reflexion auf Bildung, wie sie als Reflexion auf das Wissen als Wahrheit auf Zeit, auf die Machtansprüche, die Beziehungen und die Auslassungen angestrebt wird, benötigt einen Dialog der Verständigung, um zu Aussagen zu gelangen, was Gruppen von Menschen und einzelne Subjekte als Bildung *für sich* und *im Blick auf andere* ansehen können. Dies wäre dann die Definition einer viablen Bildung: einer Bildung, die für bestimmte Subjekte und Gruppen passt und anderen deren Passung nicht verbietet. Bildung ohne solche Viabilität wird zu einem toten Ballast. Eine solche Beschwernis besteht meistens aus dem toten Stoff, der für andere Zeiten und Personen Geltung hatte, dessen Begründung jedoch heute irrelevant oder nebensächlich geworden ist. Fachtraditionen und Generationenwidersprüche machen sich an dieser Stelle immer wieder geltend.

Was die Einen bewahren wollen, das wird für die Nächsten zu einem langweiligen, unzeitgemäßen Stoff. Viabilität stellt sich daher nicht nur aus einer Sicht her, sondern erfordert grundsätzlich einen Dialog zwischen traditionellen und avantgardistischen Fachansprüchen und zwischen den Generationen, um in Verständigung ein gemeinsames Maß auszuhandeln. Neben Gruppenabsprachen tritt hier auch noch die Individualisierung des Maßes hinzu, was Abstimmungsprozeduren vielschichtig und schwierig macht, wenn Einzelne nicht übergangen werden sollen.

Bildung als Unterschied
Bildung erzeugt Unterschiede, denn sie ist unterschiedlich verteilt, gewertet, bedeutsam. Und Bildung ist hierbei ein Unterschied, der weitere Unterschiede macht. Mit ihr werde ich unterschiedlich gefördert, gefordert, aber vielleicht auch entwertet, isoliert oder geehrt. Je mehr das einheitliche Maß für Bildung, das auch schon in früheren Zeiten illusionäre Züge trug, verloren gegangen ist, desto stärker tritt die Ambivalenz hervor, die unser Zeitalter gegenüber Bildungsansprüchen bestimmt. Ambivalenzen sind vor allen in folgenden Widersprüchen erkennbar:

- Die Bildung soll einen Ansporn setzen, sich zu bilden, sich möglichst vielseitig zu zeigen und zu entwickeln, um persönliche Freiheit zu erleben und zu realisieren. Die Zunahme der Freiheit gegenüber den Bildungsmöglichkeiten setzt aber zugleich das Bildungsspiel von einem notwendigen auf einen bloß noch möglichen Rahmen herab. Schien früher die Freiheit der bürgerlichen Moderne überwiegend in der Bildung zu liegen, was eine gewisse Solidarität mit wahrhaft Gebildeten erzeugte[1], so ist heute die Bildung nur noch eine der Möglichkeiten, nur einer der vielen Unterschiede, die Unterschiede produzieren.[2]
- Die persönliche Freiheit, die in dem Willen, sich zu bilden, enthalten scheint, wird zugleich durch die Bildung selbst begrenzt. Die Zunahme der Bildungsmöglichkeiten, ihre Widersprüche und die Vielfalt bedingen, dass der Gebildete seine Freiheit dadurch beschränken muss, dass er sich für etwas und gegen etwas anderes entscheidet. Die Ekstase der Bildungsmöglichkeiten, die Vervielfältigung des Wissens, seine Beschleunigung und seine Zerfallszeiten begrenzen immer mehr die persönliche Freiheit, weil sie es nur noch in begrenzten Bereichen als viabel erscheinen lassen, sich möglichst umfassend zu bilden. Zugleich wird so auch die Solidarität der Gebildeten über die Wahlmöglichkeiten hinaus zerstört, denn das Wissen wird grundsätzlich vom Platz der einen Wahrheit verdrängt und erscheint nur noch als möglicher und begrenzter Raum einer Wirklichkeit auf Zeit und für bestimmte Bedürfnisse.

Bildung in der Postmoderne impliziert als Konsequenz aus dieser Widersprüchlichkeit heraus eine notwendige Begrenzung und Entillusionierung der Bildung. In diesem Pa-

---

1 Noch Hegel konnte davon sprechen, dass kein begründetes Wissen bisher eigentlich widerlegt worden wäre. Die Bildung schreitet für ihn immer weiter voran und hebt das bisherige Wissen auf. Dies könnten wir als solidarische Seite der Gebildeten bezeichnen.
2 Die Bildung von Eliten wurde in der bürgerlichen Moderne gerne durch die Hierarchisierung der Bildung selbst dargestellt und kontrolliert. Diese Hierarchisierung hat zur Definition gesellschaftlichen Erfolgs, der sich heute vorrangig am verfügbaren Geld orientiert, an Bedeutung verloren, auch wenn Gebildete in der Regel über mehr Geld als Ungebildete verfügen. Aber Bildung allein genügt in der globalisierten Welt nicht mehr, um großen Reichtum zu erwerben.

radox wurzeln ihre ständigen Möglichkeiten und auch Unzulänglichkeiten. Wir müssen davon Abschied nehmen, den einen und letzten Bildungskatalog aufzustellen[1], was uns befreit und zugleich behindert.

Die Befreiung liegt darin, dass wir als Beobachter stets neu schauen dürfen, welche Bildung zu uns passt; dass wir als Teilnehmer, ganz gleich, wo wir stehen, immer gefragt sein sollten, welche Bildung wir erreichen wollen; dass wir als Akteure uns unsere eigenen Maßstäbe des Gebildetseins verschaffen.

Eine Behinderung für uns liegt allerdings darin, dass wir Gefahr laufen, die umfassende Verständigung mit anderen zu verlieren, dass eine zu einseitige Berufung auf unsere Bildung nicht hinreicht, sich mit möglichst vielen verständigen zu können. Bildung ist in ein Zeitalter eingetreten, in dem immer erst über die Ansprüche verhandelt werden muss, um ein Maß, um ein Wollen, um eine Geltung und eine Begründungsreichweite zu bestimmen. Dieses Verständnis von Bildung hat insbesondere auch John Dewey entwickelt. Da es im Amerikanischen diesen Begriff nicht gibt, spricht Dewey von *growth*. Wachstum, Entwicklung, intentionale Erweiterung des eigenen Horizontes, insbesondere aber Erfahrungen zu machen (*experience*), um durch eigenes Erproben und Experimentieren nicht ein kognitives Schema von außen zu übernehmen, sondern eine eigene Handlung und damit ein eigenes Interesse – und hierüber vermitteltes Wachstum – zu erreichen, dies macht für ihn Bildung aus. Vielleicht ist der Begriff des Wachstums günstiger, um die negativen Implikationen des Bildungsbegriffs zu vermeiden. Es ist in der Tat im englischen Sprachraum auffällig, dass die Diskurse über Bildung deutlich unverkrampfter und entideologisierter erfolgen als im deutschen Sprachraum, in dem mit Bildung immer noch illusionäre moderne Hoffnungen verbunden werden. Dewey zeigt, dass dies nicht zu einer Verflachung, sondern Vertiefung des Diskurses führen kann.[2]

> Hast du schon einmal die Schadenfreude bemerkt, mit der ein Gebildeter über einen Ungebildeten herzieht? Und den Spott, den eine Bildung hervorruft, die man scheinbar zu nichts Praktischem gebrauchen kann? Wäre es nicht ein wichtiges didaktisches Ziel, diese Schadenfreude zu beseitigen? Aber wo hört die Schadenfreude auf und wo beginnt die Ironie, die ich selber so liebe?

4.2 Inhalte und Beziehungen: Chancen und Grenzen der Didaktik

Das Wechselspiel von Inhalten und Beziehungen ist grundlegend für didaktische Prozesse. Inhalte stehen immer auch in Beziehungskontexten. Selbst wenn Inhalte ver-

---

1 Es gibt immer wieder Versuche, inhaltlich definieren zu wollen, was Bildung im Sinne feststehender Verständigungsgüter für nachfolgende Generationen sein soll. Doch hier lauern die Gefahren der Halbbildung, die dann zu peinlicher Darstellung einseitiger Vorlieben geraten, wenn sich Einzelne als letzte und beste Beobachter aufspielen und eine Beteiligung der betroffenen Generationen am Dialog über die Bildung übersehen.
2 Vgl. dazu klassisch Dewey (1985, 1991); die deutsche Übersetzung von »Democracy and Education« erscheint mir als unbrauchbar.

ständlich und klar vermittelt werden, so wird die Wirksamkeit inhaltlichen Lernens erst dann gesteigert, wenn sie auf der Basis auch emotionaler Übereinstimmungen, auf Sympathien, Freundlichkeit, Wertschätzung und Feedback vermittelt werden (vgl. Kapitel 1). Es gehört zu den großen Irrtümern in vielen Theorieansätzen der Didaktik, dass man sich um die Beziehungsseite, wenn überhaupt, nur dann kümmern muss, wenn es Störungen in den Beziehungen gibt. Aus der Praxis aber wissen viele Didaktiker:

> Je kongruenter und dialogischer Beziehungen gestaltet werden, je mehr kommunikative Kompetenzen aktiv entwickelt und geleistet werden, desto wahrscheinlicher ist auch eine gelungene Inhaltsvermittlung.[1]

1) Inhalte und Beziehungen als symbolische Leistungen

Symbolische Leistungen bezeichnen etwas, was »hinter« den Zeichen, Worten, Begriffen, bloßen Sätzen, die wir sprechen, steht, was neben dem Gesprochenen oder Geschriebenen auch zugleich eine Intention, einen Sinn ausdrückt. Dabei aber ist zu beachten, dass alle Zeichen, Worte, Begriffe, Aussagen, die wir in einer Kultur und in Verständigung miteinander verwenden, *als symbolische Bedeutungen* Konstruktionen von Wirklichkeiten sind, die eine Art Eigenleben führen. Das Symbolische bildet damit nicht einfach eine Welt ab, sondern steht für eine eigene Welt in den Formen der Zeichen, Worte, Begriffe, Aussagen usw.

> Der Mensch ist, wie Ernst Cassirer es sagt, ein symbolfähiges Wesen, welches das Symbolische hervorbringt und die gesamte Welt symbolisieren kann, um sie sich in seiner Sprache, in seinem Denken zu vergegenwärtigen. Wenn wir über und auf die Welt reflektieren und hierbei unser Denken einsetzen, dann sprechen wir von symbolischen Leistungen (vgl. dazu genauer Reich 1998a, 85ff.).

Das Symbolische ist insgesamt für die menschliche Rationalität sehr bedeutsam geworden, es beherrscht die Wissenschaften. Wir können es besonders auf der Inhaltsseite situieren. In traditionellen didaktischen Ansätzen führte die Überbetonung der symbolischen Inhaltlichkeit z.B. dazu,

- dass die Möglichkeiten der Inhaltsseite dominierten und darüber die Beziehungsseite hierarchisiert aufgefasst wurde; deshalb stellte man die Lernenden als Unwissende dem Wissen einer Welt gegenüber, dessen legitimer Stellvertreter ein Lehrender ist; als Konsequenz blieb hier nur die Unterwerfung unter ein Regime des Wissens, dem man zu gehorchen hatte und das einen belohnte, wenn der Gehorsam hinreichend war und die Inhalte nach Vorgaben reproduziert werden konnten;

---

1 Zur Kongruenz in der Kommunikation vgl. Watzlawick u.a. (1985, 1988); siehe auch Reich (2005, Kapitel 2 und 3).

- dass die Beziehungsseite unproblematisch erschien, weil die Lernenden (zumindest die Bildungselite und die Aufsteiger) als hinreichend wissbegierig galten, da das anzueignende Wissen ihnen Erfolg und hinreichende Lebenschancen versprach;
- dass die Beziehungsseite ignoriert wurde, weil Lehrende sich nicht auf die unterschiedlichen Ausgangslagen und Interessen der Lernenden einlassen wollten und konnten, da die Klassen ohnehin zu groß, die Lernunterschiede zu differenziert, die Auswirkungen von Vorurteilen zu unkalkulierbar waren; das Wissen aber machte scheinbar alle (auch sehr große Lernergruppen) gleich, und die Inhaltsdominanz schien Garant der Gewährung einer großen Chancengleichheit;
- dass die Beziehungsseite hinter der Bildungsseite zurückstehen sollte, da ein gebildeter Mensch mit einem zivilisierten, kulturvollen, ästhetischen, wertvollen Menschen gleichgesetzt wurde; die Bildung erschien als ein Garant für die hinreichende Vollständigkeit des Menschen und seines Verhaltens.

Spätestens in der Postmoderne wurden diese Ansichten erheblich relativiert. Heute erscheint eine Inhaltsdominanz in der Didaktik fragwürdig, weil die alten Stärken sich als momentane Schwächen entpuppen:

- Beziehungen sind im Rahmen emanzipativer Bewegungen nicht mehr einfach traditionell legitimierbar, sondern müssen eine viable Legitimation innerhalb der Lebensformen aufweisen. Lehrende mögen hier zwar mehr wissen, aber dies bescheinigt ihnen nicht auch zugleich das bessere Beziehungsverhalten. Kommunikative Kompetenzen rücken immer stärker als Beziehungskompetenzen neben fachliche Kompetenzen. Hier hat bei den Inhalten nicht nur der blinde Gehorsam ausgedient: Verlangt wird nunmehr ein ständig mitdenkender, kreativer und kritischer Lerner, der zugleich über Inhalte und Beziehungen dialogisch kommunizieren kann. Die Bildung selbst ist – wie das vorige Kapitel herausstellte – fragwürdig und ambivalent geworden. *Für die Didaktik bedeutet dies ein neues Denk- und Ausbildungsprofil, das stärker auf ein Miteinander von Lehrenden und Lernenden und eine wechselseitige Reflexion von Inhalten und Beziehungen setzt. Deshalb will die konstruktivistische Didaktik die dialogische und kommunikative Praxis umfassend entwickeln.*
- Die Wissbegierde bei Lernenden ist für alle Bildungsstufen ebenso unkalkulierbar geworden, wie es schwierig ist, Chancen und Lebensperspektiven daran festzumachen, wie viel Wissen man anhäuft und transferieren kann. Insoweit ist es erklärlich, dass Lernende zunehmend mehr den Sinn des Lernens, der ausgewählten Inhalte wie der gestalteten Beziehungen hinterfragen und ggf. für sich verwerfen. *Für die Didaktik bedeutet dies, dass sie keine homogenen Lerngruppen mehr voraussetzen kann, sondern sich einer Vielfalt von Interessen, Erwartungen, Ansprüchen – bis hin zur Anspruchslosigkeit – kritisch zu stellen hat.*
- Die Individualisierung zeigt das Scheitern der umfassenden Ansprüche von Chancengleichheit. Die Chancen sind schon in der Moderne nie gleich gewesen und in der Postmoderne ungleicher geworden, weil wir nun schärfer erkennen, dass das,

was wir als pädagogisches Ziel wollen (z.B. kompensatorische Erziehung und Bildung) noch lange nicht das ist, was wir tatsächlich erreichen (z.B. oft Festschreibung von mangelnden Chancen). Die Ekstasen der Freiheit in der Postmoderne existieren für viele Lerner oft nur fiktiv, sie scheitern immer wieder an den mangelhaften Ressourcen (der individuellen Ausgangslage und den im Verhältnis zum übrigen Reichtum der Gesellschaft viel zu geringen Aufwendungen für Bildung und Erziehung). *Für die Didaktik bedeutet dies, dass sie im politischen Streit aktiv Partei für die Lerner ergreifen muss, um deren Chancen unter der Maxime höherer Gerechtigkeit zu verbessern, die Verschwendung oder Nichtnutzung der Ressource Bildung zu vermeiden, die Möglichkeiten des Lernens gegen die Kurzlebigkeit gesellschaftlicher Konsuminteressen und die Klischee-Erwartungen der Vereinfachung allen Wissens zu verteidigen.*

Symbolische Leistungen bieten in der Kulturgeschichte immer Chancen, da durch sie unterschiedlichste Informationen in Wissen und Bildung verwandelt werden, mit denen Menschen ihr Leben organisieren, technischen und materiellen Fortschritt erzielen, ihr Verhalten (und dabei z.B. auch ihre Erziehung) reflektieren. Aber mit der Zunahme der Inhalte (der symbolischen Versionen von Wirklichkeiten), der ungeheuren Vermehrung des Wissens und der Bildungsmöglichkeiten bei gleichzeitiger Erhöhung der Vergessensraten und oft nur geringfügiger Wissensmodifikationen (die uns oft als neues Wissen präsentiert werden), ist in den letzten Jahrzehnten immer deutlicher geworden, dass die Anhäufung symbolischen Wissens nicht nur eine Fortschrittschance darstellt, sondern auch zu einer Last des Fortschreitens geworden ist. Unübersichtlichkeit, Gegensätzlichkeit, Beliebigkeit, Unterschiedlichkeit, diese und andere Begriffe der Erosion einer ursprünglichen Idee von Allgemeinbildung als halbwegs ganzer oder geschlossener Bildung mit einem bestimmten (und scheinbar bestimmbaren) Wissens- und Verhaltenskanon, treten zunehmend in den Vordergrund, wenn wir heute vom Erfolg oder Misserfolg symbolischer Leistungen sprechen.

Wie können wir dies mit Lernern, gleich auf welcher Lernstufe, dialogisch bearbeiten?

In einer solchen Bearbeitung werden wir sowohl die Chance als auch die Last zu thematisieren haben. Ein Verschweigen brächte uns in die Schwierigkeit, Illusionen zu wecken und die Entwicklung viabler Lebensstrategien des Erfolgs und der Machbarkeit zu behindern. Gleichwohl benötigen wir immer symbolische Leistungen und eine zu frühe Desillusionierung (ganz gleich auf welcher Lernstufe) kann zu einem Fatalismus (*andere werden es schon machen*) oder einer Schwächung jeglicher Begeisterung (*was kann ich schon erreichen?*) führen.

> Wenn ich in einem Supermarkt einkaufe und habe die Wahl zwischen vielen Sorten der gleichen Ware, dann kaufe ich wahrscheinlich die, die mir eine Werbung einredet. Und nun behaupte ich, dass nach diesem Modell heute erfolgreich Bildung erworben wird. Ist es nicht so, dass wir auch hier ständig nach billigem Erwerb suchen, weil alles andere Freizeit kostet? Und ist die Minimierung der Reflexion dann nicht eine passende Strategie? Und die Selbstironie ein bloßer Selbstschutz?

Aber welchen ironischen Gewinn sollen wir aus diesem Selbstschutz ziehen? Kann uns das befriedigen, zu neuen Lösungen führen? Ist es nicht bloß Bestätigung eines gewohnten Tuns? Im Lernen gibt es genug »Waren«, die wir erst selbst herstellen, wo wir nicht mehr in den Supermarkt laufen müssen, sondern wo wir unsere eigene Welt produzieren können. Konstruktivistisch orientierte Lehrende als Didaktiker – dies ist meine Vorstellung – sollten die Möglichkeiten der eigenen Herstellung symbolischer Leistungen mehr schätzen als die Desillusionierungen zu fürchten. Sie sollten selbst einen forschenden Geist verkörpern, der nicht müde wird, symbolische Leistungen als Ressourcen für Lösungen zu suchen, die sich gemeinsam mit Lernenden aus der Analyse der Lehr- und Lernkontexte ergeben. Dann schrecken die postmodernen Gespenster nicht mehr sonderlich:

- Die Bevorzugung persönlicher Freiheit, die sich in einer individuellen Leistung im Blick auf symbolische Bearbeitungen äußert, wird zur Chance, sich möglichst weit reichende Übersichten zu verschaffen und die Mühe auch belohnt zu bekommen. Die Mühe wird vor allem dann belohnt, wenn es Projekte, honorierte Arbeit, soziale Anerkennung für tiefe und scharfsinnige Lerner gibt, also wenn sich das persönlich Freie über Interaktionen wieder mit anderen verbinden lässt.
- Gegensätzlichkeit wird zur Chance, sich vertiefend mit Gegensätzen und Widersprüchen zu befassen, andere Ansichten weit reichend und differenziert zu erfahren und mit eigenen Begründungen zu beantworten, damit nicht nur Konsens, sondern auch einen Konsens über einen Dissens als sinnvolle Strategie und Kommunikation erleben zu können. Nach Rogers trifft man sich in gelingender Kommunikation, um sich zu zweiigen, damit nicht eine aufgezwungene Einheit angestrebt wird, sondern jeder Partner seine Individualität behält und entwickelt.
- Unterschiedlichkeit wird zur Chance, nicht immer auf die Schwächen, sondern die unterschiedlichen Stärken von Lernern und Lehrenden zu schauen und diese möglichst umfassend zu entwickeln. Es sind die Unterschiede, die weitere Unterschiede machen und diese Unterschiede erzeugen dann auch noch Spaß, Vielfalt, Spannung usw. und stehen gegen Langeweile, Gleichmut, Einfalt usw.
- Beliebigkeit ist insbesondere dann eine Gefahr, wenn sie Gleichgültigkeit gegen Inhalte oder Menschen provoziert, statt als Chance gesehen zu werden, dass wir nicht immer nur das eine, nur mehr desselben tun müssen, um Erfolg zu haben. Meist schreien jene gegen die Beliebigkeit an, die Sorge oder Angst davor haben, dass sich die Dinge, die Inhalte und Beziehungen, zu sehr verändern. Dies scheint aus ihrer wertenden und normativen Sicht dann als beliebig. Dabei sind ihre Gegner keinesfalls beliebig, denn dann würden sie sich ja gar nicht so sehr aufregen: Sie wollen etwas anderes, haben eigene Werte und Normen, die sie keineswegs als beliebig ansehen. Es wird also schwer mit dem Belieben, wenn wir offen miteinander interagieren: Schon der Vorwurf der Beliebigkeit sollte uns stutzen machen, ob wir nicht nur vorschnell unsere Interessen markieren und durchsetzen wollen – und vielleicht wird dies dann zur Chance, dass wir uns intensiver mit dem befassen, was wir oder andere belieben.

Beziehen wir diese Chancen auf den Lehrenden, dann sind es vor allem zwei Kränkungen an traditionellen Vorstellungen, die auch die Lehrenden für sich zu realisieren haben, damit sie für Lernende symbolische Chancen kontinuierlich in Inhalten und Beziehungen eröffnen können. Sie müssten bedenken:

Das Symbolische ist nicht nur unübersichtlich und damit schwieriger geworden, es ist nicht nur schneller in seinen Halbwertzeiten geworden, sondern erscheint selbst in früher sicher und klar geglaubten Fachgebieten als widersprüchlich und exemplarisch. Deshalb ist zu fordern:

> Akzeptiere das Kontingente, das Unvollständige, das Offene in allem Wissen und Verhalten, aber akzeptiere auch, dass du dir ein möglichst umfassendes, weit reichendes und vielgestaltiges, auch widersprüchliches Wissen in deinen Fächern und Arbeitsbereichen erarbeitest, um hinreichend eine Vielfalt an Perspektiven und Möglichkeiten an Wegen deinen Lernern anbieten zu können.

Wenn diese erste Kränkung die fachliche Kompetenz betrifft, dann ist zu bedenken, dass dies nicht nur für die fachlichen Inhalte, sondern auch für eine Beziehungskompetenz gilt, die der umfassenden fachlichen Ausbildung in Pädagogik, Psychologie, den Sozial- und Humanwissenschaften, insbesondere in Kommunikationstheorien, Beratung, Evaluation und Supervision bedarf. Hier ist jeder Fachidiot gekränkt und erscheint immer mehr als unprofessionell im Blick auf die Aufgaben der Didaktik:

> Sei ein interessierter, neugieriger, offener und kreativer Forscher im Symbolischen, d.h. verstehe das Lehren und Lernen nie nur als eine fachliche Vermittlungsaufgabe, nie nur als einen inhaltlichen Trainingsjob, nie nur in einem engen symbolischen Sinn. Als Didaktiker muss sich jeder Lehrende und möglichst auch der Lernende als ein Lernforscher verstehen, was für Lehrende heißt, konsequent die Wirkungen ihres Tuns nicht nur zu bedenken, sondern auch umfassend zu evaluieren.

Eine solche Evaluation und Wirkungsforschung zeigt sich dann, wenn Lehrende die Lernergebnisse ihrer Lerner auch symbolisch präsentieren, öffentlich diskutieren, über ihre Erfahrungen diskutieren und schreiben – auch wissenschaftlich im Kreis der didaktischen *Community* publizieren.

2) Inhalte und Beziehungen in der Imagination

Gegenüber den symbolischen Leistungen, die sich immer auf Zeichen, Worte, Begriffe, auf schon Verstandenes oder zu Verstehendes, auf Wissen, Bildung, auf Kulturgüter und Kulturtechniken beziehen, ist das Imaginäre viel offener. Es steht hier für jene Vorstellungen und Bilder, die wir zunächst nur erleben, empfinden, innerlich spüren, aber deren Spuren noch so offen sind, dass wir den Gefühlen näher als dem Verstand, der Intuition näher als der Vernunft, dem Erleben näher als dem Bericht über Erlebnisse sind. In unseren Imaginationen gibt es Kräfte, über die weder wir noch die bisherige Forschung so weit sicher sein können, dass wir sie hinreichend symbolisch beschreiben könnten.

> Es gibt Theorien hierüber, die sehr instruktiv sein können, wie ich an anderer Stelle zeigte. Diese Theorien befassen sich mit bewussten und unbewussten Spiegelungen, dem Blick eines Dritten, den wir einnehmen, wenn wir unser Begehren oder unsere Handlungen mit anderen vermitteln. Nachfolgend will ich das Imaginäre relativ vereinfacht beschreiben. Der interaktionistische Konstruktivismus hat über das Imaginäre eine differenzierte Theorie entwickelt, die hier nicht wiederholt werden soll (vgl. Reich 1998a, 358ff., b, 40ff.; 2005, Kap. 4).

Was geschieht, wenn wir in uns schauen? Jeder, der sich auf sich selbst besinnt und in sich hineinschaut, wird einen Unterschied zwischen den Sätzen und Aussagen, den zahlreichen Worten und sprachlichen Äußerungen einerseits und inneren Stimmungslagen, Antrieben, Wünschen und einem Begehren andererseits spüren können, wobei das Innere mitunter mit uns etwas macht, das wie von außen zu kommen scheint. Symbolisch frage ich dann: »Warum habe ich dies in diesem Moment so empfunden?« Aber schon das Nachdenken verändert die Empfindung, die nun überformt und rationalisiert wird. Frage ich nach meinem Imaginären, so kommen mir Worte wie diese in den Sinn: Freiheit des Vorstellens, Einbildungskraft, Fantasie, Gefühle, Intuition, Erleben, Zauber, Stimmung, Atmosphäre, Bilder – als symbolische Ausdrücke, die etwas bezeichnen, was sich symbolisch (in Worten) allerdings schwer und unscharf fassen lässt.

Was hat diese Unterscheidung des Symbolischen und des Imaginären nun mit Unterricht und Lernen zu tun? Lehrende sind oft in der Versuchung, die Inhalte überzubetonen. Ihre Imaginationen sind hier meist auf bestimmte Inhalte konzentriert, was diesen eine Wichtigkeit, Bedeutsamkeit, persönliches Engagement beimischen kann, die für das Lernen sehr förderlich sind. Gleichwohl trägt das Imaginäre immer auch eine andere Nuance: Es irrt umher, assoziiert willkürlich, kommt auf scheinbar Abwegiges, Belangloses, Träumerisches. Das Imaginäre ist die Freiheit des Vorstellens, jener inneren Bewegung, die sich nicht planen und rational kontrollieren lässt, sondern die trotz der Rationalisierungen noch geschieht. Mag dies dem Pädagogen dann störend erscheinen, wenn die Lernenden ihr Vorstellen nicht mit den rationalen Inhalten integrieren können, so müssen sie doch auch stets anerkennen, dass ein Zerstören oder auch nur negatives Beurteilen solcher Freiheiten des Vorstellens alle Fantasie und Kreativität töten würden, die wir benötigen – gerade auch dann, wenn wir unsere Imaginationen auf die Bedeutsamkeit von Inhalten richten.

Deshalb ist das Imaginäre als eine antreibende, aber schwer durchschaubare Kraft des Lernens so wichtig und für eine Didaktik eine stete Herausforderung.

Man hat schon oft gefragt, was einen guten Didaktiker auszeichnet. Selbst in der traditionellen Didaktik, sofern sie nicht bloß primitive Paukschuldidaktik war, hatte sich die Erfahrung herumgesprochen, dass zum didaktischen Erfolg eine Lehrkraft gehört, die einen Funken (etwas Imaginäres wie Zauber, Stimmung, Atmosphäre) überspringen lassen kann. Eine mögliche Form eines solchen »Zaubers« ist die Vision, eine Lehrkraft zu sein, die mit zündenden Ideen die anderen fesselt und begeistert. Solche Begeisterung, dies wissen pädagogische Praktiker schon lange, ist eine wesentliche Voraussetzung für erfolgreiches Lernen.

Fragt man nun näher nach, welche Voraussetzungen ein solcher Didaktiker hierfür benötigt, so stellt sich als Bedingung ein, dass er selbst begeistert von Ideen (selbstverständlich auch den eigenen) sein muss. Dies aber kann nicht allein durch Anhäufung von Wissen angelernt werden, es kann sich also nicht bloß auf der symbolischen Ebene befinden, sondern entspringt – wenn das Erleben von Visionen und anderen »zauberhaften« Ereignissen authentisch sein soll – aus dem Imaginären selbst.

Das Imaginäre tritt im konstruktivistischen Ansatz an die Seite des Symbolischen. Es ist die Vorstellungskraft, die sich eben nicht an das Rationale sehr schnell fesselt, sondern sich dem Körper, dem Gefühl, dem inneren Erleben, den Unschärfen dieses Erlebens an den Rändern zu Traum, Intuition, Ahnungen verpflichtet und verbunden weiß. Ohne das Imaginäre verblassen die Inhalte allzu schnell. Gleichwohl können wir als Lernende nicht bloß imaginär lernen, denn erst das Symbolische begrenzt unsere Träume und Antriebe und führt ein Realitätsprinzip ein, dem wir uns immer wieder zu stellen haben.

Wenn wir von Lehrenden sagen, dass sie besonders erfolgreich sind, wenn sie das symbolische Lehren mit dem »Zauber ihrer Person«, d.h. mit Imaginationen und einer günstigen Situation verbinden, dann gilt dieses gleichermaßen für alle Lerner.

> In der konstruktivistischen Didaktik sind alle Lerner auch Didaktiker. Auch sie benötigen Visionen, Zauber, eine hohe Erlebnisdichte und vor allem Antriebe, um ihr Lernen erfolgreich zu gestalten.

Die Imagination ihres Erfolgs ist sehr oft die Vorstellung, dass sie an die Stelle des Lehrers rücken, dass sie so wissend wie die Lehrenden sind, um darüber Anerkennung zu finden. Es ist eine wesentliche Einsicht der konstruktivistischen Didaktik, diese Imagination nicht nur anzuerkennen, sondern alles dafür zu tun, dass sie symbolisch realisiert werden kann. Dies ist die gestalterische, planerische Seite der Didaktik, die wir symbolisch bearbeiten, um das Imaginäre zu entfalten.

Das Imaginäre treibt die symbolischen Gestaltungen an und geht doch nie in ihnen auf. Je mehr Lernende als Didaktiker agieren können, je mehr sie aus der Beobachterrolle in die Akteursrolle übergehen können, desto ausgeprägter mag symbolisch befriedigt werden, was bei Lernern als stiller Wunsch oft vorhanden zu sein scheint: Es einmal ebenso oder besser zu wissen wie diejenigen, die das Wissen als Lehrende so sicher zu verwalten scheinen.

> Ich stelle mir vor, wie ein Teilnehmer dir mit seiner Allmachtsfantasie entgegen tritt, obwohl er noch nicht viel weiß, und dich darüber belehrt, mehr aus dem hohlen Bauch heraus als begründet, was du gerade falsch machst. Ich bin gespannt, wie du reagierst, und alle anderen Lerner, die da sind, beobachten jetzt ganz genau, wie ernst du es mit deiner Didaktik meinst. Ist dies nicht die Situation, vor der alle konstruktivistischen Didaktiker Angst haben müssen? Wirst du genügend Ironie aufbringen können, dich nicht gleich angegriffen zu fühlen?

Der andere, der anders ist als ich, der in einem Moment etwas kritisch oder anders sieht, warum schreckt er uns selbst bis in unsere Ironie? Ist es die Angst, dass wir uns selbst entblößen, bloßstellen lassen, wenn etwas nicht nach unseren Vorstellungen läuft? Oder ist es nicht auch unser Unvermögen, im anderen noch dann etwas Positives zu sehen, wenn er so ganz anders ist, als wir es wünschen?

Die Theorie des Imaginären bietet für alle Lehrenden und Lernenden eine Entlastung an: Das Imaginäre ist nicht nur Ziel der Pädagogik, sondern immer auch ihre Grenze. Wir müssen begreifen lernen, dass der imaginär andere für uns prinzipiell unzugänglich bleibt. Dies will ich mit zwei Beispielen illustrieren.

Ein Liebespaar denkt, dass der andere alles versteht, jede Geste richtig zu deuten weiß, jeden Wunsch von den Lippen ablesen kann. Das Imaginäre scheint wie ein gemeinsamer Fluss, der in einem gemeinsamen Boot befahren wird. Aber ist da nicht zugleich immer auch der Zweifel, wie lange ein solches Glück, ein solcher Überschwang währen mag? Die Liebenden genießen den gemeinsamen Fluss, weil sie wissen, dass es nur für eine Zeit reicht, den anderen im eigenen Spiegelbild gefangen zu nehmen und dies als Genuss zu erfahren. Verweile nur, du bist so schön – du, dieser Moment, diese kleine Ewigkeit. Schaut der Liebende wieder allein in sich hinein, so bemerkt er oft schon, dass dies andere in ihm, dies Vorstellen nach den schönsten Seiten der liebevollen Imagination, schon bald nach symbolischen Klarheiten ruft: Treue, Heirat, Verzicht auf weitere Möglichkeiten, Arbeit am Alltag, die ersten Nervereien, die Abnahme des Reizes des Neuen, kurzum die symbolischen Ketten des Forderns, Erwartens und Hoffens treten allzu schnell an die Seite der imaginären Glückseligkeit. Oder pointiert frei nach Rilke: »Sieh dir die Liebenden an, wenn das Bekennen begann, wie bald sie lügen.«

Eine Pädagogin denkt, dass sie ihre Schüler liebt. Sie liebt sie alle als Menschen, mit Menschenliebe. Aber wie sehr sie sich auch bemüht, in die Herzen ihrer Schülerinnen und Schüler zu schauen, wie sehr sie sich auch prüft, ob ihr eigenes Herz allen gleiches Wohlwollen entgegenbringt, sie vermag es nicht vollständig zu wissen. Sie muss eine Grenze akzeptieren, die das Imaginäre selbst beschreibt, eine Sprachmauer akzeptieren, denn das Imaginäre selbst spricht nicht, es schweigt, es drückt sich in Gefühlen, Bildern, Erlebnissen aus, deren Deutung in Sprache – im Symbolischen – schon wieder etwas ganz anderes ist. Symbolisch beschreibt sie ihre Lerner, bespricht mit einer Freundin, was sie erfährt, aber sie erlebt hierbei auch, dass dies nicht die ganze Wahrheit ist, sie akzeptiert, dass sie in andere nicht gänzlich hineinschauen kann. Sie kann es – wie sie es sich mitunter gesteht – noch nicht einmal für sich. Auch in ihr sind unklare und unerwartete Seiten.

> Deine Beispiele illustrieren, dass das Imaginäre eben nicht symbolisch ist. Das Symbolische hilft uns zwar, das Imaginäre zu beschreiben, über es zu sprechen, aber das Sprechen selbst verstellt bereits das Erlebte. Das weiß ich als Ironikerin nur allzu gut. Sieh mich an und bemerke meinen Blick, der mehr als tausend Worte sagt. Aber nun hast du ein Problem: Du willst jetzt wissen, was ich mir bei meinem Blick denke. Und schon stellst du deine symbolischen Fragen.

Wir alle kennen bestimmte Erlebnisse, die uns so nah, so bildhaft, so gefühlsmäßig sind, dass ein Sprechen über sie wie ein Fehler erscheint. »Ich spreche, also bin ich nicht.« »Ich denke, also bin ich nicht.« Dies sind die Kränkungen, die der Rationalismus hinnehmen muss. Dies sind die Kränkungen, die gerade Pädagoginnen und Pädagogen akzeptieren sollten, um nicht in ein illusorisches Lern- und Helferverständnis zu fallen (vgl. dazu Reich 1998b, 58ff.).

Nehme ich nämlich an, dass ich über Inhalte Menschen instruktiv überformen kann, dass ich auch ihre Imaginationen leiten und kontrollieren kann, dann errichte ich einen hohen Zielhorizont, der in der Postmoderne schwierig zu realisieren ist. Dann fragen Pädagogen: »Warum klappt es mit meiner Pädagogik nicht? Was habe ich denn falsch gemacht, dass die Lerner nicht so funktionieren, wie sie sollten? Was habe ich übersehen? Wieso kann ich den Schülern nicht so helfen, dass alle ein gestecktes Ziel erreichen?« Und wenn sie dann den Fehler sich selbst, einem eigenen Versagen zuschreiben, dann unterliegen sie einer Beziehungs- und Machtfalle, die sie selbst gesetzt haben: Das Symbolische, das Rationale, scheint wie ein Informationssystem aufgebaut zu sein, das ich bloß richtig anwenden muss, um zu meinen Zielen zu gelangen. Die Kunst scheint darin zu bestehen, alle Lerner zu motivieren, damit dies klappt. Klappt es nicht, dann versagt scheinbar aber nicht das System, sondern der Pädagoge. Was sie ganz aus den Augen verloren haben, das sind die Grenzen des Imaginären.

Die Illusion einer solchen Aufklärungspädagogik, die sich vorwiegend im Wissen orientiert, liegt darin, dass sie zwei Kränkungen nicht hinnehmen will (und damit oft in die Resignation von Pädagogen führt):

Das Imaginäre ist in mir, in jedem Menschen, ein Vorstellen, das sich nicht der Rationalität unterwirft, das vielgestaltig, oft widersprüchlich, vor allem ambivalent ist. Es ist durch *Begehren* geleitet, und dieses ist nicht direkt rational zugänglich, sondern wirkt überwiegend emotional. Folgende Einsicht sollte sich hieraus für Didaktiker ergeben:

> Akzeptiere das Kontingente, das Unvollständige, das Offene, nicht Ausgesprochene oder Ungewohnte, die Differenz zwischen Erleben und Sprechen, die Unterschiedlichkeit der Antriebe, die du nicht vollständig durchschaust, die Ahnungen und Intuitionen, die du hast – und reflektiere sie im Symbolischen, um Offenheit und Toleranz gegen andere, die dies unterschiedlich von dir erfahren, zu entwickeln.

Der andere wird dir imaginär immer noch unzugänglicher sein, als du es dir selbst schon bist. Folgende Begrenzung sollte der konstruktivistische Didaktiker anerkennen:

> Schaffe den anderen nicht nach deinem Bild, hoffe und vertraue auf Unterschiedlichkeit, Andersartigkeit, Spannung und Lebendigkeit, vermeide Stereotypien, Gleichmacherei, versuche nicht, die Vorstellungen des anderen zu kontrollieren und akzeptiere seine Freiheit; aber setze auch Grenzen zu deiner Freiheit, wenn du anderer Auffassung bist, damit ihr über unterschiedliche Vorstellungen streiten und euch entwickeln könnt.

Didaktiker sollten diese beiden Kränkungen hinnehmen. Sie bedeuten nicht, dass wir nicht symbolisch Regeln und Normen eines Zusammenlebens, damit *auch* Grenzen von Träumen und Wünschen, aushandeln können und müssen. Sie bedeuten vor allem, dass wir andere grundlegend so akzeptieren müssen, wie sie sind: *anders als wir*.

> In einer Schulbefragung haben wir die beliebteste Lehrerin, den beliebtesten Lehrer einer Schule gesucht.[1] Neben der nicht überraschenden Tatsache, dass viele Schülerinnen und Schüler die Lehrer und Lehrerinnen für liebenswert halten, mit denen sie häufig zu tun haben, fiel eine Lehrerin in der Untersuchung besonders auf, da sie sehr viele Stimmen auf sich vereinen konnte. In einem Interview mit ihr befragten wir sie nach ihrer Erklärung für das gute Feedback. Sie antwortete:»Ich glaube, dass mich viele Schüler mögen, weil ich versuche, alle gleich und möglichst gerecht zu behandeln. Sie können das so sehen: Ich liebe Menschen, vor allem Kinder. Ich sehe so viele Möglichkeiten, die sie noch haben. Und selbst die schwächsten Schüler, wir können doch nie sagen, warum dies so ist und ob es sich nicht einmal ändert. Kürzlich hatte ich 10-jähriges Klassentreffen ehemaliger Abiturienten. Sie haben sich so unterschiedlich entwickelt. Ich hätte es nicht voraussagen können – und wir sollten dies auch nicht tun. Wir sollten sie so nehmen, wie sie sind. Und wir sollten alles dafür tun, dass sie eigene Wege gehen können und nicht immer nur die, die wir uns vorstellen. Gerade Lehrer sind hier oft kein gutes Vorbild, weil sie viel zu ängstlich in dem sind, was sie denken.«

3) Inhalte und Beziehungen und das Erscheinen des Realen

Der Konstruktivismus bringt als Erkenntniskritik eine neue Sichtweise in die Begründung von Realität ein, die er mit anderen erkenntniskritischen Schulen des 20. Jahrhunderts teilt:

---

1 Studierende der Universität Köln im Sommersemester 2000 im Rahmen einer Befragung von 265 Schülern.

> Auffassungen über Realität sind nicht einfache Widerspiegelungen oder Abbildungen einer äußeren Realität in eine innere Ordnung. Wären sie dies, dann müssten wir annehmen, dass es für uns eine Realität unabhängig von Beobachtern und Beobachtungen geben könnte, dann könnten wir als Abbildungstheoretiker behaupten, dass es für uns irgendwie möglich sein müsste, eine perspektivenfreie Übernahme solcher Realität in unserem Bewusstsein erreichen zu können. Wie aber soll dies möglich sein? Nachmetaphysische Denker, Pragmatisten, Relativisten, Konstruktivisten und viele andere erkenntniskritische Schulen halten dies für unmöglich.[1]

Wir können nicht einfach ein »Ding da draußen« für die Realität erklären, an der wir uns im Sinne einer empirischen Eindeutigkeit, einer Tatsächlichkeit orientieren, denn in alle Auffassungen über solche äußere Realität dringt immer schon unser Vorverständnis – aus kulturellen Setzungen, wertenden Annahmen, bisherigen Theoriebildungen usw. – mit ein. Selbst wenn man eine Korrespondenztheorie der Wahrheit aufstellt, die milder argumentiert, und sagt, dass das menschliche Bewusstsein zwischen den Tatsachen einer äußeren Welt und unseren Erfahrungen vermittelt, um dabei möglichst der äußeren (tatsächlichen) Welt nahe zu kommen, dann müssen wir zugleich zugestehen, dass alle Tatsachen als Behauptungen immer schon Teil unserer symbolischen Bearbeitungen und damit sprachlich geformte und kulturell gebrauchte Aussagen sind. Es ist uns – hier abgekürzt gesprochen – nicht möglich, perspektivenfrei auf eine Realität zu schauen und diese dann neutral (in ihrer vermeintlichen Tatsächlichkeit) wiederzugeben. Insofern sprechen Konstruktivisten davon, dass wir unsere Realität konstruieren.

So erscheinen Aussagen über die Realität als Erfindungen des Menschen. Aber dieser Ausdruck ist missverständlich. Erfinden im strengen Sinne heißt nie, etwas völlig willkürlich oder außerhalb bestimmter anschlussfähiger Methoden und Praktiken zu machen. Auch bedeutet es nicht, dass wir nun alle Welt im Sinne einer Erst-Schöpfung erfinden, sondern verweist allein auf den Umstand, dass wir die äußere Welt immer vermittelt über unsere Konstruktionen – in einer Kultur und mit deren Kontexten und in diesen aus unseren kulturell vermittelten Ich-Positionen heraus – darstellen. Hierbei gehört es zu diesen Darstellungen, dass wir einerseits eine von uns geschaffene Welt reklamieren (und diese wird immer umfassender) und andererseits zugestehen, dass es natürliche, genauer: vorfindliche und bewusstseinsunabhängig von uns existierende Welten gibt.[2] Aber diese Bewusstseinsunabhängigkeit ist bereits eine Deutung, die wir als eine zu uns passende in die Bestimmung der Realität einbringen.

---

1 Hier ist nicht der Ort, den Tod der Metaphysik nachzuzeichnen. Dies ist bisher hinreichend geschehen; vgl. z.B. Putnam (1993), Rorty (1988, 1991, 1992), Habermas (1992). Vgl. für die konstruktivistische Sicht z.B. Reich (1998a, 2002b).

2 Die Behauptung solcher Existenz ist unsere Konstruktion, die wir z.B. durch ein einfaches Gedankenmodell vollziehen: Gesetzt den Fall es gäbe keine Menschen, ist es dann wahrscheinlich, dass es keine Welt mehr gibt? Wohl kaum. Die Behauptung, dass wir allein die Welt ausmachen, ist vielleicht für unser subjektives Bewusstsein schlüssig, aber es ist logisch nicht schlüssig, daraus ableiten zu wollen, dass wir damit in eine Identität mit der Welt fallen. Insoweit ist es viabel, eine bewusstseinsunabhängige Welt als außermenschliche Möglichkeit zuzugestehen.

Wir benutzen in unseren Realitätsbeschreibungen, wie es Nelson Goodman (1984) ausdrückt, unterschiedliche Versionen von Welt (z.B. eine Welt der Newtonschen mechanischen Bewegungen und eine der Einsteinschen relativen Bewegungen), um damit unterschiedliche Bedürfnisse, die wir gegenüber dieser Welt und einer Erklärungsschärfe ihr gegenüber aufbringen, zu befriedigen. Unsere Versionen der Welterzeugung stehen also im Kontext mit unseren – immer kulturell vermittelten – Bedürfnissen und den möglichen (erfundenen) Modell-Versionen, die hierauf passen und die in wissenschaftlichen und gesellschaftlichen Diskursen zur Anerkennung kommen.

Jedoch passt nicht immer alles. Zwischen unseren Erklärungen und den tatsächlichen Erfahrungen, die wir in der von uns bereits so vielfältig konstruierten Realität (den verschiedenen Versionen) machen, klafft immer eine Lücke. Sie besteht individuell, weil ein einzelner Mensch immer nur begrenzt über verschiedene passende Versionen verfügt, sie besteht aber auch gesellschaftlich, weil es auch unter Einbeziehung aller Informationen nie vollständige Erklärungen gibt. Es gibt unterschiedliche Sprachspiele, dieses Auseinanderklaffen zu bezeichnen: z.B. die Dualismen »unsere Welt und die Welt dort draußen«, »das uns Bewusste und das Noch-Nicht-Bewusste«, »unsere Realität« (das, was wir kennen und erwarten) und »das Reale« (das, was uns in einem Moment als gänzlich neu, staunenswert, unklar, unbegriffen erscheint).

Es gibt keine Realität, die wir nicht konstruieren, dies ist eine Grundaussage konstruktivistischer Ansätze. Diese Aussage ist kein universalistischer Allsatz, sondern relativ: Wir halten sie für die *heutigen Erfordernisse* der Wissenschaft für viabel. Wir glauben auch, dass sie noch lange viabel sein kann (sie war es aber in der Vergangenheit anerkanntermaßen nicht).

Diese Einsicht erscheint zunächst als eine »schwache« Position. Sie ist schwach in dem Sinne, dass wir nicht mehr aus einer »harten« Ableitung eindeutig abbildend behaupten können, was wir notwendig brauchen. Das, was wir für verschiedene Interessengruppen viabel brauchen, erscheint nunmehr als ein Konstrukt, das umfassend ausgehandelt werden muss. Die Wissenschaften sind hierbei nicht mehr alleinige Helfer, denn sie bieten zwar in bestimmten Bereichen relativ eindeutige Rekonstruktionen (überall dort, wo es vor allem um ein Zweck-Mittel-Denken geht), aber bei allen komplexeren Lebens- und Entscheidungsfragen gibt es widersprüchliche, plurale Antworten auch in den Wissenschaften, und neben den Wissenschaften müssen andere Interessen beachtet werden. Es gehört zu den wichtigsten Aufgaben der Orientierung in unserer Zeit, sich damit verbundene Pluralität so weit anzueignen, dass jeder für sich viable Entscheidungen relativ begründet (einer gewissen Auswahl nach) überhaupt noch treffen kann. Dies aber erscheint als eine »starke« Position, die sich von einer bloßen Übernahme vorgegebener Expertenmeinungen (und dabei nur eines *mainstreams*) durch die Stärke eigener Reflexion gegen die Schwäche eines mehr oder minder blinden Gehorsams unterscheidet.

Vor diesem Hintergrund bezeichnet im interaktionistischen Konstruktivismus der Begriff Realität eine symbolische Ordnung oder eine imaginäre Vorstellung, die wir uns über oder für eine von uns erwartete und erfahrene Welt machen. Wir besitzen durch Vorverständigung immer schon verschiedene Versionen von solcher Welt, und wir beharren in Diskussionen mit anderen meist sehr stark auf dem Realitätsgehalt, der durch unsere Versionen und ihren Erfahrungshintergrund gesichert erscheint.

Diese »gesicherte« Realität erscheint uns als sicher, weil wir in unserem Lebensalltag und in Routinen nicht immer notwendig nach den in ihnen vorausgesetzten Konstruktionen fragen. Hier handeln wir sprachlich oft unsauber, indem wir diese konstruierte Realität immer wieder so benutzen, *als ob* sie eine äußere Realität oder ein Abbild dieser wäre. Dieser *Als-ob-Mechanismus* sichert uns Legitimation und Glaubwürdigkeit, führt aber schnell zu Irrtümern, weil wir so die Wirklichkeit sehr einseitig nur aus unserer Sicht beschreiben.

Lässt man zwei Personen, die einen Konflikt haben, diesen beschreiben, so ist es wahrscheinlich, dass jeder von ihnen seine subjektive erlebte Wahrnehmung der Situation als eine unumstößliche Tatsache und Wahrheit sieht. Aus dieser Sicht werden dem anderen dann Irrtümer und Fehlsichten bescheinigt, wobei ein jeder sich »wirklich« im Recht fühlt. Erst wenn der Als-ob-Wahrheitsanspruch von beiden aufgegeben wird, könnten sie sich darüber verständigen, wie sie sich am besten (ohne Unterwerfung) verständigen können.

Das Reale ist dagegen eine Grenze und kein *Als-ob-Spiel*. Diese Grenze gilt individuell ebenso wie gesellschaftlich (als kollektiv vermittelter oder zumindest erreichbarer Wissen- oder Vorstellungsstand). Immer erst im Nachhinein, wenn wir also unsere Re/De/Konstrukte gefertigt haben, *wissen* wir vom Realen. Erfahren, erleben, spüren können wir es schon vorher. Aber bis zum Wissen mögen wir Angst haben (vor dem noch gar nicht Erwarteten) oder begründete Furcht (vor dem vorhersehbar Schrecklichen) oder Freude (vor dem Staunenswerten), die Erscheinung des Realen lehrt uns so oder so, dass es Lücken, Brüche, Risse in unseren Vorstellungen, unseren Wünschen und unserem Wissen gibt. Und dies treibt uns zugleich an, unsere Imaginationen und Symbolwelten immer neu, immer erweiterter und rückgekoppelt an die Erfahrungen zu re/de/konstruieren, die wir gemacht haben und die wir als gemachte oder vorhandene Erfahrungen nutzen können. Dies kann unsere Sorgen und die Angst mildern, unsere Freude und Lust steigern, aber das Wissen ist auch nur ein begrenzter Schutz oder gebändigte Lust, denn in unseren Realitäten haben wir lernen müssen, dass das Wissen uns nie gänzlich vor dem Realen schützen kann.

Ein Wissen, welches das Reale anerkennt, wie ich es hier betone, trägt zu der Einsicht bei, dass unsere Verständigungen stets gegenüber einem äußerlichen Realen unvollständig und unabgeschlossen sind. Deshalb habe ich die Unterscheidung im interaktionistischen Konstruktivismus eingeführt[1]: Alles was wir imaginär oder symbolisch re/de/konstruieren ist unsere Realität, das, was wir dabei nicht beachten können, übersehen, nicht wissen erscheint uns – im Moment seines Auftretens – als Reales. Ist der Moment vorbei, so werden wir dieses Reale in unsere Sprache, in symbolische Vereinnahmungen einarbeiten, damit es uns nicht weiter erschrecke oder übersehen bleibe.

---

1 Vgl. dazu vor allem Reich (1998a, b; 2000a, Kap. 4).

Oft verlieren wir so auch das Staunen vor dem, was wir nun symbolisch zu beherrschen scheinen.

Didaktiker rechnen zu ihren Erfahrungsschätzen, dass reale Erlebnisse – also Erlebnisse, die Lerner unmittelbar und direkt machen – meistens wirksamer im Gedächtnis bleiben als künstlich oder theoretisch herbeigeführte Erfahrungen. Auf dieser Hypothese beruhte die gesamte Vorstellung Rousseaus über natürliche und indirekte Erziehung, die er seinem Zögling *Emile* angedeihen lassen wollte und die paradigmatisch für pädagogische Reformvorstellungen wurde. Allerdings zeigt schon dieser *Emile* ein Dilemma solcher Didaktik: Es fällt uns leichter in der Fiktion, in einer romanhaften Form, in einer imaginären Zuwendung zu *möglichen* Erlebnissen, diese Seite der Erfahrung darzustellen. Der *Emile* war über lange Zeit deshalb erfolgreich, weil er eine Vision neuer und gelungener Erziehung markieren konnte, wie sie in der Praxis als ein geschlossenes Modell nie vorkommen kann. Die Fiktion hilft, ein Bild von gelungener Erziehung zu entwickeln und als Leitbild eines neuen Verstehens zu setzen (vgl. Reich 1998c).

Im normalen Alltagstrott der Didaktik erscheint ein visionärer Erfolg als ungleich schwerer. Was müssten wir als Didaktiker (Lehrer wie Lerner gleichermaßen) tun, um das Reale nicht in Formen der Angst und des Schreckens, sondern in Formen des Staunens, der Überraschung, der Bereitschaft, sich Neuem zu stellen, zu nutzen?

Diese Frage ist schon ein Problem. Wir wollen offensichtlich mit einer solchen Frage didaktisch vom Realen nur das Beste. Aber damit interpretieren wir es bereits symbolisch. Das Reale bezeichnet ja gerade jene Ereignisse, die wir nicht vorhersagen können, deren Überraschung oder Schrecken nicht planbar ist.

Gleichwohl und immerhin, so ließe sich einwenden, können diejenigen, die schon mehr Erfahrungen gemacht haben, die sich eine umfassende Realität bereits re/de/konstruiert haben, anders mit der Welt und dem möglichen Realen umgehen als diejenigen, die diese oder ähnliche Erfahrungen noch machen müssen. Pädagogen verleitete diese Aussicht immer wieder dazu, den unsichtbaren »Gott« zu spielen. Auch dafür ist Rousseaus *Emile* ein Prototyp. Der Erzieher handelt hier so, dass er die Welt manipuliert, damit *Emile* scheinbar reine, d.h. reale Erfahrungen machen kann. Dabei sind diese Erfahrungen längst mit dem Hinter-Sinn des Erziehers erfüllt: Ein unsichtbares Lernprogramm erscheint.[1] Als äußerer Beobachter erkennen wir, dass es nur schlicht um eine konstruierte Realität geht, die bequem für den Erzieher und sein Weltbild ist.

Gegen solche Vereinfachungen will ich zunächst festhalten, dass das Reale sowohl im Hinblick auf Inhalte als auch auf Beziehungen eine Grenze markiert, die wir grundsätzlich respektieren müssen. Diese Grenze bedeutet, dass wir unseren Realitätsauffassungen mit einer selbstironischen Distanz begegnen sollten. Sie sind nie vollständig, sie weisen nie den besten oder den einzig möglichen Weg auf, sie sind veränderlich, aber auch widersprüchlich und ambivalent. Das Reale ist nicht planbar, auch wenn wir in der Didaktik Realbegegnungen planen sollten (vgl. Kapitel 5.2).

---

1   In Hans Peter Hoegs Roman »Der Plan von der Abschaffung des Dunkels« finden wir z.B. eine modernere Variante solcher Pädagogik.

Dies lässt sich für die Didaktik auch so ausdrücken:[1] Didaktiker können zwar Mehrwisser sein, weil sie mehr Informationen als andere haben, größere Erfahrungen als ihre Lerner aufweisen, bestimmte Kompetenzen besitzen, aber sie sollten dabei vermeiden, zum Besserwisser zu werden, der angeblich weiß, was am besten und sinnvollsten (bei Inhalten oder in Beziehungen) für alle Lerner ist. Der Mehrwisser erkennt die Grenzen des Realen an.

> Der Besserwisser will sie dadurch verstecken, dass er seine Realität für die einzig Richtige hält und auf ein mögliches Reales hochrechnet. Bis er mich trifft und seinen Irrtum erkennen muss. Aber Besserwisser haben wenig Selbstironie, sie sind meist nur ironisch gegen andere.

Das Verhältnis, das wir heute zum Symbolischen, Imaginären und Realen einnehmen, ist kompliziert geworden. Dies liegt vor allem daran, dass in der heutigen Realität die vereinfachenden Dualisierungen von außen und innen, wahr und fiktiv, tatsächlich und virtuell, erlebt und simuliert, zunehmend relativiert werden oder verschwinden. Diese Umstellung bedeutet, dass wir uns in der Kultur sehr weiträumig und multiperspektivisch orientieren müssen. Um dies zu bezeichnen, sollen die beiden nächsten Kapitel weitere Perspektiven einführen, die das eben Gesagte differenzieren.

4.3 Konstruktivität, Methodizität und Praktizität als erkenntniskritische Perspektiven

Weiter oben wurde bereits betont, dass der Konstruktivismus einen erkenntniskritischen Hintergrund auch in die didaktische Diskussion mit einbringt. Die hier vertretene konstruktivistische Didaktik steht vor dem Geltungsanspruch, dass Beobachter, Teilnehmer und Akteure in der wissenschaftlichen und auf symbolische Leistungen überwiegend bezogenen Begründungsarbeit sich mit mehr oder minder starker Zuwendung auf drei Formen wissenschaftlicher Arbeit beziehen, die das symbolische Spektrum didaktisch-wissenschaftlicher Begründungs- und Geltungsansprüche betreffen (vgl. *Schaubild 5*).[2]

Betrachten wir kurz die Aspekte, die das Schaubild im Blick auf reflexive Mindestanforderungen für die Didaktik zusammenzufassen versucht:

(1) Konstruktivität: Konstruktivisten betonen für menschliche Handlungen die aktive, eingreifende, tätig-herstellende oder erzeugende, die kreative Seite. Dabei sehen sie, wie nun schon mehrfach betont wurde, den Menschen als Konstrukteur nicht als widerspiegelndes oder abbildendes Subjekt, das einer Wahrheit hinterherjagt, die es

---

1   Zur Einführung der Unterscheidung vgl. Reich (2005, Kapitel 11).
2   Vgl. zur Begründung der Unterscheidung dieser drei Perspektiven Janich (2001a); Reich (2001b) und in Burckhart/Reich (2000).

	Konstruktivität	Methodizität	Praktizität
Symbolische Leistungen	Relativität Singularität Pluralität	Begründung Geltung Verständigung	Viabilität
Begründungs- und Problemansätze	Freiheitsposition Autonomieanspruch Dekonstruktivismus Poststrukturalismus Postmoderne Diskurse	Verfahrenssicherheit Logische Richtigkeit Eindeutigkeit Wahrheitsanspruch Empirischer Nachvollzug	Anwendungshäufigkeit Interessenlagen Macht Strukturelle Bedingungen Faktizität
	Problem: postmoderne Beliebigkeit	Problem: ideale rationale Akzeptiertheit	Problem: Erfolg des Machbaren
Situierung der Didaktik	Lehrer und Lerner sind Didaktiker und Konstrukteure	Konstruktive und systemische Methoden	Viable Lernkonzepte und Lernerfolge

Schaubild 5: Konstruktivität, Methodizität, Praktizität

»da draußen« einfach finden kann, sondern als ein Subjekt, das in Verständigung mit anderen solche Wahrheiten re/de/konstruiert. In der Wissenschaft bedient es sich dabei symbolischer Formen (Worte, Begriffe, Aussagen) und diskursiver Praktiken. In solchen Diskursen geht es um jene symbolischen Leistungen, die inhaltlich festhalten sollen, welche Versionen von Welterzeugung jeweils in welchen Kontexten gemeint und bedeutsam sind.

Solche Diskurse finden in kulturellen Praktiken, Routinen oder Institutionen statt. Deshalb sind Konstruktionen von Wirklichkeiten auch nie beliebig oder bloß subjektivistisch.[1] Die jeweiligen Konstrukteure sind in soziale und kulturelle Verhältnisse ihrer Zeit gestellt, in denen sie ihre Freiheitsposition und ihren Autonomieanspruch zu realisieren versuchen. Insofern sind sie zwar als aktive Subjekte immer mögliche Veränderer der Kontexte ihrer Zeit, aber ihre Gebundenheit in eine Zeit wirkt auch rückkoppelnd auf ihre Möglichkeiten als Beobachter und Teilnehmer.

Im Bereich der symbolischen Leistungen gibt es auf der Seite der Konstruktion in der Didaktik grundsätzlich eine Relativität des Wissens und der Wahrheit in ihrem Nach- und Nebeneinander, eine Singularität von Ereignisbezügen, deren Verallgemeinerung stets heikel ist (und Rekonstruktionen voraussetzt), eine Pluralität der Möglichkeiten. Dies ist eine erkenntniskritische Haltung, die der Konstruktivismus fordert und fördert:

---

1 Der Radikale Konstruktivismus hat anders als der hier vertretene Ansatz oft die subjektive Seite überbetont. Dies wird in der Kritik von Diesbergen (1998) am radikalen Konstruktivismus artikuliert. Vgl. dazu erweiternd auch Ernst von Glasersfeld (1998).

> Es ist nicht länger viabel für Wissenschaften, sich an absoluten, universalen und einseitigen Modellen zu orientieren. Konstruktionen zeigen vielmehr eine Vielfalt an Lösungsmöglichkeiten, eine Abnahme von Patentlösungen, eine Widersprüchlichkeit des Lösungserfolges, weil keine Lösung mehr für alles passt.

Mit der Zunahme der Freiheitsgrade – hierfür stehen viele gesellschaftliche Entwicklungen – gewinnt die konstruktivistische Einsicht im Übergang von der Moderne zur *Postmoderne in die Beobachtung der eigenen Konstruktionen* an expliziter Bedeutung. In dem Maße, wie in der neueren Zeit unterschiedliche Weltentwürfe im Nach- und Nebeneinander von Menschen erkennbar wurden, in dem Maße, in dem Pluralität auch in der Wissenschaft nicht mehr durch die Dominanz bestimmter Schulen auf Zeit ausgeräumt werden kann, treten die Relativität von Wahrheitsbehauptungen, die Singularität von Ereignissen, auf die man sich bezieht, die Pluralität von Erklärungsmöglichkeiten immer deutlicher vor Augen.

Singuläre Ereignisse werden oft zum Ausgangspunkt einer Beobachtung, die dann als Folge eine Wiederkehr der Deutung solcher Ereignisse einschließt. Diese Tendenz zur Normalisierung ist besonders typisch für didaktische Modelle, die dann als Moden für eine bestimmte Zeit die Aus- und Weiterbildung anzuleiten versuchen. Darin steckt eine Gefahr, eine Verdrängung des Singulären, indem wir gar nicht mehr auf die Singularität schauen, sondern das Ereignis von vornherein in eine Deutung einbetten, die es kanalisiert. Eine Rückkehr zur Beachtung von singulären Ereignissen will im Gegenzug der Vielfalt von Beobachtungen wieder Beachtung verschaffen und Pädagogik und Didaktik offener für Beobachtungen machen. Nur so kann eine forschende Einstellung im Lernen erreicht werden, die sich nicht bloß reproduktiv und autoritär unterwürfig organisiert, sondern auch Neues entdecken und entwickeln will.

Allerdings ergibt sich auf dieser Seite der Konstruktion damit auch das weiter oben schon thematisierte Problem der Beliebigkeit. Hier entstehen didaktische Grundfragen: Wie weit können und sollen die relativ autonomen, pluralen und ereignisbezogenen, die singulären, lokalen und oft sehr subjektiven Konstruktionen von einer Normierung, von Traditionen, Gewohnheiten, interessegeleiteten Erwartungen bestimmter gesellschaftlicher Gruppen abweichen und damit Freiheit verkörpern? Wo endet die Freiheit? Dies wird zu einer Schlüsselfrage der Didaktik als Wissenschaft, die ihre Freiheit zuvor meist recht unbekümmert ausgesprochen und gefordert hatte. Diese Fragen umfassend in konkreten Fällen zu reflektieren und mit den Lernern stets zu thematisieren wird zur Forderung nach einer neuen Kompetenz:

> Es sind Begründungen und Problemstellungen im Kontext der Ressourcen zu beobachten, zu reflektieren und Lösungen im Blick auf ihre Relativität, Pluralität und Singularität zu diskutieren, um bewusst Entscheidungen für oder gegen etwas auf Zeit zu fällen. Diese Kompetenz wird immer wichtiger, um im Lernen nicht an der Fülle der Angebote übersättigt zu werden oder an ihnen zu resignieren.

Die Bedeutung dieser konstruktiven Seite ist für die Didaktik einschneidend. Gehen bisherige didaktische Modelle eher davon aus, dass die Fachleute Modelle benötigen, um komplizierte Inhalte möglichst verständlich und effektiv Lernern zu präsentieren oder diese zum eigenen Lernen aufgrund solcher Modelle anzuregen, so lautet die konstruktivistische Stellungnahme in diesem Feld, dass sowohl Lehrende als auch Lernende gleichermaßen Konstrukteure sind und sich in dieser Rolle interaktiv entwickeln sollten. Wird dieser Umschwung nicht klar, dann werden die neuen konstruktivistischen Ideen für die Didaktik nicht hinreichend erfasst. Dazu gehört vor allem der Umstand, dass nicht nur Lehrende, sondern auch Lernende aus der Sicht der Konstruktivität als Didaktiker aufgefasst werden:

> Die Lernenden sind Didaktiker, dies drückt eine sehr veränderte Sicht auf die Didaktik aus. Es gehört für jeden Lerner dazu, sich in seinen Re/De/Konstruktionen zugleich eine Didaktik zu erfinden oder entdecken zu können, die auf die Lernsituation passt.

Diese Einsicht deckt sich mit der Leistung von Forschern. Sie erfinden sich neue Konstruktionen nie nur rein fachlich, sondern müssen das Neuartige ihrer Ergebnisse stets mit dem abgleichen, was an anderen Forschungen schon vorliegt. Hierzu benötigen sie in der Regel ein didaktisches Geschick, um nicht in Unmengen von Daten und unaufbereiteten Informationen zu ersticken. Sie verdeutlichen sich z.B. oft in didaktischer Aufarbeitung den Stand bestimmter Diskussionen. Erfolgreiche Forscher sind gerade dann auch gute Lehrende, wenn sie über solche Didaktik verfügen und besser noch, wenn sie sich diese Verfügung reflexiv bewusst machen.

Die beste Didaktik im Bereich der Konstruktion ist immer die Lernerdidaktik, denn wenn ein Lerner sich selbst auf einfache Weise und verständlich erklären kann, wie, was, warum, wie weitgehend und mit welcher Tiefe gelernt werden kann und soll, dann hat dieser Lerner bereits das Lernen gelernt. Für die Lehrenden wird es zur didaktischen Aufgabe, solche Didaktik des Lernens zu ermöglichen. Damit wechseln wir von einem Modell-Denken in der Didaktik, das anzugeben versucht, wie Lehrende was mit welchen Mitteln und in welcher Situation effektiv (entsprechend vorausliegender Bedingungen) vermitteln, zu einem offeneren Denken, das alle konstruktiven Elemente im didaktischen Prozess an das Wechselspiel zwischen Lernern und Lehrenden zurückgibt. Sie haben dialogisch auszuhandeln, welche konstruktiven Möglichkeiten ihnen als Ressourcen bereit stehen und welche Lösungen sie hierbei ausprobieren wollen. Dies geschieht sinnvoll nicht nur auf einer Inhalts-, sondern immer auch auf einer Beziehungsseite (vgl. Reich 2005, Kap. 2/3).

Das Aushandeln bedeutet aber keinesfalls, dass es nun darauf ankommt, alles bloß oberflächlich zu behandeln und den leichtesten Weg zu gehen. Vielmehr beweist sich die Konstruktivität immer erst dann, wenn die Aufgaben und Lösungen komplex genug sind und die Bewältigung von Schwierigkeiten zu Befriedigungen führt, wie sie zu leichte Aufgaben nie gewähren können.

(2) Methodizität: Der Konstruktivismus sucht eine wissenschaftliche Begründung für die Geltung seiner Aussagen zu geben; und damit steht er als Ansatz nach und neben anderen. Auch benötigt er eine konstruktivistische Verständigungsgemeinschaft, mit der er zu einer mehr oder minder großen Übereinstimmung bei bestimmten theoretischen Kernannahmen kommt. Deshalb schreiben Konstruktivisten wie Vertreter anderer Schulen auch Schriften, in denen sie ihre Konstruktionen darlegen, um Verfahrenssicherheit in wechselseitigen Interpretationen und Transparenz für alle Interessierten zu erreichen. In einer konstruktivistischen Didaktik streiten wir deshalb konstruktivistisch gesehen über die Verfahren, die wir einsetzen, die logische Richtigkeit bestimmter Verfahrensabläufe, die sich als günstig oder ungünstig erwiesen haben, die Eindeutigkeit unserer Aussagen, den Wahrheitsanspruch, den wir relativ zu anderen Ansätzen auf Zeit (allerdings nicht universell!) einnehmen, auch den empirischen Nachvollzug, den wir für unsere Konstruktionen anführen können.

Wenn in Diskursen der Postmoderne oder aus konstruktivistischer Sicht dargestellt wird, dass in der Gegenwart Tendenzen sichtbar werden, die zu einer Erhöhung der Freiheitsansprüche, zu größerer Unübersichtlichkeit, zu einer Zunahme scheinbar beliebiger Setzungen usw. geführt haben, dann bedeuten solche Beschreibungen nicht, dass der Konstruktivismus zu solchen Erscheinungen im Einzelfall immer eine zustimmende oder anerkennende Haltung einnimmt. Die Viabilität von Setzungen oder Verfahren, die sich an Erfolg oder Misserfolg, aber auch an vielen anderen möglichen Kriterien wie Nutzen, Befriedigung, Begehren, Lust, ästhetische Erwartungen usw. bemessen und erörtern lässt, ist wesentlich, um kontextbezogene Folgerungen für bestimmte Methoden und gegen mögliche Willkür zu ziehen. Der Konstruktivismus ist besonders sensibel dafür, wenn einzelne Verständigungsgemeinschaften dogmatisch nur ihre Sicht und ihr Weltbild propagieren wollen. Dies gilt insbesondere für Übertragungen von Glaubens- auf Wissssysteme, von Dogmen auf experimentell orientierte Formen der Wissensbegründung. Aber auch die Naturwissenschaften sind entgegen vielfacher Behauptung in ihren experimentellen Voraussetzungen keineswegs frei von konstruktiven Setzungen.

Konstruktivisten begründen wie andere Ansätze methodologisch ihre Geltungsansprüche. Sie sollten dies aber in ausgesprochen differenzierter Weise tun. Der methodische Konstruktivismus und heute der Kulturalismus der Schule um Peter Janich bemühen sich um eine solche Haltung, indem sie insbesondere für naturwissenschaftliche Verfahren eine logische Rekonstruktion von bislang übersehenen Voraussetzungen einsetzen.[1]

Konstruktivisten müssen dabei allerdings die pluralen Voraussetzungen von Wissenschaft thematisieren, weil sie eine universalistische Wissenschaftshaltung, die alles

---

1 Vgl. zum methodischen Konstruktivismus z.B. Kamlah/Lorenzen (1967), Lorenzen (1974), Lorenzen/Schwemmer (1975), Gethmann (1979), Mittelstraß (1974). Zum Kulturalismus vgl. insbesondere Janich (1996, Hartmann/Janich 1996, 1998). Diese Forschungen beziehen sich allerdings vorrangig nur auf Zweck-Mittel-Probleme und kommen in einer Begrenzung der Analysen auf die Rekonstruktion der praktischen Methodizität schnell in eine kulturbezogene Engführung.

aus einer Sicht beschreiben will, für gescheitert halten. Die verschiedenen Konstruktivismen kämpfen gegen wissenschaftliche Universalismen, weil sie in ihnen einen hegemonialen Machtanspruch sehen, der gegenwärtigen pluralen Tendenzen und Freiheitsgraden von Wissenschaft entgegenläuft.[1] Dies bedeutet andererseits nicht, dass sich über methodisch begründete Wahrheitsansprüche allein durch Mehrheitsentscheidungen abstimmen lässt.[2] Die methodischen Begründungs- und Geltungsansprüche verweisen vielmehr auf systemimmanente (in *einem* Ansatz gegebene) Beschreibungen von Wirklichkeit, deren Viabilität sowohl in einer Praxis der Verständigung (hier zählen Mehrheiten) als auch in dem Erfolg oder Misserfolg von Anwendungen in bestimmten Bereichen (hier bewahrheiten sich Konstruktionen in empirisch kontrollierbaren Praktiken) erreicht wird.

Didaktische Praktiker wissen schon lange von den Widersprüchen zwischen diesen beiden Wahrheitsansprüchen. Zunächst erwarten wir in einer Verständigungsgemeinschaft, z.B. *einem* bestimmten didaktischen Ansatz, dass er uns zu wahren Ergebnissen führen wird. Wahrheit zumindest in dem Sinne, dass der von diesem Ansatz versprochene Erfolg auch tatsächlich eintritt. In der Praxis aber zeigt sich erst, was tatsächlich geschieht. Keine Mehrheitsentscheidung könnte uns also die richtige Didaktik verordnen. Andererseits ist die Interpretation der Praxis aber auch wiederum durch die Verständigungsgemeinschaft geleitet, die tendenziell für alles, d.h. auch für das, was nicht gelingt, Entschuldigungen anführen wird. So muss der Didaktiker kritisch schauen, was viabel im Verstehen *und* in der Praxis ist. Darüber aber entscheidet er nicht allein, sondern vor allem der Lerner (der eine konstruktivistische Didaktik auch als Didaktiker seines eigenen Lernens sehen müsste). Ich will hier noch einmal daran erinnern, dass das Scheitern universalistischer Ansätze oder naturalistischer Ableitungen für die Erkenntniskritik des Konstruktivismus maßgebend ist. Was uns gegen die Universalisierung oder Naturalisierung als wissenschaftliche Basis bleibt, das ist, wie es Hilary Putnam (1993, 213ff.) nennt, eine ideale rationale Akzeptiertheit, die auf Zeit und in einem bestimmten Rahmen gilt, und in der immer schon eine Idealisierung hineingenommen ist, die jegliche Rationalität begleitet. Es gibt mit anderen Worten keine reine, wertfreie Rationalität. Der Konstruktivismus zieht hieraus die Konsequenz, dass der Wissenschaftler auch in seinen Methoden konstruiert und dass eine Kritik seiner Idealisierungen zum notwendigen Repertoire einer Selbstdistanz gehören muss. Er muss daher lernen, sich als Selbstbeobachter wie auch als Fremdbeobachter zu reflektieren, also einmal methodisch immanent (in seinem Ansatz) zu bleiben, um in einem anderen Moment kritisch transzendent den eigenen Ansatz von außen zu prüfen. Auch wenn dies wiederum nur idealisierend rational geschehen kann, so ist eine Reflexion und Dokumentation dieses Vorgangs zugleich ein Weg zu mehr Transparenz, Offenheit und Pluralität in den Wissenschaften.

---

1 Vgl. dazu exemplarisch meine Auseinandersetzung mit der Transzendentalpragmatik in Burckhart/Reich (2000). Als diskurstheoretische Begründung einer Begrenzung hegemonialer Ansprüche vgl. erweiternd und einführend z.B. Mouffe (1999).
2 So auch z.B. Mittelstraß (1998).

Hier erscheint die Wichtigkeit von drei didaktisch reflektierten Perspektiven nach Beobachter, Teilnehmer und Akteur (vgl. Kapitel 5.3). Sie helfen durch Ironie, Moderation und Aktion, eine methodische Einstellung zu erzeugen, die besonders viel versprechend für die Didaktik ist, da diese schon länger anerkennen musste, dass es Widerstreit in den Wissenschaften gibt. Gerade solcher Widerstreit macht didaktische Verfahren interessant. Didaktiker können so ein gutes Gespür dafür entwickeln, dass es sehr unterschiedliche Methoden für didaktische Konstruktionen und Praxis gibt. Insoweit ist das gegenwärtige Interesse vieler Didaktiker am Konstruktivismus vielleicht auch durch die Idee geleitet, eine viable Lösung für die Vermittlung eigener Denkansprüche und Ansprüche aus der Praxis zu finden.

Eine wichtige Frage bleibt im Feld der Methodizität zu klären: Wie stehen die Methoden der Wissenschaft zu den Methoden der Didaktik? Sind die Didaktiker in ihrer Wahl der Lernmethoden völlig frei, oder gibt es einen notwendigen Zusammenhang zu den Methoden, die in den Fachwissenschaften zum Einsatz kommen? Bisher werden diese Fragen in der Didaktik (außer bei fachdidaktisch eindeutigen methodischen Ableitungen) in aller Regel übergangen, denn die heutigen Methodenlehren versprechen, für alle Inhalte einsetzbar zu sein. So gibt es einen großen Methodenpool, und die Lehrenden scheinen frei wählen zu können. Aber welche Wahl ist sinnvoll? In Kapitel 8 werden diese Fragen ausführlich aufgenommen und diskutiert.

> Bei der Methodizität im Blick auf ihre Bedeutung für Unterrichtsmethoden ist zu beachten, dass eine Orientierung vorrangig an Rezepten oder Techniken des Unterrichtens kaum hinnehmbar ist. Sie zeitigt nur kurzfristige Erfolge und kann zu wenig auf Dauer ein eigenständiges, kreatives und sich verändernden Situationen anpassendes didaktisches Handeln anleiten.

Dafür bedarf es einer höheren konstruktiven und methodischen Reichweite, die vor allem durch einen reflexiven und experimentell orientierten Ansatz entwickelt werden kann.

(3) Praktizität: Didaktiker leiden schon lange an der künstlichen Trennung von Theorie und Praxis. In den Universitäten stellte sie sich oft als eine Trennung nach Methode und Praxis ein: Auf der einen Seite die exakter arbeitenden methodisch strengen Wissenschaftler (die dann allerdings nur zu begrenzt objektivierbaren Aussagesystemen kamen); auf der anderen Seite die Praktiker mit ihren situativen Lösungen, die stets mit tatsächlichen Ressourcen zu kämpfen hatten. Doch dieser Kampf, das markiert der Konstruktivismus, ist für die Wissenschaften insgesamt immer wieder eigentümlich und oft unbefriedigend.

Schauen wir kritisch auf die Praxis, dann stellen wir in ihr fest, dass etwas Erfolg oder Misserfolg hat, einen Nutzen für bestimmte Aufgaben bringt oder unnütz für sie ist, Begeisterung und Veränderungen auslösen kann oder recht wirkungslos bleibt usw. Dies nennen Konstruktivisten Viabilität; sie ist für mich im Blick auf die Didaktik und das Lernen stets kulturell vermittelt (vgl. Reich 1998a, b). Eine wichtige Frage hierbei ist: Wie passt etwas in einem kulturellen Kontext in bestehende Praktiken, Routinen und Institutionen hinein?

In dieser Viabilität für etwas, in etwas, mit etwas, durch etwas werden die Konstruktionen und Methoden oft auf das begrenzt, was durch Anwendungshäufigkeiten zur Gewohnheit wird, zur Selbstverständlichkeit, die zu Automatismen führt; sie werden aber auch auf das hin reguliert, was durch Interessenlagen bestimmter Gruppen, die Macht ausüben können oder ohnmächtig bleiben, gefördert und durchgesetzt werden kann oder randständig bleibt; sie werden stets in Macht agiert, wobei bestimmte strukturelle Bedingungen solchen Agierens erscheinen und immer schon vorhanden sind; sie unterliegen aber auch einer Macht des Faktischen, die im Prozess selbst entsteht und nie vollständig geplant und vorausgesehen werden kann.

Die Praxis ist nun zwar nicht die alles entscheidende Macht, um jede Konstruktion oder Methode, die aus einem *mainstream* herausfällt, zu unterdrücken, sie kann konstruktivistische Freiheit keineswegs beseitigen, aber der Sog des Machbaren und von Mehrheiten angenommene Verfahren oder Ereignisse erzwingen dennoch eine Rückkopplung zwischen Praxis, Konstruktionen und Methoden, die man nicht übersehen kann.

> Die Macht des Faktischen hat für mich immer etwas Anti-Konstrukives. Sollte eine konstruktivistische Didaktik nicht eher die Seite der Verstörung jedes mainstream stärken, also neue Möglichkeiten erschließen, andere Lösungen bereitstellen, kreative Alternativen fördern?

> Im Faktischen steckt immer auch das Praktische. Muss eine konstruktivistische Didaktik nicht die Seite der machbaren Praxis stärken, indem sie vorrangig schaut, was für Lerner in der Mehrheit Sinn macht, was hohen Lernerfolg für viele bringt, welche Methoden hierfür vorrangig geeignet sind?

In beiden Einwänden zeigt sich das besondere Dilemma der Didaktik als praxisorientierter Wissenschaft. Ihre praktischen Erfolge, die über die Felder der Konstruktivität und Methodizität vorbereitet werden, scheitern oft in der Praxis, weil die Teilnehmer zu unterschiedlich sind, die Anwendungen zu isoliert und vorläufig bleiben, die Interessenlagen zu heterogen und politisiert und damit Wandlungen von außen unterworfen sind, die Macht der gesellschaftlichen Veränderung im Sinne besserer Ausstattung fast nie auf Seiten der Didaktiker liegt. Didaktik scheitert oft, weil Strukturbedingungen eine effektive Entwicklung besonders stark behindern. Dies scheint mir ein wesentlicher Grund dafür zu sein, dass die Didaktik in den letzten Jahrzehnten faktisch an Einfluss verloren hat, ebenso wie der früher höhere Status des Lehrers immer weiter gesunken ist. Dennoch sollte es als Ziel gelten, viable Lernkonzepte immer praktisch und nicht bloß theoretisch zu realisieren und Lernerfolg – allerdings relativ im Blick auf Ressourcen und Lösungsmöglichkeiten von Lernern – zu evaluieren, sofern Didaktik als Wissenschaft sich entwickeln will. Die Mahnung der Ironikerin aber gilt hierbei grundsätzlich.

> Die Stärke des Konstruktivismus, so will ich abschließend betonen, entfaltet sich nach meiner Beschreibung in einer dreifachen Sicht: Die Konstruktivität als wesentlichen Faktor der Erzeugung von neuem Wissen nicht zu unterschätzen; die Methodologie als wesentlichen Bestandteil von Wissenschaft anzuerkennen, aber nicht zum alleinigen Maßstab reduktiv herabzusetzen bzw. universalistisch zu erhöhen; die Praxis als Viabilität kontrollierendes und erzeugendes System nicht zu vernachlässigen, sondern auf die anderen Aspekte stets zurückzubeziehen.

Daraus lässt sich eine erkenntniskritische Begründung der Didaktik ableiten:

- Die Konstruktivität sollte als Basis jeglichen didaktischen Handelns angesehen werden. Von ihr aus entfaltet sich nicht nur das symbolische Handeln, sondern auch das imaginäre Vorstellen. Visionen sind starke konstruktive Antriebe. Ohne diese konstruktive Seite bliebe das Lernen mechanisch und schematisch.
- Die Methodologie kann dabei nicht beliebig sein, sondern methodisch versuchen wir auf Zeit an Verständigungsleistungen anzuschließen, die sich mittels Nachweisbarkeit von Effekten reflektieren und diskutieren lassen. Dabei gelten methodische Ansprüche nicht nur aus der Sicht der Lehrenden, sondern auch der Lernenden, die an Begründungs- und Geltungsfragen partizipieren müssen, wenn sie nicht bloß Vorgefertigtes reproduzieren sollen.
- Die Praxis ist ein Ort der Realisierung und Überprüfung. Viabilität in einer Praxis kann nicht bloß von Lehrenden oder Experten definiert werden, sondern schließt Teilnehmerperspektiven und -deutungen notwendig mit ein. Auch ein Scheitern von Konstruktionen und Methoden in der Praxis kann eine gelingende Praxis sein, sofern die Perspektiven und Deutungen das Scheitern als Anregung zu einem anderen Lernen und einer anderen Lösung aktivieren können.

4.4 Didaktik als Simulation

In der Geschichte der Didaktik fällt auf, dass didaktische Ansätze meist unter einem »Realismus-Vorbehalt« stehen. Dieser besagt, dass Didaktik eine Abbildung von realen Vorgängen oder realistischen Sachverhalten intendiert:

- Realität scheint die äußere Voraussetzung aller Wissenschaften, die aus einer Interpretation des Faktischen in der Realität scheinbar z.B. Natur- und Gesellschaftsgesetze abbilden;
- das Wissen repräsentiert damit scheinbar etwas Abbildbares, und der nächste Ort, diese Realität zu symbolisieren, scheinen die Fachwissenschaften zu sein;
- Fachwissenschaften machen deshalb bestimmte Aussagen zur Realität, und die Didaktik hat die Aufgabe, diese Aussagen lernergerecht aufzubereiten (in eine lernbare Reihenfolge, merkbare Anordnung, motivierende Darstellung usw. zu bringen).

Zusammenfassend lässt sich sagen: Eine äußere Realität scheint den Dingen an sich zuzukommen, die sich im Wissen abbilden lassen; Fachwissenschaften sind dieser Abbildung am nächsten; diese Abbildung scheint didaktisch dann in zweiter Linie simuliert werden zu müssen, um in der Steuerung von Lernprozessen der ursprünglichen Realität möglichst nahe zu kommen.

Dieses realistische Bild macht deutlich, weshalb die Didaktik eine Wissenschaft zweiten Grades zu sein scheint. Sie bereitet nur noch das auf, was andere Wissenschaften grundlegend erforscht haben. Sie steht im Blick auf die eigentliche Abbildung der Realität außen vor, sie scheint ein einfacheres Verfahren der Ableitung zu sein. Und sie erscheint als eine Disziplin, die in bloßer Simulation zu agieren scheint, weil ihre Hauptaufgabe nicht genuine Forschung über Wirklichkeiten ist, sondern die Umsetzung bereits erreichten Wissens im Lernen. Sie ist allenfalls Lernforschung, wobei allerdings auch diese eher der Psychologie als Fachwissenschaft zugerechnet wird. Damit ist die Didaktik als forschende Wissenschaft ohne Heimat. Sie ist überwiegend der Praxis überantwortet, sie ist eher ein Ort je aktueller Konstruktionen und weniger einer der umfassenden methodischen Re/De/Konstruktionen geworden.

Die hier vertretene Didaktik hält diese überkommene Bestimmung der Didaktik für grundsätzlich falsch. Sie bestreitet den Realismus, der hier als konstruierte Voraussetzung den Begründungsanspruch der Didaktik minimiert und ihren Geltungsanspruch begrenzt hat. Sie kritisiert damit auch die abwertende Haltung vieler Erziehungswissenschaftler der Gegenwart, die Didaktik als bloße Umsetzungsdisziplin ansehen und damit ein genuines Forschungsfeld der Pädagogik zu einer bloß sekundären Aufgabe deklassieren. Sie kritisiert damit eine Haltung, die sich in Aussagen ausdrückt wie: »Es ist schon richtig, dass man didaktische Überlegungen anstellt, um etwas Lernenden geschickt und effektiv beizubringen, aber prinzipiell müssen doch erst die fachwissenschaftlichen Dinge geklärt sein, bevor solche sekundäre Didaktik greift.«

In der Konsequenz dieses Gedankens erscheint die Didaktik als leichter und einfacher als eine fachwissenschaftliche Anstrengung. Dies führte zu einem unterprivilegierten Stellenwert innerhalb der Erziehungswissenschaft.[1]

Die konstruktivistische Erkenntniskritik räumt, wie schon mehrfach betont wurde, mit der Illusion des Realismus auf, die Welt – so wie sie »ist« – abbilden zu können. Kein Beobachter bildet eine äußere Welt einfach und ohne konstruktives Hinzutun in sich ab. Für den Konstruktivismus existieren durchaus dem Menschen äußerliche Gegenstände, aber sie sind stets mit seinen Beobachtungen, Teilnahmen und Aktionen vermittelt. Von einer Realität an sich dort »draußen« zu sprechen, dies erscheint als große Illusion, wie ich weiter oben begründete. Vor diesem Hintergrund wird erkennbar, dass alle Wissenschaften in Re/De/Konstruktionen versuchen, viable Aussagen zu gewinnen, die keineswegs eindeutig *einer* Realität »da draußen« im Sinne einer klaren Abbildung zugeordnet werden können. Im Prozess der Modernisierung wurde zuneh-

---

1 In der Pädagogik bis in die 70er-Jahre war es noch üblich, dass bekannte Pädagogen sich auch als Didaktiker verstanden (an diese Tradition schließe auch ich an), mit dem Übergang in eine spezialisierte Erziehungswissenschaft wird das Feld der Didaktik immer mehr aus wissenschaftlichen Diskursen abgekoppelt und Rezeptologien oder Handreichungslehren überlassen.

mend deutlicher, dass die Konstruktionen in Praktiken, Routinen und Institutionen zu ihren Erfindern zurückkehren. Gerade auch in den *hard sciences* gibt es einen immer größeren Raum für Simulationen (im Rahmen von Experimenten), die als Praxis gelten und als »real« angesehen werden.

Hier nun ist die grundlegende Frage zu stellen, inwieweit Didaktik als Simulation einer ansonsten anderen (wichtigeren?) Realität anzusehen ist. Ich kann die Frage auch anders stellen. Können die Fachwissenschaften in ihren Konstruktionen, Methoden und in ihrer Praxis einen didaktischen Anteil überhaupt verweigern? Ist dieser didaktische Anteil nicht immer auch ein genuiner Anteil jeder Fachwissenschaft, der bloß aus Gewohnheit an jene delegiert wurde, die auch den fachwissenschaftlichen Nachwuchs auf seine Studien vorbereiten?

Wie lautet die Begründungsfigur, die meistens zur Unterscheidung eines fachwissenschaftlichen und eines didaktischen Wissens herangezogen wird? In den Fachwissenschaften gibt es eine Forschung, die sich mit den Fachinhalten beschäftigt, die ein tatsächliches, hartes, eindeutiges, auf Fakten oder Untersuchungen basierendes Wissen begründet. Dagegen ist die Didaktik immer schon auf dieses Wissen angewiesen, dabei geht sie illustrierend, reduzierend, nicht eigenständig forschend, sondern bloß ableitend, darstellend und simulierend vor.

Dies ist in der Tat vielfach die gegenwärtige Praxis. Aber konstruktivistisch gesehen müssen wir grundsätzlich eine vereinfachende Teilung in tatsächliches oder hartes Wissen und simuliertes oder weiches Wissen problematisieren. Wir sollten genauer auf die Begründung hierfür sehen und nicht verkennen, dass es durchaus unterschiedliche Annäherungen an die wissenschaftliche Realität gibt.

Zunächst will ich festhalten, dass mit der Kritik an Abbildtheorien und dem Realismus-Vorbehalt eine Teilung in primäre Forschung von Fachwissenschaften und sekundäre Ableitungen in der Didaktik fragwürdig wird. Der Anspruch von Fachwissenschaften kann nicht ungebrochen als umfassender betrachtet werden. Alle Wissenschaften benutzen Konstruktionen, um sich als Wissenschaften zu etablieren. *Real* sind alle Konstruktionen unvollständig. Wären sie je vollständig, dann wäre ein Ende der Geschichte(n) gekommen. Real zirkulieren die Konstruktionen als Versionen von Welten, als erzeugte Welten, die andere überraschen. Der prinzipielle Konstruktcharakter aller Wissenschaften sollte erkennen lassen, dass eine Aufteilung in primäre (realitätsnahe) und sekundäre Forschung grundsätzlich problematisch ist, auch wenn er aus pragmatischen und strategischen Gründen immer wieder benutzt wird.

Hier ist es relativ klar, dass ein Forschungsprojekt, das versprechen kann, eine wirksame Hilfe gegen Krebs zu entwickeln, ein technisch-materielles Problem, wie z.B. Unfallhäufigkeit, oder eine nervende Alltagserscheinung wie Staus auf Autobahnen zu beseitigen, zunächst größeren pragmatischen Zuspruch in der gegenwärtigen Gesellschaft finden kann, als z.B. ein didaktisches Projekt, wie man in der Grundschule das Erlernen des Lesens und Schreibens verbessern kann und sinnvoll organisiert. Zwar mag auch dieses Problem als nicht unwichtig eingeschätzt werden, aber seine Wirkungen sind ungleich schwieriger zu beobachten als in den anderen Fällen. Gleichwohl zeigt sich in diesem oberflächlichen Vergleich auch das Erscheinen eines möglichen Risikos, das eine Gesellschaft eingeht, wenn sie insbesondere ihre Bildungsgrundlagen unterschätzt, denn ohne diese werden zu wenige Ressourcen gebildet, um andere Projekte noch besser und breiter zu entwickeln, also auch die zuvor genannten Forschungen durchzuführen. Es wird zu einer neuen Schlüsselfrage der Kulturentwicklung, inwieweit kurzfristiger, sichtbarer Erfolg oder lange, komplexe und damit unsichere Handlungsketten favorisiert werden.

Solche Schlüsselfragen werden zurzeit meist negativ für komplexe und langfristige Forschungen oder Handlungen beantwortet. Innerhalb der gesellschaftlichen Entwicklung kämpfen die Kultur-, Gesellschafts- und Geisteswissenschaften heute sehr stark um ihr Überleben, weil der kurzfristige und messbare Erfolg gesellschaftlich maßlos überschätzt wird. In der Mittelverteilung verschlechtert sich ihr Status weltweit im Vergleich zu anderen Forschungsfeldern zusehends. Hier ist eine große Ignoranz zu erkennen, die nicht aus einer größeren Realitätsnähe oder -ferne abgleitet werden kann. Denn alle Forschung *verhält* sich bloß zu unterschiedlichen Forschungsfeldern. Es gibt keine eindeutige Realität dort draußen, und auch theoretische Fragen können durchaus eine Praxis darstellen (wie Diskurse in Universitäten als begrenzte Praxis z.B. zeigen). Sofern die Didaktik als Teil der Pädagogik gilt, steht sie auf der ungünstigeren Seite der Wissenschaftsförderung. Aber in einem Teil der erfolgreichen Fachwissenschaften, in denen sie als Fachdidaktik entwicklungsfähig wäre, könnte sie bei einer veränderten Einstellung durchaus auch von der gegenwärtigen Umverteilung profitieren. Der pragmatische und strategische Einsatz von Forschungsmitteln entscheidet heute in der Regel aber eher gegen didaktische Forschungsmöglichkeiten.

Gibt es neben diesen pragmatischen Gründen weitere Ursachen, die Didaktik als sekundär zu deklassifizieren? Ein wesentlicher Faktor scheint mir zu sein, dass die Didaktik dem Mythos des Vorranges der *hard sciences* nicht entsprechen kann. Dieser Mythos bestärkt auch die eben geschilderte Pragmatik mit der Bevorzugung bestimmter Fachwissenschaften. Woran liegt das?

Alle Wissenschaften konstruieren bestimmte Ideen, Modelle, Theorien, die für die Wirklichkeit stehen, über die sie bloß zu berichten scheinen. Angesichts der Konstruktivität des Wissens im Rahmen von Modelldenken, Simulationen, fiktionalen oder virtuellen Ausführungen, verlieren heute in allen Wissenschaften ursprüngliche Unterscheidungen von »näher an der Realität« und »ferner der Realität« zunehmend an Bedeutung. Die Gesellschaften aber definieren die Bedeutung von Forschung fast ausschließlich über eine erwartete, möglichst direkt eintretende und kurzfristig erhoffte Nützlichkeit. Damit schaden sie zunehmend jenen Bereichen, deren Nutzen eher indirekt, implizit, nicht exakt messbar erarbeitet wird. Und hier stecken wir offenbar in einem Teufelskreis: Je mehr der Siegeszug unmittelbar erscheinender Konsum- und Handlungswünsche anhält, desto mehr werden Bildungsmöglichkeiten entwertet, die wiederum Voraussetzung für eine Veränderung der Ekstase des Oberflächlichen oder des vorwiegend technisch Machbaren wären.[1]

---

1 Dieses Machbare ist ein hoher Wert. In der deutschen Forschungsförderung fließen fast die Hälfte der Mittel in die Medizin, dann kommen die Naturwissenschaften mit einem Drittel.

Gerade die Bereiche, die sich mit Kultur und kulturellem Wandel, mit geistigen Voraussetzungen unserer Sinnkonstruktionen, insbesondere mit Kommunikation und Lernen beschäftigen, haben in den letzten Jahrzehnten einen enormen Bedeutungswandel vollzogen. Realitätskonstruktionen sind in diesem Bedeutungswandel vielfältiger geworden. Wesentlich ist, dass sie auch nicht mehr nur überwiegend symbolisch gewonnen werden. In der Kultur hat in den letzten Jahrzehnten eine Hinwendung zum Imaginären stattgefunden, das nunmehr stärker als zuvor als Kontext und Wirkungskreis mit dem Symbolischen vermittelt gedacht wird. Die imaginären Aspekte aber sind ungleich schwieriger zu messen als Temperaturen, Geschwindigkeiten oder eindeutige Regelungen in Zweck-Mittel-Setzungen. Gleichwohl aber sind sie bedeutsam und erzwingen eine qualitative Forschungseinstellung, um kulturelle Phänomene nicht nur vereinfachend rationalisierend und damit kurzsichtig zu beschreiben.

Wird heute eine solche Spaltung in die eindeutigen, technischen, auf Machbarkeit orientierten Wissenschaften und jene vorgenommen, die komplexe, oft widersprüchliche, mitunter ambivalente Erkenntnisse erzeugen, dann muss man die Konsequenz tragen, dass die Wissenschaft einen fatalen Weg gehen kann. Es ist ein Weg der Ausschließung. Problematisch hieran ist zusätzlich, dass sich die Ausschlüsse meist auch noch aus außerwissenschaftlichen Motiven (insbesondere einem vordergründigen ökonomischen Nutzen) legitimieren. Die Viabilität der Wissenschaften wird an einem von außen zugeschriebenen Erfolg gemessen. Eine Unterschätzung der Kulturwissenschaften (und dabei auch der Didaktik) wird aus dieser Einseitigkeit immer wieder gerne abgeleitet. Dann muss eine Gesellschaft, die solche Kurzsichtigkeit praktiziert, allerdings auch mit den Risiken leben, die sie damit erzeugt. Eines dieser Risiken ist die oft naive Übertragung der Methoden der exakten Wissenschaften auf die kulturelle Lebenswelt und hier insbesondere die Erziehung.[1]

Die Unterbewertung der Didaktik wird in diesem Kontext nochmals dadurch gesteigert, dass die Didaktik zu wenig eigene Forschungsfelder hat etablieren können, mithin zu wenig über eine Forschung verfügt, aus der heraus methodisch zwingende Gründe lernergerechter Handlungen begründet und in der Kultur durchgesetzt werden können. Denn was hat die Didaktik bisher als ihr Forschungsfeld etabliert? Im Blick auf die Vermittlung des Wissens der Fachwissenschaft scheint es nun in der Tat die Simulation zu sein, die das didaktische Denken dominiert hat. Die Didaktik ist nicht jene Wissenschaft, die sich mit dem ursprünglichen Gewinn von Wissen aus fachwissenschaftlicher Forschung beschäftigt, sondern dieses Wissen ist stets ihre Voraussetzung. Sie stellt ein Lernen her, in dem dieses Wissen in eine Simulation von Nachentdeckung gestellt wird. Je mehr dabei das Ansehen der Lehrer, die früher sogar

---

1 Auf die Konsequenzen, die eine objektivierende Testung aller Bereiche des Lehrens und Lernens hat, weist z.B. Alfie Kohn in mehreren lesenswerten Arbeiten hin. Neben den über das Internet beziehbaren Büchern – insbesondere »Education Inc.« (1997)/»The Schools our Children deserve: Moving Beyond Traditional Classrooms and ›Tougher Standards‹« (1999)/»The Case against Standardized Testing: Raising the Scores, Ruining the Schools« (2000) – können Artikel von ihm unter folgender Internetadresse heruntergeladen werden: http://www.alfiekohn.org/teaching/articles.htm.

zum Teil eigene Forschungen in ihren Gebieten zumindest in Ansätzen geleistet haben, sinkt, desto stärker wird die Simulation auch von Lernern empfunden, die ahnen, dass ihnen im Unterricht mehr verschwiegen als gezeigt wird. So empfinden viele Lerner die Schulzeit als ein Warten auf die eigentliche Wissenschaft oder das wahrere Leben, das nach der Schule beginnt.

Die Degradierung der Didaktik als Simulationslehre (vielleicht noch Wissenschaft?) ist heute tief in den Vorstellungen von Lehrenden und Lernern, aber auch insgesamt in der Öffentlichkeit verankert. Dabei gibt es einen wichtigen Grund, die Simulation nicht so negativ zu bewerten, wie es gemeinhin aus Gewohnheit getan wird.

Alle Wissenschaften, dies will ich gegen die negative Beschreibung halten, benötigen Simulationen. Konstruktivistisch gesehen hat sich ihre Ausgangsposition stark verändert. Alle Fachwissenschaften arbeiten mit spezifisch methodischen Operationen, über die sie sich auf ihre jeweiligen Realitäten beziehen. Solche Realitäten sind aber nicht mehr einfach die Natur oder andere Gesetzmäßigkeiten, die ich von draußen nach drinnen abbilde, sondern Konstruktionen, die immer über menschliches Beobachten, über bestimmte Teilnahmen an Verständigungen und Handlungen erst erzeugt werden. Eine solche Realität wird zu einem wahren Wissen immer erst über die Vermittlung mit unseren Erwartungen, Bedeutungen, Zuschreibungen, Analysen usw., kurzum in konstruktiver symbolischer Setzung. Insoweit haben auch die Fachwissenschaften ein Problem der Simulation, wenn sie Experimente oder Verfahren durchführen, mit denen sie eine theoretische und/oder praktische Wirklichkeit konstruieren. In den Simulationen müssen bei strenger Methodizität allerdings die Daten mit den Voraussagen übereinstimmen, die das Modell beherrschen.

Aber nun ergibt sich die Frage, inwieweit die Didaktik nicht in eine besondere Simulation getrieben wird, wenn sie für Lerner Kontexte bereitstellt, in denen diese eine ursprünglichere Sicht, Perspektive, ein methodisch begründetes Wissen für sich erfinden oder nachentdecken.

Nehmen wir ein didaktisches Beispiel. Was entspricht eher der Realität? Das physikalische Atom, das in einem Versuch methodisch sichtbar gemacht wird, oder das Atommodell, das uns aus der Fachwissenschaft bekannt ist, oder seine didaktische Darstellung im Unterricht, die es auf Grundzüge und Kerngedanken reduziert und vielleicht unzulässig verallgemeinert?

Hier müssten wir zunächst feststellen, welcher Beobachter bestimmen soll, was es mit der Realität auf sich hat. Wie kann dieser Beobachter eigentlich ein Atom empirisch beobachten, wenn er nicht schon über ein gewisses Atommodell verfügt? Inwieweit ist dieses Modell nicht schon didaktisch, weil es etwas anschaulich zu machen versucht, worüber es empirisch gesehen diese Anschauung nicht gibt? Je länger wir über solche Fragen nachdenken, desto mehr werden wir zugeben müssen, dass hier von sehr vielen Seiten gesehen und interpretiert werden kann. Es können reale Ereignisse auftreten, für die wir noch keine Deutung (außer schon vorhandene) haben, in die das Neue aber nicht passt. Es können aber auch Deutungen uns so dominant leiten, dass wir Ereignisse auf ihrem Hintergrund sehr fehlerhaft interpretieren. Und da wir in der Wissenschaft uns immer auch um Verständigung über unsere Aussagen bemühen müssen, um Erfolg in einer Praxis zu haben, ist eine didaktische Komponente stets allen Wissenschaften inhärent: Wissenschaftler müssen selbst als Fachexperten untereinander ein Lernen und Behalten von Wissen organisieren, um erfolgreich zu sein. Als Beweis hierfür sehe ich eine These in den Wissenschaften, deren Siegeszug kaum je hinterfragt wird. Es handelt sich um eine durchweg didaktische Annahme: Jene wissenschaftlichen Erklärungen gelten als die wahren und besten, die scheinbar die einfachsten zur Lösung eines Problems sind. Das Kriterium der Einfachheit einer Erklärung aber ist ein uraltes didaktisches Postulat. Es findet sich etwa bei Comenius schon in seiner »Großen Didaktik« im 17. Jahrhundert, kann aber auch bis auf die Antike zurückgeführt werden. Es ist ein in der Moderne erfolgreiches und viables Postulat geworden, weil es dem Fortschrittsgeist und den beschleunigten Erwartungen des Zeitalters entspricht. Die besten Lösungen sind einfach, sprich z.B. sehr schnell umsetzbar, kostengünstig, direkt einsehbar, leicht verständlich, komplexitätsreduzierend.

Didaktiker allerdings haben in den letzten Jahrhunderten lernen müssen, dass die Einfachheit meist bloß eine in der Theorie blieb, weil die Komplexität der Praxis selten den Wünschen der Modelle ungebrochen folgte. Den reduktiven Erfolgsversprechungen in den Wissenschaften geht es oft genauso: Sie werden bei intensiverer Beschäftigung immer von ihren Auslassungen eingeholt.

Schauen wir nun noch einmal auf das Atommodell aus der Sicht der Didaktik. Es handelt sich *auch in der Fachwissenschaft* um ein vereinfachendes, konstruiertes Modell, das in dieser Weise keine Realität abbildet, denn die Simulation kann nicht realistisch eindeutig alle Bahnen der Teilchen beschreiben oder nachzeichnen. Und doch ist diese Simulation als Konstrukt scheinbar »realer« als die Atome selbst, die draußen irgendwo herumschwirren. Sie schwirren nur, wenn wir einen Beobachter aktivieren, der sie nach seinem Modell beschreibt. Beide sind untrennbar miteinander vermittelt. Die Simulation ist nicht mehr Grenzfall einer Realität, sondern die Realität von konstruierten Atommodellen wird zum Beschreibungsfall »wirklicher« Atome.

> Insbesondere Albert Einstein erscheint auch als hervorragender Didaktiker. Seine Erklärung der Relativitätstheorie am Beispiel eines Zuges oder Fahrstuhls, die er zusammen mit Infeld in dem Buch »Evolution der Physik« gegeben hat, zeigt, dass ein fachwissenschaftliches Denken aus Problemfragen (den so genannten »einfachen Fragen«) und einer Veranschaulichung besteht, die das Problem überhaupt für den Forscher erkennbar werden lässt. Einstein bestand darauf, dass auch der Naturwissenschaftler bei seinen Rekonstruktionen vom alltäglichen Denken ausgeht und ausgehen muss. Hier gibt es so etwas wie eine fachdidaktische Komponente, die Fachwissenschaftler jedoch meist anders nennen: Intuition des Forschers, produktive Denkkraft, Fähigkeit, ein Problem zu erkennen und richtige Fragen zu stellen, Komplexität zu reduzieren und das Verfahren anderen einsichtig zu präsentieren. Dies alles sind aber auch typisch didaktische Haltungen und Handlungen.

In der Didaktik greift dann offenbar gegenüber dem Schwierigkeitsgrad der Fachwissenschaften eine Simulation zweiter Ordnung: Hier wird noch stärker vereinfacht, auf Grundzüge reduziert, das Modell ohne Berechnungshintergrund präsentiert, das Experiment nur theoretisch nachvollzogen, um eine gewisse Plausibilität zu erzeugen, an die sich im günstigen Fall das Wissen heften kann.

Beide Ordnungen der Simulation müssen – konstruktivistisch gesehen – den Realismus aufgeben. Sie rücken damit einander wieder näher. Die Unterschiede werden graduell, und so wie der Didaktiker oft die fachwissenschaftlichen Erkenntnisse simuliert, so simuliert auch der Fachwissenschaftler mitunter ein konstruiertes Denken, das didaktische Anteile trägt. Diese Einsicht können wir nicht mehr ignorieren, wenn wir didaktisches Denken in der Postmoderne bestimmen wollen. Es fällt uns zwar schwer, die dualistische Redeweise von vorhandener und gemachter Welt aufzugeben. Aber längst wird in unseren Praktiken, Routinen und Institutionen, in unserer gesamten Umwelt und Lebenswelt deutlich, wie sehr sich eine zuvor äußerliche, dem Menschen nicht oder kaum zugängliche Welt mit einer von uns gemachten Welt vermischt hat. Dies ist der Erfolg unserer Zivilisation. Wo früher eine scheinbar externe Realität für sich zu stehen schien, da zeigt sie sich heute als eine von uns immer schon mit-konstruierte Welt. Wir können zunehmend erkennen, wie sich unsere Beobachtungen und Handlungen immer schon mit dem mischen, was wir äußere Realität nennen. Und dennoch müssen wir zugeben, dass unser Vermögen die Grenzen des Realen (des noch nicht Gewussten) nicht vermeiden kann.

Sehen wir dies nicht dualistisch, sondern als ein Problem unserer Erkenntnisoperationen, dann können und sollten wir stets Übergänge reflektieren. Es gibt in Realitätsbestimmungen viele formalisierbare kleine Unterschiede, die weitere Unterschiede machen. Aus pragmatischen Gründen halten wir deshalb an Aussagen fest, die bestimmte Aussagen etwas näher an einer eindeutig nachvollziehbaren Realität (Daten, Fakten, bezeugten Ereignissen) markieren und andere von dieser entrückt zeigen. Gleichwohl gehören auch entrückte Versionen von Realität zu unseren nicht nur spekulativ, sondern durchaus praktisch und tatsächlich erlebten Lebensformen.[1]

Wenn dieser Gedankengang stimmt, dann kann aber Didaktik auch als Simulation zweiter Ordnung nicht grundsätzlich von der Fachwissenschaft geschieden sein, sondern beansprucht den Erkenntnishintergrund der Fachwissenschaft und fügt ihm noch den weiteren des Lernens hinzu. Dann muss auch umgekehrt die Fachwissenschaft erkennen, dass sie oft unbewusste Züge einer Didaktik in sich trägt, die in der Gestalt ihrer Forscher immer wieder auch in hervorragender Lehre deutlich und sichtbar werden, die aber als ein didaktisches Wissen viel zu wenig gesammelt, tradiert, evaluiert werden. Sofern eine solche Evaluation stattfindet, wie es z.B. amerikanische Universitäten in der Bewertung der Lehre der Professoren zeigen, nimmt – was nicht erstaunen kann – sofort auch die didaktische Qualität der Fachwissenschaften zu, ohne dass die fachliche Qualität leiden muss.

Konstruktivisten hüten sich, so hoffe ich, zu vorschnell in der Zuschreibung wahren und bloß abgeleiteten Wissens zu sein. Wenn denn ein empirisches Ereignis Sinn macht, eine Unterscheidung zu treffen, nach der die Arten der Realität z.B. nach äu-

---

1 Vgl. hierzu weiterführend aus konstruktivistischer Sicht insbesondere Reich/Sehnbruch/Wild (2005).

ßerlich-natürlich erscheinenden und menschlich-konstruierten methodisch differenziert werden, wenn dabei bedacht bleibt, dass diese ganze Operation ohnehin schon eine Konstruktion von Menschen ist bzw. eine methodische Entscheidung voraussetzt, dann drückt sie nur pragmatisch-konstruktive Herangehensweisen aus. Solche Unterscheidungen helfen uns, Dinge zu vereinfachen. Aber die Vereinfachung rächt sich, wenn wir aus ihr ein realistisches Weltbild ableiten. Wir überschätzen dann unsere sehr zeit- und kulturbezogenen pragmatischen Erklärungen und geben ihnen einen Ableitungsstatus, der nachfolgenden Generationen als genauso beschränkt erscheinen könnte, wie wir heute meist ernüchtert auf die uns vorausgegangenen Generationen mit ihren Beschränkungen blicken.

Allerdings muss ich hier auch Folgendes über den Stand der gegenwärtigen Wissenschaften zugeben: In der Regel sind wir in unseren Zuschreibungen an eine »reale« Welt zumindest in der Wissenschaft viel unfreier als wir oft denken.[1] Die wissenschaftlichen Methoden verzahnen Konstruktionen und Praxis, die Konstruktionen ermöglichen Methoden und Praxis, die Praxis lässt Konstruktionen und Methoden erst zur Anwendung kommen. In der noch so groß erscheinenden Freiheit sind wir immer schon in der Falle einer Methode, die uns nach berechtigt oder unberechtigt, bisher üblich oder unüblich, erfolgreich oder erfolglos fragt.

Diesen Umstand können Verständigungsgemeinschaften auch nur bedingt durch Mehrheitsmeinungen aus der Welt schaffen. Gewiss, es wäre möglich, dass eine Verständigungsgemeinschaft von Menschen bestimmte Konstruktionen von anderen negiert und bloß eigene zulässt. Aber sie wären immerhin gezwungen, dafür Regeln zu bilden, nach denen sie dies als symbolisches Verfahren tradieren und von den anderen Verfahren absetzen müssten. Sie wären zu Methoden gezwungen, die ihre Sicht der Ordnung lernbar (als möglichst vollständigen Kodex), gewiss (als abprüfbare oder zumindest rekonstruierbare Aussage) und sichtbar (als Thema, Stoff, Intention) macht. Angesichts der Dominanz der westlichen Kulturen sind wir im Blick auf diese Leistungen heutzutage allemal nicht frei, hier willkürlich zu wählen. Es gibt eine bestimmte rationalistische, empiristische und kulturelle Methodendominanz, die sich in wissenschaftlichen Karrieren und Kontrollverfahren nach wie vor – trotz Pluralisierung auch der Wissenschaften – zeigt.

> Als erstes Fazit will ich festhalten, dass die Konstruktivität sowohl für die Fachwissenschaften als auch die Fachdidaktiken gilt. Beide haben es immer auch mit Simulationen zu tun, wobei die Didaktiker allerdings bei der Vermittlung von Fachwissen Simulationen zweiter Ordnung betreiben, die sowohl abhängig von den vermittelten Fachinhalten als auch vom Stand der Lerner und der eingesetzten Lernverfahren sind.

---

1   Es gibt andere Bereiche, wie z.B. die Kunst, wo sogar der bewusste Einsatz einer Erfahrung des Realen sehr viel umfassender, verstörender, direkter gelingen kann. Hier sagt ein Blick mehr als tausend Worte; wobei es ohnehin mehr als tausend Worte braucht, um in der Wissenschaft zu bestehen. Vgl. auch Reich (2002c).

Aber ich will noch weiter fragen, inwieweit die Didaktik angesichts der Zunahme an Simulationen nicht auch ihre Rolle »im Zeitalter der Simulation« verändert.

In der Postmoderne scheint die Ekstase des *Imaginären* so große Fortschritte zu machen, dass wir von den symbolisch geronnenen Resultaten unserer Imaginationen durch die Ekstase fiktiver Praktiken, Routinen und Institutionen eingeholt und imaginär angetrieben werden. Es gehört zu den Allgemeinplätzen der Gegenwart, dass wir Visionen benötigen, um voranzukommen. Es gehört zu den multimedialen Alltagserfahrungen, dass Fiktionen immer mehr Zeit gegenüber »tatsächlichen« Erfahrungen verschlingen, wobei es uns immer schwerer wird, das Fiktionale und das Tatsächliche zu unterscheiden. Eben noch Fiktion wird eine Karikatur des Lebens auf Papier gebannt, in Filme gescannt, in Lichtgeschwindigkeit an entlegenste Orte der Welt übertragen, um simultan als neue Wirklichkeit symbolisch real zu erscheinen. Eine große Wunschtraummaschine scheint die Wirklichkeit immer mehr zu dominieren. Sie erweist sich bei näherer Betrachtung oft als bloß symbolische Konstruktion, deren Methode darin wurzelt, sich unserer Imaginationen meist vereinfachend und klischeeartig zu bedienen, um marktmäßigen und profitablen Erfolg in der Praxis zu erzielen. Dass dieser Erfolg überhaupt möglich ist, zeigt, wie sehr das Imaginäre eine treibende Kraft auch in der symbolischen Praxis fiktionaler oder virtueller Wirklichkeiten ist. Die Wissenschaften mit ihrer Bevorzugung der rationalen Felder unterschätzen diese Aspekte meist sehr. Der Didaktik allerdings ist dies alles vertraut, denn sie ist schon lange eine Theorie und Praxis des Simulativen. Wurde dies früher an ihr geschmäht, weil dies als Grenzfall gegen eine höhere Realität erschien, so sollte sie jetzt in einer reflektierten Gegenkehr ihre praktische Kompetenz konstruktiv entfalten und methodisch begründen.

Im Blick auf das Imaginäre ist dies allerdings schwierig, wie in Kapitel 4.2 bereits ausgeführt wurde. Schauen wir auf eine Didaktik der Simulation, so will ich nachfolgend einige Phänomene nennen, die wir auch didaktisch zu bewältigen haben:

- Das (oft unbewusste) Streben nach Anerkennung durch Spiegelung in anderen ist in den Praktiken der Gegenwart aus einer relativ homogenen Viabilität mit klarem Ordnungs- oder Anerkennungsprofil, dabei auch mit bestimmten, allgemein verbindlichen Normen und Werten, klaren Wunschvorstellungen, stabilen Zwängen und Kontrollen, also aus einer Anpassung in gesetzte und überkommene Ordnungen mit relativ geringer Beschleunigung, übergegangen in ein beschleunigtes Zeitalter der Ekstasen der Freiheit: Die selbst gewählten Freiheiten, die Arten eines selbst gewählten Lebens, die damit verbundenen Unsicherheiten, kurzfristigen Strategien, gefährlichen Lebensweisen, die Fragmentarik und die Stimmungsumschwünge, die aneinander gereihten Moden und der ständige Druck, Neues zu konsumieren, bestimmen die Viabilität, die kulturellen Passungsformen, insbesondere im imaginären Beobachtungsfeld immer mehr.
- In den alltäglich-funktionalen, den wissenschaftlichen, ökonomischen, sozialen usw. Praktiken, Routinen und Institutionen sind wir immer an Strukturen gefesselt, aber in den Freiheiten unserer Freizeiten, unserer Träume, selbst in den ge-

spiegelten symbolischen Formen der Massenmedien, scheinen wir die Freiheit direkt ausleben zu können. Doch der Erfolg ist nicht durchschlagend positiv, wie wir vielleicht wünschen mögen: Die Ekstasen der Freiheit führen uns zu Ekstasen der Ambivalenz. Dies ist auch für die Wissenschaften ein nunmehr hoch relevantes Feld. Die Freiheit der Konstruktionen, der Methoden und vielfältiger Praxen ist befriedigend und unbefriedigend zugleich. Das Begehren nach Anerkennung, nach Spiegelung der eigenen Wünsche und des eigenen Vorstellens in den anderen, nach Verwirklichung in den imaginären und symbolischen Praxen, realisiert den Wunsch eigener Freiheiten, zerbricht aber zugleich an den Freiheiten anderer.

- Das eigene Gelingen oder Misslingen steht nach dem Ende der großen Entwürfe für alle immer schon unter dem Vorbehalt, nur für einige oder sogar nur für mich gültig zu sein. Zudem ist die Freiheit in ihren Ekstasen mit zunehmenden Unsicherheiten erkauft, und Unsicherheiten, Ungewissheiten, Unvollständigkeit durchqueren bereits die Imaginationen, die sich so selbst zurücknehmen und kontrollieren. Auf dieser Grundlage geht auch die Wissenschaft in ein neues Zeitalter: Die Ambivalenz gegenüber ihrer eigenen Leistungsfähigkeit ist ihr in allen symbolischen Konstruktionen, Methoden oder Praxen eingeschrieben.[1]

Die Didaktik ist schon länger auf diesen Wechsel vorbereitet, aber sie hat sich zu sehr den Praktiken ergeben, die ihr vor allem aus der Lehrerbildung vorgeschrieben wurden. Dies ist dabei ihr schwächster Teil geworden. Praktische Reformanregungen gewinnt sie seit langem eher aus den abweichenden Versuchen von Schulreformern, Gegenmodellen, vor allem aber aus der außerschulischen Didaktik der Weiterbildung.[2] Solche Ansätze erkennen:

Je mehr wir den Verlust der Realität als Abbildung ertragen müssen, je beschleunigter wir der Virtualisierung unterliegen, die durch die Ekstasen des Simultanen und der Simulationen für uns massenmedial möglich werden, je mehr wir in ein umfassendes Zeitalter der Simulation eintreten, desto wichtiger wird eine Didaktisierung in allen Lebensbereichen. Es ist aber noch nicht entschieden, wer die dazugehörende Didaktik entwickeln wird. Je enger die bisherige Didaktik auf die Lehrerbildung reduziert bleibt, desto begrenzter sehe ich ihre Möglichkeiten. Öffnet sie sich hingegen dem transdisziplinären Anspruch einer umfassenden Methode und Praxis der Konstruktion von Wissen und der Simulation in der Kultur, dann könnte sie sich als Teil einer Kulturwissenschaft entwickeln, deren Relevanz für alle Wissenschaften und für die Erforschung und viable Gestaltung des Lernens bedeutsam wird. Daher fordert der hier vertretene konstruktivistische Ansatz auch eine kulturtheoretische Einbindung, die sich durch die herkömmliche Verengung der Didaktik nicht realisieren lässt.

1 Vor diesem Hintergrund werden die geistigen Leistungen der Professoren, die lange idealisierend respektiert wurden, nunmehr gesellschaftlich auf Erwartungen eines normalen Berufsstandes und teilweise eines Jobbewusstseins wie bei anderen auch zurückgefahren.
2 In der Weiterbildung wurden viel stärker als in der herkömmlichen Didaktik in den letzten Jahren methodische Verfahren entwickelt und durchgeführt, die Lerner umfassend aktivieren; vgl. als Einführung z.B. Arnold/Schüßler (1998), Siebert (2000), Arnold (2005).

5. Praktische Zugänge:
Didaktik als Handlung – Learning by doing

In diesem Kapitel will ich vier praktische Zugänge zur konstruktivistischen Didaktik entfalten, die *Didaktik als Handlung* und dabei als *learning by doing* (im Sinne John Deweys) sehen:

1. Die konstruktivistische Didaktik zeichnet sich dadurch aus, dass sie das Lehren und das Lernen vorrangig konstruktiv, aber auch re- und dekonstruktiv auffasst. Diese grundsätzlichen Begriffe, die bereits in meinem Buch »Systemisch-konstruktivistische Pädagogik« (2005) eingeführt wurden, werden kurz dargestellt. Sie geben drei wesentliche Perspektiven der konstruktivistischen Didaktik im Blick auf alle Lehr- und Lernprozesse an.
2. Auf welchen Handlungsebenen spielen sich didaktische Prozesse ab? Hier werden drei Handlungsebenen unterschieden, die zur Bestimmung der Didaktik als wesentlich erscheinen: Didaktik als Handlungsprozess bezieht sich auf Realbegegnungen in sinnlicher Gewissheit und Wahrnehmungen, die zunächst einen recht offenen Raum der Erfahrung abgeben können. Didaktik orientiert aber insbesondere im Erlernen kultureller Fertigkeiten auch auf Repräsentationen mittels Konventionen, die oft als eigentlicher Kern der Didaktik missverstanden werden. Schließlich zielt didaktisch vermitteltes Lernen auf Reflexionen und Diskurse, sofern eine eigenständige Problematisierung des Lernens aus Einsicht durch die Lerner angestrebt wird. Dies ist die didaktische Handlungsebene, die eine konstruktivistische Didaktik möglichst erreichen will.
3. Didaktiker sollen in ihren Handlungen bewusst drei Rollen einnehmen, um didaktische Prozesse zu reflektieren. Als Beobachter nehmen sie wahr, wie didaktische und andere Handlungen ablaufen. Als Teilnehmer sind sie hierbei in bestimmte Vorverständigungen eingebunden. Als Akteure sind sie Handelnde im didaktischen Prozess. Die Unterscheidung dieser drei Rollen kann helfen, didaktische Prozesse sehr viel intensiver auf Aspekte der Selbst- und Fremdbeobachtung und wechselseitiger Interaktionen im Lernprozess zu untersuchen und zu reflektieren. Dies kann für die Handlungen mehr Perspektiven und Gestaltungsraum eröffnen.
4. Unter Zusammenfassung insbesondere der erkenntniskritischen Unterscheidungen und der re/de/konstruktiven Handlungsperspektiven werden schließlich didaktische Reflexionsperspektiven eingeführt, die helfen sollen, didaktische Grundbegriffe auf einzelne Handlungen zu beziehen. Diese Perspektiven sind eine der Möglichkeiten didaktischer Handlungsreflexion. Weitere Möglichkeiten werden in den folgenden Kapiteln aufgewiesen.

5.1 Konstruktion, Rekonstruktion und Dekonstruktion als Unterscheidungsperspektiven in der Didaktik

Wenn wir das didaktische Handeln betrachten, dann sind die didaktischen Grundaufgaben der Konstruktion, Rekonstruktion und der Dekonstruktion für den konstruktivistischen didaktischen Ansatz besonders wichtig (vgl. Reich 2005, Kapitel 5):

(1) Perspektive einer konstruktivistischen Pädagogik: Konstruktion
Eine konstruktivistische Didaktik sollte sowohl ihre Inhalte als auch die zwischenmenschlichen Beziehungen im Unterricht, in Arbeitsgemeinschaften und allen möglichen Unterrichtsformen grundsätzlich konstruktiv ausrichten: Selbst erfahren, ausprobieren, untersuchen, experimentieren, immer in eigene Konstruktionen ideeller oder materieller Art überführen und in den Bedeutungen für die individuellen Interessen-, Motivations- und Gefühlslagen thematisieren. Ihr Grundmotto lautet: »*Wir sind die Erfinder unserer Wirklichkeit.*«

Seit Piaget wissen wir, wie wichtig die konstruktive Tätigkeit für den Aufbau von Weltbildern ist, aber zusätzlich zu seinem Ansatz haben wir auch die interaktive Seite solcher Tätigkeiten stärker zu berücksichtigen. Für unsere heutige Sicht greifen Selbsttätigkeit und Selbstbestimmung notwendig ineinander. Eine konstruktivistische Didaktik kombiniert die kognitive Konstruktionsarbeit mit einer wertschätzenden Beziehung, die wir zu gestalten haben. Wir erfinden uns eben auch die Beziehungen, in denen wir didaktisch arbeiten wollen. Erleben wir hierin die Macht unserer Konstruktionen, dann werden wir Selbstvertrauen gewinnen können, solche Beziehungen auch als positiv gestaltbar und veränderbar zu erfahren.

In der Konstruktion wünscht die konstruktivistische Didaktik, dass Lernende wie auch Lehrende unter der Maxime der Selbstbestimmung und eines möglichst hohen Selbstwerts handeln können.

Selbstbestimmung ist im didaktischen Handeln entscheidend: »Je mehr Lerner oder Teilnehmer selbst mitentscheiden können, was für sie in pädagogischen Prozessen relevant, bedeutsam und wichtig ist, umso selbstbestimmter regulieren sie ihre Tätigkeiten. Je fremdbestimmter hingegen andere über das entscheiden, was sie lernen, wissen, behalten sollen, umso weniger wird die Selbsttätigkeit auf eine Basis eigenen Begehrens, eigener Überzeugungen, einer subjektiven Einschätzung von Wichtigkeit und Bedeutsamkeit gestellt. Umso weniger effektiv aber wird in pädagogischen Prozessen jede Tätigkeit sein: Die Selbstbestimmung erst schafft Voraussetzungen für andauerndes Behalten, für anhaltende Einstellungen und das Begehren, vielfältige Beobachterpositionen einzunehmen.« (Reich 2005, 64f.)
Didaktiker sollten darauf achten, die Selbstbestimmungsrechte möglichst umfassend zu entfalten. Dies beginnt im Kleinen: Redeanteile in einer Gruppe, Entscheidungsvorgaben, stille Regeln, Tabus, unbefragt übernommene Vorgaben, die selbstverständlich scheinen, dies sind scheinbar kleine Voraussetzungen, aber alle mit den größten Folgen. Didaktiker (Lehrende wie Lernende) müssen hier ertragen ler-

nen, andere sich bestimmen zu lassen, stets in Gruppen thematisieren, wer sich wie und nach welchen Regeln der Verständigung bestimmen will. Dies reicht immer direkt in die Beziehungsseite, die wir gerade deshalb ins Zentrum unserer Beobachtungen und Reflexionen rücken müssen.

Der *Selbstwert* ist stark durch das Gefühl bestimmt, mit dem uns andere akzeptieren, spiegeln und anerkennen und was wir aus diesen Erlebnissen und Ereignissen für uns machen. Der Selbstwert ist zwar veränderlich, aber er hat durch die gefühlsbetonte Seite auch ein mitunter großes Beharrungsvermögen, das uns nutzen oder schaden kann. »Habe ich ein hohes Selbstwertgefühl, dann fällt es mir leichter, Kritik zu ertragen, Niederlagen zu verstehen, nicht mit jedermann Freund werden zu müssen, nein sagen zu können, wenn ich wirklich nein meine, Grenzen zu setzen, auch wenn ich anschließend nicht mehr von allen geliebt werde, Beziehungen mit einem Satz möglichst offen und doch immer wertschätzend und klar gestalten zu können. Für die Seite des anderen bedeutet dies dann, dass ich ein Gefühl für den anderen entwickle, nicht immer erst im Nachhinein erfahre, was ich alles falsch gemacht, und wo ich andere verletzt habe, sondern auch schon im Voraus Gefühle eines anderen antizipieren lerne.« (Ebd.)

(2) Perspektive einer konstruktivistischen Pädagogik: Rekonstruktion
Zeit, Raum und soziale Welt, unsere Lebensformen in unserer Kultur, werden zwar nur angeeignet, indem wir sie – psychologisch betrachtet – konstruktiv verarbeiten, aber hierbei erfinden wir nicht alles neu. Immer mehr Lernzeit wird darauf verwendet, die Erfindungen anderer für uns nachzuentdecken. Das Motto der Rekonstruktion lautet: *»Wir sind die Entdecker unserer Wirklichkeit.«*

Zwar sind *unsere* Erfindungen notwendig, um Entdeckungen machen zu können. Aber unsere Erfindungen sind dadurch relativiert, dass es sie meist schon gibt. Die älteren Wissenden belächeln unsere Unschuld und unser Selbstvertrauen, wenn wir so tun, als hätten wir das alles selbst allein für uns erfunden. Dabei haben wir es nur nacherfunden, d.h. entdeckt. Und je wissender man in den Symbolsystemen der Postmoderne wird, desto kleinlauter mag der eigene Ansatz vertreten werden: Unübersichtlichkeit, Bedeutungslosigkeit, Ohnmacht vor dem Wissen anderer verführen viele dazu, sowohl die eigene Erfindungs- als auch Entdeckungsgabe zu vernachlässigen und bedeutungslos werden zu lassen. Auch eine konstruktivistische Didaktik in der gegenwärtigen Lebensform wird es sich nicht zur Aufgabe machen können, für wichtig erachtete Rekonstruktionsaufgaben in der Sozialisation der Gesellschaftsmitglieder zu vernachlässigen. Aber sie wird *alle* bei der Auswahl aktiv – Lehrer wie Lerner in jedem Einzelfall – beteiligen wollen. Und sie wird notwendig die Methode solcher Rekonstruktion verändern müssen, indem sie diese nicht einseitig überbetont, sondern dem ersten Prinzip der Konstruktion stets an die Seite stellt. Entscheidend hierbei ist die Markierung der Beobachterposition. Da heißt es z.B.: »Dies sehen wir aus unseren Augen konstruktiv so; jetzt schauen wir aus den Augen von X rekonstruktiv, was er oder sie gesehen hat.« Damit wird die immer noch übliche Rekonstruktion verschwinden, die etwa behauptet, »Damals war es so oder so«, »Es ist gewiss, dass die Menschen gar nicht anders konnten, als so oder so zu handeln«, »Experten haben uns aber gesagt, dass nur dies richtig ist« usw. Eine konstruktivistische Didaktik wird unter der Perspektive der Rekonstruktion ihre Teilnehmer anders fragen lassen: »Wer hat es damals so und wer hat es anders gesehen? Welche Handlungsmöglichkeiten haben Beobachter damals festgestellt und welche fallen uns hierzu ein? Was veranlasst wissenschaftliche Beobachter der Gegenwart dazu, ein Ereignis kausal so zu bestimmen, dass es notwendig erscheint? Welche unterschiedlichen Experten kommen zu welcher Aussage und wie stehen wir dazu?«

Zugleich wird es konstruktivistisch gesehen wichtig, dass wir in Prozessen der Rekonstruktion verstehen lernen, was die damaligen oder jetzigen Beobachter dazu veranlasst haben könnte, ihre Beobachtungen so und nicht anders festzulegen. Wir fragen nach Motiven und wollen nicht bloß Fakten lernen. Wir behaupten, dass wir Fakten dann sinnverstehend besser behalten, wenn wir etwas über die Motive – und in diesem Zusammenhang immer auch über unsere Motive – erfahren.

Als Einwand gegen eine solche Methodik drängt sich sofort die unendliche Stoff-Fülle auf, die es zu verbieten scheint, solche Bedeutungen anzurühren. Schon jetzt sind die Symbolvorräte, die in die Pipeline Schule eingepumpt werden, viel zu groß. Und genau hier setzt eine konstruktivistische Didaktik an. Wer behauptet denn die Notwendigkeit dieser Vorräte? Bemerken nicht gerade jetzt die Hochschulen, dass die von ihnen als Voraussetzungen für ein Studium geforderten und angeblich vermittelten Vorräte gar nicht im Gedächtnis der Lerner gelagert werden? Nicht die Breite eines oberflächlich angeeigneten Wissens und die Fähigkeit zu zeitlich begrenzter Reproduktion von Faktenwissen macht studierfähig oder orientiert die Lerner besser für Berufe und auf den Alltag hin. Wirkliche Hilfe könnte hier nur ein System des Lernens schaffen, in dem Eigenverantwortlichkeit, Selbstvertrauen und Motivation von Lernern durch Selbsttätigkeit und Selbstbestimmung gestärkt werden, in dem die Aufgaben der Rekonstruktion in das Spannungsfeld der eigenen Konstruktion zurückgeholt und hierbei gezielt verarbeitet werden.

In der Perspektive der Rekonstruktion gilt als Mindestforderung, dass eine Selbsttätigkeit erreicht werden kann, die zumindest die in der Praxis noch eingeschränkten Selbstbestimmungsmöglichkeiten in gewisser Weise kompensiert.

Selbsttätigkeit kann sehr vieles sein: Nachahmung, Entdeckung, aber auch Erfinden, d.h. auch selbstbestimmtes Konstruieren. Im Blick auf die Rekonstruktion ist die Selbsttätigkeit eher auf das eingeschränkt, was die Praktiken und Routinen der Rekonstruktion vorzuschreiben scheinen. Aber es bleibt zumindest eine Tätigkeit, die möglichst weit reichend und nicht zu eindimensional zu entfalten ist. Da wir Rekonstruktionen um ihrer selbst willen ablehnen, bleibt ein Mindestmaß an Einsicht in die Entscheidung des Tätigseins auch hier erforderlich. Gerade Rekonstruktionen verlangen, dass wir als Lernende und Lehrende die Kontexte klären, in denen wir (mit welchen Gründen und Folgen) tätig werden sollen.

(3) Perspektive einer konstruktivistischen Pädagogik: Dekonstruktion
Aber diese beiden Positionen reichen nicht aus. Der zufrieden zu einer Übereinstimmung mit sich und anderen gelangte Beobachter wird vor ein weiteres Motto gestellt: *»Es könnte auch noch anders sein! Wir sind die Enttarner unserer Wirklichkeit!«*

Hier ist nicht einfach ein skeptischer Zweifel an allem gemeint, was hervorgebracht wird, damit vor allem nicht ein neues zynisches Besserwissertum. Vielmehr geht es bei der Dekonstruktion vor allem um die Auslassungen[1], die möglichen anderen Blickwinkel, die sich im Nachentdecken der Erfindungen anderer oder in der Selbstgefälligkeit der eigenen Erfindung so gerne verstellen. Je mehr auf klare Linearität und Kausalität in der Wissenschaft gesetzt wird, umso mehr wird der Dekonstruktivist verabscheut, weil er zirkulär und systemisch denkt und die Ordnung der Dinge scheinbar durcheinander bringt. Er ist jener Chaot, der das System verstört, weil er an den selbstverständlichsten Funktionsweisen innehält und Fragen stellt. Sehr oft ist die Wissenschaft dann überfordert, um darauf hinreichend antworten zu können. In einer konstruktivistischen Pädagogik aber sollen alle zu Dekonstruktivisten werden können, um dann in den Zirkel der Konstruktion und Rekonstruktion zurückzufinden. Wenn ich als Beobachter etwas in Zweifel ziehe, wenn ich nach Auslassungen frage, Ergänzungen einbringe, den Blickwinkel verschiebe, den Beobachterstandpunkt fundamental wechsle und so andere Sichtweisen gewinne, dann kann ich zugleich sehen und enttarnen. Die Tarnung besteht gerade darin, dass man sich in einem Ansatz auf eine Perspektive festlegt, aus der heraus man alles besser weiß, aus der heraus Selbstverständlichkeiten behauptet werden, die die blinden Flecken im eigenen Terrain erzeugen. Als Enttarner versuche ich kritisch auch gegenüber eigenen blinden Flecken zu sein. Aus dieser Position heraus sollte ich dann allerdings auch thematisieren, inwieweit ich daraus für mich konstruktive Schlussfolgerungen ziehen kann und wie dies andere vor oder neben mir schon gesehen haben.

In der Perspektive der Dekonstruktion gilt die Forderung, eine Selbst- als auch eine Fremdbeobachterperspektive verantwortlich einnehmen zu können und zu wollen.

Als *Selbstbeobachter* trage ich die Verantwortung für meine Beobachtungen, die ich mit meiner Teilnahme und meinen Aktionen verbinde. Als dieses Selbst stehe ich in Beziehungen mit anderen, und es muss mir als Lernender wie als Lehrender möglich sein, dieses hinreichend beobachten und reflektieren zu können. Dies gelingt dann besser, wenn in der dekonstruktiven Perspektive in der Gruppe darüber nachgedacht wird, wie die kommunikativen Bedingungen zu verbessern sind (vgl. dazu auch Kapitel 1).

Als *Fremdbeobachter* trage ich auch solidarische Verantwortung gegenüber den anderen, die in Lehr- und Lernprozessen beobachten, teilnehmen und agieren. Das

---

1   Zur Bedeutung des Dekonstruktivismus bei Derrida, auf den ich teilweise zurückgreife, vgl. einführend z.B. Reich (1998a, 128ff.); Bennington/Derrida (1994). Praktisch z.B. für Beziehungsfragen mit Anregungen de Shazer (1989, 117ff.).

Hineinversetzen in andere, das Thematisieren von Gemeinsamkeiten und Unterschieden, das Zugestehen von Andersartigkeit und wechselseitige Toleranz sind Voraussetzungen, um Viabilität in diesem Feld erreichen zu können. Oft ist es ein längerer Weg, dies zu erreichen; mitunter ein Weg, den nicht alle gleichermaßen gehen können oder wollen.

5.2 Realbegegnungen, Repräsentationen, Reflexionen – drei Ebenen didaktischen Handelns

Die Didaktik ist eine Theorie, die das Lehren und Lernen vorbereiten, planen, durchführen, analysieren und evaluieren soll. Dabei geht der konstruktivistische Ansatz – wie noch ausführlich in Kapitel 6 über das Lernen ausgeführt werden wird – davon aus, dass Wissen stets in Handlungen erworben wird. Eine bloß kognitive Übernahme als Instruktion ohne den Kontext einer handelnden Konstruktion erscheint als nicht hinreichend, um Lernvorgänge zu beschreiben und durchzuführen.

Wir lernen nie einfach nur Abbilder in einer Situation, die sich uns durch Instruktionen wie Daten einem Computer einprogrammieren ließen. Selbst beim Auswendiglernen benötigen wir einen Lernkontext, der uns ein Wissen als relevant und sinnvoll, als für uns und unser Handeln (den Akt des Auswendiglernens) bedeutsam erscheinen lässt.

Dewey hat in vielen Arbeiten festgehalten, dass Kognitionen nicht isoliert betrachtet werden können, sondern stets einen Raum der Erfahrung (experience) voraussetzen. Dies bedeutet für die Didaktik eine wichtige Grundhaltung: Sie kann nicht nur nach Inhalten fragen und wie diese vermittelt werden, sondern muss zudem die handlungsbezogene Bedeutung für den Lerner und eine damit verbundene Kommunikation als Handlungsrahmen beachten.[1]

Dann aber entsteht die Frage, in welchen Handlungskontexten wir besonders leicht, effektiv, umfassend, vertiefend – je nach den erwünschten Lernintentionen – lernen können. Für die Didaktik ist dies die Frage nach Handlungsebenen, die sich didaktisch einnehmen lassen, in die wir die Lerner stellen, um Lernerfolge zu erzielen. Hier wird spätestens seit Rousseau und seinem fiktiven Erziehungsroman *Emile* in der Pädagogik darüber gestritten, ob es sinnvoller ist, in einer konkreten Situation, in einer Praxis, aus der heraus sich Aufgaben des Lernens aus der »Natur der Sache« ergeben, zu lernen, oder ob es sich als günstiger erweist, die Sachen vorher zusammenzufassen und so didaktisch aufzubereiten, dass der Lerner in einer künstlichen Lernwelt (wie z.B. der Schule) beschleunigt möglichst viel lernen kann.

Welche Position nimmt die konstruktivistische Didaktik in diesem Streit ein, der bis heute wirkt und sich gegenwärtig im Gegensatz z.B. einer *Erlebnispädagogik*

---

1 Siehe dazu z.B. John Dewey in »Democracy and Education« (1985, 146ff.).

(möglichst viele sinnlich konkrete Erfahrungen) auf der einen und einer Instruktionspädagogik im 🪟 *Frontalunterricht* (aufbereitetes Lernmaterial, um möglichst viel Stoff in kurzer Zeit zu memorieren) auf der anderen Seite zeigt?

Um die Position der konstruktivistischen Didaktik in dieser wichtigen Frage nach der Bedeutung und dem Stellenwert der Handlungsebenen zu bestimmen, will ich vereinfachend drei Ebenen der didaktischen Handlungen unterscheiden, die im Blick auf konkrete Wahrnehmungen, sinnliche Erlebnisse oder eher abstrakte Verallgemeinerungen eingenommen werden können. Damit will ich Unterscheidungen einführen, die es dem Didaktiker erleichtern sollen, sich im Blick auf Ebenen der Handlung zu beobachten und zu hinterfragen. Mit Ebenen meine ich dabei Beobachterkonstrukte im Sinne von Perspektiven, die wir einnehmen, wenn wir didaktische Prozesse betrachten. Eine Ebene soll hier also ein Feld von Handlungen bezeichnen, das in einem ähnlichen Beobachtungsraum oder -zusammenhang steht, das Gemeinsamkeiten aufweist, die uns helfen, eine Struktur, Ordnung, bestimmte Muster zu erkennen und für die Ebenen miteinander zu vergleichen.

Aus konstruktivistischer Sicht erscheint es mir als wichtig, diese Handlungsebenen zu unterscheiden und zu reflektieren, um insbesondere naive abbildtheoretische oder überwiegend konventionell-unhinterfragte Begründungen von Didaktik zu vermeiden (vgl. *Schaubild 6*).

Didaktische Handlungsebenen	Verständigung (Dialoge)	Gegenstände	Inhalte	Beziehungen (Verhalten)
Realbegegnungen (sinnliche Gewissheit)	S – O	ich sehe/nehme wahr, also weiß ich	erscheinen als Quasi-Abbilder	erscheinen als Quasi-Abbilder
Repräsentationen (Konventionen und geregelte Dialoge)	S – VG – O	ich sehe/nehme wahr, wie es andere sehen/wahrnehmen, also weiß ich	werden konventionell von außen gesetzt und auf ein bestimmtes Wissen begrenzt	werden konventionell von außen gesetzt und auf ein bestimmtes Verhalten begrenzt
Reflexionen (Diskurse und offene Dialoge)	S – VG 1 VG 2 VG 3 usw. – O	ich sehe/nehme wahr, wie es unterschiedlich gesehen/wahrgenommen wird, also weiß ich	werden offen als Möglichkeiten unterschiedlichen Wissens miteinander nach Kriterien der Viabilität vereinbart	werden offen als Möglichkeiten unterschiedlichen Verhaltens miteinander nach Kriterien der Viabilität vereinbart
S = Subjekt; O = Objekt; VG = Verständigungsgemeinschaft				

Schaubild 6: Drei Ebenen didaktischen Handelns

1) Realbegegnungen (sinnliche Gewissheit)

Was im vorherigen Kapitel über Realität und Reales gesagt wurde, will ich nun auf das didaktische Handeln beziehen. Reflektieren wir auf die Selbstbeobachtungen eines Lehrenden oder Lernenden, dann erscheint dieser zunächst als ein Subjekt, das *für sich* einer Wirklichkeit gegenübersteht. Diese Wirklichkeit scheint sich im Subjekt abzubilden: Es sieht *sinnlich gewiss* in einer Situation auf Gegenstände in der Welt, auf Dinge, Ereignisse, auf andere Subjekte und macht sich *unmittelbar* ein Bild über sie. Hierbei gehört es zu den realistischen Intuitionen, dass wir einer wahrgenommenen, tatsächlich erlebten Wirklichkeit, einer Realbegegnung, mehr trauen, als einer theoretisch beschriebenen, z.B. in bloße Worte gefassten, erträumten, behaupteten. Dieser Realismus erscheint uns deshalb immer wieder als stichhaltig, weil wir in unseren Wirklichkeiten von Kindheit an dazu aufgefordert sind, mithilfe unserer Sinne zu überprüfen, wie wirklich oder gewiss die Dinge »tatsächlich« sind. Wir sollen gegenständlich, inhaltlich und in Beziehungen stets unterscheiden, was »wirklich« geschieht, um diese Realität von dem abzugrenzen, was eher eingebildet ist, auf Täuschungen beruht, vielleicht nur gemeint, aber nicht so bedeutsam ist. Die Behauptung einer sinnlich gewissen, d.h. für uns *tatsächlichen* Realität soll uns helfen, Handlungen zu unterscheiden, zu denen wir aus richtiger Wahrnehmung und vernünftiger Einsicht gezwungen sind, und sie von denen abzugrenzen, die wir aus Gründen unzureichender Gewissheit oder Täuschung unterlassen können oder sollten.

Was ist eine Realbegegnung?
Menschen bewegen sich in einer Lebenswelt, sie haben Bilder dieser Welt re/de/ konstruiert, sie zeigen auf Gegenstände in dieser Welt und geben diesen Namen, sie tun so *als ob* diese Gegenstände als Bilder oder Namen die Wirklichkeit in ihren Köpfen darstellten. Aber es handelt sich um imaginäre oder symbolische Realität, d.h. um eine gedanklich verarbeitete oder vorgestellte Realität, die hier konstruiert und dargestellt wird, wie in den Kapiteln zuvor erörtert wurde.

Dennoch will der Konstruktivismus damit keineswegs behaupten, dass Gegenstände bzw. Situationen nicht besonders nah und unmittelbar sinnlich erfasst werden können. Bereits John Dewey hat in seinem pragmatischen Ansatz auch für die Didaktik erkannt, dass den unmittelbaren Bildern und Erlebnissen dabei eine besondere Dignität zukommt: Lerner sollten möglichst viele direkte Erfahrungen machen können, um ihr Bewusstsein für den Gebrauch der Dinge in der Lebenswelt durch *experience* zu schärfen.[1] Aber auch Dewey betonte schon, dass so niemals »reine« Abbilder entstehen[2], denn der Mensch definiert erst durch den Gebrauch und den Kontext die Bedeutung,

---

1   Genauer sind hier keine direkten Abbilder im Sinne einer eindeutigen Widerspiegelung gemeint, sondern Bilder, die ein Subjekt in einer konkreten, unmittelbaren, sinnlichen Situation sich erzeugt und in der es diese Erzeugung direkt mit dem Erleben und der Erfahrung in der Situation abgleichen kann (Realitäts- und Erlebensprüfung).
2   Vgl. dazu einführend Dewey (1985); Neubert (1998).

die die sinnliche Gewissheit in seinem Verstehen und Erklären einnimmt. Insoweit kann niemand hinreichend etwas lernen, wenn er bloß sinnlich gewiss erscheinende Gegenstände im Kopf zu erinnern versucht.

Wieso also stelle ich eine Realbegegnung an den Anfang didaktischer Handlungsebenen? Verdeutlichen wir uns hierzu einige praktische Situationen. In unseren Erfahrungen können wir etwas unmittelbar erleben, d.h., wir sind im Geschehen selbst betroffen, in der Situation anwesend und Teil der Situation. Dann erleben wir etwas direkt, vor Ort, zu einer bestimmten Zeit in einem bestimmten Ereignis. Dies nennen wir auch eine konkrete Erfahrung, d.h., wir erfahren diese Situation tatsächlich und nicht gespielt, in allen ihren konkreten Erscheinungsformen und nicht auf bestimmte reduziert, so sehr auch unsere Wahrnehmung in der Situation schon bestimmte Aspekte auswählen mag. Und dieses Ereignis, diese Situation wird von uns sinnlich gewiss, d.h. als in unseren Sinnen präsent, erlebt. Wir alle wissen, dass es, so gesehen, einen großen Unterschied macht, den ersten Kuss einer Liebe so zu erfahren oder über ihn später zu erzählen, einen Geruch in der Nase oder einen Geschmack im Mund zu haben, statt ihn zu erinnern, jemanden direkt in die Augen zu schauen, statt ihm einen Brief zu schreiben, kurzum: In einer Realbegegnung zu stehen, statt später über diese zu erzählen oder überhaupt auch nur auf die Erzählungen von anderen vertrauen zu müssen.

In unserem Lernen sind Realbegegnungen besonders wichtig, um fünf verschiedene Lernimpulse, die wir bei Menschen immer wieder beobachten können[1], auszuleben:

- *Neugierde:* Lerner haben, wenn sie in realen Ereignissen und Situationen Gelegenheit dazu haben, einen Hang, unbekannte oder neue Gegenstände neugierig zu betrachten, in die Hand zu nehmen oder zu berühren, zu (be)greifen, auf Funktionen hin zu untersuchen usw. Es gibt einen offensichtlichen Zusammenhang zwischen erhöhter Neugierde als freies und offenes Ausprobieren, als Erfassen und einer Realbegegnung. In einer unmittelbaren und konkreten Erlebniswelt wird die Neugierde in der Regel größer und vielgestaltiger, auch unbefangener sein als in einer künstlichen Lernwelt.
- *Kommunikation:* In einer Situation so zu kommunizieren, wie man es gewöhnt ist, wie es leicht von der Hand geht, ist immer einfacher als ein Spiel oder eine Betrachtung über eine solche Kommunikation durchzuführen. Wenn wir mit Menschen zusammen sind, dann *sind* wir immer schon in Kommunikation. In einer nicht künstlich gestellten und möglichst wenig ritualisierten Situation können wir leichter auf Aspekte unserer Kommunikation gestoßen werden, die erst durch das Ereignis selbst unmittelbar provoziert werden und direkte Folgen auf unser Verhalten haben. Hier besteht die Chance, sich nicht nur theoretisch zu ergründen, sondern »real« zu erfahren. Aus solchen Erfahrungen ziehen wir in der Regel größere

---

1 Vgl. zu den verschiedenen Lernimpulsen, die für Menschen rekonstruiert wurden, auch weiterführend Kapitel 6.3. Ich fasse hier mir wesentlich erscheinende Aspekte aus eigenen Beobachtungen zusammen.

Schlüsse auf Verhaltenseinstellungen und -veränderungen als durch theoretische Reflexionen. Dies liegt vor allem an der dabei erzielten emotionalen Betroffenheit und Ganzheitlichkeit der Erfahrung.

- *Expression:* Wenn man ein Bild malt, ein Musikstück spielt, eine Rolle inszeniert, einen Gesichtsausdruck zeigt, eine Geste hinwirft usw., dann ist man in der Expression, und dies ist etwas anderes als über eine Expression, die man hatte oder haben möchte, bloß zu reden. Insbesondere zeigen alle künstlerischen Prozesse im weitesten Sinne, dass Expressionen dann ein Gewicht und eine Bedeutung bekommen, wenn sie real, d.h. konkret und sinnlich erfahrbar werden.[1] Expressionen leben immer wieder von Realbegegnungen und werden von ihnen angetrieben: Ein Schauspieler und ein Stück erleben ihre Realbegegnung in der Premiere mit dem Publikum, ein Maler mit seinem Gemälde wartet auf seine Ausstellung, eine Geste und ein Gesichtsausdruck auf den passenden kommunikativen Moment. Wir lernen unsere Expressionen immer dann intensiver und differenzierter kennen, wenn wir die Realbegegnungen nicht scheuen.
- *Untersuchungen:* Den Dingen auf den Grund zu kommen, die Gegenstände zu erforschen, die Funktionen zu erproben, dies alles gelingt dann besonders gut, wenn ich reale Dinge und wirkliche Gegenstände vor mir habe, wenn ich dem tatsächlich begegne, was ich untersuchen soll und will. Untersuchungen, die ich selbst durchgeführt habe, werde ich besser erinnern als die Beschreibungen von anderen hierüber.
- *Experimente:* Dinge und Gegenstände nach ihrem Verhalten, ihren Wirkungen und Funktionen zu beschreiben und zu studieren, dies gelingt dann besonders intensiv, wenn ich mit realen Dingen und wirklichen Gegenständen gezielte Versuche durchführen kann. Ergebnisse, die ich selbst herausgefunden habe, werde ich so schnell nicht vergessen.

Im *Schaubild 7* fasse ich diese Aspekte im Blick auf vier Eigenschaften zusammen, die Realbegegnungen immer wieder auszeichnen. Realbegegnungen sind

- unmittelbar, d.h. ohne Einleitung, ohne Vorbereitung, ohne Distanz im Handeln und machen uns sofort betroffen;
- direkt, d.h. passieren vor Ort, beteiligen uns im Geschehen selbst, zeigen uns in einer aktuellen Situation und im Ereignis als Beteiligte;
- konkret, d.h., wir stehen in der aktuellen Vielfalt der Dinge, Gegenstände, Situationen und Ereignisse;
- sinnlich, d.h., wir sind mit allen oder vielen Sinnen beteiligt.

---

1 Dewey legt in »Art as Experience« dar, dass ein jeder Mensch Künstler in dem Sinne sein kann, dass er oder sie etwas herstellt, das für andere ein Gegenstand der Auseinandersetzung und Kommunikation werden kann. Ich folge diesem weiten Verständnis. Es zeigt, dass Kunst und Expression auch nie nur künstlerischen Eliten, die diese Seite besonders ausleben, vorbehalten bleibt.

In dem Schaubild werden Möglichkeiten eines Zusammentreffens von Lernimpulsen und Aspekten einer Realbegegnung beispielhaft skizziert. Es werden damit Lernchancen gezeigt, in denen Realbegegnungen zu Ereignissen werden können, in denen Phänomene wie Aha-Effekte, spontanes Lernen, die Vielfalt von Gegenständen, Situationen oder Ereignissen, die Spontaneität von kommunikativen Verhaltensweisen usw. bewusst werden mögen, um als Anlass für das Einsetzen eines Lernvorganges Geltung zu erlangen. Der Unterschied, der zur nächsten Stufe der Repräsentationen besteht, wird weiter unten beschrieben. Und im Blick auf die Unterrichtsplanung werde ich unter 7.1 diese Gedanken wieder aufnehmen.

Realbegegnungen können sein	unmittelbar	direkt	konkret	sinnlich
Neugierde	was uns ohne Ablenkung betroffen macht	was uns vor Ort aktuell begegnet	was uns in der Vielfalt von Eigenschaften bewusst wird	was uns mit allen Sinnen zugänglich ist
Kommunikation	unsere spontanen Beziehungen	unsere aktuelle Interaktion	die Vielfalt erlebter Kommunikation	unsere erlebten Gefühle
Expression	unsere spontanen Ausdrucksweisen	aktuelle Ausdrucksaktion und -reaktion	die Vielfalt der Ausdrucksweisen	unsere erlebten Ausdrücke
Untersuchungen	was wir ohne großes Vorwissen zu verstehen suchen	was wir vor Ort untersuchen	was wir in seiner Vielfalt untersuchen	was wir mit allen Sinnen untersuchen
Experimente	was wir durch spontane Versuche ergründen	womit wir vor Ort experimentieren	womit wir vielfältig experimentieren	was wir sinnlich experimentell erfahren

Schaubild 7: Aspekte der Realbegegnung

Wenn wir an eigene, besonders wirksame Lernerfahrungen zurückdenken, dann waren es oft diese Realbegegnungen, die für unser Lernen große Spuren hinterlassen haben. Gleichwohl bleiben sie oft dem Unterricht, der Schule oder Weiterbildung verwehrt, weil sie nur schwer in einem künstlichen Lernsystem mit eigenen Regeln von Raum und Zeit (Stundentakt, Kasernierung, Ritualisierung usw.) realisiert werden können. In den Unterrichtsmethoden drückt sich die Sehnsucht nach Realbegegnungen z.B. deutlich in der *Erlebnispädagogik*, im *situierten Lernen*, dem *Problem Based Learning*, der *Anchored Instruction*, dem *Experiment* und den *systemischen Methoden* aus.

Realbegegnungen erfordern Beziehungskontexte
Realbegegnungen allein können aber kein Heilsweg einer konstruktivistischen Didaktik sein. Aus vielen neueren empirischen Untersuchungen lässt sich schließen, dass es vor allem die emotionale Gebundenheit ist, die didaktischen Lernvorgängen eine besonders intensive und effektive Wirkung auf den Lerner zusprechen lässt. Und hier ist es die Beziehung zu den Lehrenden und der Lernenden untereinander, die entscheidend für die Wirkung ist. Realbegegnungen hängen in ihrem Erfolg damit stark von dem Bewusstsein, der Vision und Überzeugungskraft des Lehrenden ab, der in ihnen eine besondere Möglichkeit des Lernens sieht und diese dann wirksam, kraftvoll und überzeugend in den gesamten Lernprozess integrieren kann. Dies mag einem beziehungsorientiertem Lehrenden auch mit der nächsten Handlungsebene, den Repräsentationen, gelingen, aber ich glaube, dass es viel wirksamer gelingen kann, wenn auch die Realbegegnung hierbei eine größere Rolle spielt. In ihr liegt die große Chance, die Lerner multiperspektivisch und multimodal (auf vielen offenen Wegen) zum Sinn des Lernens und zu methodischen Möglichkeiten zu führen.

Allerdings können wir von Realbegegnungen eher einen Einstieg erwarten. Sie sind ein Einstieg in Lernchancen, aber keinesfalls selbst die Lösung. Dies liegt bereits an der Schwierigkeit der Erhöhung subjektiver Wahrnehmungen und Unterschiede, an der Zunahme von Diversität, wenn wir Realbegegnungen ermöglichen. Wir erleben in allen realistischen Erwartungen tagein und tagaus, dass wir mit anderen Menschen in einer Wirklichkeit stehen, die ein jeder graduell anders wahrnimmt und aufzufassen in der Lage ist. Wie reagieren wir auf diese subjektiven Unterschiede in der vermeintlich objektiven sinnlichen Gewissheit, die für alle Menschen gleich sein müsste? Unsere Sicherheit einer objektiven Wahrnehmung scheint einzig darin zu liegen, möglichst exakt auf die Gegenstände zu sehen und diese ungebrochen in uns aufzunehmen und in uns widerzuspiegeln, um der Realität und dem, was wahre Realität ist, nahe sein zu können. Folgen wir dieser abbildenden Intuition, dann ergeben sich jedoch etliche Probleme. Besonders Hegel bringt das hier angesprochene Verhältnis von sinnlicher Gewissheit und Wahrheit eines Ereignisses auf den Punkt, wenn er sagt, dass die sinnliche Gewissheit die reichste Erkenntnis sei (im Akt des Wahrnehmens reich an Perspektiven und Möglichkeiten), aber eben auch die ärmste und abstrakteste Wahrheit darstelle (Hegel 1970, 82). Verweile ich nämlich im sinnlich Gewissen, so erhalte ich keine Wahrheit, sondern habe zunächst nur Sinneseindrücke. Wie jedoch verwandeln sich diese Sinneseindrücke zu wahren Abbildern oder Aussagen, die auch andere Menschen gleichermaßen akzeptieren? Um diese Frage zu klären, müssen wir die sinnliche Gewissheit und damit auch unsere Chancen einer unmittelbaren, direkten, konkreten und sinnlichen Realbegegnung hinterfragen.

Zunächst sind wir in Realbegegnungen unserer eigenen Wahrnehmung nah, damit der Schnittstelle zwischen uns und der Welt »dort draußen«. Dies wurde in der Philosophie als Subjekt-Objekt-Verhältnis bezeichnet (S – O). Ich sehe die Welt, ich nehme etwas wahr, und schon scheine ich zu wissen, was »ist«. Nun ist dieser Standpunkt sehr subjektiv, denn wir unterstellen, als könnten wir ganz alleine etwas sehen, als wäre die Welt nur für uns ganz privat verfügbar. Würden wir dies behaupten, dann hätten wir problematische Konsequenzen zu tragen: Jeder sieht dann nur das, was er sieht, wie er es sieht, bleibt rein für sich, kann z.B. nur seine sinnliche Gewissheit verstehen. Hier würde alles in Beliebigkeit enden. Aber gibt es solche Beliebigkeit, wenn wir kritisch auf unsere Handlungen schauen, überhaupt?

Solche Privatheit oder ein reiner Subjektivismus ist in einer Kultur unmöglich. Das Private wie das Subjektive können aber eine Grenzbedingung der Verständigung bezeichnen, indem sie einem Subjekt seine sinnliche Gewissheit und Wahrnehmung zugestehen, dann aber zugleich fordern, sich mit anderen über die Deutung der singulären Erfahrung im Kontext von Verallgemeinerungen zu verständigen. Hier nun treten wir aus dem Reich der unmöglichen reinen Privatheit/Subjektivität – dem Reich einer illusionären Unterstellung – in die Beziehungen und Formen einer Lebenswelt und Kultur ein. Jetzt wird es möglich zu sagen, in der Kultur wird diese oder jene Erscheinung überwiegend so wahrgenommen, aber ich, als ein besonderes Individuum in dieser Kultur, sehe da zugleich noch etwas anderes. Solche Privatheit/Subjektivität wird mir heutzutage in Grenzen zugestanden. Die Grenzen werden durch die Verständigung über Gemeinsamkeiten –insbesondere Sprache und andere Konventionen – geregelt.[1]

Um dieses Spiel zwischen den subjektiven und den verständigenden Deutungen gelingen zu lassen, benötigen wir in der Didaktik einen Beziehungskontext, der die Realbegegnung gewollt als Chance der Perspektiverweiterung, der Zunahme von Diversität sieht. Und diesen Kontext werden wir nur dann herstellen können, wenn wir Sinn und Freude darin erblicken, Dingen, Gegenständen, aber vor allem auch Menschen nahe zu kommen und Überraschungen zuzulassen.

Abbildungstheoretische Illusionen vermeiden
Soll dieses Spiel allerdings rein unter einer realistischen Perspektive erfolgen, wird hierbei erwartet, dass der Kampf allein zu Gunsten der eigenen Wahrnehmung gegen alles andere entschieden werden kann, dann setzt die konstruktivistische Erkenntniskritik ein, um die Erwartung zu ernüchtern. Was spricht insbesondere gegen einen solchen Realismus und bloßen Subjektivismus, wie er auch in der Didaktik immer wieder auftritt? Ich will einige Gründe anführen:

- Ein Realismus, der uns glauben machen will, die Realität lasse sich einfach abbilden oder korrekt von einem wissenden Subjekt widerspiegeln, macht kaum verständlich, warum menschliche Kulturen so unterschiedlich auf die angeblich reine Natur da draußen reagiert haben. Warum haben wir nicht durch Abbilder gleiche Einsichten erhalten? Wir müssen im Nach- und Nebeneinander von Kulturen zugestehen, dass es verschiedene Versionen von Welterzeugung nicht nur in verschiedenen Kulturen, sondern in der Gegenwart sogar auch innerhalb einer Kultur gibt. Realbegegnungen erzeugen also kaum einheitliche Wahrnehmungen, sondern helfen eher, diese noch weiter zu differenzieren.

1 Der Beurteilung z.B. nach normal oder anormal, so sehr sie in den letzten Jahrzehnten aufgeweicht wurde, greift auch heute als konventionelle Schranke des Zugelassenen.

- Auch die *hard sciences* haben es nicht zu jener Weltabbildung bringen können, in der sie über Tatsachen abschließend einig wären. Sie sind sich allenfalls in einigen Fächern in gemeinsamen Fragen auf Zeit methodisch einiger als etwa die Kulturwissenschaften, die von vornherein ein größeres Spektrum an Unschärfen eingestehen müssen.[1] Aber dieses Wagnis an eindeutiger Rekonstruktion folgt eben auch einer methodischen Enge, die ständig Risiken als Folgewirkung in anderen Bereichen produziert.[2]
- Die postmodernen Kränkungen an der Wissenschaft lassen sich heute nicht mehr übersehen. Nelson Goodman z.B. spricht davon, dass der Verlust der einen Welt auch zu einem Verlust der einen richtigen Version von Welt führt.[3] Wir müssen uns heutzutage darauf einlassen, dass es nach- und nebeneinander mehrere »richtige Versionen« von Welten gibt. Ganz gleich, welche Konstruktionen von Welten wir betrachten, wir entdecken und erfinden in ihnen unterschiedliche, aber zugleich für sich genommen durchaus richtige (viable) Lösungen. Die Folgerung aus dieser Einsicht hat Putnam in Auseinandersetzung mit Goodman so festgehalten: Jede Konstruktion von Welt »kann formalisiert werden, und jeder der so entstandenen Formalismen stellt eine vollkommen legitime Redeweise dar; Goodman würde aber sagen (und ich würde ihm zustimmen), dass keiner von diesen beanspruchen kann, so zu sein, ›wie die Dinge unabhängig von Erfahrung sind‹. Es gibt nicht die einzige wahre Beschreibung der Wirklichkeit.« (Putnam 1993, 254)

Eine gegenständliche Abbildung betont das, was da ist. Ich gehe spazieren und sehe einen Baum. Ich kann allerlei sinnlich gewisse Erfahrungen mit diesen Baum in realen Begegnungen machen: Ihn betasten, erklettern, Zweige abreißen, Blätter zwischen den Fingern zerreiben. Aber wenn ich solche Erfahrungen mir symbolisch erklären oder anderen mitteilen will, dann nützt mir meine sinnliche Gewissheit (in der Form eines inneren Bildes) allein nichts. Nun muss ich anfangen zu beschreiben, verschiedene Bilder vor meinen Augen entstehen lassen, die mehr als ein Abbild sind, Worte bilden, Bedeutungen ausmachen. Ich fange an zu sprechen und der Baum hat sich in etwas anderes verwandelt. Er ist nicht dieses eine Bild, das er eben noch schien. Für einen Gehirnforscher ist er ohnedies nicht der abgebildete Baum, denn der Hirnforscher wird

---

1 In sehr begrenzten Bereichen gibt es eine Einigkeit, die allerdings durch Konvention geregelt wird. Vgl. dazu z.B. aus interaktionistisch-konstruktivistischer Sicht die pädagogisch relevante Analyse über Zeit von Hasenfratz (2003).
2 Im 20. Jahrhundert sind diese Wirkungen deutlich erschienen: Je stärker der wissenschaftlich-technische Fortschritt entwickelt wurde, desto höher wurden die durch ihn erzeugten Risiken und Wahrnehmungen über Risiken (z.B. die Risiken der Atomenergie, von Atombomben und anderen Waffentechnologien, der Gentechnologien, komplexer ökologischer Krisen; hierunter fallen auch die Möglichkeiten des Massenmordes und der Vernichtung von Leben, die einen wissenschaftlich-technischen Hintergrund aufweisen).
3 Dieser Verlust wird aus der Sicht sehr unterschiedlicher nachmetaphysischer Theorien im 20. Jahrhundert explizit herausgearbeitet und beschrieben. Ich spreche hierbei auch von Kränkungsbewegungen der Vernunft, die unter anderem zur Genese des konstruktivistischen Denkens führten; vgl. Reich (1998a, b).

mir erklären, dass ich als Mensch schon wahrnehmende Voraussetzungen in die Abbildung mit einbringe, die bloß ein menschliches Bild erzeugen helfen, das mir zwar als wirkliche Abbildung erscheinen mag, für eine andere Gattung jedoch ein ganz anderes Bild ergeben würde.[1] Insoweit sind Abbilder immer vor dem Hintergrund verallgemeinerbarer Möglichkeiten und Voraussetzungen des Abbildens zu diskutieren.

Dennoch wird gerade im Lernen im großen Maßstab immer wieder auf Abbilder gesetzt. Dieser Naturalismus ist besonders in der Pädagogik und Didaktik bis heute verbreitet. Lehrende werden bevorzugt in die Position gebracht, Lernern jene vermeintlichen Abbilder anzubieten, die einen gezeigten Gegenstand mit einer vorgesehenen Bezeichnung assoziieren und fixieren, um so ein realistisches Weltbild aufzubauen. Besonders in den ersten Schuljahren hat dies Methode. Im Anschauungsunterricht wird eine bebilderte Welt gezeigt, die als die wirkliche Welt gelehrt wird – eine realistische Basis für das Kulturverständnis soll so entstehen. Aber leider entsteht so auch eine illusionäre Welt, in der daran geglaubt wird, man könne mittels Wahrnehmungen in einfacher Abbildung eine eindeutige Welt erzeugen.

Die Wahrnehmung allein hat kein Kriterium für die kulturelle Bewertung der Kontexte der Welt. Insoweit kann uns gerade die Wahrnehmung dann täuschen, wenn wir in einer Quasi-Welt leben (so wie es etwa durch den Film »Die Trueman-Show« symbolisiert wurde). Die Wahrnehmung hilft uns in der kulturellen Bewertung von Welt nur dann, wenn uns Widersprüche zwischen der versprochenen, erwarteten, normierten Welt und unseren konkreten (wahrnehmbaren) Erfahrungen mit dieser auffallen. Aber die Versprechungen, Erwartungen werden uns oft leicht dazu verführen, nur das wahrzunehmen, was von anderen gewollt ist, d.h., wir urteilen dann überwiegend nach erwünschter und nicht erwünschter Wahrnehmung.

Die Normierung durch erwünschte Abbilder ist sehr groß: die richtige Schreibweise, die schöne Schrift, das korrekte Abbild, die genaue Bezeichnung, die eindeutige Verwendung von Zeichen und Symbolen, das richtige Erlebnis. Die ersten Schuljahre sind deshalb z.B. die Zeit, wo die Kinder ihren Eltern erklären, dass ihr bisher vermitteltes Bild von Welt nicht richtig ist, weil die Lehrerin ihnen ein ganz anderes, neues vermittelt hätte. Schon vor der Schulzeit entsteht mit der Herausbildung symbolischer Fähigkeiten, wie Piaget herausarbeitete[2], nicht nur eine gewisse Egozentrik der Wirklichkeitskonstruktion, sondern es besteht auch eine animistische Neigung der Welterklärung. Hier wird der Glaube ins Abbild begründet, der tiefe Wurzeln schlägt und auch bei einer konstruktivistischen Erkenntniskritik später nur schwer aufgegeben werden kann. Die Sinne selbst scheinen aufgerufen, die Wirklichkeit zu begreifen. Was aber erst begriffen werden müsste, das ist, dass die Sinne keine Kriterien dafür besitzen, wel-

---

1   Aus solchen biologischen Einsichten leiten Gehirnforscher dennoch gerne einen realistischen und naturalistischen Standpunkt ab, indem sie die kulturelle Einbindung und Vermittlung vergessen und alles auf biologische Gesichtspunkte reduzieren. So z.B. Edelman/Tononi (2000, insbes. 140ff., 207ff.).
2   Vgl. dazu einführend z.B. Piaget (1969, 1974, 1986, 1988).

che weiteren Voraussetzungen in dieses Begreifen bereits eingegangen sind: Die Sinne nehmen die Wirklichkeit so, wie sie vorhanden ist. Ob Landschaft oder Architektur, Spielzeug oder Arbeitsmittel, Verkehr oder virtuelle Medien, das Vorhandensein einer sinnlich gewiss erfahrbaren Welt zwingt die Wahrnehmung immer bloß in die Bilder, die wahrgenommen werden, deren Wirklichkeit uns verführt, ihr den vollen Glauben auf Tatsächlichkeit und Wahrheit zu schenken.[1] Im Animismus z.B. werden dann noch zusätzliche logische Verknüpfungen aus solcher Wahrnehmung heraus gebildet. Wir sehen den Blitz am Himmel und hören den gewaltigen Donner, nun kann auch noch ein personifizierter Verursacher eingesetzt werden, der als Erzeuger des Unbegreiflichen markiert wird. Wer den Abbildern vertraut, steht schnell in dieser Gefahr einer übertriebenen Generalisierung, denn er ist durch das Abbild verführt, einer einfachen Logik des Sehens, animistischer oder anderer Projektion, einer Vereinfachung zu glauben, und dies gilt insbesondere dann, wenn diese Abbilder von Lehrenden als Mehr- und Besserwissern präsentiert werden.

Damit aber ist die sinnliche Gewissheit, die in eine Abbildfunktion oder eine reine Widerspiegelung überführt werden soll, erheblich gekränkt (vgl. Reich 1998a): Die Subjekt-Objekt-Beziehung (S – O) ist als eine reine Abbildbeziehung bloß eine Illusion, denn in die Abbilder gehen *vermittelt über das Wahrnehmen (und darin das immer schon kulturell Wahrgenommene)* Ansprüche, Erwartungen, Gewohnheiten, Bevorzugungen, Empfindungen ein, die vor der und in der Wahrnehmung konventionell geregelt sind. Ich sehe z.B. einen Tisch und empfinde ihn als schön. Woher aber weiß ich vom Tisch? Durch einen kulturellen Gebrauch und ein Wort, das in einer Kultur entstanden und vermittelt ist. Durch Lebenswelt und Sprache. Durch Voraussetzungen, die weit über meiner Wahrnehmungsfähigkeit liegen. Die Wahrnehmung ist vorrangig ein Mittel, eine Methode, um z.B. unterschiedliche Inhalte in einer Kultur anzueignen. Die Wahrnehmung ist im singulären Moment zwar noch mehr, sie ist sinnliche Gewissheit im Reichtum der Eindrücke, Gefühle, Assoziationen, aber in ihr weiß ich von der Schönheit erst, wenn ich in das feine kulturelle Spiel der Unterschiede eingeführt wurde, die verschiedene Tische ausmachen können (vgl. z.B. Bourdieu 1987). Zwischen oder in die Vermittlung von Subjekt und Objekt ist eine Verständigungsgemeinschaft (S – VG – O) getreten, die nach geforderten Normen der Lebensformen meine Wahrnehmung durch die Herstellung von Kontexten und Interpretationsräumen beeinflusst und lenkt. Früher gab es hier z.B. stark wertende Normen nach gesellschaftlichen Klassen, gegenwärtig werden die Normen und Werte offener, widersprüchlicher, ambivalenter (vgl. z.B. Giddens 1996). Heute kann ich deshalb sehr leicht in einen Streit mit anderen geraten, die eine andere Deutung solcher Unterschiede vornehmen.

---

1 Im Blick auf die Medien, die uns natürliche Wirklichkeiten immer mehr durch künstliche Wirklichkeiten ersetzen und somit der Wahrnehmung simulierte Reize als Ausgangsmaterial liefern, spricht Baudrillard davon, dass die heutige Welt ein Zeitalter der Simulation repräsentiert, dem wir nur dadurch ausweichen könnten, indem wir uns auf eine andere (reale) Welt hin verführen ließen, die wieder stärker auf das nicht Simulierte abhebt. Doch dieser Weg erscheint bei der Zunahme des Künstlichen, des Konstruierten, das als Wirklichkeit in die Wahrnehmungen zurückkehrt, als sehr unwahrscheinlich; vgl. weiterführend Reich/Sehnbruch/Wild (2005).

Hier ist es möglich, dass jeder in einem Streit auf seiner subjektiven Wahrnehmung beharren und sie gegen andere ausspielen wird. Er sagt dann: »Aber ich sehe doch, wie es ist. Ich sehe, was geschieht. Ich kann eindeutig beschreiben, was ich wahrnehme.« In absoluter Privatheit/Subjektivität gedacht, könnten wir dies gar nicht bestreiten. Doch solche Privatheit/Subjektivität, die zu einem gegenseitigen Unverständnis führen könnte, ist heute ein übersteigerter subjektiver Anspruch und zugleich Illusion, da kein Mensch in einer Kultur ganz allein auf sich gestellt sein könnte.[1]

Die Realbegegnung als eine erste Ebene didaktischen Handelns erscheint vor dem Hintergrund dieser Problematisierung als zwiespältig:

a) Es gehört immer wieder zu unseren menschlichen Erfahrungen, dass wir auf die sinnliche Gewissheit, unsere eigenen Wahrnehmungen vertrauen müssen und auch können. Wir erfahren dabei, wie es das *Schaubild 7* anregt, auch im Lernen Unterschiede von Theorie und Praxis und halten es für eine realistische und viable Haltung, theoretischen Vorhersagen und Aussagen nur dann zu glauben, wenn es praktische Anhaltspunkte der Verifizierung gibt, d.h., wenn wir tatsächlich im eigenen Erleben, unserer Wahrnehmung, z.B. Gegenstände finden, sehen, berühren können, die dann wie Abbilder unser Bewusstsein durchziehen und die damit als *wirklich* gelten können.

Hierzu gehören z.B. Erfahrungen, in denen wir als Augenzeuge etwas sehen, was wir berichten können. Besonders erschrocken sind wir, wenn uns bisher etwas verheimlicht oder verschwiegen wurde und wir es nun in einer Situation wirklich (d.h. wahrnehmbar) offenbart bekommen. Im Staunen oder Schrecken sind wir dem Realen nah und verändern unsere Sicht der Realität. Hierzu gehören alle Erfahrungen, die wir machen, wenn wir die sinnliche Gewissheit möglichst umfassend wirken lassen, ohne uns vorschnell auf bestimmte Deutungsmuster oder bisherige Erfahrungen festzulegen. Wir sind in solchen Momenten offen, Ereignisse unter neuen Perspektiven zu schauen und die Singularität der Erfahrung gegen die Verallgemeinerung zu stellen, weil wir unserem subjektiven Empfinden mehr als den konventionellen Vorgaben von außen vertrauen.

b) Zugleich müssen wir immer wieder zugestehen, dass sich in die so genannte »reine« Realität längst menschliche Konstruktionen eingewoben haben, die als Voraussetzungen das bestimmen, was wir eben noch als reine Wahrnehmung gedacht haben.

So ganz können wir bei keinem Ereignis, auch in keiner Realbegegnung, aus dem heraustreten, was wir geworden sind. Unsere Sozialisation hat Gefühle wie Ekel, Scham und Zweifel in uns geweckt, unsere Interpretationsmuster erlauben nur bestimmte Perspektiveneinnahmen, unsere Umwelt legt uns auf bestimmte Wahrnehmungsbevorzugungen und Reize fest. Wir meinen zwar durch die subjektive sinnliche Gewissheit und Wahrnehmung, ganz eigene Urteile über das Wahrgenommene zu finden, übersehen dabei jedoch gerne, wie viele Urteile anderer in unser Urteilsvermögen bereits eingeflossen sind.

---

1   Vgl. dazu auch Reich (2005, 147ff.).

Ein didaktisches Handeln, das sich auf Realbegegnungen bezieht, wird konstruktivistisch gesehen nicht darauf verzichten können, die vermeintlichen realistischen Abbilder, die subjektiv in Wahrnehmungssituationen erzeugt werden, kritisch vor dem Hintergrund ihres kulturellen/gesellschaftlichen Gebrauchs und Kontextes zu betrachten. Jeder Didaktiker sollte dabei die Frage stellen, wie er es mit der sinnlichen Gewissheit und daraus erfolgenden Ableitungen hält. Ist ihm hinreichend bewusst, dass es kein reines Abbild gibt? Ist reflektiert, dass die Wahrnehmung allein nicht hinreicht, um Wahrheiten zu begründen? Ist bedacht, dass selbst in gegenständlichen Abbildungen immer schon kulturelle Voraussetzungen integriert sind?

Hat der Didaktiker diese Fragen reflektiert und sich kritisch gegen einen naiven Abbildungs-Realismus entschieden, dann kann er weder Inhalte noch Beziehungen unter dem Einsatz von Quasi-Abbildern normieren. Dann muss er eine bestimmte Art didaktisch normierter Praxis aufgeben: Kein Inhalt kann die Wirklichkeit vollständig abbilden. Inhalte sind wie Netze, die wir auswerfen, um uns Gegenstände und Ereignisse der wirklichen Welt zu fangen, aber wir fangen nur das, was unsere Netze hergeben. Mitunter müssen wir sogar zugeben, dass wir besser etwas anderes machen sollten, statt immer bloß Fischen zu gehen. Bei keinem Inhalt ist es deshalb gerechtfertigt, von einem Abbild, von einer Widerspiegelung der Realität oder einer Situation, von einer eindeutigen Wiedergabe zu sprechen und dies inhaltlich nach dem eigenen Lehrerurteil festlegen zu wollen. Ein kritischer Außenstehender wird uns sofort unsere Naivität vorwerfen können, wenn wir mittels Quasi-Abbildern etwas an Wahrheits- und Geltungsansprüchen zu retten versuchen, die als reines Abbild längst verloren sind. Man wird uns nachweisen, dass wir bloß konventionell entschieden haben, dem Zeitgeist oder einem *mainstream* folgen, und unsere eigene Norm dadurch verbergen, dass wir sie als Abbild behaupten. Abbilder, wenn denn Lehrende über sie verfügen könnten (und sie taten dies ausgiebig in der Vergangenheit), verleihen Macht, Ansehen, Sicherheit. Aber sie belügen uns auch oft, so wie wir uns belügen, wenn wir meinen, rein und neutral, völlig unparteiisch auf die Gegenstände zu schauen, wenn wir sie nur so wahrnehmen wollen, wie sie »sind«.

Wechseln wir von der Inhalts- auf die Beziehungsseite: Auch keine Beziehung und kein Verhalten kann ein eindeutiges Abbild sein, mit dem wir ein zukünftiges Verhalten orientieren. Wer uns solche Abbilder von anderen Menschen vorhält, um unser Verhalten zu bestimmen, hält uns bloß ein Quasi-Abbild vor, denn es symbolisiert keinen Gegenstand, sondern immer schon eine komplexe kulturelle Situation, die die sinnliche Wahrnehmung übersteigt und in Konventionen führt. Wer das macht, der erzeugt einen versteckten Lehrplan, in dem verborgene Konventionen unreflektiert vermittelt werden.

Didaktische Konsequenzen von Realbegegnungen
Nach den bisherigen Überlegungen stehen wir in didaktischen Handlungen vor einer doppelten Wahrnehmung: Einerseits gibt es eine sinnliche Gewissheit, die subjektiv wahrgenommen wird, wobei wir jedem Subjekt gestatten, seine ganz persönlichen/privaten Erfahrungen zu machen (= individuelle Sicht); andererseits sind diese wahrge-

nommenen Erfahrungen dadurch gekränkt, dass sie nie rein, ganz frei oder unbestimmt sind, da in sie bereits von der Kultur gesetzte Perspektiven und Normen eingegangen sind, die das Wahrnehmen konventionell regeln und zwischen den Menschen abstimmen, um Handlungskoordinationen zu ermöglichen (= gesellschaftliche Sicht).

Realbegegnungen und in ihnen sinnliche Gewissheiten und die Bilder oder Aussagen, die in solchen Situationen entstehen, sind nie frei von kulturellen Voraussetzungen, in denen sie erzeugt werden. Insoweit gibt es keinen neutralen Beobachter, der sie wertfrei sehen könnte, sondern einen Beobachter, der seine eigene perspektivische Gebundenheit durch Kultur mit seinen ereignisbezogenen Wahrnehmungen abgleichen kann und muss.

> Dies macht die Realbegegnungen zu einer wichtigen didaktischen Handlungsebene: Sie gewähren einen subjektiven Erfahrungsraum eigener Überprüfung von Sachverhalten und Aussagen, von Situationen und Ereignissen, von Kommunikation und Expressionen, um deren Viabilität im tatsächlichen Erleben und Erfahren als Bezugspunkt von Deutungen nehmen zu können.

Konstruktivistische Didaktiker sollten mit Abbildern vorsichtig umgehen. Einerseits gilt es, dem Reiz nachzugeben, eigene Erlebnisse im Lernen umfassend zu machen und mittels konkreter, sinnlicher, gegenständlicher Erfahrung zu Bildern zu gelangen, die das Imaginäre wecken. Aber der Lehrende wird hier andererseits relativierend eingreifen müssen, um die Illusion zu bekämpfen, dass so eine eindeutige Welt als ein Abbildmodell aufgebaut werden könnte. Er wird sich vor allem sprachlich neu orientieren müssen und nicht mehr sagen: »Seht, genau so *ist* die Welt«, sondern anders sprechen: »Welche Bilder seht ihr, was daran ist euch bekannt oder fremd, wie haben es die Menschen früher gesehen und was hat sich bis heute verändert, welche unterschiedlichen Deutungen gibt es?« Es wird damit allerdings nicht verboten sein, bei einer eindeutigen Abbildfolge kausal nach rekonstruierbaren Kontexten zu fragen: »Was könnte in einer Handlungsfolge das erste und was das letzte Bild sein?« – dies ist eine beliebte Kausalfrage zur Rekonstruktion logischer Handlungsabfolgen. Aber sie beschreibt nur diese eine Kausalität, und diese ist meist sehr begrenzt in ihrer Aussagekraft.

Schauen wir genauer auf Lernprozesse, dann stellen wir fest, dass Inhalte Konstrukte sind, die Menschen gemacht haben, um Aussagen über Wirklichkeiten zu treffen, teilweise auch, um Unwirkliches zu bezeichnen. Man kann Inhalte zwar wiedergeben, aber nicht im strengen Wortsinne abbilden. Sie sind keine sinnlich greifbaren Gegenstände, sondern führen eine Rede oder Deutung *über* Gegenstände. Wenn ich sage, lest bitte diesen Text und sagt mir, was wirklich in der Realität geschehen ist, dann spreche ich ungenau: Ich kann nur sagen, was beschrieben ist, aber nicht, wie das Ereignis am Ende wirklich war. Ein Text ist kein unmittelbarer Augenzeuge; er kann höchstens von einem Augenzeugen geschrieben werden und enthält immer weniger als das, was in einer Situation gesehen und erlebt wurde.¹ Ein Inhalt im Lernen – ganz gleich in welcher Form er auftritt – kann nicht wie eine gegenständliche Abbildung aufgefasst werden, denn er ist immer schon Interpretation, lenkt meine Auffassung, gibt mir Sinn und Perspektiven.

Hier kann es für das Lernen sehr wichtig sein, von den Inhalten zurück zu Erfahrungen zu gehen, die eine eigene sinnliche Gewissheit in einer Realbegegnung ermöglichen, die eine eigene Erfahrung durch untersuchendes und experimentelles Verhalten und Forschen erlauben. Dann kann ich fragen: »Stimmt dieser Text für das beschriebene Ereignis? Gibt es noch andere, ausgelassene Wahrnehmungen?«

> Ironie entsteht oft aus dem Unterschied zwischen einer Beschreibung und der Realität. Daher liebe ich es, immer wieder auf die Realität zu verweisen, wenn die Ideen oder Texte zu abgehoben werden. Schau doch noch einmal zurück darauf, was real an der Begegnung ist. Du willst kein Abbild von Wirklichkeit, aber ich habe es gerne, wenn ich mir real ein Bild machen kann. Es wird immer wieder viel über Gegenstände, Ereignisse, Menschen und Situationen erzählt, aber wenn ich mir ein eigenes Bild mache, dann sieht es wieder anders aus. Und ich beharre darauf, dass du mir dieses Bild nicht dadurch vernichtest, nur weil es subjektiv sein könnte.

Dein Bild ist ebenso wichtig wie ein jedes Bild oder eine jede Deutung, die ein Lerner in Realbegegnungen macht. Es ist ein Ausgangspunkt, eine Probe, oft auch eine Widerlegung von Annahmen, für die es keine Belege in der Praxis gibt. Dann fehlt eine Passung oder Viabilität, wie es im Konstruktivismus heißt. Aber ein Bild ist eben kein universales Abbild, weil die Ironikerin weiß, dass es ihr Bild ist, das sie sich macht. Realbegegnungen können uns zwar helfen, dass wir uns auch gemeinsame Bilder über Wirklichkeiten machen, aber wenn wir daraus Schlussfolgerungen ziehen, dann wechseln wir entweder zu den Repräsentationen (die nächste Handlungsebene) oder in die Reflexionen.

Dies gilt auch für das Verhalten und die Beziehungen. Zwar sehe ich im menschlichen Miteinander immer das Verhalten anderer in meinen Beziehungen, aber dieses Vorbild und Lernen am Modell ist nicht in der Lage, als eine direkte Instruktion zu gelten. Ein Vorbild ist etwas, an dem ich mich sinnlich gewiss orientieren kann – und hier haben Bilder einer Verhaltenssituation in der Tat eindeutig normierende Funktionen, weil sie ein Lernen am Modell der Vorbilder auch auf einer nichtsprachlichen und unbewussten Ebene abgeben können. Insoweit sind Vorbilder in Lehr- und Lernprozessen auch keineswegs zu unterschätzen. Aber hier entsteht kein Automatismus, auch hier gibt es keine zwingenden Abbildungsvorschriften, die mich allein durch Beobachten veranlassen könnten, das eine zu tun und das andere vollständig zu lassen. Gerade die Postmoderne, in der Tun und Lassen zu einer komplizierten Interpretationsaufgabe geworden sind, verhindert durch die Offenheit und Vielfalt vorhandener Vorbild-

---

1 Diese Aussage bezieht sich auf die Unmittelbarkeit des Augenzeugen und seiner Bilder. Ein Text kann aber mittelbar sehr viel mehr enthalten, indem er Mitteilungen macht, die weit über das Gesehene hinausgehen können und im Leser/Hörer ganz neue, andere, weitere Bilder erzeugen. Dies ist die konstruktive Seite.

Modelle eine eindeutige Normierung – selbst bei gezieltem Einsatz *eines* Vorbildverhaltens in *bestimmten* Situationen.

Was bleibt als didaktisches Fazit aus diesen Reflexionen? Didaktiker sollten sich bemühen, den komplexen Übergang von sinnlicher Gewissheit zu abbildenden und sprachlichen Äußerungen über diese stets kritisch zu beachten, indem sie einerseits dem Lerner möglichst viel Gelegenheit zu umfassenden sinnlichen Erfahrungen ermöglichen, um den Prüfvorgang subjektiven Erlebens und objektivierender Konventionen handlungsorientierend zu fördern; andererseits mit den Lernern stets reflektieren, dass dieser Übergang in eine kulturelle Wahrnehmung gestellt ist, die uns konventionell oder diskursiv auf bestimmte Perspektiven fixiert und verengt. Die Ebene der Realbegegnungen ist hier notwendig, um gegen Verengungen zu wirken und durch subjektives Erleben neue Gesichtspunkte in den Re/De/Konstruktionen von Wirklichkeit zu gewinnen. Deshalb sollte sie nie in didaktischen Prozessen vollständig fehlen.

2) Repräsentationen (Konventionen)

Wissen und Informationen scheinen heute oft zufällig über die Welt z.B. in Form von Texten, digitalen Spuren, Artefakten und Bildmaterialien auf unterschiedlichen Speichern verteilt zu sein. Sie wirken wie Moleküle in einem undurchdringlichen und undurchschaubaren Spiel, das in unübersichtliche und chaotische subjektive Erfahrungen und Deutungen zerfällt. Dagegen gibt es eine Gegenkraft, die in der Moderne deutlich stärker wirkte, die aber auch in der Postmoderne noch hinreichende Geltung besitzt: Konventionen regeln in der Kultur ein je nach Interessen- und Verständigungsgruppen verteiltes Wissen, das insbesondere in Bildungskonzepten und Lehrplänen eine Rolle spielt. Hinzu kommt auch ein konventioneller Druck auf das Verhalten, das in Erziehungsvorstellungen verankert ist. Solches konventionell geregelte Wissen und Verhalten will ich als Repräsentation in der Didaktik bezeichnen.

Vergleichen wir zu Beginn wie sich die in der Realbegegnung festgestellten Lernimpulse nun verändern. In Repräsentationen wird

- das unmittelbare Erleben in eine mittelbare Vermittlung verwandelt, denn bei Repräsentationen zählen ein aufbereiteter und didaktisierter Stoff und ein geregeltes Verhalten;
- das direkte Erleben wird in die künstliche Welt des Unterrichts versetzt und erscheint nun als indirektes Erfahren, indem Wissen und Verhalten repräsentativ aufbereitet werden;
- das konkrete Erlebnis wird in die Abstraktion verwandelt, die aus der Sicht verschiedener Themen, Fächer und Kulturtechniken repräsentativ für die Ziele stehen, die eine Lerngruppe erreichen soll;
- die sinnliche Gewissheit, die auf alle Sinne zielt, wird auf das Hören und Sehen begrenzt und erscheint nun im günstigen Fall als Anspruch auf eine Anschaulichkeit der theoretischen Modelle.

Repräsentationen	mittelbar	indirekt	abstrakt	anschaulich
Neugierde	was uns durch Didaktik betroffen macht	was künstlich für uns arrangiert wird	was auf wesentliche Eigenschaften reduziert wird	was für das Hören und Sehen aufbereitet wird
Kommunikation	Unterricht über Kommunikation	Vorrang inhaltlicher Kommunikation	Vorrang rationaler Kommunikationsstile	Gruppen- bzw. Klassenregeln
Expression	Vorrang inhaltlicher Ausdrucksweisen	Verlangsamung der Ausdrucksaktionen	Mäßigung der Vielfalt der Ausdrucksweisen	begrenzte Ausdrücke in Aufführungen/ Ausstellungen
Untersuchungen	was wir mit Vorwissen gezielt zu verstehen suchen	was wir nur im Unterricht untersuchen	was wir sehr reduziert untersuchen	was wir modellhaft untersuchen
Experimente	was wir durch gezielte Versuche nach Vorgaben herausfinden	was wir nach den engen Laborbedingungen im Unterricht experimentieren können	womit wir in begrenzter Zeit und Reichweite experimentieren	was wir in Gedanken aus begrenzten Experimenten schließen

Schaubild 8: Aspekte der Repräsentation

Repräsentationen haben ihre Stärke in der Didaktik dadurch, dass sie in kontrollierter Form die Lernimpulse auf das richten, was gelernt werden soll. Insofern eine Einigung über dieses Sollen besteht, wird zumindest für die Lehrenden klar, woraufhin sie ihr Tun richten sollen.

Im Lehren und Lernen sind aus diesem Anspruch heraus deshalb die Wahrnehmungen sehr oft konventionell geregelt, d.h., die stattfindenden Dialoge zwischen Lehrenden und Lernenden unterliegen der Norm *einer* Verständigungsgemeinschaft, die im Vorfeld über die Richtigkeit, Wahrheit, Wahrhaftigkeit von Begründungen und Geltungen schon entschieden hat. Lehrende sagen z.B.: »Mit diesem Sachverhalt ist es so ...«, »Die Wissenschaft hat hier entschieden, dass ...«, »Man hat sich geeinigt, hierzu Folgendes zu sagen ...« Diese Konventionen sind in bestimmten Bereichen relativ eindeutig und als Kulturtechniken im Erlernen der Sprache, gemeinsamer Regeln, erwarteten Verhaltens in der Öffentlichkeit, im Verkehr, in Institutionen, in Freundeskreisen und vielen Bereichen der Lebenswelt durchaus sinnvoll. Allerdings ist zu beachten, dass Konventionen in der Postmoderne viel pluraler als zu anderen Zeiten geworden sind, weshalb der »Ich-will«- gegenüber dem »Ich-soll«-Anteil zugenommen hat, wie in Kapitel 2.3 ausgeführt wurde.

Problematisch ist insbesondere, inwieweit *eine* Verständigungsgemeinschaft heute universalisierend für alle sprechen kann oder sollte. Lehrende als Vertreter dieser *einen*

Verständigung verhalten sich dann so, als ob diese Verständigung für die Richtigkeit, Wahrheit, Wahrhaftigkeit überhaupt stehen könnte. Dies aber würde diese eine Konvention in vielen Fällen übertreiben.

> Als Ironikerin begegne ich solchen Übertreibungen sehr oft. Mit ihnen ist es leichter, die eigenen Wahrnehmungen und subjektiven Urteile als ein wahres Bild hinzustellen. Das erspart weit reichende Begründungen und hilft, eine langatmige Diskussion über Konventionen, die immer einen Ausschluss derjenigen erzwingen, die sich nicht an diese Regeln halten, zu vermeiden.

Konventionen regeln in der Subjekt-Objekt-Beziehung Dialoge zwischen Lehrenden und Lernern durch die Inanspruchname einer Verständigungsgemeinschaft, die zwischen Subjekt-Objekt-Vermittlungen gesetzt ist (S – VG – O), deren Normen und Werte, deren Konstruktionen, Methoden und Praktiken als wahr, richtig, angemessen, viabel erscheinen. Der Konstruktivismus verleugnet weder die Wirksamkeit noch den Nutzen von Konventionen, aber er macht strikt darauf aufmerksam, dass Konventionen nur im Blick auf eine bestimmte, stets partizipativ mit Lernern aufzuklärende, auf Zeit gesetzte Viabilität gelten können. Insoweit ist ein konventioneller Anspruch auf Wahrheit und Richtigkeit relativ.

Im Blick auf die Inhalte des Lernens regeln insbesondere Schulbücher die Konventionen eines Gebrauchs. Die eigenen Imaginationen der Lerner werden durch Repräsentationen, die Experten erstellen, begrenzt, gelenkt und auf abprüfbaren Stoff hin orientiert. Es wird behauptet, dass dieser den Ansprüchen der Lehrpläne und darüber hinaus auch der späteren lebensweltlichen Bedeutung genügen könne. Sinnliche Erfahrungen sind im konventionellen Lernen hingegen eher selten. Lerner könnten in Experimenten z.B. die Fallgesetze für sich in längeren Versuchsreihen erschließen, so weiß man seit Wagenschein (1997), aber die Fülle der Themen drängt im Lernen auf eine eher oberflächliche Aneignung durch Übernahme von Konventionen. Der Lehrer gibt vor, was sinnvoll zu lernen ist und kontrolliert allein diese Vorgabe. Gleichwohl wird diese reproduktive Lernweise dann beklagt, wenn es um die Vorteile forschenden Lernens geht, die man in anderen Zusammenhängen gerne sehen würde, um mehr Kreativität, eigenen Transfer, Anwendungsbezug, kritisches Denken zu entwickeln.

Konventionelle Inhalte treten insbesondere in den Fächern gehäuft auf, in denen eine Verständigungsgemeinschaft über alle Unterschiede hinweg sich auf lange Zeit für eine Fachsprache, für gemeinsame wissenschaftliche oder technische Regeln, für bestimmte Konventionen entscheidet, die als Gesetze, als universale Normen, als eine gültige Methode aufgefasst werden. Zwar muss es auch hier Abweichungen geben, wenn Neues entstehen soll, aber die Abweichung ist immer auch an die Anschlussfähigkeit der Erklärung gegenüber dem Bestehenden geknüpft. Der Sinn des konventionellen Lernens und seine Gefahr lassen sich folgendermaßen zusammenfassen:[1]

---

[1] Dies auf alle Menschen in einer Kultur zu beziehen ist allerdings immer idealtypisch, da es Abweichungen geben wird. In der Postmoderne nehmen die Möglichkeiten zu Abweichungen bei gleichzeitigem Zuwachs globalisierten Wissens zu.

Der *Sinn* besteht insbesondere darin, dass auch Konstruktivisten nicht bestreiten werden, dass es kulturell notwendig ist, eine Sprache zu erlernen, hierbei eine Grammatik zu erwerben und sich an die Regeln der Rechtschreibung zu halten, Zahlen und mathematische Funktionen zu lernen, den Gebrauch von Geld, Zeit, Normen und Vorschriften zu beherrschen, aber auch Hauptstädte von Ländern usw. nennen zu können, also alles das gemeinsam zu rekonstruieren, was als menschlicher Sinn, als Bedeutung, als Regel so aufgestellt wurde, dass möglichst alle in der Kultur damit viabel umgehen können und lebensweltlich auch müssen.

Das *Risiko* liegt darin, dass wir uns mittels solcher Konventionen immer auch einen Bedeutungshof einhandeln, der unsere Perspektiven verengt, uns auf Gewohnheiten fixiert, der kreative andere Lösungen begrenzt und uns leicht in ein Denken verführen kann, dass es kaum noch Neues zu erfinden gibt, dass die Welt nicht mehr grundlegend anders gestaltet werden kann.

Die konstruktivistische Didaktik kann und will die Konventionen nicht abschaffen. Aber der Didaktiker wird stets darüber reflektieren müssen, inwieweit die Konventionen gerechtfertigt sind, inwieweit sie zu Auslassungen führen und wann es notwendig ist, die Konventionen nicht nur zu rekonstruieren, sondern sie auch zu dekonstruieren – z.B. durch Kritik, Aufweis anderer Lösungen (in anderen Verständigungsgemeinschaften), historisch-vergleichende Betrachtungen. Der durch den Lehrenden geregelte Dialog, der vorschreibt, wie Aufgaben und Lösungen auszusehen haben, muss als eine enge Ziel- und Handlungsorientierung problematisiert werden, die nur dazu dienen kann, bestimmte begrenzte Anforderungen viabel zu lösen. Es muss in Lernprozessen aber auch stets Raum sein, von hier aus zu offeneren Dialogformen zu wechseln, auf die ich gleich noch zu sprechen kommen will.

Im Verhaltensbereich treten repräsentative Konventionen gerne als Forderungen nach sekundären Tugenden auf, und die Pädagogik hat in der Vergangenheit umfangreiche Listen hierzu erstellt: Fleiß, Pünktlichkeit, Ordentlichkeit, Gepflegtheit, Angepasstheit, Aufmerksamkeit, Konzentriertheit, Gehorsam, Disziplin – dies sind einige der relevanten Stichwörter. Der konventionell agierende Lehrer wird meist zum Dompteur, wenn er dieser Liste entsprechen will. Als Dompteur aber benötigt er eine Peitsche, die sich symbolisch durch Bestrafung, Bewertung mittels Lob und Tadel, Benotung ausdrückt. Diese konventionellen Mittel greifen besonders in einer Kultur, die autoritär ausgerichtet ist. In der postmodernen Gegenwart sind diese Mittel zwar noch relevant, aber sie haben ihre Allmacht verloren. Im Sinne einer Demokratisierung der Didaktik intendiert die konstruktivistische Didaktik eine stärkere Partizipation der Lernenden besonders bei der Gestaltung der beziehungsorientierten Konventionen.

Idealtypischer Grundsatz: Jede Lernergruppe benötigt einen 🗐 *Klassenrat* oder Teilnehmerrat, in dem *kontinuierlich* in demokratischer Prozedur (= der Lehrende hat eine Stimme neben den anderen und ein Vetorecht nur bei höher geregelten rechtlichen Sachverhalten oder zum Schutz von Minderheiten) die Konventionen auf der Inhalts- wie auf der Beziehungsseite festgelegt, kontrolliert und sanktioniert werden. Die Lerngruppe erfährt hierdurch, dass Konventionen Konstrukte sind, die auf die betroffene Gruppe passen müssen, und sie lernt, wie eigene Ressourcen und passende Lösungen miteinander in relative Übereinstimmung gebracht werden können. Dieses Vorgehen entlastet nicht nur den Lehrenden aus einer unzeitgemäßen Dompteursrolle, sondern schafft darüber hinaus ein Lernen, das insbesondere bei Konflikten wichtig und erfolgreich ist: Nicht durch autoritäre Unterwerfung unter Gehorsamsgebote sich disziplinieren zu lassen, sondern eigene Techniken der Selbst- und Fremdkontrolle zu erlernen, zu diskutieren, zu problematisieren und in ihrer Wirksamkeit zu beurteilen.[1]

3) Reflexionen (Diskurse)

Was sind Diskurse? Im engeren Sinn wird mit Diskurs oft nur die »Rede« oder der »Wortstreit« bezeichnet, den Personen in Dialogen führen. In solcher Erörterung werden – wie schon die Griechen herausstellten – Gedanken ausgetauscht, geprüft, bewertet. Heute bezeichnen Diskurse auf einer anderen Ebene aber auch wissenschaftliche Schulen, die sich herausgebildet haben und die in ihrem Ansatz mit und gegen andere den Gedankenaustausch betreiben. Hier spricht man etwa vom »Diskurs der Psychoanalyse« oder vom »Philosophischen Diskurs der Postmoderne«, um ein mehr oder weniger genau abgrenzbares Feld wissenschaftlichen Austausches zu bezeichnen. In der konstruktivistischen Didaktik wird dieser Begriff in einem noch umfassenderen Sinn genutzt (vgl. dazu Reich 1998b, Kap. IV): Unter »Diskurs« wird hier jede Art symbolischer Ordnung verstanden, die zugleich Bedeutungen bezeichnet, aus welchen Gründen oder Regeln diese Ordnung gelten soll, und die innerhalb einer Verständigungsgemeinschaft mit bestimmten Intentionen auf Zeit besteht bzw. beobachtet werden kann. Dieser Wortsinn ist umfassender als »Rede und Wortstreit«, denn nun werden nicht nur Inhalte und Beziehungen in Worten und Reden beschrieben, sondern es wird zugleich hintergründig gefragt, nach welchen vorausgesetzten Regeln, vorgenommenen Beobachtungen, in welchen kulturellen Perspektiven und Kontexten diese Inhalte und Beziehungen erscheinen und was dies für die Deutung bedeutet. Dabei kann der zweite Wortsinn – dass es diskursive Ansätze oder Schulen gibt – aufgenommen werden, denn auch der Konstruktivismus als eine solche Schule tritt in Austausch über Diskurse. Er kann dabei als eine Diskursgemeinschaft identifiziert werden. Zugleich aber beansprucht der Konstruktivismus auch, etwas über diesen Austausch allgemein zu sagen. Er stellt insbesondere fest, dass Diskurse nicht nur im Bereich des Wissens auftreten, sondern dabei mit Fragen der Macht, der Beziehungen und des Unbewuss-

---

1 Dies ist der Schritt, der nach Foucault als ein Übergang von der bloßen Disziplinierung hin zu Technologien des Selbst beschrieben werden kann (1993b). Damit aber ist keine Erwartung eines machtfreien Raumes verbunden, sondern vielmehr der Anspruch, die Wirkungen von Macht nicht zu leugnen und stets zu besprechen, um hegemoniale Ausprägungen zu vermeiden. Eine solche Sicht verändert auch die Betrachtung der Erziehungsgeschichte. Vgl. dazu einführend Popkewitz u.a. (2001), die stärker als in der deutschen pädagogischen Diskussion an Foucault anknüpfen und sozial-konstruktivistische Sichtweisen einnehmen.

ten verbunden erscheinen. Damit will sich das konstruktivistische Denken hin zur Lebenswelt öffnen und auch in der Didaktik eine solche Öffnung vertreten.

> Jeder Lehrende sollte sich verdeutlichen, dass er immer mit diskursiven Ansprüchen seine Didaktik betreibt. Selbst wenn er keinen Diskurs führen will, so wird dieser durch die Vorverständigungen, die durch das ausgewählte Unterrichtsmaterial vorhanden sind, dann unbewusst oder ungewusst eingeführt. Insoweit ist es erforderlich, um nicht unhinterfragt Konventionen bloß zu übernehmen, als Lehrender in allen Fachgebieten ein eigenes diskursives Verständnis auszubilden und hierbei bewusste Entscheidungen zu treffen, die dann auch für die Lerner transparent werden. Diese Transparenz erreicht aber nur ein Lehrender, der zu den eigenen und fremden Diskursen eine kritische und reflektierende Sicht möglichst weit reichend einnehmen kann. Eine solche Weitsicht will die konstruktivistische Didaktik besonders fördern.

Als didaktisches Ziel steht beim Lernen offener Dialoge (= diskursives Lernen) vor Augen, Lerner möglichst weit reichend Einblick in die Voraussetzungen und Regeln dessen geben zu können, was ihnen sinnlich gewiss in Erfahrungen und Erlebnissen, konventionell als Inhalt und Verhaltensvorschrift, diskursiv als bessere Einsicht angeboten wird. Der Lerner muss über kurz oder lang für sich herausfinden und entscheiden, was zu ihm passt und wie er diese Passung in seine Lebenswelt transformieren kann. Dazu kann ein diskursives Lernverständnis reflexiv beitragen.

Wie kann ein solches Lernen im und als Diskurs gefördert werden? Im Diskurs wird die Vermittlung von Inhalten und Beziehungen/Verhalten grundsätzlich an offene Dialoge geknüpft, die davon ausgehen, dass die Subjekt-Objekt-Vermittlung aus der Sicht unterschiedlicher Verständigungsgemeinschaften plural, widersprüchlich oder auch ambivalent begründet werden kann (S – VG 1 – VG 2 – VG 3 – usw. – O).

An dieser Stelle kann es immer wieder zu Konflikten mit der konventionellen Ebene didaktischen Handelns kommen. Dies ist unvermeidlich und sollte zum Anlass genommen werden, stets bei Konventionen zu fragen, inwieweit deren diskursive Begründung die Geltung beanspruchen kann, die versprochen wird. Es gehört zur schwierigen Arbeit des Didaktikers, dies lernerangemessen und im Blick auf die Lernvoraussetzungen der Altersgruppe zu leisten.

Eine Konvention im Lernen lautet z.B. immer wieder, dass es im Lernraum leise sein muss, damit alle effektiv lernen können. Dabei ist das Leise-Sein in einem Diskurs der Disziplin eingeschrieben, der meist aus Gewohnheit befolgt wird. In der Tat war es in früheren Lernszenarien, die auf den Lehrer zentriert waren, unumgänglich, dass die Lerner ihren Mund geschlossen halten. In einer veränderten Didaktik kann aber auch gefordert werden, dass der Lehrer seinen Mund geschlossen hält.[1] Dann wird durch die Lerneraktivitäten der Lärmpegel ansteigen. Nun ist gemeinsam mit den Lernern zu klären, inwieweit die stillschweigende Konvention noch Geltung haben kann oder wie

---

1   Ein Beispiel hierfür ist das Buch »Teaching with your mouth shut« von Finkel (2000).

sie umgestaltet wird. In einem gemeinsamen Diskurs werden Gründe pro und kontra erhoben, um eine neue Konvention auf Zeit für diese Lerngruppe zu begründen. Dabei muss allerdings auch reflektiert werden, welche Regeln der diskursive Vorgang befolgt: Reicht es aus, wenn Mehrheiten bestimmen oder müssen einzelne Lerner, die sich bei zu viel Lärm nicht hinreichend konzentrieren können, von der Lerngruppe geschützt werden? Der Lehrende bringt sich beratend in den Prozess mit ein. Evaluationen helfen, die gemeinsamen Anforderungen und ggf. gegensätzliche Standpunkte zu präzisieren und zu einer Lösung zu gelangen, die hinlänglich viabel für alle sein kann.

Ein diskursives Verständnis ist ein Verständnis, dass nicht nur sinnlich erfahrbare Gegenstände beschreibt, Inhalte wiedergibt und Verhalten nachahmt. Diskursiv wird von der Didaktik mehr verlangt: Schon auf der Ebene der sinnlichen Gewissheit ist es besonders das Untersuchen und das Experiment, das einen Frageunterricht gegenüber einem Ergebnisunterricht fördern kann.[1] Dies hatte John Dewey sehr klar herausgearbeitet und als eine pädagogische Grundhaltung gefordert. Neugierde gegenüber Gegenständen, exploratives Verhalten, das auch Um- und Irrwege gehen kann, um zu Einsichten zu gelangen, situatives Verhalten, das auf erfahrene Erlebnisse eingeht, expressiver Ausdruck, der eine Darstellung mit erweiterten Mitteln (nicht nur sprachlich-rationalisierend) ermöglicht, dies sind Grundansprüche, die Voraussetzungen für ein diskursives Verstehen bilden (vgl. Reich 2005, 197ff.). Sie bilden diese Voraussetzungen, weil so erlebt und erkannt werden kann, dass die sinnlichen Erfahrungen auf vielfältige Weise erscheinen, unterschiedlich bearbeitet, verstanden und erklärt werden können, eine experimentelle Grundeinstellung erfordern, um sie zu erschließen und dabei ggf. auch weitere, neue Seiten an ihnen zu entdecken.

Auf der Seite der Inhalte beschreiben Diskurse vor allem die Regeln, nach denen einzelne Aussagen erzeugt, zu einer Ordnung zusammengefügt, in einem Wissen verbunden werden. Inhalte werden in einem diskursiven Verständnis sowohl in der Erklärung eines Denk- und Verständigungsansatzes als ein mit besonderen Methoden gewonnenes Konstrukt erkannt als auch im Nach- und Nebeneinander anderer Denk- und Verständigungsansätze als nur eine Erklärung markiert. In einem offenen Dialog wird es möglich, mit den Lernern Vor- und Nachteile der Erklärung herauszuarbeiten und vor dem Hintergrund einer begründeten Viabilität zu reflektieren.

Im Lernen kommt es immer wieder zu der Frage, was die Lerner eigentlich lernen sollen. Warum ist dies wichtig und jenes unwichtig? Wer legt die Ziele, die Inhalte, die eingesetzten Methoden und die Anforderungen für Kontrollen und Prüfungen fest? Die Abbildungsdidaktik bleibt hier völlig unkritisch und übernimmt aus autoritärer Unterwürfigkeit einfach das, was als Quasi-Abbild ihr durch Rezepte von außen aufgezwungen erscheint. Die konventionelle Didaktik hält sich an Mehrheitsbeschlüsse und Vorgaben, die unstrittig erscheinen. Meist sind dies durch Experten und Bürokratien geregelte Annahmen, die dem Lerner aber die in sie eingegangenen Voraussetzun-

---

1   Die Didaktik Martin Wagenscheins (1965, 1987, 1989) zielte genau auf diesen Aspekt und kann bis heute deshalb in diesem Bereich als impulsgebend angesehen werden; vgl. dazu z.B. Cech u.a. (2001).

gen der Auswahl und Auslassungen verschweigen. Der Lerner lernt, weil es so üblich ist. Er erlernt Fachkompetenzen, ohne selbst hinreichend eine Methodenkompetenz dafür zu erwerben, was er wann und warum lernen sollte. Eine solche umfassendere Kompetenz im Blick auf Inhalte und Beziehungen wird erst dann ermöglicht, wenn der Lerner reflexiv didaktisch lernen kann. Dann wird er sich und andere fragen, welche Regeln und Voraussetzungen dazu führten, diese Inhalte oder Verhaltensweisen zu bevorzugen und jene zu vernachlässigen. Er wird nach und nach ein kritisches, reflektierendes Bewusstsein aufbauen können, das zudem eine Viabilitätsprüfung mit eigenen Erfahrungen in seiner Lebenswelt einschließen kann: »Das sagen die anderen, aber passt es auch zu mir?«

Eine Besonderheit stellen Beziehungen dar, wenn sie diskursiv reflektiert werden. Das diskursive Beziehungsverhalten gehorcht keiner inhaltlichen Logik, sondern verweist auf eine besondere Beziehungslogik, eine Psycho-Logik. Hier ist es entscheidend, bei Lehrenden wie Lernenden eine kommunikative Kompetenz zu entwickeln. Im Gegensatz zu kausalen und linearen Zuschreibungen, wie wir sie oft bei naturwissenschaftlichen oder technischen Vorgängen finden, gehorchen Beziehungen anderen Gesetzmäßigkeiten. Das Zusammenspiel von Inhalten und Beziehungen wirkt sich auf die didaktischen Rollen aus, die Lehrende und Lernende einnehmen. Darauf will das nächste Kapitel näher eingehen.

> Die Beziehungslogik wird im hier vertretenen konstruktivistischen Ansatz an anderen Stellen ausführlich behandelt. In Reich (2005, Kap. 2 und 4) finden sich kommunikative Grundannahmen diskutiert und zusammengefasst. Dabei wird neben dem Symbolischen auch auf die Rolle des Imaginären und Realen eingegangen, um aufzuzeigen, dass die Beziehungslogik keineswegs nach einer kausalen Logik aufgefasst werden kann. Im kommunikativen Bereich sei auch auf die Arbeiten von Watzlawick (1985, 1988, 1990) und Schulz von Thun (1988) einführend verwiesen. In Reich (1998b, Kap. III) wird die Beziehungslogik sehr ausführlich rekonstruiert. Hier wird insbesondere auf Subjektivität als Spiegelung, Schlüsselszenarien, kulturelle Viabilität, Kognitionen und Gefühle, zirkuläre Merkmale der Beobachtung von Beziehungen eingegangen.

5.3 Beobachter, Teilnehmer, Akteure – drei didaktische Rollen

Aus der Sicht der konstruktivistischen Didaktik nehmen Lehrkräfte als auch Lernende drei verschiedene Rollen ein. Ihre Konstruktionen, ihre Methoden und ihre Praxis sind an Beobachter, Teilnehmer und Akteure (dies sind verschiedene Rollen des Menschen als Konstrukteur von Wirklichkeiten) gebunden (vgl. auch Reich/Sehnbruch/Wild 2005):

- Als Beobachter schaue ich auf das, was ich denke und tue. Ich nehme eine Selbstbeobachterposition ein, wenn ich eigene Erwartungen, Ansprüche, Normen markiere oder reflektiere. Ich beziehe eine Fremdbeobachterposition, wenn ich entweder andere Beobachter, Teilnehmer oder Akteure beobachte und deren Erwartungen, Ansprüche, Normen feststelle und beurteile oder mich selbst aus meinen üblichen Beobachtungen löse und aus einer imaginierten Fremdbeobachterperspektive mich kritisch beobachte. Ich beobachte nicht nur singulär, sondern fasse wiederkehrende Ereignisse als Beobachtungen zusammen. Ich beobachte als kulturelles Wesen im Kontext meiner Kultur und ihrer Beobachtungsvorschriften. Insoweit gelange ich nie zu beliebigen Beobachtungen, obwohl die Postmoderne durch Pluralität, Wahlmöglichkeiten und Unübersichtlichkeit zu einer Ekstase von Beobachtungsvarianten führt (vgl. weiterführend Reich 1998a, Kap. I).

- Als Teilnehmer erscheine ich jenen Beobachtern (mir selbst oder anderen), wenn ich im Rahmen von Sinnbildungen oder Verständigungen einer Gemeinschaft (von zufälliger bis institutioneller Organisation) angehöre, die für einen gewissen Zeitraum einen Kontext meines Beobachtens oder Agierens bilden. Als Beobachter scheine ich noch frei, als Teilnehmer bin ich immer an die Vorverständigungen meiner Teilnehmerschaft rückgebunden. Solche Bindungen legen mich fest: als Feministin, Christ, Atheist, Mitglied einer Ethnie, einer wissenschaftlichen, sozialen, ökonomischen oder anderen Deutungsgemeinschaft, politischer Überzeugungen, usw. Auch der Konstruktivismus ist eine solche Festlegung in bestimmter Teilnahme. In der Postmoderne habe ich dabei nicht mehr eine einzige (vollständige, nicht brüchige) Identität, die mich recht ausschließlich festlegt, sondern ich gehöre überlappenden, teilweise ambivalenten, öfter auch wechselnden Teilnahmen an, die durchaus eine Widersprüchlichkeit meiner Bezüge aufweisen können (z.B. Teilnahme an ökologischen Gemeinschaften und zugleich Teilnahme am Autofahren). Es gehört zu meinen ambivalenten Erfahrungen, dass ich in den Deutungen oft ein klares Weltbild konstruiere und mich hierbei anderen anschließe, zugleich aber diese Deutungen als Akteur oder (ignoranter) Beobachter dadurch unterlaufe, dass ich mich nicht entsprechend den Deutungsidealen verhalte.

- Als Akteur wiederum agiere ich scheinbar ohne primär zu beobachten. Ich kann auch scheinbar frei von Teilnahmen agieren. Aber dies kann sich allenfalls auf sehr spontane Aktionen beziehen, in denen ich vorübergehend den Kontext meiner Aktionen vergesse – andere werden mich immer auf diese Vergesslichkeit hin ansprechen können. In der Regel unterliegen meine Aktionen einer gewissen Antizipation oder sogar Planung, und hierbei spielen zuvor gemachte Beobachtungen als auch Teilnahmen eine prägende Rolle. Allerdings ist diese Rollenbestimmung nicht eindeutig fixierbar, denn die Teilnahme kann idealisierend sein und durch Aktionen konterkariert werden. Auch können Aktionen ohne hinreichende Distanz zur Beobachtung erfolgen, wenngleich das Beobachten in den Aktionen nie ausgeschlossen sein wird. Um eine Aktion jedoch begründet durchzuführen oder sie hinreichend zu reflektieren, komme ich ohne eine Bearbeitung meiner Beobachter- und Teilnehmerrolle nicht aus.

Bei der Bezeichnung dieser drei Perspektiven bzw. Rollen ist es hilfreich, noch einmal wesentliche Veränderungen im Übergang von der Moderne zur Postmoderne zu reflektieren. Dabei will ich zugleich mögliche Risiken ansprechen, die aus dem Übergang für pädagogisches Denken und Handeln resultieren.

1) Beobachter

Schaubild 9 skizziert diesen Übergang. Die Beobachter in der Moderne waren noch sehr stark an einer »Ordnung der Dinge« orientiert, d.h., für sie stand eine Suche nach Welt- und Naturgesetzen im Vordergrund, die die Dinge und die Welt abbilden oder zumindest möglichst eindeutig aufklären sollten. In der Postmoderne verschwindet diese Suche nicht, aber sie wird erheblich relativiert:

In den Beobachtungen zeigt sich, wie sehr die »Ordnung der Blicke«, d.h. die Vorauswahl und Einschreibung von Interessen, Macht, Gewohnheiten, Machbarkeiten, auch durch außerwissenschaftliche und keineswegs neutrale Absichten bestimmt ist. Denker der Postmoderne relativieren daher die vermeintlich feststehende »Ordnung der Dinge«, sie pluralisieren die Denkmöglichkeiten und zeigen auch rekonstruktiv auf, dass es in der Vergangenheit keineswegs immer nur einen richtigen oder sinnvol-

	Moderne	Risiko	Pädagogik	Postmoderne	Risiko	Pädagogik
Beobachter	Ordnung der Dinge	Schematismus	Inhaltsdominanz	Ordnung der Blicke	Beliebigkeit	Beziehungen Beobachtervielfalt Offenheit
Teilnehmer	Festlegung auf eine bestimmte Vorverständigung	Begrenzung der Verständigung	Weltanschauung	mehrere bestimmte Verständigungen möglich	Verständnislosigkeit	Viabilität (Ressourcen- und Lösungsorientierung)
Akteur	Ich will **Ich soll** Identität ↓ Dominanz rationaler Diskurse	Kontrolle ↓ Fremdzwang/ wenig Freiheit	Einsicht und Autonomie ↓ Selbstzwang/ viel Anpassung	**Ich will** Ich soll Identitäten ↓ Differenz und Diskursvielfalt	Gleichgültigkeit ↓ Freiheit ohne Solidarität	Konstruktion + Rekonstruktion + Dekonstruktion ↓ Wunsch nach konstruktiven Lösungen

Schaubild 9: Beobachter, Teilnehmer, Akteure: modern und postmodern

len Weg gab oder heute gibt. Die moderne Gesellschaft steht für den Beobachter unter dem Risiko einer schematischen Betrachtung von Welt. Der Ordnung der Dinge soll möglichst eine Ordnung der Vernunft, der rationalen Diskurse, entsprechen. Für die Didaktik bedeutete dies in aller Regel, dass sie sich inhaltlich orientierte und vor allem die höhere Bildung unter der Dominanz des Wissens sah.

In der Postmoderne bleibt diese Sicht nach wie vor erhalten. Aber nun erweisen sich die Ordnungen durch Blicke bestimmt: Nenne mir die Perspektiven, in denen du schaust, und ich sage dir, was du alles (über)siehst.

Der Verlust der Vollständigkeit der Dinge und abbildbarer Inhalte führt in ein neues Risiko: Insbesondere die Beliebigkeit von Beobachtern und Beobachtungen gilt als gefährlich:

- Was geschieht, wenn alle als Beobachter zugelassen werden, auch wenn sie vielleicht gar keine hinreichende Vorkenntnis in Bezug auf den Beobachtungsgegenstand haben?
- Was geschieht, wenn in den Beobachtungen alles gleichberechtigt erscheint, wenn unterschiedliche Beobachter nicht mehr gleichzeitig Wesentliches von Unwesentlichem hinreichend unterscheiden können?
- Was geschieht, wenn nicht mehr hinreichend an die Beobachtungen der vorausgehenden Generation angeknüpft wird, wenn alles zu schnell entwertet oder beliebig wird?

Diese oder ähnliche Fragen zeigen Risiken auf, die in der Kultur der Gegenwart ständig zu Diskussionen, Missverständnissen, aber auch zu notwendigen Verständigungen führen. Konstruktivisten argumentieren als Beobachter der gegenwärtigen Kulturen auf der Grundlage von Veränderungen, die sie beobachten und reflektieren:

- Es ist in der gegenwärtigen Kultur immer fragwürdiger geworden, Beobachter auszuschließen. Sofern mangelnde Vorkenntnisse vorliegen, müssen sich die Experten verstärkt darauf einlassen, dass auch ihre Annahmen nicht allein aus Tradition oder Gewohnheit für gültig befunden werden. Dies gilt auch für konstruktivistische Annahmen. Eine Gefahr ergibt sich dann, wenn irrationale Urteile gegenüber interaktiver Verständigung zunehmen, wenn hegemoniale Strategien gegenüber demokratischen Prozeduren nur durch (z.B. ökonomische) Macht durchgesetzt werden (vgl. z.B. Mouffe 1997, 1999).
- Eine Kultur, die Vielfalt ermöglicht und produziert, gerät notwendig in eine große Unübersichtlichkeit, die nicht nur Gefahr, sondern auch eine Chance für viable individuelle Lösungen ist (vgl. z.B. Bauman 1999).
- Die Postmoderne ist durch enorme Beschleunigungseffekte gekennzeichnet. Sie kritisch zu reflektieren und nicht jede Mode zu akzeptieren setzt zunehmend eine gewisse Breite des Beobachtens voraus, denn es ist ja gerade die »Ordnung der Dinge«, vor allem Angebote des Marktes, die uns verführt und auf bestimmte Perspektiven festlegen will. Dagegen ist ein Beobachten erforderlich, das sich der Un-

übersichtlichkeit stellt (vgl. z.B. Bauman 1995, 1997) und die »Ordnung der Blicke« (Reich 1998a, b) kritisch reflektiert.

Für die Beobachterrolle fordert eine konstruktivistische Pädagogik und Didaktik daher Beobachtervielfalt und Offenheit. Dies gilt für alle Altersgruppen. Ein Ausschluss bestimmter Beobachter fördert eher die Risiken, statt sie zu mindern. In der heutigen Kultur kommt es vielmehr darauf an, die Beobachterrolle viel intensiver als in früheren Zeiten zuzulassen und zu reflektieren. Dies setzt voraus, dass wir als Beobachter lernen, Selbst- und Fremdbeobachterperspektiven einzunehmen, einen Wechsel von Beobachterpositionen zu vollziehen, um andere besser oder in ihrer Andersartigkeit zu verstehen, aber auch Beobachtungen dazu zu nutzen, eine kritische Distanz zum Beobachtbaren aufzubauen, d.h. ein reflexives Verhältnis zu den Erscheinungen unserer Kultur einzunehmen.

2) Teilnehmer

Wären wir nur Beobachter, dann wäre unsere Freiheit größer als sie gegenwärtig ist. Sie erscheint vielen Menschen in der Tat als besonders groß, wenn sie sich vor allem virtueller Beobachtung hingeben. Doch diese Freiheit täuscht, denn als Beobachter sind wir immer zugleich Teilnehmer. Und als Teilnehmer sind wir an Vorverständigungen in unserer Kultur gebunden. In der Moderne war dies in der Regel eine bewusst gewählte Festlegung. Man hatte *ein* »Weltbild« und wurde daraufhin befragt. Das Risiko bestand darin, dass dieses eine Weltbild viele andere ausschloss, dass Verständigungs- und Entwicklungsmöglichkeiten so von vornherein begrenzt wurden. Dies hatte aber auch den großen Vorteil, dass man auf eine gewisse Basis des Verständigens, z.B. des sittlich Anerkannten setzen konnte. Es gab mehr oder minder klare Werte und Wertvorstellungen, auch wenn sich diese je nach Klassen- oder Gruppenzugehörigkeit deutlich unterschieden. Auch in der Pädagogik war die Frage nach der Weltanschauung üblich und erwünscht. Man hatte sich in Blick auf seine Voraussetzungen zu legitimieren. Heute hat man in der Regel eine Mehrzahl von Welt-Bildern, so dass die Befragung schwieriger ist. Es gehört zur postmodernen Lebensweise, unterschiedliche Verständigungen in unterschiedlichen Kontexten zu realisieren. Man ist kaum mehr in einem Weltbild zu Hause, sondern eher ein Wanderer, der von Ort zu Ort, von Gelegenheit zu Gelegenheit, von Zeit zu Zeit nach unterschiedlichen Bildern und Welten sucht. Die Prozedur des Verständigens rückt hier *vor* die Übernahme einer Teilnahme an nur einem bestimmten Weltbild, das nicht mehr als grundlegend und selbstverständlich für alles und alle gilt. Auch wenn dieser postmoderne Übergang längst nicht in allen Lebensbereichen vollzogen ist, sondern nur eine kulturelle Tendenz darstellt, so erscheint auch hier schon ein deutliches Risiko. Das Risiko der Moderne war ein Überschwang an Verständnisgebundenheit, das in der Regel immer nur das eigene war. In der Moderne scheute man sich nicht, aus einer starken eigenen Vernunftposition alles andere ableiten und begreifen zu wollen. Dies führte oft zu einer Begrenzung der Verständigungsmöglichkeiten allen Fremden gegenüber.[1] In der Postmoderne verschiebt sich dieses Risiko auf eine Verständnislosigkeit. Wird postmodern die Verständigung nur noch auf ein willkürlich erscheinendes Aushandeln, ein oft nicht mit hinreichendem Wissen erhobenes Urteilen gestellt, dann entsteht eine Verständnislosigkeit, die weder über *eine* vertiefende Sicht noch über *eine* erklärende Theorie oder *einen* normativen Satz von Erklärungen verfügt. Ihr Unverständnis entsteht aus einem Mangel an Kenntnis oder einer Oberflächlichkeit des Gekannten.

> Eine konstruktivistische Pädagogik versteht sich nicht als eine Pädagogik der Verständnislosigkeit. Sie will Verständnis aufbauen, ohne jedoch den Weg eines einzigen Verstehensmodells gehen zu wollen.

In diesem Rahmen ist der Ansatz einer radikalen Demokratie ein notwendiges Konstrukt.[2] Das Risiko der Verständnislosigkeit schlägt in einer Kultur wie der unseren oft in übertriebenen Egoismus, Unterdrückung von Minderheiten, Vernachlässigung sozialer Belange, in ungerechte Verteilung von Ressourcen und deren Akkumulation bei wenigen Menschen, in soziale Härte und Kälte, aber auch in Rassismus und andere unsolidarische Aspekte[3] um, insbesondere wenn die Solidarität der besser Situierten, der Verfüger über wesentliche Ressourcen, nicht mehr eine soziale, ausgleichende, fördernde Perspektive einnehmen kann. An dieser Stelle jedoch bleibt das Erbe der Moderne auch für die Postmoderne erhalten und wird zum wesentlichen Prüfstein einer längerfristigen Realisierbarkeit postmoderner Lebensweisen und Freiheitsansprüche: Je mehr die Ressourcen auf wenige Nutznießer umverteilt werden, desto weniger werden die Freiheitserwartungen gesellschaftlicher Mehrheiten erfüllt werden können. Eine Spaltung, wie sie Soziologen gegenwärtig als Tendenzen zu einer (mehr oder weniger) besitzenden 2/3- gegen eine (im Verhältnis stark besitzlose) 1/3-Gesellschaft bezeichnen, zeigen die Notwendigkeit ausgleichender Maßnahmen, wenn an dem modernen emanzipativen Anspruch möglichst gleicher Chancen, der eine wesentliche *ideale Voraussetzung* postmoderner Lebensweise ist, festgehalten werden soll. Für eine konstruktivistische Pädagogik bedeutet dies ein eindeutiges Engagement in der Perspektive des Teilnehmers an Verständigungsprozessen:

---

1 Dieses Denken des Selben führte u.a., wie Levinas schrieb, dazu, dass Auschwitz möglich wurde: Den anderen Menschen unter bestimmter Ideologie einer Letztbegründung der eigenen Wahrheit ihre andere Perspektive zu nehmen bis hin zu dem Punkt, wo sie als Beleg der Richtigkeit der eigenen Vorurteile missbraucht und vernichtet werden konnten. Im Denken des Selben gibt es hier zahlreiche Abstufungen, die bis hin zu subtilen Formen einer scheinbar legitimierten Unterdrückung reichen. Vgl. Reich (1998a, 250ff.).
2 Vgl. als Einführung in einen solchen Diskurs z.B. Laclau/Mouffe (1991), Mouffe (1997, 1999).
3 Solidarität hier bezogen auf ein Konstrukt menschlicher Gleichheitsrechte und eine Chancenermöglichung individueller Freiheiten, die den Ressourcen und Möglichkeiten der Gesellschaft entsprechen. Dagegen steht heute z.B. die neue Armut, mit der Pädagogen zunehmend konfrontiert werden. Vgl. z.B. Butterwegge (2000, 2001).

- Kulturelle Viabilität in der Pädagogik bedeutet, dass Lehrende in allen Formen erkennen, dass die Chancengleichheit ein pädagogisches Ziel, aber zugleich eine der größten pädagogischen Illusionen ist. Der Kampf um mehr Ressourcen für Bildung und Erziehung ist grundlegend, wenn Pädagogen die an sie gestellten Ziele und die von ihnen gewollten Ressourcen- und Lösungsorientierungen erreichen sollen. Es gibt zwar keine tatsächliche Chancengleichheit, aber es gibt Maßnahmen, die Chancen von allen – besonders von Benachteiligten – zu erhöhen.
- Da Kinder und Jugendliche nicht hinreichende Teilnahmerechte in der Gesellschaft der Gegenwart besitzen, da ihre Bildung und Erziehung nicht hinreichend vor dem Zu- und Übergriff durch sparsame, sorglose und zu wenig an der weiteren Zukunft orientierte Menschen, insbesondere Politiker der kurzsichtigen Machterhaltung, geschützt ist, die ihre Entscheidungen zunehmend mehr mit aktuellen Angeboten an die schnelllebige Befriedigung der Interessen von Wählergruppen binden, sind Lehrende und Lernende als Anwälte für die Notwendigkeit und Kosten des Lernens wichtig. Diese müssen immer wieder gegen die Kurzsichtigkeit gesellschaftlicher Planungen, gegen die Kurzlebigkeit von materiellen Interessen und eine vordergründige Erfolgsgier gesetzt werden. Das Credo der Postmoderne, aus möglichst wenig Einsatz möglichst großen Nutzen zu ziehen, wird heute gerne aus der Ökonomie auf andere Lebensbereiche übertragen. Für das Lernen aber ist eine solche Übertragung nicht viabel.
- Um Beobachtervielfalt und Offenheit zu gewähren, benötigt ein konstruktivistischer Ansatz demokratische Verhältnisse. Diese Pädagogik lässt sich nur unter demokratischen Bedingungen realisieren, da andere politische Formen kaum hinreichend Gewähr für Beobachtervielfalt, wechselnde Teilnahmen von unterschiedlicher Verständigung im Rahmen einer Verständigungsgesellschaft, hinreichende Aktionsmöglichkeiten von Selbstverwirklichung bei gleichzeitiger sozialer Achtung anderer bieten.

Hier zeigt sich z.B. für das deutsche Schulsystem eine große Schwäche durch die Vorgaben repräsentativer Demokratie im Blick auf die Schulbürokratie. Diese erscheint mir als ein Hindernis zur Entwicklung einer basisbezogenen Form von Demokratie. Wenn z.B. die Rektorenstellen an deutschen Schulen immer wieder nach dem Parteienproporz bestimmt werden, dann findet zwar eine (Aus-)Wahl statt, aber diese wird viel zu wenig auf die pädagogischen Belange abgestimmt. Statt Schülerinnen und Schüler, Lehrerinnen und Lehrer ihre Rektorin oder ihren Rektor auf Zeit wählen zu lassen, dann in der Zeit der Tätigkeit zu beurteilen, spielen externe Gründe heute in der Mehrzahl der Fälle eine größere Rolle für die Auswahl. Eine Schulkarriere kann oft nur politisch geplant werden, und dieser Umstand fördert nicht die erfolgreichen pädagogischen Kräfte, sondern ein politisches Beziehungskarussell. Gleichzeitig werden die Schulen durch die Parteigebundenheit ihrer Führungskräfte in die Räson jener gestellt, die die Bildung mit unzureichenden Mitteln ausstatten.

3) Akteure

Als Akteur in pädagogischen Prozessen dominiert in der Moderne die »Ich-soll«- vor der »Ich-will«-Haltung. In der Moderne ist *eine Identität* vorrangiges Ziel, die zu sich selbst kommt, die als Entwicklungslogik und Fortschritt aufgefasst werden kann. Der Akteur soll sich hier stets so beobachten, dass er zu einer Einheit von eigenem Streben und äußeren Anforderungen kommt. Aber diese Identität wird meist unter der Dominanz rationaler Diskurse gesehen. Die Akteure sollen vernünftig, begründet, wissend und rational vorgehen. Das Risiko ist die Kontrolle, die hierbei nötig ist. Je mehr Fremdzwang sich in der Kontrolle äußert, desto unwahrscheinlicher wird die Autonomie, die das Subjekt haben soll, das sich aus Einsicht als Akteur in seiner Kultur zeigt. In der Pädagogik hat man daher die Einsicht in die Einordnung, die Einsicht in den notwendigen Selbstzwang, in sekundäre Tugenden, um darüber vermittelt seine Autonomie zu erlangen, in den Vordergrund gestellt. Dies gilt bis heute auch für alle emanzipativen Ansätze, die einen kritischen Weltbürger erziehen und bilden wollen. In der Postmoderne wendet sich der Akzent vom »Ich-soll« zum »Ich-will«. Die Identität vervielfältigt sich, sie zerfällt in ein Patchwork von Identitäten, von wechselnden Rollen für verschiedene Anlässe, wie in Kapitel 2 argumentiert wurde. Ich will dies hier so deuten: Keine Identität ist sich selbst gleich, jede scheint im Wechselspiel des aufeinander Eingehens und Abwehrens nur noch die Simulation von ehemals festen, stabilen Rollen und Wirklichkeiten zu sein, die sich nunmehr in ein wandelbares, beschleunigtes, kurzlebiges Spiel mit feinen Unterschieden und belanglosen Unterscheidungen verwandelt hat.[1]

> Kein Wunder, dass sich viele Menschen nach der teilweise verlorenen Identität der Moderne sehnen, doch diese war auch Täuschung in ihrer Vereinfachung. Sie deutete schon die Simulation in den Selbstzwängen an, die den Prozess der Zivilisation immer mehr dominieren, wie Norbert Elias (1976, 1983, 1988, 1990) ausführlich analysierte, und deren Gewinnseite heute auch kaum jemand missen will: Eine Zunahme an Freiheit, die auch Freiheitsansprüche gegenüber den Zwängen der eigenen Identität reklamiert.

Die rationalen Diskurse wurden in ihrer Begrenztheit erkannt. Wir entdeckten so das Zeitalter der Kommunikation, der Beziehungen und der Emotionen, alles Ereignisse, die noch bis in die 60er-Jahre des 20. Jahrhunderts eher randständig waren.

Das größte postmoderne Risiko der Akteure in pädagogischen Prozessen könnte die Gleichgültigkeit sein, die ein Zeitalter der Unübersichtlichkeit und teilweiser Simulation erzeugt. Warum sollte ich mich bis in die Tiefen und Abgründe des Seins für den anderen interessieren, wenn die Spiele kurzweilig und eher egoistisch sind? Warum sollte ich anderen helfen, wenn mir dies keinen direkten persönlichen Gewinn bringt? Warum sollte ich mich komplizierten Analysen und komplexen Sichtweisen zuwenden, um eine Pädagogik oder Didaktik zu begründen und umzusetzen, wenn mein

---

1 Vgl. dazu weiterführend Reich (1999b), Reich/Sehnbruch/Wild (2005).

Einsatz vielleicht sogar als übertrieben gegenüber dem normalen Engagement erscheint? Warum sollte ich derjenige sein, der mehr tut als die anderen?

Die Unübersichtlichkeit wird hier gerne zum sachlichen Partner der Gleichgültigkeit. Die Postmoderne bietet Entschuldigungen für alles an. Und angesichts der Beschleunigung des Wissens, der Zerfallszeit sicher geglaubter Studieninhalte, dem Mangel an Zeit, Wissen zu vertiefen, scheint Resignation über kurz oder lang auch fast alle Didaktiker zu ergreifen. Auch diese Resignation kann man noch positiv sehen: Es ist eine Zunahme der Freiheit, allerdings einer Freiheit, die sich durch eine Abnahme an Solidarität mit anderen auszeichnet.

Eine konstruktivistische Didaktik will ein Stachel sein, der die Gleichgültigkeit besonders reizen will. Sie will vor allem jene stören, die hier ihre Ruhe haben wollen:

- Konstruktivistische Pädagogik und Didaktik ist eine Einstellung von Lehrenden und Lernenden, die sich der aktiv reflektierten Balance von »Ich-will« und »Ich-soll« stellt, die immer neu aushandeln will und muss, wie diese Balance gefunden wird, und die dabei in erster Linie auf konstruktive Lösungen setzt. Dies bedeutet, dass es keine Entschuldigungen für Gleichgültigkeiten gibt.
- Lerner und Lehrer sollen gemeinsam ihre Ressourcen überprüfen und nach einer konstruktiven (so weit möglich), rekonstruktiven (so weit nötig) und dekonstruktiven (Kritik ist immer erforderlich) Handlung mit Lösungsorientierung suchen (vgl. Kap. 5.1).
- Sie sollen sich bewusst als Akteure sehen und den Aktionsradius so weit gestalten, wie sie es in ihrer Zeit, ihrem Raum, ihren Möglichkeiten schaffen.
- Sie sollen ihre Teilnahmen (auch unbewusste oder ungewollte) hierbei reflektieren und transparent werden lassen, wofür sie einstehen oder wie sich diese Teilnahme unter ihnen unterschiedlich aufteilt (Reflexion auch der unterschiedlichen Ressourcen und Interessen untereinander).
- Sie sollen unter dem Anspruch handeln, dass jede Beobachtung eine neue Möglichkeit eröffnet, die bisher noch nicht gesehen wurde, so dass Offenheit nicht in Beliebigkeit kontemplativ zerfällt, sondern in aktive Teilnahme und Nutzung umschlagen kann.
- Sie sollen erkennen, dass die drei Perspektiven von Beobachter, Teilnehmer und Akteur sich ergänzen, miteinander vermittelt werden müssen, denn nur als Beobachter werden wir zu passiv und günstigenfalls reflektierte Skeptiker, nur als Teilnehmer sind wir zu schnell Gefangene nur dieser Teilnahme, nur als Akteure bleiben wir aktionistisch blind für das, was wir tun, und für andere Möglichkeiten und Kontexte.

4) Das Zusammenwirken der drei Perspektiven

Würden wir auf eine dieser Unterscheidungen verzichten, dann wird unsere Sicht undifferenziert: Dann sehen wir uns bloß noch als Beobachter, die nicht in Teilnahmen oder Aktionen verstrickt sind; dann überbetonen wir die Teilnahme, statt nach möglicher Beobachtervielfalt oder anderen Handlungsmöglichkeiten zu fragen; dann verharren wir in einem Aktionismus, ohne in Aktionen eingegangene oder aus ihnen folgende Beobachtungen und Teilnahmebedingungen zu reflektieren.

Die Unterscheidungen helfen so auch, das Konstruieren von Wirklichkeiten als einen differenzierten, komplexen Vorgang zu begreifen. Wirklichkeitskonstruktionen stehen für die konstruktivistische Didaktik in Beobachtungs-, Teilnahme- und Handlungsbedingungen, die einen Wechsel im Verständnis von Lernprozessen markieren, die aus einer naturalistischen Pädagogik vom Kinde aus oder aus der Bevorzugung natürlicher Welten grundsätzlich gelöst werden.

Um dies zu verdeutlichen, soll noch einmal auf die drei didaktischen Handlungsebenen aus Kapitel 5.2 zurückgeschaut werden. Wie verhalten sich sinnliche Gewissheit, Konventionen und Diskurse als didaktische Handlungsebenen zu den Rollen des Beobachters, Teilnehmers und Akteurs?

Im *Schaubild 10* wird skizziert, dass die Beobachter auf der Ebene sinnlicher Gewissheit konkret etwas von den Gegenständen der Welt erfahren. Allerdings werden ihnen meist bestimmte Bilder gegeben, sie werden mittelbar gelenkt, wenn die Didaktik eingesetzt wird, gezielte Wahrnehmungen zu erzeugen:

	Realbegegnungen (sinnlich gewiss)	**Repräsentationen** (Konventionen und geregelte Dialoge)	**Reflexionen** (Diskurse und offene Dialoge)
Beobachter	Beobachtung ist sinnlich gewiss, aber öfter mittelbar durch Bereitgestelltes gelenkt	Beobachtung wird über Darstellungen gesteuert	reflektierte Beobachter- und Beobachtungsvielfalt
Teilnehmer	eine gewisse kulturelle Wahrnehmung wird meist stillschweigend vorausgesetzt	eine Verständigungsgemeinschaft wird normativ bevorzugt	Verständigungsgemeinschaften erscheinen zur Auswahl ohne universale Vorrechte
Akteur	Handlungserlebnis	Handlungsbevorzugungen	reflektierte Handlungsalternativen

Schaubild 10: Didaktische Rollen und Handlungsebenen

In der konventionellen Ebene wechseln wir in eine bestimmte Beobachtung, die durch den Didaktiker ganz bewusst gesteuert wird. In geregelten Dialogen kann hier z.B. durch Frage-Antwort-Unterricht die Meinung des Lerners zwar noch eingeholt werden, aber die richtige Antwort steht immer schon fest. Dieses Fragespiel macht den Lernern auf Dauer wenig Spaß, und es ist im Blick auf den Erwerb einer Methoden- und Sozialkompetenz meist ungenügend. Deshalb ist es hier wichtig, die Beobachtungen, auch wenn sie gelenkt sind, zumindest kontrastierend in ihrer Wichtigkeit, Bedeutsamkeit, in einer Entscheidung für die Konventionen (wann? warum? durch wen? gab es Alternativen?) zu präzisieren.

Erst die diskursive Ebene erschließt den Beobachtungen eine Beobachter- und Beobachtungsvielfalt, die zur Wahl und Begründung von Konventionen herangezogen werden kann. Dies ist ein bevorzugtes Feld einer konstruktivistischen Didaktik, weil hier ein forschendes Beobachtungslernen situiert werden kann, das viele Beobachter und auch vielfältige Beobachtungen einschließt. In Diskursen wird Beliebigkeit dadurch eingeschränkt, dass die Kontexte, die Begründungsfiguren, die Geltungsreichweiten überhaupt erst beobachtet, damit erkannt und besprochen werden können.

Aus dem Blick des Teilnehmers zeigen sich durch die Didaktik vermittelte sinnliche Gewissheiten als stillschweigende, nicht problematisierte und in der Regel durch Autorität bloß gesetzte Verständigung, die die Offenheit der Wahrnehmungen nutzt, um eine bestimmte Sicht durch Vorgaben einer Auswahl und Interpretation durch den Lehrer zu vermitteln. Eine solche stillschweigende Teilnahme ist selbst bei jungen Lernern schon problematisch, weil sie die fatale Konsequenz trägt, das zu glauben, was an Bildern angeboten wird. Gerade angesichts der Massenmedien, die eine Ekstase der Bilderwelten anbieten, bedarf es besonderer Anstrengungen auch aus didaktischer Sicht, die naive Identifizierung von gegenständlicher Abbildung und Bildung (durch allzu selbstverständliches Zeigen und Visualisieren) zu durchbrechen. Dies gilt auch für den konventionell geregelten Dialog, der auf die Teilnahme *einer* Verständigung festlegen will. Auch hier bedarf es besonderer Begründungen und einer Reflexion auf Auslassungen, um die Lerner nicht vorschnell in zu vielen Bereichen auf vorgefertigte Lösungen zu orientieren, die im Wandel der Lebenswelt schnell veralten können. Eine diskursive Teilnahme sichert hingegen ein Verständnis über die Auswahl, die sich gegenwärtig einer Pluralität, Widersprüchlichkeit und Ambivalenz beim Wählen zu stellen hat:

- plural, weil es immer mehrere Verständigungen über Wirklichkeiten gibt, weil es verschiedene Versionen der Wirklichkeit gibt, die zur Auswahl stehen; hier muss eine eigene viable Begründung bei der Auswahl einsetzen;
- widersprüchlich, weil kein Verständigungsansatz heute alles eindeutig und vollständig, widerspruchsfrei und allgemein gültig mehr erklären kann; hier muss ein Überblick über verschiedene Ansätze erreicht werden, um überhaupt eine hinreichend begründete Auswahl treffen zu können;
- ambivalent, weil kein Ansatz im Vergleich mit anderen frei von Auslassungen und Wertungen ist, weil ein jeder bestimmte Vor- und Nachteile mit sich bringt; hier muss eine Erörterung über die Vor- und Nachteile einsetzen und erkannt werden, dass es unmöglich ist, gleichzeitig sehr unterschiedliche Erwartungen und Lösungen mit unterschiedlichen Voraussetzungen harmonisieren zu können; es muss also erkannt werden, dass der Gewinn einer viablen Auswahl zugleich einen Verlust in anderer Hinsicht bedeuten kann.

Für die Ebene der Akteure ist die sinnliche Gewissheit ein Handlungsraum, in dem konkret, situativ, in unmittelbarem Erleben und Erfahren ein Handlungserlebnis gemacht wird. Hier entsteht für den Lernprozess die Frage, was im Blick auf Beobachtungen oder eine Reflexion der Teilnahme mit einer solchen sinnlichen Gewissheit geschieht. Lehrende drängen auf der konventionellen Ebene schnell zu Handlungsbevorzugungen, um ein bestimmtes Bild, ein deutliches Wahrnehmen, eine eindeutige Schlussfolgerung aus der Situation abzuleiten. Aus der Sicht der sinnlichen Gewissheit wäre es meist günstiger, die gemachten Erfahrungen langsamer, vertiefender, individueller zu sichten und in Hypothesen zu verwandeln. Aus solchen Hypothesen könnten Konventionen entstehen, wobei jedoch eine konventionelle Grenze bewusst bleiben muss. Nach und nach lässt sich auch hier eine diskursive Handlungsebene erreichen, die Alternativen reflektiert und auf die eigenen Erfahrungen zurückbezieht.

Diese an das vorherige Kapitel anknüpfenden Überlegungen verändern die Ausgangsbedingungen didaktischer Reflexionen erheblich:

Beobachter und Vielfalt der Beobachtungen
Als Beobachter in der heutigen Lebenswelt haben wir es immer schwerer, sinnliche Gewissheiten, Konventionen und Diskurse in ein produktives, sich wechselseitig bereicherndes Verhältnis zu setzen. Wir erleben kulturell vielfach einen großen Druck der Vereinfachung. Die Realitäten werden durch Anhäufung symbolischer Vorräte und virtueller Inszenierungen zwar immer unübersichtlicher und komplexer, aber zugleich wird durch Auslassungen und die Konzentration auf ein flaches Überblickswissen mit einer vordergründigen Informationsflut auf eine Vereinfachung hingearbeitet, die sich nur schwer in profunde Problemstellungen übersetzen lässt. So verlernen wir das Staunen oder auch Erschrecken, die früher als wesentliche Anlässe in sinnlicher Gewissheit galten, um einen Lernprozess in Gang zu setzen. Heute rechnen wir als übersättigte Beobachter, die durch die Medien stets mit einem möglichen Realen konfrontiert werden, das ein bloßes Klischee des Staunens oder Schreckens geworden ist, immer weniger mit etwas Ungewöhnlichem. Irgendwer hat irgendwo schon irgendwas dazu erfunden. Wir erwarten zudem in unseren kulturellen Rahmensetzungen, in unseren Vorverständigungen stets schon eine Realität, die als bloße Fiktion abgetan werden kann. Das Erschrecken ist dann besonders groß, wenn tatsächlich Flugzeuge in Wolkenkratzer stürzen und nicht bloß ein Horrorfilm dieses vorgaukelt. Dann erst halten wir inne, und die Terroranschläge des 11. September 2001 veranlassten daher viele Kommentare dazu, von einer Wende in der Beurteilung menschlicher Gewalt- und Kriegstaten zu sprechen, vom Beginn einer neuen Zeit, weil die Ungeheuerlichkeit dieses Erscheinens des Realen viel mehr als jede mögliche Fiktion in distanzierbaren Filmen zu Konsequenzen einer Beurteilung zwingt. Gleichwohl werden die Fiktionen durch die vielen Zeiten, die wir als Beobachter fiktiver Medienangebote verbringen, für uns immer bestimmender. So minimieren wir in der Beobachtung das Reale und etablieren eine Realität der oberflächlichen Beobachtung. Dieser Effekt ist didaktisch gesehen sehr ungünstig, denn er verhindert das feine Beobachten, das Gespür für Details und Abweichungen, die Suche nach Neuem, den kreativen Umgang mit scheinbar Bekanntem. Insoweit wird es zu einer wesentlichen Aufgabe, gerade in den vertrauten oder erwarteten Wirklichkeiten die Möglichkeit des Realen und die Differenzierung der Realität

neu einzuführen: durch Sichtbarmachung von bisher Unsichtbarem, durch Verlangsamung bisher schneller Lösungen, durch Erkundung von Lücken in funktionalen Abläufen, durch Verstörung von bequemen Einsichten. Und eine solche Schulung der Beobachtung wird sich insbesondere jener Medien annehmen müssen, die uns als Beobachter verführen, so viel Lebenszeit mit ihnen zu verbringen.[1]

Teilnehmer und Wechsel der Teilnahmen
Als Teilnehmer ist eine feste und gesicherte Vorverständigung in bestimmten kulturellen Bereichen zwar wünschenswert (z.B. bei den Kulturtechniken), aber gegenüber den erfahrbaren Ereignissen zum Teil oft auch hinderlich. Insoweit ist es didaktisch gesehen sehr hilfreich, wenn wir die Teilnahmen öfter in der Verständigung wechseln: Gezielt die Positionen eines anderen Teilnehmers, einer anderen kulturellen oder sonstigen Teilnahme einnehmen, um aus der erlebten Differenz, z.B. aus einem ⊞ *Rollenspiel* heraus, neue Erfahrungen zu machen. Dafür gibt es zunehmend auch Voraussetzungen in unserer Kultur: Schließlich wird es immer unmöglicher, sich bloß auf eine oder wenige wesentliche Teilnahmen in der Verständigung zu konzentrieren, aus der heraus alle Realität aufgebaut wird. Die von uns entworfenen Versionen von Wirklichkeit sind vielmehr brüchig; wir müssen uns in vielen Situationen ohnehin auf verschiedene Vorverständigungen einlassen, zwischen denen wir eine mehr oder minder reflektierte Auswahl bei Handlungsentscheidungen treffen. Dies kann neue Wahrnehmungen und eine differenzierte Auffassung von Realität ermöglichen.

Akteure und die Offenheit der Aktionen
Es gibt ein reformpädagogisches Urteil, das im Blick auf Handlungen und Akteure bis heute sehr stark die Pädagogik und Didaktik bestimmt: Als Akteur bin ich in tatsächlich unmittelbar erlebten Ereignissen einem motivierenden Lernanlass scheinbar näher als in einer kunstvoll inszenierten Welt. Es entsteht didaktisch gesehen die Frage, ob und warum solche Ereignisse günstiger als inszenierte und künstlich gestellte Didaktisierungen anzusehen sind, wenn intensiv gelernt werden soll. Denken wir darüber nach, dann erscheint ein Grund für die Bevorzugung möglichst unmittelbar erlebter Ereignisse in der Bedeutung des Realen: Es treibt uns stärker als jede Realität, in der wir Vorverständigungen eingegangen sind, an, uns imaginär neu zu orientieren und symbolisch das Ereignis mit hoher Erlebnisdichte zu verarbeiten.

Das Flow-Ereignis bezeichnet einen Zustand, der eine solche Erlebnisdichte herstellt (vgl. Csikszentmihalyi 1985). In diesem Erlebnis vergessen Akteure alles um sich herum, ihre Imaginationen und gestalterischen Kräfte konzentrieren sich auf ihr Tun, in dem sie sogar vergessen, sich zu beobachten. Das Flow erscheint erst im Nachhinein, wenn rückwirkend auf das Geschehen geschaut wird, wenn die Beobachtung nachträglich einsetzt. Günstig am Flow ist vor allem, dass wir im Pro-

---

1 Im deutschen Durchschnitt kostet das Fernsehen hochgerechnet aus der gegenwärtigen Situation etwa 1/7 der gesamten Lebenszeit, aber die Tendenz ist steigend.

zess nicht durch beobachtende Kritik oder einschränkende Selbstwertgefühle gehindert werden, etwas zu vollbringen, das wir uns zuvor vielleicht nicht zutrauten.

Doch auch das Flow-Erleben gehört eigentlich weniger dem Realen als vielmehr dem Imaginären an seiner Grenze zum Symbolischen an. Es besteht ohnehin ein grundsätzlicher Zweifel, inwieweit wir die Kräfte eines Realen nutzen können, wenn dies Reale eigentlich nur das bezeichnen kann, was *bewusst* erst in unsere Realität transformiert wird. Das Reale ist nicht planbar. Wir können allenfalls angeben, wann es eher für Lerner zu realen Ereignissen kommen kann: wenn sie in der Lebenswelt, in praktischen Bereichen, mit nicht vorinszenierten oder vorproduzierten Gegenständen tätig werden, eigene Handlungen entwerfen und entwickeln können, als Akteure mit allen Sinnen Neuland betreten. Dann scheint es möglich zu sein, dass eher reale Erfahrungen gemacht werden. Aber wir müssen auch zugestehen, dass das Reale sich keineswegs auf direkte Erlebnisse, auf unmittelbare Ereignisse in einer sinnlich gewissen und zugleich natürlich offenen Welt beschränken lässt. Es können ebenso unmittelbare Erlebnisse sein, die wir in einem Film erfahren, in einer Lektüre vorgestellt sinnlich miterleben, in einem Gespräch erfassen, die ebenfalls direkt auf uns wirken und uns erstaunen, erschrecken, etwas neu sehen lassen. Aus dieser Sicht wäre es ein Vorurteil, alles möglichst direkt in einer unmittelbaren Lebenswelt erfahren lassen zu wollen. Sofern Inszenierungen, wie z.B. 🖽 *Planspiele* oder 🖽 *Rollenspiele*, in didaktischen Prozessen eingesetzt werden, kann es also auch zu realen Ereignissen kommen, wenn die Situationen hinreichend Raum für erlebnishafte Erfahrungen ermöglichen.

Der entscheidende Grund, dass das Reale überhaupt wirkt, liegt aus der Sicht des Akteurs darin, dass er nicht nur Akteur bleibt, sondern sich in seinen Handlungen beobachten und in seiner Teilnahme reflektieren kann: Hier erst entsteht ein Bewusstsein für das Erscheinen des Realen und die Bedeutungen, die ich daraus ableite. Eine konstruktivistische Didaktik sollte daher sehr offen gegenüber den Erfahrungsräumen der Lerner sein, sie hält es grundsätzlich für möglich und sinnvoll, dass in sehr unterschiedlichen Realitäten gelernt wird, aber sie legt zugleich Wert darauf, dass die Positionen zwischen Akteur, Beobachter und Teilnehmer bewusst gewechselt werden, um Orientierungen zu finden.

5) Die didaktische Umsetzung der drei Perspektiven

Wenden wir uns nach diesen grundsätzlichen Überlegungen jetzt konkreter der Didaktik zu. Eine Unterscheidung dieser drei Perspektiven und ihrer Überschneidungen ist für die Analyse, Planung, Durchführung und Evaluation didaktischer Prozesse ausschlaggebend. So können wir z.B. fragen:

- Aus welcher Beobachterposition wird etwas gesehen? Wie wirkt sich die Selbstgegen die Fremdbeobachtung aus? Wo liegt der blinde Fleck im eigenen Beobachten?

- In welcher eingestandenen oder unbemerkten Teilnahme steht der Beobachter jeweils schon?
- Welche Aktionen sind erkennbar, werden erwünscht, werden vermieden und wie hängen diese von Beobachtungen und Teilnahmen ab? Welche Widersprüche oder Ambivalenzen entstehen zwischen den drei Perspektiven und werden diese hinreichend bemerkt? Hat dies Folgen für die drei Perspektiven?

Diesen drei Perspektiven entsprechen Eigenschaften und Voraussetzungen, die die Lehrenden in ihren notwendigen Qualifikationen und die Lernenden in möglichst herauszubildenden Fähigkeiten betreffen. Betrachten wir die damit verbundenen drei Rollen zunächst aus der Sicht der Lehrenden:

Positionen didaktischer Handlung und Reflexion	Erwartete multi-perspektivische Rollen	Qualifikationen durch Ausbildung und eigene Entwicklung
Beobachter	Ironikerin	Selbsterfahrung und Selbstreflexion
Teilnehmer	Moderator	Moderationserfahrung und -techniken
Akteur	Lehrkraft	Lehrerbildung und eigenes »experience«

Schaubild 11: Qualifikation der Lehrenden

Als *Beobachter* nehme ich eine didaktische Haltung ein, die die Handlungsvollzüge in Lehr- und Lernprozessen reflektiert. War es früher hier die autoritative, besserwissende Haltung, die eine Lehrkraft auszeichnete, so ist heute eher eine Ironikerin gefragt. Dies soll keine Person sein, die andere ironisiert oder ihnen gar zynisch begegnet, sondern eine Haltung ausdrücken, die Richard Rorty als notwendig für die Postmoderne charakterisiert[1], wenn wir nicht an den Ansprüchen verzweifeln sollen, die an uns aus der Herkunft der Moderne gestellt werden. Es ist eine kluge, nicht aggressive, sondern nachdenkliche, aber auch humorvolle Position: Die Ironikerin weiß von der Kontingenz und Begrenztheit unsere Wissens; sie weiß, dass es keine Vollständigkeit, keine eindeutige Abbildung von Realität und keine absolute Übereinstimmung zwischen den Interessen und Wünschen aller Menschen gibt; sie erträgt die eigene Ambivalenz und ist nicht erschrocken, wenn Widersprüche, Unzulänglichkeiten und Paradoxien erscheinen, denn sie weiß, dass auch sie selbst hiervon nicht frei sein kann. Sie kann hie-

---

1 Die Ironikerin wird hier bewusst in der weiblichen Form vorgestellt, um zu markieren, dass sie nicht mit Zynismus und Aggression auftritt, sondern mit der Gelassenheit und Sanftmut einer einfühlsamen Person. Dieses »Vorurteil« gegenüber Frauen, das auch Rorty strapaziert, soll ein bloßer Hinweis auf Merkmale sein, die der Ironikerin und dem Ironiker zukommen sollen. Vgl. Rorty (1991).

rüber lachen und andere zum Lachen bringen, ohne jedoch jemanden dafür bloßstellen zu müssen.

Als Ironikerin muss ich dabei eine multiperspektivische Haltung einnehmen. Ich kann mich nicht allein auf mich zurückziehen oder eine andere Position allein zum Vorbild nehmen. Die Ironie, in der wir in der Postmoderne stehen, zeichnet sich als reflexive Haltung gerade dadurch aus, dass wir aus verschiedenen Perspektiven sehen und lachen lernen können. Vor allem müssen wir auch über unsere Perspektiven und ihre jeweiligen Einseitigkeiten belustigt sein, denn wir werden allzu oft Opfer unserer überhöhten Ansprüche.

Kann man sich zur Ironikerin ausbilden lassen? Vor allem Selbsterfahrungen erscheinen als notwendig, um in reflektierter Interaktion mit anderen sich selbst besser kennen zu lernen. Hier wäre es für jede didaktische Ausbildung wesentlich, kommunikative Trainings ebenso wie Selbsterfahrungsseminare intensiv anzubieten.

> Ist es nun ironisch zu sehen, dass nach all den vielen männlichen Wörtern mit der ...er-Endung ausgerechnet ich für die Frauenseite herhalten muss? Ich deute es als Zugeständnis über eine gewachsene männliche Sprache, dass die Unvollständigkeit einmal mehr den Frauen zufällt. Ich hoffe Rorty und du sehen wenigstens die Schönheit der weiblichen ironischen Geste.

Als *Teilnehmer* bin ich in didaktischen Handlungen stets schon durch die vorgängige Reflexion voreingenommen, die sich durch jene Verständigung ergeben hat, der ich fachlich und didaktisch kompetent zuneige. Will ich aus meiner einen Perspektive hinausgelangen, so muss ich es lernen, die Rolle eines Moderators einzunehmen, der in der Lage ist, Verständigungsprozesse auch unterschiedlicher Gruppen und Individuen so zu organisieren, dass erwünschte oder erzwungene, gemeinsame oder unterschiedliche, teilweise im Konsens erfolgende oder im Dissens bleibende Erörterungen möglich werden. Nur wer sich diesbezügliche Techniken und Erfahrungen aneignet, wird dies leisten können.

Didaktiker haben es an dieser Stelle schwieriger als andere Teilnehmer von Verständigungsprozessen. Dies liegt an der didaktischen Rolle: In ihr ist es nicht die erste und entscheidende Voraussetzung, die eigene Teilnahme begründet und ausschließend, insbesondere nicht rechthaberisch, gegen andere zu vertreten, sondern vor allem die unterschiedlichen Teilnahmemöglichkeiten der Lerner selbst offen zu halten. In einer engen weltanschaulichen Teilnahme verschwinden Möglichkeiten durch Reduktion auf *ein* Weltbild. Dies aber läuft einer didaktischen Teilnahme prinzipiell entgegen, denn didaktisch gesehen wäre eine Fixierung auf nur ein Weltbild in der Postmoderne nicht viabel. Didaktische Viabilität bedingt für die Teilnahme an Verständigungen zumindest die Darlegung verschiedener Möglichkeiten der Entscheidung für Weltbilder – sei es in fachlicher oder anderer Hinsicht –, um eine Festlegung a priori und damit Stillstand des Denkens zu vermeiden. Dies hindert keinen Didaktiker (weder Lehrende noch Lernende) bestimmte Ansichten begründet zu vertreten und gegen andere einzusetzen, sofern die anders begründeten Ansichten von anderen einen hinreichenden Platz erhalten.

Demokratische Teilnahme ist daher für den konstruktivistischen Ansatz ein zentrales Anliegen. Aber ähnlich dem Ansatz von John Dewey verstehe ich darunter eben keine Demokratie von oben und kein bloßes repräsentatives Scheintheater, das zu Politikverdrossenheit führt. Demokratische Teilnahme entsteht nur dort umfassend und hinreichend, wo alle Teilnehmer ihre Sicht in einer demokratischen Prozedur einbringen können: bei der Themenauswahl, der Methodenwahl, in der Beurteilung, in der Gestaltung des Umfeldes usw. (vgl. 📖 *Demokratie im Kleinen*).

Schließlich bin ich *Akteur*, wenn ich didaktisch handle. Dies ist die klassische Rolle der Lehrkraft, die uns so gerne blind gegen die anderen beiden Erfordernisse macht. Als Akteur setze ich das ein, was als mein Mehr-Wissen mir die Lehrerbildung oder eine andere Bildung beigebracht haben und was ich durch *experience* für mich als Handlungsmöglichkeiten herausgefunden habe.

Insofern diese Rolle überbetont wird, suche ich gerne nach praktischen Rezepten und Handreichungen. Ich übersehe leicht, dass mir so die Distanz, eine Tiefendimension meiner Handlungen, aber auch eine Vision im Handeln selbst fehlen. Zudem ist die Versuchung groß, wenn wir uns hauptsächlich in diesem Feld situieren, das eigene Handeln überzubetonen und z.B. durch 📖 *Frontalunterricht* die Handlungsmöglichkeiten der Teilnehmer von vornherein im Keim zu ersticken. Über kurz oder lang beschweren wir uns dann auch noch über die Passivität der Lerner.

Der entgegengesetzte Fehler aber wäre es, die Aktionen zu unterschätzen und die eigene, aktive Rolle nicht anzunehmen. Kein Didaktiker kann bloß als Beobachter oder Teilnehmer lehren. Der Status des Akteurs artikuliert und realisiert erst die Visionen, Sympathien, Antriebe, Ansprüche, Wertschätzungen, Anerkennungen, die Intentionen der Lehrenden wie der Lernenden. Es gibt hier keine eindeutigen Aktionspläne oder vollständige Handlungen, die wir für alle Lernsituationen beschreiben könnten, aber Akteure, die auf sehr unterschiedlichen, individuellen Wegen Handlungen erzeugen, die Lernvorgänge dadurch viabel organisieren helfen. Es gehört zu den Handlungserfahrungen, dass dies nicht ohne Schwierigkeiten geht. Die Beurteilung dessen, was für wen viabel war oder nicht, gehört zur entscheidenden Reflexion, an der sich alle beteiligen müssen, wenn wir die Viabilität selbst reflektieren wollen. Diese Beurteilung und Auswertung der Viabilität ist eine zentrale Forderung der konstruktivistischen Didaktik.

Diese drei Rollen aber gelten nicht nur für die Lehrenden, sondern gleichermaßen für die Lerner. Eine lernende Referendarin reflektiert z.B. ihren ersten Unterricht, den sie vor der Gruppe und dem Fachleiter gehalten hat:

> Alles war ganz anders, als ich es erwartet hatte. Die Klasse war sehr unruhig, ich war nervös und das, was ich mir vorher gedacht habe, war alles vergessen. Der Einstieg mit einer Kartenabfrage war viel zu lang, das setzte mich ungeheuer unter Druck. Dann habe ich die eingesammelten Karten nicht mehr vollständig durch die Schüler zuordnen lassen, sondern mit meinem Vorwissen eingegriffen. Wieso habe ich das bloß getan? Viele Schüler haben sich danach nicht mehr richtig beteiligt. Ich muss einfach geduldiger werden. Und ich darf nicht noch einmal so viel Stoff in einer Stunde unterbringen wollen. Ich schreibe mir meine drei zukünftigen Rollen einmal auf:

Als *Beobachterin* will ich nach und nach meine Fähigkeiten verbessern, Handlungen in Lehr- und Lernprozessen differenziert zu verfolgen und zu reflektieren. Ich muss mich und andere genauer in der Situation beobachten lernen und dann direkt daraus Schlüsse ziehen. Dann hätte ich fragen können: »Wie können wir die Karten jetzt schneller sortieren? Habt ihr eine Idee?« Aber als Ironikerin verzweifle ich nicht an den Ansprüchen, die an mich gestellt werden, und die mich schon früh in den erreichbaren Möglichkeiten überfordern. Ich darf nicht nur auf die anderen sehen, sondern muss auch schauen, was ich schon kann und was ich noch lernen muss. Eine multiperspektivische Haltung eröffnet mir verschiedene Zugänge zu Dingen und Menschen. Ich lege mich jetzt nicht vorschnell einseitig fest, wenngleich ich das, was ich beobachte, auch tief genug verstehen will. Meine Ironie sollte nicht bedeuten, alles bloß noch oberflächlich anzuschauen. Aber ich muss mir auch Zeit lassen. Die Schüler waren zwar unruhig, aber dies heißt nicht, dass sie mich nicht mögen. Meine Stunde jedoch war nicht besonders gut organisiert. Ich denke, dass ich auch von ihnen und ihren Beobachtungen mehr lernen muss, was ich noch verbessern kann.

Als *Teilnehmerin* lasse ich mich auf Positionen von anderen ein, die ich zu meinen mache. Schließlich habe ich vor der Stundenplanung mir die konstruktivistische Didaktik angesehen. Ich glaube der Fachleiter ist sehr an Klafki orientiert. Muss ich mich darauf auch einlassen? Ich will mit ihm darüber reden, um die Teilnahmebedingungen zu klären. Auch er wird doch wissen, dass solche Orientierung, an denen dann auch noch meine Leistung gemessen wird, nur ein Vorgang auf Zeit sein können. Mitunter stimmen wir zwar in allgemeinen Setzungen und Normen überein, aber solche Teilnahme bleibt oft nur abstrakt und reicht nicht bis in konkrete Aktionen. Ich werde ihm einmal zeigen, was ich hier aufschreibe, um mit ihm zu diskutieren, was wir voneinander erwarten. Hier hilft es mir leider nicht immer hinreichend, durch die Unterscheidung von Beobachtungen, Teilnahme und Aktionen auch kritisch auf das zu reflektieren, was mir eine Teilnahme als Vorverständigung (meiner Erwartungen, meines Verständnisses) bringt. Ich muss es erst ausprobieren – aber es wäre didaktisch gesehen ja auch langweilig, wenn wir immer schon vorher wüssten, was es bringt.

Als *Akteurin* verliere ich oft den Überblick, denn die Aktion bleibt selbst zunächst ein blinder Fleck, sie nimmt mich ganz ein und macht mich blind für in sie eingegangene Voraussetzungen und Folgen. Das habe ich in der Stunde wieder einmal erlebt. Das ist typisch für mich. Aber hier helfen mir verschiedene Erfahrungen mit Beobachtungen und Teilnahmen auch bei anderen Referendaren entschieden weiter, nach und nach ein bloßes Aktionswissen oder Aktionismus zu überwinden. Was mich heute am meisten frustriert hat, das ist, dass ich auf einmal so wie meine früheren Lehrer gehandelt habe. Warum bin ich in die alten Muster zurückgefallen? Nur weil ich Angst hatte, dass ich es zeitlich sonst nicht schaffe? Aber ich habe auch gemerkt, dass nur Beobachtungen und Teilnahmeverständigungen wie in der Universität noch keine Praxis sind, denn diese erfordert ein Agieren. Dafür müsste man die ganze Lehrerausbildung ändern, denn als Akteurin habe ich mich erst heute so richtig erlebt.

5.4 Reflexionsperspektiven zur didaktischen Handlungsorientierung

In einer Reflexionstafel will ich die erkenntniskritischen Perspektiven mit den drei Unterscheidungen der Konstruktivität, Methodizität und Praktizität auf die drei eben charakterisierten didaktischen Handlungsfelder der Konstruktion, Rekonstuktion und Dekonstruktion beziehen (vgl. *Schaubild 12*). Es entstehen bei einer solchen Reflexion neun mir wesentlich erscheinende Fenster, aus denen wir im didaktischen Prozess schauen können und die wir didaktisch als Perspektiven unseres Handelns entwickeln sollten:

		Erkenntniskritische Perspektiven		
		Konstruktivität	**Methodizität**	**Praktizität**
Didaktisches Handeln	*Konstruieren*	*Erfinden* ↑ Kreativität Innovation Produktion Modifikation Ausprobieren u.a.	*Begründen* ↑ Variation Kombination Transfer (neue Geltung wird mit Teilen von bekannten Methoden beschrieben)	*Gestalten* ↑ für Einzelne für Gruppen Viabilität unter der Maxime der Selbstbestimmung und des Selbstwerts
	Rekonstruieren	*Entdecken* ↑ Transfer Anwendung Übernahme Wiederholung Nachahmung Anpassung u.a.	*Verallgemeinern* ↑ Ordnung Muster Modelle (Geltungsansprüche anderer)	*Erfahren* ↑ für Einzelne für Gruppen Viabilität unter der Maxime der Selbsttätigkeit
	Dekonstruieren	*Enttarnen* ↑ Analyse von Unvollständigkeit Unvorhergesehenem Unbewusstem u.a.	*Zweifeln* ↑ Auslassung Vereinfachung Ergänzung Kritik	*Kritisieren* ↑ für Einzelne für Gruppen Viabilität unter der Maxime der Selbst- und Fremdverantwortung

Schaubild 12: Reflexionstafel zur didaktischen Handlungsorientierung

Erfinden
Hier trifft die erkenntniskritische Perspektive der Konstruktion auf die didaktische Handlung des Konstruierens. In diesem Fenster steht daher das Erfinden im Vordergrund, so wie es als kreative Neuschöpfung, als innovative Lösung, als Produktion oder als Modifikation von etwas Bestehendem mit neuen Anteilen, als Ausprobieren und Wagen, als Versuch und Irrtum, aber auch als Scheitern im Erfinden vorkommen kann. Gerade diese Seite ist für das didaktische Handeln wesentlich, denn hier zeigt sich ein forschendes Drängen, das hohe Eigeninitiative, Engagement und Risikobereitschaft erfordert, die für erfolgreiches und effektives Lernen sehr wichtig sind. Der Feind von Erfindungen sind Reproduktionen und Schablonen des Lernens, die äußerlich bleiben und eine bloße Nachahmung erzwingen, die das Erfinden zu einer unmöglichen Sache werden lässt. Ganz gleich auf welcher Lernstufe sich Lerner befinden, der Erfindergeist ist im Großen wie Kleinen entscheidend, wenn ein konstruktivistisches Lernen intendiert wird.

Entdecken
Lerner bemerken bei Rekonstruktionen, dass sie zwar eigenständig etwas konstruieren können, aber dass es dabei auch einen Transfer von schon Bekanntem, eine Anwendung bereits üblicher Verfahren, eine Übernahme erfolgreicher Lösungen, eine Wiederholung von Zweckmäßigem, eine Nachahmung von Vorbildern oder eine Anpassung an Praktiken und Routinen geben wird.

Eine konstruktivistische Didaktik will und kann dieses Fenster nicht zum Verschwinden bringen, aber sie will sich hüten, diese Perspektive übermäßig dominant im Lernen oder Unterricht werden zu lassen. Da die Welt voller Rekonstruktionsmöglichkeiten und -notwendigkeiten ist, kommt es besonders darauf an, den eigenen Erfindergeist auch gegen das Bestehende und hin zu eigenen Lösungen zu wenden. In der Kombination von eigenen Lösungen mit Übernahmen von vorhandenen Lösungen kann auch oft mit kleinen Modifikationen und kritischem Transfer das eigene Nachdenken gestärkt und gegen bloß gedankenlose Übernahme geschützt werden. Besonders bei Routinen und Gewohnheiten kommt es darauf an, sie nicht blind zu übernehmen, sondern im Blick auf konkrete Aufgaben zu begründen.

Enttarnen
Im Fenster der didaktischen Dekonstruktion unterliegen alle Konstruktionen einer möglichen und zugleich notwendigen Enttarnung, d.h., sie müssen sich kritischen Nachfragen stellen. Wo sind diese Konstruktionen unvollständig geblieben? Gibt es unvorhergesehene Ereignisse, die zu beachten sind? Können wir diese vorhersehen? Haben sich unbewusste Annahmen in die Konstruktionen eingeschlichen? Solche und weitere Fragen setzen zwar schon voraus, dass wir meinen, etwas enttarnen zu können, aber dies ist eine stets zu fordernde Grundhaltung in allen Lehr- und Lernprozessen. Damit ist keine Skepsis oder bloße Kritikwut gemeint, sondern ein grundsätzliches Eingeständnis in die Unvollkommenheit unserer Lösungsversuche. Erfinder und Entdecker benötigen immer eine Selbstkritik, die den Mangel, der in bisherigen Lösungen

steckt, verdeutlicht, die Auslassungen zu thematisieren versucht, die ein konstruktives Handeln bedingen. Eine solche Haltung erst hilft, einen Weitblick zu entwickeln, der vor blindem Aktionismus und unreflektierten Übernahmen schützen hilft.

Begründen
Wenn ich didaktische Konstruktionen methodisch begründen will, dann muss ich notwendig in einem Teil dieser Begründung immer an schon bekannte Methoden anschließen. Es gibt in den Wissenschaften und der Lebenswelt keine Begründung, die nicht mindestens in Teilen an schon bekannte Methoden anknüpft, da sonst die Anschlussfähigkeit an wissenschaftlich gemachte und konventionell erwartete Voraussetzungen nicht gewährleistet werden kann. Das Neue setzt damit immer schon einen Teil alter Wege voraus. Auch die konstruktivistische Didaktik kann und will nicht völlig neu sein (dies kann keine neue Richtung), sondern bedient sich der Variation, der Kombination und des Transfers alter Inhalte und Wege auf der Suche nach neuen Lösungen. Daher ist es für diese Didaktik z.B. notwendig, ihre eigene und neue Sicht durchaus auch in alten didaktischen Grundbegriffen zu reflektieren und diesen ein neues Profil zu verleihen. Inwieweit diese Begründung dann einem Außenstehenden als tatsächlich neu und vor allem als relevant und erwünscht erscheint, das hängt von seiner Anerkennung auf dem Hintergrund der von ihm gewählten Theorie und einer dazugehörigen Verständigungsgemeinschaft ab.

Verallgemeinern
Didaktisches Handeln unter der Perspektive der Rekonstruktion bedeutet methodisch immer die Verallgemeinerung eigener Geltungsansprüche und damit den Ausschluss von Geltungsansprüchen anderer. Ordnungen, Muster, Modelle beherrschen diesen Ort der Verallgemeinerungen, Formalisierungen und Ausschließungen, um Lösungen, die wir rekonstruieren, als wirksam, erfolgreich, nützlich, schön, gut erscheinen zu lassen. Auch Konstruktivisten verallgemeinern, aber wir wollen uns zugleich vor zu starken Verallgemeinerungen hüten. Eine möglichst breite Beobachterperspektive kann uns im Vergleich von Ordnungen, Mustern, Modellen usw. helfen, zumindest die Reichweite unserer Rekonstruktionen zu erhöhen und gegen (vor)schnelle Urteile abzusichern.

Zweifeln
Auslassungen, Vereinfachungen, Ergänzungs- und Kritikmöglichkeiten erscheinen im dekonstruktiven Handlungsfenster, von dem aus auch die eigenen methodischen Bemühungen stets hinterfragt werden müssen. Der Konstruktivismus (wie wohl jede andere Theorie) wäre erkenntniskritisch naiv, wenn er seine eigenen Theorien als gelungene und erfolgreiche behaupten wollte, ohne den Zweifel als kritischen Stachel gegen seine Beharrungen und Machbarkeiten systematisch zu nutzen. Mag auch der Zweifel immer von äußeren Beobachterpositionen kommen, so sollten wir ihn auch in der internen Reflexion als ständigen Anspruch fixieren.

Gestalten/Erfahren/Kritisieren
In konstruktiven Handlungen gestalten wir unsere Wirklichkeit. Dabei gibt es im Gestaltungsfenster immer die Frage: Passt diese Wirklichkeit zu mir? Die kulturelle Viabilität, die hier gemeint ist, gilt für Einzelne, für Gruppen, die didaktisches Handeln erfahren und erleben. Sie werden, wenn sie etwas gestalten, zudem fragen: Bringt es mir etwas? Habe ich etwas gelernt? Will ich es? Sollte ich es wollen? Im Erfahrungs- und Kritikfenster lassen sich weitere Fragen stellen. Sie zielen auf den Erfahrungsraum (vgl. Kap. 5.2) oder eine gezielte praktische Kritik. Die Fragen sind unendlich. Sie sind nicht abzuschließen, denn die Viabilität wird nicht theoretisch fixiert und reduziert, sondern in der Praxis gefunden. Hier hat das didaktische Handeln seinen offenen Ort und Ausgang.

Alle Fenster in *Schaubild 12* sind nicht isoliert zu betrachten, sondern stehen in einer Abhängigkeit. Wir sollten die Reihen hoch und längs, aber auch diagonal und in vielfältiger Weise miteinander verbunden betrachten. Dies ist das Wesen einer Reflexion: Habe ich mich beobachtend, teilnehmend oder agierend für das eine Fenster entschieden, bemerke ich im nächsten Moment (oder es bemerkt ein anderer), dass es eine Verbindung gibt, die auch noch zu beobachten lohnt. Die Reflexion kann an kein Ende gelangen, sie ist Prozedur und Prozess. Aber darin ist sie auch Spaß und Freude am Erkenntnisgewinn. Das Schaubild soll zum Nachdenken anregen und ein möglichst breites Herangehen an das didaktische Handeln ermöglichen. Erkenntniskritische Perspektiven erst verleihen der didaktischen Reflexion einen Tiefgang, führen aus oberflächlichen Annahmen heraus. So können auch unvollständige, widersprüchliche, als brüchig oder ambivalent erlebte Ereignisse einen Sinnhorizont erreichen, der für uns beobachtbar, in der Teilnahme nachvollziehbar und im Handeln verantwortbar bleibt.

> Wie soll ich diese Reflexionstafel nutzen? Ich könnte sie wohl vor dem Unterricht einsetzen, um mich aufzufordern, breiter alle Fenster zu beachten, oder nach dem Unterricht, um nochmals zu reflektieren, was ich vergessen habe. Oder?

Wenn wir als Didaktiker – Lehrende und Lernende gleichermaßen – handeln, dann erscheint es sowohl im Blick auf unsere Vorbereitungen als auch auf eine Nachbereitung als sinnvoll, diese Reflexionstafel zu nehmen und innezuhalten. Nehmen wir als Unterrichtsbeispiel die »Französische Revolution« in ihrer Bedeutung für die Aufklärung. Dieses Thema spricht ein breites Spektrum an Fächern an, die im Kontext der Aufklärung ihr symbolisches Wissen verändert haben.

Meist wird das Thema so abgehandelt, dass es vorwiegend aus der Perspektive der Rekonstruktion bestimmt wird. Damit erreichen wir ein Verständnis darüber, was uns andere z.B. in Schulbüchern oder Wissensanalysen vorbereitet haben. Unsere Konstruktivität ist als Entdecken eher Übernahme, Anwendung in begrenztem Umfang (z.B. Wissensfragen beantworten), im glücklichsten Fall auch Transfer, indem wir es mit vorher gelerntem Stoff konstruktiv vergleichen. Auf der methodologischen Ebene übernehmen wir die Geltungsansprüche von Experten, denen wir ebenso wie der Lehrende vertrauen müssen, und wir akzeptieren diese Verallgemeinerung als wissenschaftlich. Dabei wird in der Regel eher *eine* Deutung aus dem Angebot der Wissenschaften übernommen, für Lernende bleibt meist undiskutiert, inwieweit auch in der Wissenschaft das Ereignis »Französische Revolution« ein Streitfall konkurrierender Begründungsansätze ist. Praktisch erfahren wir entweder einzeln oder in Gruppen, was die »Französische Revolution« aus der Sicht bestimmter Experten war. Sofern wir dies selbsttätig (durch eigene Anstrengungen, Übungen, handlungsorientiertes Lernen) erreichen, werden wir ein Wissen über dieses Thema rekonstruktiv erwerben.

Für die konstruktivistische Didaktik wird dieser Wissenserwerb nicht entwertet. Wir benötigen ihn sehr oft, und wir sollten an der Rekonstruktion auch festhalten, denn durch Entdecken, Verallgemeinern und Erfahren erzeugen wir gewisse Verbindlichkeiten in der Sprache, der Verständigung, den Kontexten der Kultur. Aber wir müssen zugleich fragen, ob dies bei dem jeweiligen Thema hinreicht. Bei dem Thema »Französische Revolution« greift eine bloße Rekonstruktion, so denke ich, entschieden zu kurz. Schließlich handelt es sich um ein Thema, das von ausschlaggebender kultureller Bedeutsamkeit bis in die Gegenwart ist, das demokratische Implikationen hat, die auch gegenwärtig fortwirken, so dass hier sowohl der konstruktive als auch dekonstruktive Weg didaktischen Handelns zusätzlich zu beschreiben wären.

Konstruktiv käme es darauf an, die »Französische Revolution« zu erfinden. Aber wie soll sie erfunden werden, wenn es sie schon gab? Wir scheinen allein auf den rekonstruktiven Weg festgelegt zu sein. Aber so lernen wir nicht tief, nicht weit reichend genug. Um die Ursachen und Wirkungen dieser Revolution für uns zu begreifen, reicht es wenig hin, einfach die Fakten in Schulbüchern zu fixieren und dann mehr oder weniger auswendig lernen zu lassen. Viabler wäre es, wenn wir unter Berücksichtigung der Selbstbestimmung der Lerner und ihres Anspruches auf eigene Verfügung des Lernens erst einmal thematisieren würden, was es heute konstruktiv bedeutet, sich mit der Aufklärung und einer Revolution in der Vergangenheit zu befassen. Hier gäbe es viele methodische Wege, dies zu tun, aber für alle diese Wege wird es wesentlich sein, das Erfinden, Begründen und Gestalten des Themas in die Hände und das Denken der Lerner zu legen.

Eine mögliche Form, dies zu tun, könnte die Folgende sein. Die Lerngruppe weiß, dass im Unterricht die »Französische Revolution« im Rahmen des Lehrplans zu behandeln ist. In einer Einstiegsphase verständigt sich die Gruppe mit der Lehrerin, was sie am Thema interessiert. Da das Interesse sehr schleppend ist, stellt die Lehrerin zunächst eine Frage: »Was müsste geschehen, damit ihr eine Revolution macht?« Die Frage wird nicht mündlich beantwortet, sondern schriftlich rekonstruiert, indem alle Lerner mindestens drei Situationen überlegen und auf Karten schreiben, Diese werden gesammelt, zu Themenfeldern geordnet und visualisiert dargestellt. In Gruppenarbeit werden diese Themenfelder übersichtlich auf Plakate gebracht und aufgehängt.

Im nächsten Schritt werden die Lerner in die Vergangenheit versetzt, indem jeder eine neue Identität erhält. Die Lehrende hat vor dem Unterrichtsprojekt rekonstruktive Rollenbilder aus historischen Quellen und Sekundäranalysen zusammengestellt, die am Beispiel von ausgewählten Einzelpersonen Aspekte des Lebens vor der Französischen Revolution im Detail darstellen. Wesentliche gesellschaftliche Gruppen der damaligen Zeit sind in diesen Personen repräsentiert. Die jeweilige Rollenbeschreibung endet in der Fragestellung, was die jeweilige Person in der Zukunft tun könnte, um weiter im Überfluss oder besser und ohne Not zu leben. (Hier kann entweder ein Fragenkatalog der Lehrenden stehen, bei fortgeschrittenen Gruppen könnten aber auch Rollenbilder und Fragen eigenständig von den Lernern erarbeitet werden: z.B.: »Mit wem muss ich mich zusammenschließen, um meine Interessen durchzusetzen?« »Was kann ich tun, um meinen Lebensunterhalt zu erreichen/auszubauen/in noch mehr Luxus zu verwandeln?«) Alle Lerner sind zusätzlich aufgefordert, sich ein Requisit zu ihrer Rolle zu beschaffen und mit diesem sich in einem Teil des Klassenraums zu treffen (dies vermittelt einen symbolischen Anhaltspunkt zur Rolle). Das Rollenbild enthält informierendes Material oder Quellen und eine Handlungsaufforderung, z.B.: »Der Adel zieht sich in die rechte Ecke zurück und überlegt mit der Gruppe der Intellektuellen, was er tun kann, um eine Revolution zu verhindern. Es wird ein Plakat mit mehreren Thesen entwickelt.« »Die Intellektuellen trennen sich vom Adel. Sie begründen dies in einem Thesenpapier.« »Der dritte Stand rottet sich im Klassenzimmer hinter den Stellwänden zusammen. Er schreibt nach einer Beratung seine Forderungen nach einer Verbesserung der Lebensverhältnisse an die Tafel.« Dieses eher offene Verfahren benötigt Übung und eine Lerngruppe, die an eine eigenständige Lernorganisation gewöhnt ist. Was geschieht durch eine solche Lernorganisation? Die Lehrende wartet ab. Gibt es kreative Lösungen? Bilden sich Argumentations- und Handlungskontexte heraus? Wirken sich die Rollen aus? Je nach Sachlage gibt die Lehrende weitere Impulse.

Eine geordnetere Methode dieser konstruktiven Arbeit (auf dem Hintergrund eines rekonstruktiven Materials) wäre es, wenn die Lerner, vorbereitet durch eine engere Aufgabenstellung der Lehrerin, in einem Rollenspiel der gesellschaftlichen Gruppen gegeneinander antreten und über Ursachen einer notwendigen oder abzuwehrenden Revolution streiten.

Mit beiden Verfahren können konstruktiv die Ursachen der Französischen Revolution vor dem Hintergrund eines quellenorientierten Materials erarbeitet werden. Entscheidend für die konstruktive Seite ist am Ende dieser Phase, dass die eigenen Konstruktionen über Revolutionen heute dann reflektierend mit der Französischen Revolution in Verbindung gesetzt werden. Dies erst schafft eine Bedeutsamkeit, die für die Lerner eine Auseinandersetzung tieferer Art ermöglicht: Was verbindet mich und mein Denken mit einer Revolution, die bis heute wesentlich für bestimmte kulturelle Auffassungen ist?

In diesem Fall waren die Lerner sehr ernüchtert, was ihre revolutionären Wünsche und die Umstände der Französischen Revolution betraf. Es wurde enttarnt, angezweifelt und kritisiert, dass Revolutionen heute eher subjektivistisch orientiert erscheinen, wohingegen die Französische Revolution eher eine Vorbereitung dessen war, was wir heute als subjektive Freiheiten reklamieren.

Über die Dekonstruktion der Freiheit mittels der Gleichheit und vor allem der Brüderlichkeit konnte im weiteren Verlauf des Unterrichts auch das eigene Bild der Revolutionen heute verändert werden: Können wir es überhaupt Revolution nennen, wenn wir eher subjektiv gegen bestimmte Umstände rebellieren?

Der Lehrenden gelang es, da sie auch Deutsch unterrichtete, neben dem Geschichtsunterricht »Dantons Tod« durchzunehmen. Sie ließ hier die Lerner eigenständig Rollentypen biografisch rekonstruieren und dann in einer *Skulptur* gegen- und miteinander spielen. Dabei zeigte sich, wie wesentlich die Beziehungsseite für das inhaltliche Lernen ist: Die Lerner entwickelten über ihre inhaltlichen Rollen Beziehungen zu- und gegeneinander, die für sie im Spiel sehr viel deutlicher werden ließen, wo auch damals für Akteure (am Beispiel des Schauspiels) mögliche Konflikte und Lösungsalternativen lagen. Sie rekonstruierten sich Ausgangsbedingungen, indem sie ein Spiel konstruierten, das der damaligen Wirklichkeit nah sein sollte, aber das vor allem ihnen in ihrer Wirklichkeit hier und jetzt auch nah war.

Die didaktischen Perspektiven zur Handlungsreflexion haben dieser Lehrerin geholfen, sich immer wieder in Frage zu stellen. Die Rekonstruktion im didaktischen Handeln ist das, was wir am besten kennen – auch aus dem Unterricht heraus, den jeder überwiegend am eigenen Leib erfahren hat. Aber selbst wenn dies erfolgreich läuft, so bleibt die kritische Frage nach einem Mehr, welches das Lernen auf eine höhere, befriedigendere, spannendere Ebene hebt. Dies kann die Konstruktion sein, wenn es gelingt, die Lerner für sie zu gewinnen. Dann erreicht das Lernen fast wie von selbst eine höhere Tiefe, sofern das Erfinden mit einem Begründen und Gestalten verbunden wird, wie es die konstruktivistische Didaktik fordert. Und selbst wenn dies sehr gut gelingt, so wird auch hier immer wieder einzuhalten sein, um enttarnend, zweifelnd oder kritisierend nach dem zu fragen, was auch unsere tiefen Reflexionen ausgelassen haben. Es ist der Mut gefragt, immer wieder neu und erweiternd, vertiefend zu beginnen. Am Ende steht nicht mehr der hohe Turm, von dem wir dann alles überschauen. Für Didaktiker ist der Weg immer mehr als das Ziel. Der Weg ist das Ziel. Aber dies bedeutet, dass wir besonders gut beobachten und reflektieren, welche Wege wir gehen.

Die didaktischen Perspektiven zur Handlungsreflexion lassen sich in vereinfachender Darstellung mit den Lernern auch als Problemfenster (vollständig oder in Teilen) nutzen. Es hängt z.B. mit den neun wichtigen Begriffen als Plakat im Lernraum und lässt uns fragen, was wir gemacht und was wir noch vergessen haben. Die Lehrerin fragt: »Schaut auf die Tafel. Welche dieser Fenster haben wir in unserem Lernprozess geöffnet. Was habt ihr dabei erfahren. Und welche der Fenster sind eher verschlossen geblieben? Hat jemand eine Idee, wie wir das verschlossene Fenster noch öffnen könnten?«

	Handlungsfenster	**Methodenfenster**	**Ergebnisfenster**
Konstruieren	Erfinden	Begründen	Gestalten
Rekonstruieren	Entdecken	Verallgemeinern	Erfahren
Dekonstruieren	Enttarnen	Zweifeln	Kritisieren

Schaubild 13: Didaktisches Reflexionsfenster

6. Lernen in der Didaktik

Aus der Sicht der konstruktivistischen Didaktik ist es wesentlich, sich umfassend mit Fragen und Theorien des Lernens zu beschäftigen. Es kann keine sinnvoll begründete Lehre geben, wenn wir nicht hinreichend erfassen, auf welche vielfältige Art gelernt wird. Um in Aspekte des Lernens einzuführen, will ich in diesem Kapitel in vier Schritten vorgehen:

1. Zunächst wird das elementare Stufenmodell John Deweys zum Lernen kurz beschrieben, weil es nach wie vor einen guten Einstieg in den grundsätzlichen Aufbau von Lernvorgängen gibt. Später wird dieses Modell im Kapitel Planung unter elementare Planung in veränderter Form genutzt werden.
2. Dann werden verschiedene Perspektiven im Blick auf das Lernen unterschieden, die seinem vielfältigen Charakter Rechnung tragen sollen: Als konstruktives, re- und dekonstruktives, kreatives, soziales, situiertes, emotionales und individuelles Lernen zeigen sich Zugänge zum Lernen, die für die Didaktik alle wesentlich und grundlegend sind.
3. Im Kapitel 6.3 gehe ich auf Howard Gardners wichtiges Konzept der multiplen Intelligenzen ein, um zu zeigen, warum Lernvorgänge in der Didaktik multimodal ausgeprägt und gestaltet werden sollten.
4. Schließlich wird thematisiert, was eine gute Lernumgebung aus der Sicht der heutigen Lernforschung nach außen wie nach innen bedeutet.

6.1 Lerntheoretische Grundreflexion: 5 Stufen des Lernens

In John Deweys pädagogischem Ansatz findet sich ein pragmatisches Konzept des Lehrens und Lernens, das heute als stillschweigender Hintergrund vieler englischsprachiger didaktischer Konzepte in der Didaktik bis hin zur pädagogischen Psychologie gesehen werden muss.[1] Dieses Konzept geht davon aus, dass beim Lehren und Lernen folgende Handlungsstufen des Lerners miteinander vermittelt werden müssen:

1. *Emotionale Antwort:* Ein Lerner erfährt in einer Situation etwas Unerwartetes, das ihm zum Antrieb für eine Lösungssuche wird. Lernen und Lehren benötigen immer diesen Antrieb, der nicht bloß kognitiv bleiben sollte, weil erst eine *emotio-*

---
1 Vgl. zur Einführung auch Hickman/Neubert/Reich (2004), Garrison (1998b).

nale Reaktion dafür sorgen wird, sich auf den Sinn des Lernens einzulassen. Wird es versäumt, die Lerner emotional einzubinden, dann scheitern die instruktiven Versuche der Lehrenden meist. Die emotionale Reaktion erscheint für Dewey als ausschlaggebend, um überhaupt eines Problems oder einer Situation gewahr zu werden, d.h., um zu erkennen, weshalb man sich mit etwas beschäftigen soll. Für den Unterricht hat Dewey allerdings auch zugestanden, dass solche Reaktionen auch auf ein vom Lehrenden oder den Lernenden gestelltes Problem, das zu einer Antwort herausfordert, einen sinnvollen Einstieg in den Lernprozess bilden kann. Zu beachten ist allerdings, dass dieses Problem auch tatsächlich den Lerner und nicht bloß den Lehrenden betroffen macht.

2. *Definition des Problems:* Ist die emotionale Reaktion erfolgt, ein Problem gestellt und als sinnvoll bzw. herausfordernd erlebt, dann muss zunächst der Lerner aktiv werden. Meistens versucht er die Lernsituation dadurch zu klären, dass er an bereits durch frühere Erfahrungen Erlerntes anknüpft – die neue Situation kann dann, wie schon andere zuvor, näher bestimmt werden. Oft setzt unmittelbar mit der emotionalen Reaktion daher eine *intellektuelle* Reaktion ein. In dieser Reaktion wird das Ereignis oder Problem eingeordnet, beschrieben, anderen mitgeteilt oder auch schon diskutiert, um es mit bisherigen Erfahrungen zu verbinden. Lehrende müssen unbedingt Raum für diese Verknüpfungen geben, wenn sie wollen, dass die Lerner sich hinreichend auf die erste Reaktion und das gestellte Problem einlassen. Geben die Lehrenden hier schnelle Antworten, dann wird das damit gesetzte Thema leicht uninteressant.

3. *Hypothesenbildung:* Nachdem die Situation als etwas definiert worden ist, das noch näher erkundet werden muss, wendet der Lerner eine vertraute Methode bisheriger Untersuchungen an und probiert diese aus oder bildet Hypothesen darüber, was zu tun wäre. Solche Hypothesen sollten zusammen mit den Lehrenden gesammelt werden.

4. *Testen und Experimentieren:* Lösungen werden im Lernen dann erfolgreich handlungsbezogen geleistet, wenn der Lerner seine Hypothesen tatsächlich ausprobieren kann. Je weniger handlungsbezogene Möglichkeiten geboten werden, desto stärker sinkt nicht nur das Lerninteresse, sondern auch die Einsicht in den Sinn des Lerngegenstandes und die erbrachte Behaltensleistung. Am erfolgreichsten erscheint daher Dewey ein »*learning by doing*« und eine umfassende Untersuchungsmethode (*inquiry*).

5. *Anwendung:* Das Wissen von Welt, das durch die Erfahrungen mit den Lerngegenständen erworben wurde, bedarf anschließend der (kontinuierlichen) Anwendung, um zeigen zu können, was mit dem Lernergebnis erreicht werden kann. Je öfter und je umfassender solche Anwendungen tatsächlich genutzt werden können, desto sicherer werden die Anwendung und das Behalten im Lernen realisiert.

Dewey hat mit diesem Lehr- und Lernmodell eine idealtypische Sicht auf das Lernen begründet, die mittlerweile zu einem didaktischen Verständnis geführt hat, das unter wechselnden Terminologien, aber stets in ähnlicher Ausrichtung, als eine viable Konstruktion für Beschreibungen von Anforderungsprofilen im (internationalen) Lernen gilt, ohne noch besonders zitiert werden zu müssen. Nach diesem Verständnis ist Lernen ein pragmatischer Prozess, der keinesfalls auf Wissensaneignung oder ein Bildungsverständnis (für das es im Englischen ohnehin keinen Begriff gibt) begrenzt oder konzentriert werden kann, sondern immer im Vollzug von Handlungen in Kontexten zu situieren ist. Auch wenn Dewey stärker die Bedeutung von Problemsituationen für die Aktivierung des Lernens betonte, dabei vor Augen hatte, dass die Lerner diese Probleme möglichst selbst herausfinden und lösen sollten, so ist zumindest die gemäßigte Version dieser Lerntheorie wesentlich für gegenwärtige Beschreibungen und Messungen des Lernens in der internationalen Lehr- und Lernforschung geworden. Sie besagt, dass auch Lehrende solche Probleme einführen und gemeinsam mit den Lernern zur Lösung bringen können, wenn sie sich hinreichend an die Schritte halten. Obwohl Deweys Grundstufen vor langer Zeit entwickelt wurden und auch eine längere Zeit in Vergessenheit geraten waren (insbesondere vor dem Hintergrund behavioristischer Lernmodelle), so sind sie heute durch neuere, eher kognitivistisch geprägte Forschungen wieder präsent geworden.

Insbesondere für didaktische Anfänger ist der stufenweise Aufbau von Lernprozessen hilfreich. Ich werde daher diese fünf Stufen weiter unten in der elementaren Planung (vgl. Kapitel 7.1) wieder aufnehmen.

6.2 Didaktisch wichtige Aspekte des Lernens

In der Lernforschung bis in die 90er-Jahre entwickelte sich eine Vorstellung vom Lernen als einem Prozess, der auf folgenden wesentlichen Perspektiven zu beruhen schien:

- Der Lerner muss zunächst eine Bereitschaft zum Lernen besitzen, die sich als Aufmerksamkeit zu Beginn des Unterrichts äußert und die mit Fragen der Motivation und Konzentration in Zusammenhang steht.
- Ist die Bereitschaft vorhanden, dann sind Instruktionen möglich, d.h., es kann unter direkter Anleitung des Lehrenden gelernt werden.
- Dabei muss abgeklärt werden, inwieweit die Instruktionen passend sind und wo sie modifiziert werden müssen, um erfolgreich zu sein.
- Ist dieser Erfolg gegeben, so kann geübt werden, um das Gelernte zu internalisieren und vielleicht auch zu transferieren.
- Eine Überprüfung durch Tests und Beurteilungen kann das Lernen abschließen.

Von einem solchen engen Lernmodell, das Lernen zu sehr in die Nachahmung oder ein zu einfaches Reiz-Reaktions-Modell (selbst beim Zugeständnis kognitiver Anteile) stellt und die Lerner in eine zu geringe produktive Abhängigkeit von Lehrenden bringt, wollen und müssen wir heute – trotz einiger Erfolge des Imitations- oder Verstärkungslernens – aus einer konstruktivistischen Sicht Abschied nehmen. Eine für die Komplexität des Lernens aufgeschlossene Lerntheorie sieht deutlicher als frühere Ansätze, dass das Lernen auf vielen Ebenen und in mannigfaltiger Variation stattfindet.[1] Dabei sollte grundsätzlich davon ausgegangen werden, dass das Wissen, auf das Lernen z.B. zielt, ein Konstrukt ist, und damit als veränderlich, unabgeschlossen und auch fehlbar angesehen werden kann. Das Lernen kann also keine reinen Wahrheiten auf Dauer abbilden, sondern ist selbst als ein Prozess anzusehen, der re/de/konstruktive Teile miteinander verbindet. Konstruktivistische Grundannahmen über Lernvorgänge[2] sind – aus meiner Sicht zusammengestellt – insbesondere:

1) Konstruktives Lernen:

Lernvorgänge sind grundsätzlich konstruktiver Art.[3] Je mehr das Lernen als *Learning by doing* erfolgt, desto viabler wird es für den Lerner sein, da er in seinem Tun abschätzen kann, was er Lernen muss und was überflüssig ist. Lerner entfalten hierbei reflektierte Sichtweisen über ihr Beobachten, über ihre Teilnahme und ihre Aktionen. Erst eine solche Reflexion sichert, dass sie bewusst wissen:

- wann sie wie und warum welche Beobachterrollen einnehmen und inwieweit diese sich durch ihre Beobachtungen verändern (= Lernen, sich beobachtend als Lerner zu sehen und Lernlösungen verändern zu können); dieser Aspekt ist maßgebend dafür, das Lernen zu lernen;
- auf welche Teilnahme unter welchen Bedingungen der Verständigung (= normativen Voraussetzungen) sie sich dabei einlassen und wie durch diese Interessenlage sich ihr Verstehen bestimmt (= Lernen, sich als Teilnehmer bestimmter Vor-Verständigungen mit anderen zu sehen und diese relativieren zu können); dieser Aspekt ist maßgebend dafür, das Lernen als Voraussetzung für das Nicht-Lernen (= das auszulassen, was unwichtig oder unerwünscht ist) zu lernen (nur wenn ich dies weiß, kann ich bei der heutigen Unübersichtlichkeit ableiten, was ich wissen sollte);
- wie ihre Aktionen (Handlungen) Beobachtungen verfestigen und Teilnahmen realisieren, wie sie diese in Wiederholungen und damit Konstanz treiben oder durch diese infrage gestellt werden; sie reflektieren insbesondere die Erfahrung, dass das

---

1   Vgl. als Einführung mit didaktischen Bezügen vor allem Seel (2000) und Slavin (2006).
2   Zur Beschreibung alter Lerntheorien und konstruktivistischer Veränderungen vgl. z.B. aus didaktischer Sicht Lambert u.a. (1995, 5ff.), aus pädagogischer Sicht insbesondere Arnold/Schüßler (1998). Zur umfassenden Einführung in ein neueres psychologisches Lernverständnis vgl. auf deutsch z.B. Weinert/Mandl (1997), Otto u.a. (2000), Gruber (1999), Reinmann-Rothmeier/Mandl (1997, 1998), Mandl/Gerstenmeier (2000); einführend Spitzer (2002).
3   Lambert u.a. (1995, 15) nennen z.B. die offene, nicht angeborene Grundstruktur des Lernens, die soziale Konstruktion des Wissens, die Verbindung von Schüler- und Lehrerlernen, Lernen durch schulische Unterstützung, die Notwendigkeit der Zusammenarbeit und gemeinsamer Untersuchungen beim konstruktivistischen Lernverständnis. Ernst von Glasersfeld (1996) arbeitet im Anschluss an Piaget ein konstruktivistisches Lernverständnis aus, das die konstruktive Seite deutlich herausstellt.

Beobachten und Teilnehmen nie die ganze Aktion ist, sondern eine Reduktion gegenüber den handelnden Ereignissen darstellt; diese Differenz zwischen praktischem Tun und seiner Beobachtung und teilnehmenden Interpretation wird ihnen zum Anlass ständiger Nachfragen (= Lernen als Handlungskritik zu lernen); dieser Aspekt ist maßgebend dafür, das Lernen im Feld der Erfahrung und des Erlebens zu lernen (und damit engeres gedankliches Lernen zu relativieren).

Eine konstruktivistische Didaktik hält es aus Gründen der Lernviabilität in der Postmoderne für erforderlich, alle drei Lernarten über ein konstruktives Lernen zu fördern. Dies begründet sich in Bezug auf die drei Felder wie folgt:

- das Lernen zu lernen, das ist zu einer Standardaussage in der Postmoderne geworden, weil der Lerner als Beobachter des eigenen Lernens eine Offenheit für neues Lernen bewahren soll, was durch die Beschleunigung der Veränderungen der Lebenswelt für erforderlich gehalten wird; Lernviabilität bedeutet hier, das eigene Lernen relativ zu den Erfordernissen der sich verändernden Lebenswelten entwickeln zu können;
- das Lernen als Voraussetzung für das Nicht-Lernen zu lernen, das ist ein kritisches Ideal postmoderner Reflexion; Lernviabilität bedeutet hier, eine besserwissende Sicherheit gegenüber den eigenen Lerninhalten oder -formen zu verlieren und von vornherein eingestehen zu können, dass jede lernende Aktion nicht nur Möglichkeiten eröffnet, sondern auch Grenzen zieht; es bedeutet nicht nur, Abschied von einer unerreichbaren Vollständigkeit des Lernens zu nehmen, sondern auch zu erkennen, das jegliches Gelernte nicht vollständig (sondern brüchig, relativ, voller Lücken) ist; eine solche Einstellung sichert die Anerkennung von Pluralität (des Wissens und des Gelernten) und Relativität, ohne in Beliebigkeit zu enden (es bleibt mir mein Gelerntes, das ich allerdings nicht mehr verabsolutiere oder universalisiere);
- das Lernen als Handlungskritik zu lernen, das meint, dass Akteure Handlungen nicht nur beobachtend und teilnehmend durchführen, sondern dabei auch die Deutungs-Vielfalt – durch das sinnlich Erfahrene und Erlebte – erkennen und zu erhalten versuchen; Lernen steht hier unter dem Eingeständnis, dass es eine Differenz von Theorie des Lernens und seiner Praxis gibt; die Handlungskritik richtet sich auf eine Reflexion der gemachten Erfahrungen und Erlebnisse, die subjektiv sehr unterschiedlich ausfallen werden; diese notwendige Subjektivierung muss ebenfalls nicht in Beliebigkeit enden, sondern ist die Voraussetzung dafür, Lerner in ihrer Unterschiedlichkeit überhaupt sich verständigen zu lassen und dabei Gemeinsamkeiten handlungskritisch zu bearbeiten.

Die Halbwertzeit des Wissens dekonstruiert unsere Bestimmungen des notwendigen und hinreichenden Lernens. Gerade Lehrkräfte haben deshalb selbst das Lernen zu lernen, das Lernen als Nicht-Lernen zu lernen, das Lernen als Handlungskritik zu lernen, um hinreichend beurteilen zu können, welche Anforderungen im Lernen gestellt werden und wie sich das Lernen in seinen Anforderungen verändert.

Die Fähigkeit zu lernen ist sehr offen. Soll etwas Bestimmtes gelernt werden, so ist die Definition von Grenzen immer eine Aussage von Beobachtern, die Bestimmtes von den Lernern erwarten. Um die Offenheit zu wahren, müssen wir uns davor hüten, die Bestimmtheiten des Lernens zu eng auszulegen. Deshalb muss das Lehren eine hinreichende Offenheit für unterschiedliches Lernen ermöglichen, denn konstruktives Lernen ist immer offen für Veränderungen, Neuanpassungen, Brüche. Es steht nicht nur in bestimmter Ordnung (der Bildung von Schemata der Assimilation und Akkommodation nach Piaget), sondern erlaubt auch deren Dekonstruktion. Allerdings ist es meist schwieriger, bisher Gelerntes zu verlernen, als neu zu Lernendes zu erlernen.

Lernen ist aus meiner Sicht vorrangig ein konstruktiver Vorgang. Lernen gehört aus der Sicht des lernenden Subjekts daher in erster Linie dem Reflexionsfeld der Konstruktion an, wie es weiter oben herausgearbeitet wurde. Der professionelle Lerntheoretiker, der Lernvorgänge verallgemeinernd beschreibt, sieht das Lernen aber eher aus dem Feld der Methodizität heraus, da er sich begründet für eine bestimmte Interpretation des Lernens entscheidet, deren Geltung er vehement gegen andere Lerntheorien verteidigen wird. Didaktiker aber wissen nur allzu gut, dass erst die Lernpraxis zeigen kann, wie erfolgreich das Lernen dann tatsächlich (unter Befolgung unterschiedlicher methodischer Ansätze) absolviert wird. Folgende drei Sichtweisen relativieren meines Erachtens die Erwartungen, die Didaktiker an gegenwärtige psychologische Lerntheorien stellen können:

- Methodisch hat bisher keine Lerntheorie alle Lernvorgänge hinreichend erklären oder verständlich machen können; Lerntheorien helfen uns allerdings, das gegenwärtig kulturell erwartete Lernen zu reflektieren und hypothetische Ausgangspunkte für eigene Lernerfahrungen und die Interpretation von Lernvorgängen zu gewinnen;
- Lernen als Konstruktion zeigt uns, dass wir didaktisch jeden Lerner in seinen Ressourcen und Lösungen anerkennen müssen, dass wir mit einer kreativen Vielfalt rechnen können und Vorsicht walten lassen müssen, alle Lerner bloß aus der Sicht eines wissenschaftlichen Lernansatzes zu beurteilen; es erhebt sich didaktisch immer die kritische Frage, wie wir möglichst viele unterschiedliche Lerner zu konstruktiven Lösungen bei unterschiedlichen Ressourcen bringen können; unsere Lösungen müssen individuell, singulär, situativ angepasst sein;
- Lernen als Praxis bedeutet, dass wir stets didaktisch evaluieren müssen, welche Lernangebote für wen Erfolg oder Misserfolg gebracht haben; jeder Didaktiker muss lernen, ein Lernforscher in seinem Feld zu werden.

> Nehmen wir einmal an, das konstruktive Lernen würde massenhaft um- und durchgesetzt werden. Würde sich dann nicht die Gesellschaft erheblich verändern: Wie sollen Konsumenten noch einfach verführt, wie Zuschauer manipuliert, wie Lerner auf Reproduktion reduziert, wie Unterdrückte diszipliniert, wie Benachteiligte bloß beruhigt werden, wenn sie schon früh lernen, ihre Wirklichkeiten in die eigenen Hände zu nehmen? Eine konstruktive Orientierung, wenn sie tatsächlich erfolgte, könnte die Welt verändern. Aber glaubst du daran, dass das Konstruktive gegen das Rekonstruktive gewinnen kann?

2) Re- und dekonstruktives Lernen

Lernen als Rekonstruktion ist kein Prozess bloßer Nachahmung oder Wiedergabe, sondern ein aktiver Aneignungsvorgang, der das Angeeignete immer aus der Sicht des Lerners modifiziert, bricht, verändert – insgesamt re-konstruiert, aber dabei auch im Blick auf das Individuum notwendig neu konstruiert. Mitunter treten auch Verwerfungen bisher Gelernten auf, so dass dekonstruktives Lernen ermöglicht wird. Sowohl für re- als auch dekonstruktives Lernen gelten die Grundsätze des konstruktiven Lernens.

> Marie will etwas Neues lernen. Sie will z.B. lernen, eine mathematische Gleichung zu lösen. Sie hat bereits gelernt, mit Zahlen Operationen durchzuführen. Sie muss nun eine neue Konstruktion erlernen, die für ihren Lehrer eine bloße Rekonstruktion darstellt. Er kann diese vortragen oder vormachen, er sieht in ihr nichts Neues und auch wenig Anspruchsvolles. Aber Marie muss, bevor sie eine solche distanzierte Sichtweise annehmen kann, ihre eigene Konstruktion erst einmal machen, sie muss verstehen, was sie da konstruiert, um diese überhaupt als Rekonstruktion einer schon bekannten Problem- und Lösungsstellung sehen zu können. Je weniger sie eigenständig das Problem erkennt und löst, je mehr sie auf ein Auswendiglernen einer vorgetragenen Rekonstruktion bloß blind vertraut, desto schwächer wird der Lern- und Behalteneffekt sein. Insoweit benötigen Rekonstruktionen immer auch konstruktive Lernanteile. Später kann es sein, dass Marie die gesamte gelernte Operation auch wieder dekonstruiert, weil sie nun einen anderen Lösungsweg kennen lernt, der auf einer z.B. höheren Abstraktionsstufe steht oder der in der Praxis so vorrangig angewendet wird.

Bei Rekonstruktionen dominiert allerdings sehr oft das methodische Bemühen darum, möglichst zu abgestimmten, ähnlichen, deckungsgleichen oder übereinstimmenden Auffassungen zu gelangen. Diese Intention verführt dazu, das rekonstruktive Lernen überwiegend reproduktiv anzulegen, da das erwartete Ergebnis und das methodische Vorgehen den Lehrenden schon bekannt ist. Sie wollen es nun auf schnelle Art und Weise den Lernenden beibringen, übersehen so aber leicht, dass die Selbstverständlichkeit der Konventionen für den Lerner bedeutet, Ansprüche und Erwartungen zu akzeptieren, für die er keine oder wenig eigene Erfahrungen aufweist. Um nicht zu einem Übermaß an Reproduktion ohne eigene Hinterfragung zu gelangen, kann auch das rekonstruktive Lernen nicht gänzlich auf Methoden setzen, die das konstruktive Lernen einschränken. Hier muss eine im Einzelfall zu begründende, stets zu hinterfragende Mischform aus Konstruktion und Rekonstruktion gewählt werden, um durch hohe konstruktive Lernanteile zu gewährleisten, dass Rekonstruktionen im Kontext von gezielter Übernahme zwar möglich sind, aber nicht zu einer passiven und bloß abhängigen Lernerrolle führen. Eine dekonstruktive Perspektive als Möglichkeit der Kritik, Erweiterung, Aufhebung und Verwerfung sollte immer mitbedacht werden, denn sie schützt insbesondere vor blinden Übernahmen oder bloßer Anpassung an Bestehendes.

Konstruktiv sind Methoden für Marie, die es ihr ermöglichen, eigene Beschreibungen des Problems durchzuführen und alternative Lösungsmöglichkeiten zu entwickeln. Rekonstruktiv sind Methoden, die sie bloß nachahmt, auswendig lernt, erwartete Antworten, die sie im 🪟 *fragend-entwickelnden Unterricht* gibt, Übungen, die sie nach den gemachten Vorgaben variierend durchführt. Solche Rekonstruktionen (mit instruktiven Anteilen) sind nicht durchweg verkehrt, aber sie sind erst dann besonders lernwirksam, wenn sie mit konstruktiven Einsichten zusammenfallen.[1] Dekonstruktive Methoden sind vor allem Kritikgespräche, alternative Experimente, um bisherige Lösungen zu verwerfen, die Suche nach Auslassungen in bisherigen Lösungen, was das Wissen vertiefen, das Verhalten differenzieren kann.

Die Übereinstimmung bei Rekonstruktionen ist in den *hard sciences* eindeutiger als in den *soft sciences* gelöst. Grundsätzlich aber gilt, dass auch die methodisch saubersten Rekonstruktionen nie eine »Welt an sich« abbilden oder verobjektivieren können, sondern eine zeitbezogene Lösung gegenwärtiger Konstruktionen *für bestimmte Kontexte* als viabel behaupten. Im Rahmen solcher Rekonstruktion ist die Reproduktion von Wissen nicht unnötig, aber sie sollte auf das beschränkt werden, was für die Lösung von Aufgaben in kulturellen und anderen Kontexten begründet gebraucht wird. Der Streit darüber, was tatsächlich gebraucht wird, ist oft akademischer Natur. Hier kann ein veränderter Umgang mit Rekonstruktionen weiterhelfen: Die Notwendigkeit sollte nicht nur in der Methode, sondern auch in den ein- und vorausgesetzten kulturellen Praktiken und Routinen rekonstruiert werden, um zu sehen, was reflektiert werden muss. Dies schließt eine kritische, dekonstruktive Perspektive auf alle Lerngegenstände ein. Die konstruktivistische Didaktik will unter allen Umständen Rekonstruktionen um ihrer selbst willen vermeiden (vgl. Kap. 5.1). Es wäre für sie auch kein hinreichendes Kriterium für notwendige Rekonstruktionen, wenn man etwa nur kurz- und mittelfristigen praktischen Erfolg heranzöge. Die Alternative kann aber auch nicht lauten, dass etwas umso interessanter wird, je weiter weg es von jeglicher Praxis und dabei bewährten Übernahmen von Verfahren oder Erklärungen situiert ist. Entscheidend ist es immer wieder, mit den Lernern jeweils gemeinsam auszuhandeln, welche Re/De/Konstruktionen warum als sinnvoll oder weniger sinnvoll erscheinen.

> Je mehr Lehrende die Rekonstruktionen bezweifeln und mit den Lernern darüber verhandeln, wie weit reichend konstruiert werden sollte, desto mehr Macht müssten sie abgeben. Und was gewinnen sie dafür? Die Unwägbarkeiten von Aushandlung, Praxis, Streit über noch vorhandene Notwendigkeiten, unterschiedliche Auslegungen über Verbindlichkeiten. Dabei könnten sie in ihrer Art der Lehre auch dekonstruiert werden. Meinst du, dass Lehrende nicht ein wenig Angst verspüren könnten, sich hierauf einzulassen?

---

1 In der Lernpsychologie sprechen z.B. Gruber u.a. (2000, 152f.) und Reinmann-Rothmeier/Mandl (1997) davon, dass Instruktion und Konstruktion zusammenwirken sollten. Dabei ist allerdings zu beachten, dass Instruktionen durchaus konstruktive Lernelemente benötigen, um hinreichend wirksam zu sein.

3) Kreatives Lernen

Die Neugierde ist ein grundlegendes Motiv des kreativen Lernens.[1] Dabei ist Kreativität ein Lernereignis, das erst im 20. Jahrhundert untersucht wurde. Guilfords klassischer Vortrag aus dem Jahre 1950 markiert vor allem das divergente Denken als ein kreatives Lernen: das Finden einer Vielzahl von richtigen und angemessenen Lösungen zu einem Problem.[2] Dieser Gedanke findet sich auch im Konstruktivismus, wenn Heinz von Förster folgenden ethischen Imperativ aufstellt: »Handle stets so, dass die Anzahl der Möglichkeiten wächst.« (von Foerster 1993, 49) Das kreative Denken erscheint aus konstruktivistischer Sicht als besonders wichtig in Lernprozessen, weil es mindestens vier Bereiche der Konstruktion von Wirklichkeiten berührt und fördern kann:

- Kreativität ermöglicht divergentes Denken, d.h. ein Denken in viele Richtungen, das im Gegensatz zum konvergenten Denken (z.B. Auffinden *einer* richtigen Lösung wie in Intelligenztests) verschiedene richtige Lösungen erzeugt, damit unterschiedliche Versionen von Wirklichkeit als richtig annehmen kann.[3] Ein divergentes Denken setzt immer einen Bereich des konvergenten Denkens voraus, denn uneinig über etwas kann ich mir nur sein, wenn ich in Teilen einig mit etwas bin. Divergenz betont dabei eine Flüssigkeit von Ideen (= es gibt eine große Menge), Flexibilität (= die Menge ist verschieden), Originalität (= es gibt ungewöhnliche Ideen), Elaboriertheit (= die Ideen sind ausgearbeitet). Diese Aspekte nach Guilford setzen die Bereitschaft voraus, in kurzer Zeit Material, Ideen, Zusammenhänge neu zu sichten und eigens zu strukturieren. Ein solches Denken kann dadurch gefördert werden, dass im Lernen Möglichkeiten bereitgestellt werden, verschiedene Lösungen auszuprobieren (z.B. durch Assoziationen und Brainstorming, Verfremdung bekannter Lösungen, Finden ungewöhnlicher oder seltener Möglichkeiten, Problemumkehr, Paradoxien). Der Vorteil dieses Denkstils liegt darin, dass er weitere Neugierde fördert und vollständige (und damit unrealistische) Ergebnisse vermeidet, zugleich aber auch Transformationen eines gelernten Ergebnisses auf andere Verwendungszusammenhänge durch Variation und Modifikation anregen kann. Dies alles sind Charakteristika eines forschenden und neugierigen Lernens, das auch didaktisch gefördert werden sollte.

---

1 Klassisch ist die Einführung des Begriffs durch Guilford (1950). Vgl. als Einführungen insbesondere Berlyne (1974), Gardner (1996, 1999), Keller/Voss (1976), Csikszentmihalyi (2001).
2 Zu Hintergründen des nach Guilford einsetzenden Kreativitätsbooms vgl. kritisch Stocker (1988). Hartmut von Hentig (2000) beklagt berechtigt vordergründige wirtschaftliche Interessen, denen Flexibilität und Kreativität in gesellschaftlichen Strategien oft dienen sollen, wobei eine umfassende Kreativität dann auf der Strecke bleibt.
3 Nach Gardner (1999) ist es unzulässig, auf nur eine Intelligenz zu setzen, wie sie durch Intelligenztests gemessen wird. Menschliche Intelligenz erscheint bei näherer Betrachtung als bedeutend vielschichtiger (vgl. Kapitel 6.3).

- Das produktive Denken gehört ebenso zum Bereich der Kreativität. Nach Wertheimer (1945) ist produktives Denken besonders durch folgende konstruktive Tätigkeiten charakterisiert: Gruppieren, Umordnen, Strukturieren, Erkennen einer Einheit einer Struktur, einer ganzheitlichen Gestalt, Aufteilen in Untereinheiten, Erfassen der Interdependenz der Teile, Beachten des Ineinanderpassens und der Verschränkung, wobei eine besondere Produktivität darin besteht, Unvollständiges in der Suche nach Prägnanz zu vervollständigen. Dieser produktive Prozess, so argumentiert Wertheimer, ist ein Gedankenvollzug aus Lücken in einer Situation, aus unvollständigen Stücken und Teilen, der zu einer Ordnung als konstruktive Eigenlösung gelangen will, damit sich ein Übergang von einer »schlechten« (unfertigen, nicht plausiblen, nicht viablen) Gestalt zu einer »guten« (= passenden) Gestalt ergeben kann.[1] Die Gestaltgesetze in diesem Zusammenhang lauten: *(1) Prägnanztendenz:* Der Wahrnehmungsapparat sucht stets nach Zusammenhängen größtmöglicher Einfachheit und Regularität. *(2) Gesetz der Nähe:* Dinge, die nahe beieinander liegen, scheinen zusammenzugehören. *(3) Gesetz der Ähnlichkeit:* Ähnliche Dinge erscheinen zu zusammengehörigen Gruppen geordnet. Für eine Didaktik des produktiven Denkens sind diese Gestaltformen wichtig, denn sie treten besonders in sinnlichen Erfahrungen und auf der konventionellen Lernstufe auf. Für Wertheimer gibt es im Denken eine Tendenz, zu höherer Prägnanz und damit Ordnung, einer Aufhebung von Unklarheit und Unordnung gelangen zu wollen. Konstruktivistisch wird dies als ein Streben nach Viabilität ausgedrückt, wobei Prägnanz eine der Möglichkeitsformen sein kann. Allerdings kann durch Vereinfachung, die in prägnanten Lösungen steckt, auch eine mögliche Abbildnormierung unterstützt werden, die nicht unproblematisch ist. Dies will auch Wertheimer vermeiden. Er hebt in seiner Sicht auf das produktive Denken besonders hervor, dass dieses Denken nicht äußerlich erzwungen werden kann, sondern seine Zeit, einen Raum des Einfalls, der nach und nach »dämmert«, starker Emotionen und innerer Spannungen, eigener Betroffenheit und einer leidvollen Lust bedarf, insgesamt einer Vitalität, eines Agierens und Aktes, der Kognition und Emotion verbindet. Produktiv und kreativ wird aus dieser Sicht ein Denken, das eine Gestalt sucht, eine gute Gestalt, um sich denkend zu vermitteln: Einen Aha-Effekt z.B., indem eine Sache plötzlich neu erkannt wird; ein neuer Blickwinkel, aus dem ein Problem anders als bisher gelöst werden kann; die Gestaltung einer didaktisch organisierten Lernumgebung, in der es möglich ist, zu eigenständigen Ideen zu kommen.[2] Und noch etwas verbindet Wertheimers Ansatz mit dem Konstruktivismus: Es gibt im produktiven Denken keine richtige oder falsche Lösung. Es gibt mehr oder minder

---

[1] Anders als Wertheimer sieht der Konstruktivismus die Wahrheit der einen richtigen oder guten Gestalt nicht als universal an, sondern nimmt sie als eine kontextbezogene Hypothese neben anderen. Gestaltgesetzmäßigkeiten sind allerdings für bestimmte Kontexte empirisch belegbar, und Wertheimers Theorie des produktiven Denkens ist bis heute vor allem auch für konkrete Fragen der Didaktik (besonders der Mathematik und der Physik) außerordentlich lesenswert.

[2] Zur Aktualität der Idee der Lernumgebung vgl. heute z.B. Mandl/Reinmann-Rothmeier (1996).

prägnante – viable – Lösungen. Und über solche Prägnanz oder Viabilität müssen wir uns verständigen, wenn wir produktiv lernen wollen.
- Kreativität benötigt Nonkonformität, weil ein zu angepasstes, konformes Verhalten zu wenig divergente und produktive Denk- oder Gestaltungsleistungen ermöglicht. Insbesondere Begabten wird oft ein nonkonformes Verhalten bescheinigt, weil sie zu ungewöhnlichen Lösungen kommen. Aber es scheint mir wesentlich, allen Lernen die Möglichkeit der Nonkonformität als Chance gerade auch in didaktischen Kontexten zu geben, weil so erst manche Begabung überhaupt erscheinen kann (wobei Begabung ohnehin ein Konstrukt von Beobachtern ist, die sich wiederum an ungewöhnlichen Erscheinungen mehr im kognitiven als z.B. im emotionalen Bereich orientiert). Nonkonformität äußert sich vor allem darin, dass kreatives Handeln dann leichter fällt, wenn Lehrende keinen Anpassungsdruck in konventioneller Hinsicht ausüben, wenn sie grundlegend bemüht sind, auf die diskursive Ebene zu wechseln (vgl. nochmals Kapitel 5.2). Aber hier erscheint noch ein anderes Problem, das für eine systemische Beziehungsdidaktik sehr wichtig ist. In einer Lerngruppe kann es durchaus wünschenswert sein, ein konformes Verhalten auszuprägen, um kooperative Handlungskoordinationen durchzuführen. Gemeinsame Verhaltensnormen sind für jede Gruppe entscheidend, um sich in Inhalten und Beziehungen aufeinander abgestimmt zu orientieren. Zugleich aber wird auch die Spannung benötigt, aus dieser Konformität auszusteigen. Kreative Gruppenmitglieder nerven dann leicht die anderen, weil das Ungewöhnliche zunächst überrascht, fremd ist, Zeit kostet, Geduld strapaziert, und oft erst im Nachhinein erkennbar ist, dass alle etwas von der Kreativität profitieren konnten. Für die Didaktik sind diese Spannung und ein Spannungsaufbau mehr als ein Abbau (mit dem Ziel vordergründiger Harmonie) entscheidend, um Lernen auf einem hohen und produktiven Niveau zu fördern.
- Das Staunen ist für kreative Prozesse entscheidend. Im Staunen begegnen sich symbolische und imaginäre oder reale Erlebnisse und Erfahrungen, indem ein bisheriges kognitives oder emotionales Muster sich als unzureichend, nicht vollständig, oft auch unklar erweist. Hier erscheint etwas schon äußerlich als neu, was ungewöhnlich und eigenartig, noch zu erklären ist. Es muss allerdings auch innerlich als neu erscheinen, denn das Staunen ergibt sich nur, wenn das staunende Subjekt sich für das Staunen zuständig erklärt, wenn es staunen will. Der Kontrast muss einerseits groß genug sein, um in der Differenz von Gekanntem und Unbekanntem ein spannendes oder ungewöhnliches Moment zu entdecken. Aber ein Kontrast setzt zugleich ein schon Gewusstes, ein Vorhandenes, z.B. ein Wissen voraus, so dass Begehren und Neugierde motiviert werden, ein Staunen zuzulassen und hieraus einen Antrieb für Erklärungen oder Verständnis zu gewinnen. In der Neugierde, in einem Begehren, über Bekanntes hinaus Neues erfahren und erleben zu wollen, entsteht der Moment des Staunens. Wertheimer hat in seiner Theorie des produktiven Denkens in Gesprächen mit Albert Einstein herauszufiltern gesucht, inwieweit das Staunen sich in produktive Lösungen verwandeln lässt. Einstein, der sagte, dass »das Staunen an der Wiege aller Kunst und Wissenschaft« stehe, formuliert so in-

direkt selbst ein Modell des Staunens. Staunen geschieht, wenn eine Imagination (ein Wunsch, ein vorgestelltes Bild) durch Fragen nach einem Ursprung in eine Tat, in ein symbolisches Ergebnis umgesetzt werden kann, wenn z.B. ein Beobachter durch so genannte einfache Fragen über eine alltägliche Bedeutung Probleme erkennt.[1] Der Wechsel lässt uns staunen. Aber solche Wechsel gelten in alle Richtungen. Es ist auch erstaunlich, wenn etwas bereits Symbolisiertes neue Imaginationen (z.B. einer Unvollständigkeit oder auch einer scheinbaren Vollkommenheit) hervorbringt. Besonders staunen wir, wenn etwas Reales, etwas Unvorhergesehenes geschieht. Das Staunen hängt eng mit dem produktiven Denken, wie es eben skizziert wurde, zusammen. In seinen emotionalen Seiten weist es auch auf das Lachen und Weinen hin, zwei Aspekte, die in der didaktischen Theorie wenig vorkommen. Aber es sind wesentliche Faktoren didaktischen Handelns, Erfahrens und Erlebens, die bewusster anerkannt werden müssen.[2]

4) Soziales Lernen

Insbesondere durch Arbeiten von Garfinkel (1984) sind Fragen des sozialen Lebens rekonstruiert worden, die auch für das soziale Lernen interessant sind.[3] Die soziale Welt ist für Garfinkel und andere Ethnomethodologen zwar um übernommene, rekonstruierte Normen herum aufgebaut, aber die Menschen bilden damit eine vorhandene Welt nicht bloß ab. Sie agieren im Gegenteil kompetent, wenn sie in Alltagssituationen eine soziale Organisationsfähigkeit entwickeln, die ihre Interaktionen anderen sowohl konstruktiv verständlich machen als auch rekonstruktiv zurechenbar gestaltet sind.[4]

Eine Verständlichkeit erreiche ich nur, wenn ein gewisser Rahmen gemeinsamer normativer Erwartungen erscheint, was ein gemeinsames kulturelles Hintergrundwissen voraussetzt. Unsere Konstruktionen finden im sozialen Lernen also insbesondere in einem rekonstruktiven Rahmen statt. Dabei ist es allerdings entscheidend und bei Migration kritisch zu beachten, dass verschiedene Kulturen sehr unterschiedliche Interpretations- und Erwartungsschemata erzeugen. *In einer Kultur* aber müssen die Interaktionsteilnehmer sich wechselseitig eine gewisse Kenntnis dieser Schemata zuschreiben, um eine hinreichende soziale Zurechnungsfähigkeit zu erzielen. Wie aber erlernt man diese Interpretations- und Erwartungsschemata?

Im sozialen Lernen werden diese sowohl verborgen, unformuliert als auch oft über ein Lernen am Modell weitergegeben. Deshalb gehören zum sozialen Lernen auch unscharfe Beobachtungen: Wir benötigen intuitives Verstehen, erleben stillschweigende

---

1 Für Einstein rekonstruiert dies im Blick auf Wertheimer sehr gut Wickert (1979).
2 In Zukunft wird die didaktische Forschung sich stärker in diesen Bereichen engagieren müssen, wenn nicht Didaktik insgesamt an die Lernpsychologie abgegeben werden soll.
3 Vgl. zu den nachfolgenden Aussagen auch Reich (1998b, 58ff.).
4 In den sozialen Konstruktivismus führen ein: klassisch Berger/Luckmann (1995); aus sozialpsychologischer Sicht insbesondere Gergen (1991, 1994, 1999), Gergen u.a. (1987ff.), aus soziologischer Sicht vgl. auch Knorr-Cetina (1984). Zur Übersicht Reich (2001a).

Routinen, verfügen über implizites Wissen, agieren projektive Übertragungen, erheben unbewusste Relevanzansprüche.

In sozialen Beziehungen haben wir uns zu rechtfertigen, wobei das, was wir tun, Regeln von Beziehungen ausdrückt. Insbesondere Regelverletzungen bei einschlägigen normativen Erwartungen und Interpretationen führen in den meisten Fällen zu Sanktionen, die in unterschiedlichen Abstufungen (von der ablehnenden Geste bis hin zur Bestrafung) durchgeführt werden. In den sozialen Praktiken entwickeln sich hierbei Routinen oder Institutionen, die die normativen Zwänge sowohl als Erwartung wie als Hintergrund entfalten. Ein Hintergrund gemeinsamen Verstehens oder eine Zurechnung auf solches Verstehen wird sozial zwar erwartet, aber es gibt keine Gewähr dafür, dass das soziale Lernen auch stets das erreicht, was normativ in Verständigungsgemeinschaften gefordert wird. Soll soziales Lernen gelingen, dann ist die Beachtung interaktiver Verständigung aus konstruktivistischer Sicht entscheidend. Soziales Lernen ist ein zirkuläres Verhältnis, das die Zurechnungsfähigkeit von vornherein in eine antizipierte Wirkung der eigenen Handlungen im Blick auf die Wahrnehmung durch andere und eigene Reaktionen hierauf richtet. Dieses zirkuläre Handlungsmodell sieht die Rechenschaftspflichten des Subjekts in einem erweiterten Kontext. Es kann sich in seinen Handlungen dadurch rechtfertigen, dass es die anderen reflexiv oder intuitiv mitdenkt und deren Denkweisen mit vorbringt. Dies erscheint aus meiner Sicht als Schlüsselstelle des sozialen Lernens: zwischen einer Selbstbeobachterperspektive, in der ich überwiegend auf mich und meine Bedürfnisse schaue, und einer Fremdbeobachterperspektive zu unterscheiden, in der ich versuche, aus den Augen von anderen zu schauen.

In Rotters Theorie des »locus of control« wird darauf aufmerksam gemacht, dass es zwei unterschiedliche Beobachtereinstellungen geben kann, die (idealtypisch gedacht) unterschiedliche Wirkungen erzeugen. In der Zuschreibung, welche Ereignisse von wem verantwortlich hervorgebracht werden, lässt sich eine internale (= ich glaube, dass Ereignisse durch meine Aktionen hervorgebracht werden und damit unter meiner Kontrolle stehen) von einer externalen (= Ereignisse entstehen, weil sie außerhalb meiner Kontrolle liegen) Strategie unterscheiden (vgl. Rotter 1966). Bestätigen ließ sich, dass jene Personen, die internal zuschreiben, deutlich bessere Kontrolle über Situationen erlangen können, die im Bereich realistischer Zielsetzungen liegen (z.B. Abgewöhnen ungesunder Ernährung, Erhöhung der Eigenständigkeit, Selbstverantwortlichkeit, Selbstorganisation des Lernens usw.), auch wenn der Dualismus dazu führt, zu wenig Varianten des sozialen Lernens zu beschreiben.

Die Beobachtungen und Reflexionen der Subjekte in sozialen Handlungen variieren allerdings erheblich. Dies liegt schon daran, dass es keine regelgeleitete Instanz gibt, die gesellschaftliche Normen eindeutig und für alle Situationen instruktiv vermitteln könnte. Aus konstruktivistischer Sicht sehe ich ohnehin die Unmöglichkeit, dem Subjekt verbindliche Konstruktionen zu verordnen. Mit Garfinkel teile ich die Auffassung, dass soziale Situationen durch die Tätigkeiten der Akteure selbst erst hergestellt werden, wobei die herstellenden Variationen umfangreicher als die allgemein normativ bevorzugten Regeln sind. Regeln sollen für möglichst viele Fälle gelten, aber dieses »für viele Fälle« schließt eine Erwartungs- und Interpretationsarbeit der Akteure ein. Dies gilt vor allem auch deshalb, weil es in heutiger Zeit immer mehr unscharfe, mehrdeutige, zweifelhafte, unvollständige, ambivalente Normen gibt. Dies macht die Lebendigkeit sozialer Beziehungen aus: Es ist nie vollständig und eindeutig abzusehen, wie in Interaktionen gesellschaftliche Praktiken, Routinen und Institutionen sich entwickeln und verändern. Allerdings gibt es unterschiedliche Beharrungsmomente, die von den vereinzelten Praktiken zu den schon schwerfälligeren Routinen bis zu den oft starren Institutionen zunehmen.

Eine wesentliche Grundlage sozialen Lernens ist Dialogizität. Dialoge dienen dazu, z.B. die erwarteten Regeln zu interpretieren und je nach Situation auch Neudeutungen zu entwerfen. Dies betrifft aber nicht nur Regeln, sondern alle Inhalts- und Beziehungszuschreibungen. Gerade auf der Inhaltsseite sind deshalb viele Begriffe abstrakt und von hoher Deutungsdehnbarkeit. Dies ermöglicht situative Spielräume und veränderte Nutzungen im Gebrauch der Sprache. In der Lebenswelt müssen die Kontexte mit ihren feinen Nuancen zwischen verschiedenen Verständigungsgemeinschaften dabei subtil angeeignet werden, wenn man mit Wahrnehmungen und Äußerungen nicht fehlgehen will. Es sind die menschlichen Praktiken, die interaktiven Verhältnisse, die im Bereich der sozialen Konstruktionen das generieren, was als wahr und objektiv gilt. Hier greift das soziale Lernen stark ein, denn es sichert solche Wahrheiten und Zuschreibungen von »Objektivität«. In solchen Kognitionen aber sind weniger die rationalen als vielmehr die mächtigen, mit der Pragmatik der gesellschaftlichen Gruppeninteressen verbundenen Maßstäbe jene, die als höchste Rationalität auf jeweiliger Stufe der gesellschaftlichen Entwicklung erscheinen. Gerade dies zeigen Kulturvergleiche in auffälliger Weise. Damit stellt sich das Problem einer rationalen Zurechnungsfähigkeit deutlich in den sozialen Kontexten von Verständigungsgemeinschaften.

Auch Konstruktionen über das Lernen sind immer schon in soziale Verhältnisse eingebettet.[1] Eine nur oder überwiegend biologisch entwickelte oder kognitivistisch übertriebene und kulturell irrelevant dargestellte Lerntheorie verfehlt von vornherein kontextuelle Voraussetzungen der Lebenswelt. Andererseits ist Lernen nicht nur ein sozialer Vorgang, sondern impliziert immer auch z.B. körperliche, kognitive, emotionale und andere Zustände. Lernen kann daher nur aus vernetzten, interdisziplinären Perspektiven hinreichend erfasst werden.[2] Hier kann der Konstruktivismus als interdiszip-

---

[1] Aus marxistischer Perspektive, aber offen für handlungstheoretische Ansätze, ist hier Holzkamp (1995) zu nennen, dessen Lerntheorie das Subjekt in und aus seinen sozialen Kontexten heraus begründet. Seine Analyse kann als grundsätzliche Lernkritik an gegenwärtigen Lernbedingungen und an gängigen Lerntheorien betrachtet werden. Insbesondere seine Schulkritik erscheint bedenkenswert, auch wenn man die Herleitung des Ansatzes nicht teilt.

[2] Scheunpflug (2001) stellt z.B. einführende Grundaussagen für eine Biologie des Lernens zusammen. Ihre Übertragung auf eine biologisch fundierte Didaktik (2000) bleibt in meiner Sicht zu allgemein und praxisabgehoben, weil die biologische Perspektive die kulturelle und soziale Seite der Didaktik zu sehr ausblendet. Gleichwohl gibt es auch biologische Perspektiven, die im Zusammenhang mit kulturellen und handlungsorientierten Studien inter- und transdisziplinär didaktische Forschung erweitern können. Dazu müssten beide Seiten aber stärker in einen Dialog kommen.

linärer Ansatz helfen, Lernen als komplexen Vorgang zu begreifen und Lernvorgänge für möglichst viele Lerner zu erleichtern.

Das soziale Lernen ist eine wesentliche Basis eines konstruktivistischen Ansatzes. Dies liegt am konstruktivistischen Leitbild, das eine offene, mehrperspektivische Beobachterrolle einnehmen will, das Akteure Handlungen und Erfahrungen nicht nur theoretisch, sondern auch praktisch machen lassen will, das Teilnahmen nicht aus rein egoistischen Interessen verfolgt, sondern stets in Kommunikation und als Ausdruck notwendiger Kooperation begreift. Daher ist jedes Lernen, das Inhalte und Beziehungen von Menschen in den Kontext von Interessen, Motivation, aber auch Macht und Abgrenzung, stellt, auch ein soziales Lernen. Die postmodernen Anforderungen in ihrem Spannungsverhältnis zwischen Freiheitsekstase und erforderlicher Solidarität zeigen auf, dass das soziale Lernen sogar ausschlaggebend für Lernleistungen insgesamt ist. Hier sollten wir uns vergegenwärtigen, dass über das soziale Lernen z.B.

- Offenheit, Pluralität, der Umgang mit Konsens und Dissens, die Möglichkeit unterschiedlicher Verständigungsgemeinschaften in einer Verständigungsgesellschaft, die Beanspruchung von Freiheit und die Gewährung von gegenseitiger Hilfe oder Solidarität mit Schwachen erst begreifbar und als sinnvoll erlebbar werden;
- der Freiheitsdrang und die Freiheitsekstase begrenzt werden können, da sie sonst über kurz oder lang zur Einschränkung der Freiheiten anderer führen;
- die Macht thematisiert werden kann, die in allen menschlichen Verhältnissen und Beziehungen auftritt, wobei zu starke Hegemonien von Macht durch soziale Einsicht begrenzt werden könnten;
- die Frage nach gerechten und passenden Lösungen für menschliche Kommunikation und Bildung hier sozial gestellt werden und einen kontinuierlichen Ort der Thematisierung und Reflexion finden kann.

Das soziale Lernen ist wesentlich ein Lernen am Modell[1]: So wie wir uns als Lehrende und Lernende in einer Gruppe verhalten, so wird diese Gruppe Normen, Werte, Verhaltensweisen, Erwartungen, Imaginationen entwickeln, die selbst hilfreich oder störend für die Gruppe und Einzelne sein werden. Hier handelt es sich um einen re/de/konstruktiven Vorgang, und es gibt kein universell richtiges Modell, das bloß aus- und nachzubilden wäre. Deshalb ist es für das soziale Lernen entscheidend, die soziale Konstruktion unserer Inhalte und Beziehungen in jeder Lerngruppe offen zu thematisieren und gemeinsam zu entwickeln. Es ist bei Lernvorgängen und ihrer Vorbereitung, Planung, Durchführung und Evaluation stets gemeinsam innezuhalten, um die soziale Seite nicht aus den Augen zu verlieren. Dies gilt insbesondere für die deutsche Entwicklung, in der durch die Gemeinschaftserziehung des Nationalsozialismus die Idee einer sozialen Gemeinschaft in Diskredit gebracht wurde. Die Ablehnung

---

1 Dies hat Bandura (1976) auf behavioristischer Grundlage herausgearbeitet. Aus konstruktivistischer Sicht wird das Lernen am Modell z.B. im Ansatz der »cognitive apprenticeship« von Collins u.a. (1989, 1991) in einem anderen Kontext untersucht. Vgl. dazu auch weiter unten das »situierte Lernen«.

einer Gemeinschaftserziehung nach dem Vorbild Deweys, der in der *community* den Ort einer demokratischen Partizipation, Reflexion und gruppenorientierten Entwicklung bei gleichzeitigen subjektiven Freiräumen sah, führte nach 1945 in Westdeutschland zu einer vordergründigen Partnerschaftsideologie, die stark gruppenselektierend ausgerichtet war. Deutschland hat neben der deutschsprachigen Schweiz als einziges Land der Welt eine Dreigliedrigkeit des Schulsystems, das durch eine frühe soziale Selektion Lebenschancen mit relativer Undurchlässigkeit verteilt. Hierbei erscheint – was die Gemeinschaft betrifft – eine Tendenz sozialer Gleichgültigkeit in öffentlichen Schulräumen, und die Pisa-Studien bemängeln insbesondere das starke soziale Gefälle, das in der Leistungseinteilung deutscher Schüler gegenüber anderen Ländern auffällt: Schüler aus sozial schwachem Milieu werden viel zu wenig gefördert und gefordert. Diese Ergebnisse, die der deutschen Schule nachweisen, dass sie durch eine frühe Ausgliederung schwächerer Schüler, durch eine zu frühe Selektion und zu geringe Integrationsanstrengungen, gerade im Bereich des sozialen Lernens gegenüber anderen Ländern soziale Benachteiligungen zu stark erzeugt, müssen uns didaktisch herausfordern, das soziale Lernen deutlicher wieder in den Vordergrund zu rücken und gesellschaftspolitisch eine radikale Reform mit dem langfristigen Ziel der Aufhebung der Dreigliedrigkeit des Schulsystems anzustreben. Hier wird derzeit oft argumentiert, dass dies in Deutschland nicht möglich sei. Aber dies ist keine sachliche Begründung, sondern bloß eine Behauptung aus Gewohnheit und politisch motivierten kurzsichtigen Interessen. Der Blick in andere Länder zeigt, dass in diesen stärker auf die Ideen John Deweys oder vergleichbare Ansätze zurückgegriffen wurde, die das Schulsystem als eine soziale Aufgabe im Sinne einer *community* sehen: Es gibt einen gemeinsamen Unterricht über 8 bis 9 Jahre. Dieser wird ergänzt durch gemeinsame repräsentative Aufgaben nach außen, sportliche Veranstaltungen für die Schule, Hilfestellungen für schwächere Schüler, Integrations- und Förderkurse, kompensatorische Gruppen, Ganztagsunterricht und hinreichend differenzierende Arbeitsgemeinschaften. In einem solchen Umfeld, das auf ein System hoher gemeinschaftlicher Beteiligungen, offener Türen und ständiger sozialer Hilfestellungen setzt, ist soziales Lernen einfacher als in einem Unterrichtssystem, das überwiegend auf Selektion durch ein grundsätzlich dreigliedriges Schulsystem mit weiteren Ausgrenzungen von Sonderschülern, auf ein Benotungswesen, das individualisiert und isoliert, auf sitzen bleiben statt gezielte Fördermaßnahmen ohne sitzen bleiben, auf die Betonung der individuellen Leistung gegenüber Teamwork, auf Hierarchien oder klar geregelte Bürokratien sich gründet.

Soziales Lernen wird aus der Sicht konstruktivistischer Lernforschung als eine Möglichkeit aufgefasst, Normen des sozialen, kulturellen, wissenschaftlichen Lebens diskursiv zwischen Lehrenden und Lernenden in Form von *Communities of Practice* zu realisieren. Dies verändert die Einstellung zum sozialen Lernen grundsätzlich: Hier kann nicht mehr ein von Experten generiertes Wissen als sicher und notwendig angenommen werden, sondern es muss mindestens gefordert werden, dieses Expertenangebot diskursiv zu erörtern. Die Lernenden sollen – soweit möglich – ihren Lernprozess selbst steuern lernen, was eine erhöhte Partizipation bei der Auswahl von Themen, der Planung, Durchführung und Kontrolle der Inhalte und Verhaltensformen einschließt. Hier erfolgt das soziale Lernen durch eine vorgelebte soziale Praxis partizipativen Lernens.

Da soziales Lernen Zeit kostet, das von der übrigen vorhandenen Lernzeit abgeht, wird oft darauf verwiesen, dass Lernsysteme zu wenige Leistungen erbringen, wenn sie fachliches Lernen durch weniger kontrollierbares und evaluierbares soziales Lernen einschränken. Nun zeigt aber auch hier die Pisa-Studie, dass diese Einschätzung falsch ist: Obwohl im deutschen Sprachraum das fachliche Lernen eindeutig favorisiert wird, erbringt es sogar noch schlechtere Ergebnisse in den Lernleistungen als in jenen Ländern, in denen das soziale Lernen einen höheren Stellenwert hat und diese Zeit kostet. Aber auch unabhängig von solchen Studien weiß man z.B. aus der Arbeitsforschung, dass inhaltliches Lernen im Beruf ohne kommunikative und kooperative Kompetenzen nicht mehr zeitgemäß ist und einer Organisationsstruktur entspricht, die mittlerweile als überholt und hinderlich gelten muss (wie alle gegenwärtigen Einführungen in die Personal- und Organisationsentwicklung betonen).

> Das Soziale entschwindet, weil es für die individuelle Realisierung von Lust und Egoismus als hinderlich erscheint. Diese Entwicklung bestimmt mehr und mehr die kulturellen Rahmenbedingungen, in denen wir stehen. Dies produziert nicht nur Werteinstellungen, sondern auch Haltungen, die sehr viele Menschen einnehmen. Und je mehr diese Haltungen propagiert und honoriert werden, desto stärker ist ihre kulturelle Wirkung. Wie soll da ausgerechnet das Lernen etwas verhindern, was sich kulturell mehr und mehr durchgesetzt hat?

Es gehört zum postmodernen Zeitgeist, das soziale Lernen auch noch von einer anderen Seite her differenzierend zu betrachten. Und dies verschärft den Zweifel der Ironikerin, denn es steigert das Problem noch. Der kulturellen Durchsetzung des Egoismus scheint ein Modell des Lernens zu entsprechen, das ich Spiegelungslernen genannt habe. Was ist damit näher gemeint?[1]

In sozialen Lerntheorien ist man lange Zeit von Aneignungsmodellen ausgegangen. In einer symbolischen Kommunikation eignet sich das Subjekt, vermittelt über Vorbilder, Verhaltensmodelle oder Erwartungen an, die sein eigenes Handeln über die Vernunft und damit aus Einsicht steuern. Wo die Vernunft nicht hinreicht, können auch reglementierende, sanktionierende, selektierende Praktiken hinzutreten.

Diese Theorien haben zu sehr übersehen, dass Subjekte nicht einfach instruktiv Vorbilder oder Modelle aneignen, auch nicht einfach eine äußere Welt in sich abbilden, sondern in einer Vermittlung inneren Begehrens und äußerer Situationen, in einer Spannung eigener Imaginationen und realisierbarer Umsetzungen stehen. Hierbei spielt das Imaginäre, wie es in Kapitel 4.2.2 herausgestellt wurde, eine entscheidende Rolle. Der Mensch ist also nie nur auf eine Sichtung rationaler Konstrukte und eine Entscheidung zwischen ihnen angewiesen, sondern unterliegt auch eigenen Vorstellungen, die er nicht direkt rational kontrollieren kann, die sein Begehren ausdrücken, dabei Spiegelungen mit seiner Umwelt, über die er nicht direkt verfügt, die aber als

---

1 Vgl. Reich (1998b, 133ff.).

Muster seines Verhaltens, als Traumbilder, ästhetische Empfindungen, Wahrnehmungsbevorzugungen, Schlüsselszenarien erscheinen und Orientierungen ausüben. Aus dieser Sicht wirken z.B. Motivationen als Anteile eines Begehrens, das hinter einer Sprachmauer liegt. In solches Begehren greifen Spiegelungen über andere ein, die wir durch einen Wechsel ins Symbolische, in die Sprache zumindest diskutieren, problematisieren, verstehen oder auch distanzieren können. Denn das je individuelle Begehren ist nie nur das Begehren eines Individuums, sondern immer gespiegelt über andere. Die Sinnaufladung dieses Begehrens durch andere bietet zugleich ein Potenzial der Manipulation und Beeinflussung, das bis zu kollektiv imaginären Verführungen reichen kann.[1] Die Gefahr ist eine machtbezogene Ideologisierung, denn auf der imaginären Achse der Kommunikation gibt es nicht wahre oder falsche Bedürfnisse, sondern nur ein Begehren, das als ein Begehren agiert. Hätten wir hier einen reinen rationalen Zugang, dann könnten wir es vielleicht eher kontrollieren, aber unser soziales Lernen als Spiegelungsvorgang hat von vornherein dafür Sorge getragen, tiefer und erlebnisnaher ein Imaginäres in uns einzuweben, das unser Handeln, unsere Erwartungen, Sympathien, Träume, Intuitionen auf einer ganz anderen Ebene als der Rationalität ablaufen lässt.

Soziales Lernen bedeutet, dass wir uns auch dieser Grenze bewusst werden. Didaktiker können nie erwarten, dass sie ihre Lerner so vollständig erreichen, um hinter die Sprachmauer sehen zu können. Wir können dies nicht einmal in uns selbst, sondern benötigen die Sprache und das Symbolische, um das Imaginäre zu artikulieren, indem wir es zugleich verlassen. Gleichwohl ist die Akzeptanz des Imaginären besonders für das soziale Lernen ausschlaggebend. Nur so werde ich dem Lerner Freiraum lassen, so zu bleiben, wie er »ist«. Ich kann ihn an dieser Stelle nicht plötzlich, sondern nur sehr langsam und mit seinem Zutun ändern und wäre überfordert, wenn ich allein auf rationale Lernmodelle vertrauen müsste.

Soziales Lernen konstruktivistisch zu organisieren bedeutet vor allem, diese Überforderung zu vermeiden (vgl. Reich 1998b, 140f.): Lernen insgesamt wird heutzutage oft so organisiert, dass ein Scheitern von Lernprozessen als Drama empfunden wird. Lehrkräfte sind angehalten, das Scheitern zu verhindern. Daraus entsteht ein Druck der Konventionen und Verständigungen, der die Unmöglichkeit des Scheiterns zu einer Maxime der Sozialisation selbst macht und damit illusorischen Charakter gewinnt. Denn die künstlichen Lernwelten können ja nicht so tun, als sei ein Leben ohne Scheitern möglich. Deshalb benötigen wir im Gegensatz zu diesen illusionären Überforderungen eine experimentelle Einstellung zum Lernen, die auch das Scheitern erfahrbar werden lässt. Andererseits beinhaltet das Imaginäre jene Kräfte, die uns begehren lassen, die uns antreiben, Visionen zu entwickeln, uns aufeinander intensiv einzulassen, Lernen umfassend zu realisieren, die Dinge und die Welt zu bewegen, uns und

---

1 Das kollektiv Imaginäre, wie es z.B. in der Massenmanipulation der Hitlerjugend oder der Kulturrevolution in China erschien, beinhaltet die Freisetzung hoher sozialer Bindungskräfte auf Kosten anderer, die ausgestoßen und sozial verachtet werden. Dieser Vorgang geschieht aber nicht nur im Großen politisch gesteuerter Prozesse, sondern auch alltäglich im Kleinen.

andere in unerwarteter, erstaunlicher Weise zu verändern, nie voraussagen zu können, welche Grenzen uns auf Dauer einschränken werden. Insoweit ist das soziale Lernen – wenn wir diese beiden Seiten im Zusammenhang betrachten – ein Spannungsverhältnis zwischen der Anerkennung der Grenzen des Imaginären und der Notwendigkeit, auf seine Kräfte zu setzen.

5) Situiertes Lernen

Neben der Pisa-Studie hatte schon die TIMSS-Studie gezeigt (Baumert u.a. 1997, 2000), dass die in Deutschland üblichen Unterrichtsstrategien, die auf eine einzige und korrekte Lösung z.B. im mathematischen und naturwissenschaftlichen Unterricht hinzielen, im Vergleich zu Problemlösungsstrategien, die in anderen Ländern verstärkt unterrichtet werden, unterlegen sind. Der fragend-entwickelnde Unterrichtsstil, der den Lernern sehr oft Antworten in den Mund legt, erweist sich als zu eng führend, so dass Defizite bei den Lernern besonders im Transfer- und Anwendungswissen zu beobachten sind. Solche Erkenntnisse sind für situierte Lernansätze, die sich seit längerem (allerdings in sehr unterschiedlicher Qualität) – teilweise aus der kognitiven Lernforschung heraus – entwickelt haben, keine Überraschung.[1] Diese Ansätze beschäftigen sich mit dem Verhältnis von Wissen und Handeln, und sie knüpfen an die eingangs in diesem Kapitel beschriebenen Klassiker an.[2] Die Grundthese des *situierten Lernens* ist konstruktivistischer und interaktionistischer Art und damit sehr eng mit dem hier vertretenen Ansatz verbunden: Menschliche Kognitionen entstehen zwischen intelligenten Individuen in sozialhistorisch definierten Kontexten, in denen sie miteinander interagieren. Die *Situationen*, in denen wir als Lerner stehen, werden damit sehr wichtig.

> Es gibt sehr unterschiedliche Ansätze: »Lave (1988) betont die Wichtigkeit der situierten Kognition für das alltägliche Leben; Rogoff (1990) hebt die gelenkte Partizipation als Zentrum der situierten Kognition hervor; Suchman (1987) stellt die komplexe Beziehung zwischen Planung und Handlung in den Mittelpunkt ihrer Überlegungen; und Greeno (1994) versteht situierte Kognition als ein Anforderungskonzept. Resnick (1991) wiederum bezieht die situierte Kognition auf sozial geteilte Kognitionen, während Clancey (1997) sie als laufende Koordination der Verbindungen zwischen Wahrnehmungen, Konzeption und Handlung definiert.« (Law 2000, 257)

---

1 Die Erweiterung kognitiver durch situative Lernansätze markiert einen teilweisen Übergang in eine erweiterte Forschung, der für mich allerdings keineswegs abgeschlossen erscheint. Es bringt in meinen Augen in der Lernpsychologie nicht viel, anderen Ansätzen nur ihre Defizite vorzuhalten, so lange viele Ansätze helfen können, ein multiperspektivisches Bild aufzubauen, das aus unterschiedlicher Sicht jeweils einzelne Elemente und teilweise relevante Perspektiven untersucht. Von einer umfassenden situierten Lerntheorie scheinen wir ohnehin noch weit entfernt zu sein. Vgl. dazu einführend z.B. Mandl/Gerstenmeier (2000, 139ff.; 198ff.; 221ff.; 253ff.).
2 Vgl. zur Einführung insbes. Law (2000).

Betrachtet man diese Ansätze genauer, so fällt auf, dass sehr oft verschiedene Forschungsansätze gemischt werden. So bemüht sich z.B. Clancey darum, sowohl einen funktionalen sozialen Ansatz, Aspekte der neuronalen Forschung und zugleich Ergebnisse des Behaviorismus zu nutzen. Dabei ist der Stellenwert der konstruktivistischen Erkenntniskritik nicht immer deutlich. Unter dem Stichwort eines gemäßigten Konstruktivismus erscheint nicht selten eine Mischung aus Konstruktivismus und Realismus. Aber ich will hier nur auf die für eine konstruktivistische Didaktik besonders relevanten Ergebnisse eingehen, die Theorien zur situierten Kognition entwickelt haben:

- Instruktives Lernen, das durch Pläne vorausgesagt wird, entspricht nach Suchman (1987) nicht hinreichend der Flexibilität menschlichen Handelns. Zielgerichtete Handlungen, auf die in der Didaktik oft großer Wert gelegt wird, werden vorrangig durch den Kontext erzeugt, in den sie eingebettet sind. Pläne, Strategien, Konstruktionen gehen nicht den Handlungen voraus und können sie daher auch nicht eindeutig steuern, sondern entstehen aus den Handlungen heraus. Dies ist eine Einsicht, die wir auch schon bei Dewey finden, wobei Suchman die Situationsorientierung gegenüber einer Planungsorientierung allerdings noch deutlicher betont. Dies soll nicht bedeuten, dass Pläne unwichtig werden. Aber wir müssen auch didaktisch begreifen, dass ein Planungsübergewicht völlig unproduktiv wird, wenn kein angemessener Handlungsrahmen gefunden wird, aus dem heraus Pläne situativ Sinn und Geltung beziehen können.
- Es ist ein Fehler, das menschliche Gehirn oder Bewusstsein mit einem Computer zu vergleichen, weil dies nicht nur zu Vereinfachungen, sondern auch zu einer falschen Analogie führt. Wissen speichert sich nicht einfach im Gehirn durch Einprägung ab, wie es noch John Locke in der These vom Bewusstsein als *tabula rasa* erschien. Aus der Sicht der situierten Kognition (z.B. Greeno) drückt ein Wissen die Art von Beziehungen aus, die ein Individuum mit seiner materiellen und geistigen Umwelt in Handlungen unterhält, wobei das Lernen durch begünstigende und begrenzende Einflüsse in einer sozialen Gruppe bestimmt wird. Aus dieser Sicht erweist es sich didaktisch als notwendig, angemessene Lernumgebungen zu entwickeln, in denen Lerner in einer gemeinsamen Praxis (»community of practice«) miteinander interagieren. Auch wenn in der Forschung noch viele Fragen offen sind, so zeigt sich in der didaktischen Praxis durchaus, wie erfolgreich Situationen, die einen Problem- und Lösungsdruck beinhalten, für das Lernen sind. Dies war schon bei Dewey und der Begründung von Projekten eine praktische vor dieser forschenden Erfahrung.
- Situierte Kognitionen verweisen auf biografische Momente, denn jeder Lerner hat eine Lernbiografie, die ihn in eine besondere Situation stellt. Die Muster und Ergebnisse des Lernens, die ein Individuum angeeignet hat, sind nicht nur für neues Lernen wichtig, sondern werden nach Resnick auch erst dann besonders aktiviert, wenn das Individuum im Blick auf seine bisherige Lernbiografie mit einer neuen Situation konfrontiert wird. Wir können dies auch vorsichtiger ausdrücken: Für die

Didaktik erscheint es als sinnvoll, wenn es gelingen kann, einerseits anschlussfähig an die Lernbiografie der Lerner zu bleiben, andererseits aber auch eine Lernsituation herzustellen, die zur Herausforderung für diesen bestimmten Stand, dieses Muster, diese Voraussetzungen werden. Didaktische Planung wird aus dieser Sicht zu einer Situationsplanung, in der allerdings eingeschätzt werden müsste, welche Lernerfahrungen bereits gemacht wurden.

- Lernaktivität stellt eine Situation dar, in der Lernen stattfindet. Speicherung im Gedächtnis beschreibt eher ein Ziel, einen Wunsch der Lehrenden, die ein bestimmtes Wissen abgespeichert wissen wollen. Zum Ergebnis einer Abspeicherung kommt es jedoch nur, wenn die Aktivität vorhanden ist. Auch hier ist das menschliche Gedächtnis nicht in Analogie zur Festplatte des Computers zu sehen. Erinnerungen aus der Sicht der situierten Kognition sind vielmehr (z.B. nach Clancey) Koordinierungen eines aktiv sich mit seiner Umwelt auseinander setzenden Individuums, das sich die Gedächtnisinhalte nicht wie aus einem Warenlager heraussucht, sondern durch Aktivitäten, die situativ ablaufen, rekonstruiert, d.h. aus Wahrnehmungen, Zeichen, Symbolen, Handlungen jeweils neu schafft. Dies mag erklären, weshalb wir im Erinnern immer auch einen neuen Teil von Wirklichkeit dazuerfinden. So erzeugt unser Gedächtnis durch und in der Aktivität von situierter Kognition allenfalls bei leichter Reproduktion immer nur dasselbe, aber meistens eine Modifikation, um damit auch sinnvoll auf veränderte Umweltbedingungen reagieren zu können. Für die Didaktik heißt dies, dass insbesondere die Erwartungen an ein bloß reproduktives Lernen kritisch gesehen werden müssen. Das Abprüfen von Gedächtnisinhalten ist zu einfach, wenn nicht neue Situationen einen Transfer des Wissens in eine Rekonstruktion mit neuer Aktivität und Modifizierung führen können. Dies aber gelingt nur bei anwenderbezogenen und konstruktiven bzw. kreativen Aufgaben.

Betrachten wir diese Forderungen, dann erkennen wir viele Gemeinsamkeiten mit einer didaktischen Reformpraxis, in der schon länger erkennbar wurde, wie Lernvorgänge erfolgreich organisiert werden können. Leider gibt es heute zu wenige gemeinsame Forschungen zwischen Didaktik und Lernpsychologie. Wenn man die didaktischen Forderungen des Ansatzes der situierten Kognition liest, dann wird erkennbar, dass alle Forderungen – hier wiedergegeben nach Law (2000, 279) – schon länger zum Praxisinventar etwa einer Didaktik nach Dewey, Freinet oder bisheriger konstruktivistischer Didaktik (vgl. Reich 2005) gehören:

Lernende sollen untersuchungsähnliche Beobachtungen, Explorationen, gegenseitigen Austausch, Evaluationen durchführen; sie sollen in einer motivierenden Lernumgebung entdeckendes Lernen praktizieren, wobei der Erwerb neuen Wissens dominant sein soll; ein diskursives Verständnis und eine gemeinsame Wissensaneignung sind erwünscht; Partizipation ist ein Schlüssel zum erfolgreichen Lernen; bei geleiteter Instruktionspraxis muss Anschluss an bisheriges Lernen gehalten werden, und neue Situationen müssen neues Lernen provozieren.

6) Emotionales Lernen

Lernen ist ein aktiver und interaktiver Prozess und beeinflusst das, was wir als Gelerntes festhalten – dies ist in der bisherigen Beschreibung deutlich geworden. Dabei bemüht sich der interaktionistische Konstruktivismus insbesondere auch darum, die inneren, begehrenden Kräfte und Visionen, die das Lernen in Gang setzen und antreiben, im Blick auf das emotionale Erleben zu beachten. Lernen impliziert immer die Anerkennung, den Dialog, die Auseinandersetzung mit anderen auf einer symbolischen und der imaginären Ebene (vgl. auch Reich 2000c, 71ff.), wie bereits thematisiert wurde. Das emotionale Lernen[1] greift sehr stark in den imaginären Bereich ein.

Anderen Ortes habe ich neun Aspekte der Emotionalität festgehalten (Reich 1998b, 64ff.), die ich hier auf Lernvorgänge beziehen will:

Die Physiologie von Emotionen
Die Gefühle als Leidenschaften sind auch biologisch verankert; und sie zeigen physiologisch bestimmbare Eigenschaften auf. Immer wieder hat man versucht, aus der physiologischen Bestimmung eine Bestimmung der Gefühle abzuleiten.[2] Diese Analysen, die im engeren physiologischen Rahmen bleiben, haben durchaus zu Ergebnissen geführt (vgl. z.B. Sousa 1997, 119ff.). Aber diese Ergebnisse sind einseitig auf physiologische Muster konzentriert, die keine Brücke zu dem schlagen, wie wir Gefühle erleben. Dies wird sehr deutlich bei psychosomatischen Beschwerden. Ich habe Liebeskummer. Physiologisch verspüre ich Magenschmerzen und eine allgemeine Übelkeit. Soll ich nun an meinen körperlichen Symptomen ansetzen? Oder muss ich nicht vielmehr erwarten, dass bis zur Überwindung meines Liebeskummers mit solchen Symptomatiken zu rechnen ist? Ich muss wissen, dass mir die Physiologie eigentlich nichts über meinen Liebeskummer – also meine erlebten Gefühle – verraten wird. Die klassifikatorischen physiologischen Modelle beschreiben nur ein sehr verkürztes Moment der Gefühle, das durch die erforderliche Exaktheit der Beschreibung immer auch das verfehlt, was ich als Gefühle erlebe. Es ist insgesamt schwierig, aus physiologischen Studien Schlüsse auf die Emotionen zu ziehen, weil naturalistische Ableitungen von der Physiologie in den Bereich des Imaginären oder des Erlebens nicht zu eindeutigen Bestimmungen führen. Gleichwohl sind physiologische Analysen nicht sinnlos, weil sie z.B. unser gattungsbezogenes Verständnis über Gefühlszustände erweitern können. Hier stehen wir zudem am Anfang noch fortschreitender Forschungsmöglichkeiten.

---

1 Vgl. als grundlegende Einführungen in diesen Komplex insbes. Friedlmeier/Holodynski (1999), Otto/Euler/Mandl (2000). Mit didaktischen Aspekten auch Arnold (2005).
2 Dem konstruktivistischen Ansatz nah ist hierbei Ciompi. In seiner Affektlogik (1982) versucht er, psychoanalytische und systemtheoretische sowie kommunikative Aspekte miteinander zu mischen. In seiner Schrift »Außen- und Innenwelt« (1988) steht die Absicht im Vordergrund, psychische Strukturen vor dem Hintergrund evolutiver Veränderungen zu interpretieren. Allerdings weist er kein konsequent interaktionistisches Konzept auf. Bei ihm dominiert vielmehr eine Ableitung affektiver Schemata auf der Basis von Piaget unter Einbeziehung psychoanalytischer Aspekte.

Die Authentizität von Gefühlen
Wenn wir auf die Differenz von exakten Beschreibungen und subjektivem Erleben setzen, dann drängt sich die Frage auf, ob die subjektiv erlebten Gefühle überhaupt authentisch und richtig sind. Dies hat für Lernvorgänge weit reichende Konsequenzen, denn als Selbst- als auch als Fremdbeobachter erscheint es schon als schwierig, über Gefühle zu sprechen, noch schwieriger ist es dann, ein über Gefühle vermitteltes Lernen zu situieren.

Der Selbstbeobachter, z.B. ein Lerner, deutet seine eigenen Gefühle und kognitiven Verarbeitungen. Teilt er sie dem Lehrenden mit, dann besteht die Chance eines Austauschs. Doch wie weit kann dieser gehen? Können wir wissen, was das tiefere, das »eigentliche« Gefühl ist?

Was wäre, wenn uns ein Fremdbeobachter, der beide in ihrem Gespräch beobachtet, erklärte, dass der Lerner noch gar nicht zu seinen echten Gefühlen gefunden hat? Er könnte z.B. beobachtet haben, dass der Lerner, der zum Lernen motiviert erscheint, dies mehr aus äußerlichen (extrinsischen) Gründen tut und ein inneres Begehren zum Lernen und daraus abgeleitet eine Motivation vermissen lässt.[1] Sein eigentliches Lerngefühl erscheint diesem Beobachter als noch nicht geklärt. Aber muss der Lerner, der sich anders äußert, dies auch wissen? Ist es notwendig, um authentisch über seine Gefühle und Lernansprüche zu sprechen?

Ein anderer Fremdbeobachter könnte argumentieren, dass diese Gefühle ohnehin nur durch die Engstirnigkeit einer bestimmten Lernernormierung entstehen. Warum, so könnte er fragen, soll man nicht auch aus äußeren Gründen hinreichend lernen können, warum müssen wir auch den Gefühlsbereich mit rationalen Normen und Werten belegen, um bloß in unseren Sichtweisen bestätigt zu sein? Das richtige Gefühl ist für diesen Beobachter nur noch das, was man momentan empfindet. Beruht dieses Empfinden auf momentanen Eindrücken, so könnte er argumentieren, dann findet man erst zu seinen »wahren« Gefühlen.

Wir können solche Zuschreibungsketten unendlich fortspinnen und kommen doch immer nur zu einem Ergebnis: Gefühle sind kein Wissenssystem, das ich symbolisch eindeutig ordnen kann. Dies macht eine Theorie der Gefühle schwierig. Sieht man z.B. den Sammelband von Fink-Eitel/Lohmann (1993) an, dann fällt auf, dass die dramatischen Gefühle aus einer Sicht des Wissens meist als psychopathologisch klassifiziert werden. Aber ist nicht das, was wir als pathologisch klassifizieren, also z.B. Angst, Melancholie, Depressionen, Narzissmus, immer Teil jeder – auch einer wissenden – Erlebniswelt? Aus der Sicht der Beziehungen und in ihnen gelebter Gefühle ist die Inhaltsebene stets subvertiert. Dies ist von großer Konsequenz für das Lernen: Versuchen wir nämlich die Authentizität des Gefühls eines anderen in den Beziehungen zu bezweifeln oder in eine wissentliche Rangfolge zu bringen, dann entwerten wir ihn von vornherein. Wir verkennen, dass wir ein solches Wissen nicht einfach erlernen und vergleichen können, sondern akzeptieren müssen, dass es unterschiedliches Erleben geben kann und wird.

---

1 Vgl. zu diesem Themenkomplex einführend z.B. Deci/Ryan (1993).

Wahre Gefühle als Ausdruck rationaler Ansprüche oder Urteile sind an ein Wissen gebunden. Aber dies ist kognitiv und widerstreitet oft den »wahren« (= erlebten) Gefühlen. Fordere ich in Beziehungen z.B. Lerner auf, ihre wahren Gefühle zu zeigen, so vermute ich vielleicht schon, dass mir etwas verborgen wird. Eine solche Vermutung hat einen hohen Selbstoffenbarungsanteil. Der Lerner könnte denken, dass er von mir Gefühlslagen aufgezwungen erhält. Das kann einen stärkeren Druck ausüben, als wenn es um die offene Verhandlung ausgesprochener Forderungen geht. Um einen moralischen und über Gefühle agierten Druck aus den Beziehungen zu nehmen, ist es erforderlich, gegenüber Gefühlen eine offenere Haltung zu praktizieren. Bei einem Wechsel in einen Dialog über das Wissen können zwar Erfahrungen über Gefühle ausgetauscht werden, aber dies sollte nicht so weit gehen, Gefühle an rationale Wahrheitsfragen zu binden. Wenn Lehrende über die wahren Gefühle ihrer Lerner sprechen, dann ist dies oft nur eine Projektion eigener Gefühlslagen und damit schwierig und problematisch.

Anders sieht es mit *wahrhaftigen* Gefühlen aus. Hier geht es um Gefühle, die man wahrhaftig hat. Dies scheint zunächst ein Selbstbeobachterproblem zu sein: Hast du auch wirklich diese Gefühle, wie es dir scheint? Aber es betrifft zugleich einen Fremdbeobachter, weil wir ohne diesen kaum fragen würden, ob wir etwas wahrhaftig empfinden. Entweder ist dieser fremde Blick in uns als Unsicherheit eingeschlossen (bin ich mir meiner Gefühle sicher?), oder er tritt als Frage von außen an uns heran. Wenn wir in Beziehungen nicht in dem Bemühen stehen, unsere wahrhaftigen Gefühle zu zeigen – sofern wir diese überhaupt wissen –, verunsichern wir diese Beziehungen und erzeugen Maskeraden von Gefühlen. Deshalb ist es für alle Lernvorgänge unter dem Aspekt des emotionalen Lernens notwendig, miteinander zwar nicht die Wahrheit der Gefühle, aber die Wahrhaftigkeit ihres Erlebens zu reflektieren und transparent werden zu lassen. Dies ist eine, wenn nicht die wesentliche Basis für Toleranz. Aus solcher Toleranz erst entwachsen so genannte *richtige* Gefühle als jene Gefühle, die *ich für mich* als angemessen, als begründet, als intuitiv verständlich empfinde. Sie benötigen einen Kontext des Verstehens im Selbstbeobachter und für einen Fremdbeobachter. Sie sind die Stelle, an der Lehrende und Lernende bei Konflikten am effektivsten eingreifen können: »Wie hast du dich bei dieser Handlung gefühlt? Erschienen dir deine Gefühle als verändert? Was hast du gefühlt?« Dies alles betrifft eine Richtigkeit, die nicht isoliert, sondern nur im Kontext von Umständen begriffen und bearbeitet werden kann. Damit wechseln wir in einem Gespräch über die eher subjektiv erlebten Gefühle zu möglichen kognitiven Bearbeitungen. Und der sich hier abzeichnende Widerstreit zwischen Kognitionen und Gefühlen ist für das Beziehungsleben ausschlaggebend. Wir können weder ein rein rationales noch irrationales Verhalten erwarten. Das Wissen als Verobjektivierungsinstanz ist zwar vorhanden und im Sinne der Koordinierung von Handlungen auch notwendig, aber Gefühle gehorchen dem Wissen nicht.

Die Unmittelbarkeit von Gefühlen
Gefühle erlebt man scheinbar unmittelbar. Aber wurzeln sie tatsächlich allein in einer sinnlichen Gewissheit? Oft scheinen sie eher Wahrnehmungen zu entsprechen. Wir sind in einer bestimmten, sinnlich gewissen Situation, und dann treten sie auf einmal

hinzu. Oder wir tragen sie die ganze Zeit mit uns herum, bemerken sie aber nicht, bis sie bei einem scheinbar nichtigen Anlass hervorbrechen. Somit erleben wir sie zwar unmittelbar, aber sie sind als Spiegelungen von Selbstwertgefühlen, als Begehren nach Anerkennung, Geborgenheit, Zärtlichkeit, Sexualität, als Erlebnisse der Lust, der Freude, der Trauer zirkulär mit unseren bisherigen Erlebnissen und unseren imaginären und symbolischen Verarbeitungsmustern verknüpft. Dies gilt für unmittelbare wie auch virtuelle Erlebnisse. Ein Lerner sagt: »Das ist mir einfach zugefallen. Noch nie war das Lernen so einfach für mich!« Er weiß es nur, weil er es fühlt. Sein Lehrer sagt zu ihm: »Das habe ich nun schon öfter von dir gehört. Welches Lernen ist denn nun wirklich das Einfachste für dich?« Der Lerner denkt nach und findet keine Antwort. Sein Gefühl täuschte ihn nicht. Was ihn täuschte ist die Sprache, die es symbolisch als ein Wissen ausdrückt.

Auch hier streiten Kognitionen und Gefühle um die scheinbar bessere Lösung. Die »beste« Lösung hat aber immer *das* Wissen, das auf frühere Gefühle herablassend zurückschaut. Aber es kann nicht gewinnen, weil auch in diesem Moment die Gefühle dem widerstreiten, was als Wissen vereinfacht werden soll. Deshalb müssen wir im emotionalen Lernen die Unschärfe der Gefühle gegenüber den Kognitionen respektieren. Dies erzwingt keine Beliebigkeit, denn es wird immer wieder sinnvoll sein, über die Gefühle zu sprechen und uns in diesem Gespräch an dem abzuarbeiten, was wir erkennen. Und es wird zum Geschick des Lernens, nicht alle seine Geheimnisse zu rationalisieren, damit ihres Geheimnisses und des tieferen Gefühls zu berauben.

Ein Gefühl sagt mir, dass dies dem Lernen noch mehr als vieles andere schaden könnte. Nehmen wir an, wir haben alles perfekt symbolisch arrangiert. Alles steht zum Besten, sofern man kognitive Maßstäbe anlegt. Aber wir fühlen uns dennoch nicht wohl. Unsere Gefühle erzwingen in ihrer Authentizität und Unmittelbarkeit ein Umdenken. Können wir uns darauf einlassen? Und was geschieht, wenn wir es ständig verweigern? Kehren sich dann nicht die Gefühle so gegen uns, dass wir uns als Verlierer, Versager, Unterlegene oder Ohnmächtige empfinden?

Die Unbewusstheit von Gefühlen
Ein Großteil unserer Gefühle bleibt unbewusst. Aber dann wissen wir auch nichts von ihnen. Immer erst im Nachhinein, wenn dies Unbewusste bewusst aufgedeckt wird, kommt es zum Vorschein, und wir verstehen auf einen Schlag die mögliche Herkunft eines Gefühls. Hier macht sich das Reale geltend, indem es unsere Welt- und Selbstentwürfe immer wieder erschüttert und in die Veränderung treibt. Sie sagt z.B.: »Ich dachte, er wäre meine große Liebe, aber dann bin ich dir begegnet, und alles hat sich verändert.« Eine neue Aufmerksamkeit, einer neuer Fokus, und schon sieht die Welt anders aus. Oder umgekehrt die Veränderung des alten Fokus, der die Bedingungen der bisherigen Realität verändert: »Schon in meinem Studium war mir klar, dass vieles, was ich für meine Prüfung gelernt habe und das ich für wichtig hielt, später gar nicht benötigt wird.« »Und warum hast du es dann gelernt?«, fragt ein Freund. »Heute denke ich, weil mir einige Lehrende so sympathisch waren. Aber damals hätte ich das nicht zugestanden.«

Das Unbewusste verletzt auf der Gefühlsseite oft den Selbstbeobachter, sofern er keine Kontrolle über seine Psyche hatte, aber auch den Fremdbeobachter, sofern er die Psyche des anderen nicht durchschaute.

Man hat Freuds Triebbegriff oft vorgeworfen, dass er zu spekulativ sei. Er ist bloß ein Lückenbüßer für unser Unwissen. Dies will ich durchaus zugeben. Aber es gibt eben diese Lücken. Sie erscheinen auch im emotionalen Lernen. Über sie zu spekulieren kann nicht schaden, sondern ist dann nützlich, wenn es zu einer größeren Offenheit über Unwägbarkeiten, Ambivalenzen, Unterschiede in unseren Gefühlen kommt. Dies ist für Beziehungen immer wieder die reflektierbare Chance, das Unverstandensein und Unverständnis von selbst und anderem in einen Dialog zu bringen, der von der willentlichen Richtigkeit der eigenen Wahrnehmungen und Handlungen so weit entlastet ist, dass man sich als grundsätzlich gefühlsmäßig widersprüchliches, unerschlossenes und nie ganz begreifliches Wesen erleben und mitteilen kann. Entlastend wirkt dies dann, wenn es für alle Beziehungsteilnehmer gilt. Belastend für Beziehungen aber wird es, wenn es nur als Entschuldigungsformular für Verletzungen des anderen dient und diesem Gewalt antut – dann ist es in jedem Fall kritisch für Lernvorgänge in den jeweiligen Lerngruppen zu thematisieren und begrenzend zu lösen.

Die Gefühlsobjekte
Gefühle scheinen mitunter auf bestimmte Gegenstände fixiert, aber im emotionalen Lernen sehen wir, dass sie sich oft auf keinen bestimmten Gegenstand fixieren können. Dies gilt insbesondere für jene Gefühle, die uns erst motivieren, bestimmte Gegenstände zu bevorzugen. Hier wirkt vor allem die Unbewusstheit auf Gefühle ein. Was lerne ich gerne und was weniger gerne? Welche Lernatmosphäre benötige ich gefühlsmäßig? Lerne ich für andere? Wie will ich dastehen? Was weiß ich über meine Bevorzugungen, Zwänge, Intuitionen, Ängste, Motivation?

Wenn Lehrende behaupten, mit einem bestimmten Gegenstand die Gefühle der Lernenden besonders ansprechen zu können, dann überfordert dies meist den Beobachter, denn aufgrund der imaginären Vorstellungen, die teils unbewusst und teils bewusst von uns beobachtet werden können, haben wir keinen hinreichenden Zugriff auf jenen Bereich, der unsere Handlungen motiviert. Unser Begehren kann sich auf vieles richten, ohne dabei je ganz bei sich zu sein. Allerdings gibt es klischeeartige Bilder von Emotionen, die von etlichen Selbst- und Fremdbeobachtern für bestimmte, wiederkehrende Gefühlsbeschreibungen eine Funktion erfüllen. So etwa ließe sich das Gefühl nach Freiheit, Unbeschwertheit, bei gleichzeitiger Lust an überschaubarer Gefahr, auf den Gegenstand schnelles Auto beziehen, das viele Menschen gefühlsmäßig als schön und wertvoll erleben. Doch wir können als Beobachter nicht sicher sein, ob diese Selbstdeutung in dieser Einfachheit stimmt. Unser produktives Denken in seinem Streben nach Prägnanz kann irren, wenn es um komplexere Zusammenhänge geht. Vielleicht haben wir, um für das Auto die Perspektive zu wechseln, unbewusst ja auch das Gefühl, so besser dem anderen Geschlecht imponieren zu können. Und so geht es uns mit allen Gegenständen – auch denen, die durch Didaktik transportiert werden. Insoweit müssen wir uns im emotionalen Lernen mit einer grundsätzlichen

Brüchigkeit zufrieden geben: Kein Lehrender kann für Lerner voraussagen, was sie jeweils immer besonders ansprechen wird. Die emotionale Dichte, die in einer Gruppe erreicht wird, kann in einer anderen ganz anders sein.

In der heutigen Warengesellschaft stehen viele Objekte zur Verfügung, die sich zur Besetzung mit Gefühlen anbieten. Die Werbepsychologie reizt ununterbrochen unsere Gefühle, um uns als Konsumenten einzufangen. Man weiß, dass dies am sichersten (prägnantesten, wirksamsten) über die Gefühlsschiene geht. Die Werbung führt in der Regel keine kognitiv-rationalen Diskurse, um Konsumenten zu überzeugen, sondern stellt ein gefühlsorientiertes Setting auf, das vorrangig an unsere Lust- und Schuldgefühle appelliert. Solche wie auch andere gegenständliche Überschwemmungen unserer Gefühle durch lebensweltliche Praktiken bleiben nicht ohne Folgen für unser gefühlsmäßiges Selbstverständnis. In Beziehungen wird heute zunehmend erwartet, dass sich die Gefühle über Gegenstände kontrollieren lassen. Vielleicht erklärt sich hieraus das Interesse am Leben der so genannten Reichen und Schönen, der Stars und Idole, die stark gegenständlich gedeutet werden: Besitz von Schönheit, Reichtum, Macht. Auch die Lerner in Lernergruppen unterscheiden sich immer wieder durch gegenständlich vermittelte Statussymbole. Und vielleicht erklärt sich hieraus auch, dass es heute schwer ist, ein vertiefendes emotionales Lernen aufzubauen, das mit kognitiver Reflexion verbunden werden kann. In einem solchen komplexen Lernen sind Gegenstände und gegenständliche Erfolge schwer greifbar, Lernen erscheint hier als Last und Aufschub von Befriedigungen, es spricht damit die Gefühle weniger an als kurzfristige Strategien der schnellen und leichten Befriedigung. Bei den kurzfristigen Strategien lernen wir nur auf einer sehr elementaren Ebene von Reiz und Reaktion – was gegenüber komplexeren Lernformen als Regression erscheint und Gefühle oberflächlich aussehen lässt.

Gefühle sind tief in Kontexten verankert, die mit unserer Körperlichkeit, unseren Spiegelungen und darüber erworbenem Selbstwert, unterschiedlich erlebten Schlüsselszenarien und individuellen Eigenschaften zu tun haben, die sich auch auf Gegenstände in sinnlichen Gewissheiten beziehen, aber nie in ihnen vollständig als Bestimmungselemente von Gefühlen aufgehen. Im Lernen ist die Qualität des Lernens daher nicht nach der Fülle der sinnlichen Erfahrungen oder der berührten Gegenstände zu bestimmen, die Lerner (materiell oder ideell) angehäuft haben. Es sind Kontextbedingungen zu beachten, Akzente, die mit den anderen hier genannten Aspekten des Lernens zusammenhängen und einfache Zuschreibungen verhindern. Vor allem eine gegenständliche Sicht auf das Lernen, die bloß die Inhaltsseite fixieren will, erweist sich als überholt. Im Lernen stehen wir als Lerner in Beziehungen, in wechselseitigen Zuschreibungen und Spiegelungen, die immer über solche Inhalte hinausreichen. Das Imaginäre mag sich an beliebige Inhalte heften, aber es ist immer auch Prozedur einer Spiegelung, für die ein Blick, eine Geste, eine Zärtlichkeit, eine sympathische Zuwendung, aber auch Grenzziehungen, Forderungen, Ansprüche mehr aussagen als diese eine gegenständliche oder sinnliche Erfahrung. Deshalb ist es so wichtig, gute Beziehungen zwischen Lehrenden und Lernenden mit- und untereinander als Basis einer Gefühlsdifferenzierung zu entwickeln.

Gefühlsmuster im Lernen als veränderliche Konstrukte
Sind Gefühle konstruktivistisch betrachtet bloße Erfindungen des Subjekts? Ebenso wie bei allen Konstruktionen will ich betonen, dass zwar jedes Subjekt – auf einer physiologischen Basis und im Rahmen einer spezifischen Sozialisation und Biografie – seine individuellen Gefühle konstruiert, dass es aber auch rekonstruktiv in eine Kultur und Lebensform eingebunden ist, so dass Gefühle individuelle Konstrukte in einem bestimmten Rahmen sind. Dies kann man sehr gut an Gefühlen des Ekels gegenüber bestimmten Nahrungsmitteln studieren, die sehr kulturspezifisch angeeignet werden. Allerdings erfahren mit der kapitalistischen Globalisierung die spezifischen und relativ isolierten kulturellen Standards eine zunehmende Vermischung, was sehr viele individuelle Aneignungen und Neigungen als inter- bzw. multikulturelle Muster zulässt. Wie aber sieht es mit der Freiheit des Subjekts gegenüber einmal erworbenen Gefühlsmustern aus? Sind diese noch veränderbar?

Im emotionalen Lernen kann man hier die Wirkung einer sich selbst erfüllenden Prophezeiung beobachten. Habe ich z.B. eine ängstliche Einstellung zur Höhe, dann verstärken alle weiteren Erlebnisse mit Höhe meine Angst. Oder denke ich, dass mich die Beziehung, in der ich stecke, noch krank machen wird, dann ist die Wahrscheinlichkeit einer psychosomatischen Erkrankung bereits gegeben. Oder erwarte ich aus bisherigen Lernerfahrungen, dass ich Mathematik nie verstehen werde, dann ist es unwahrscheinlich, dass ich in der nächsten Stunde hinreichend aufpassen werde, um viel zu verstehen. Es gibt die sich selbst erfüllende Prophezeiung allerdings auch in positiver Hinsicht. Traue ich mir etwas zu, was ich bisher noch nicht geschafft habe, dann kann die positive Imagination mich in die Lage versetzen, Dinge zu schaffen, die mir keiner zugetraut hätte.

Im emotionalen Lernen erfahren wir nach einmal konstruierten Erfahrungen immer wieder Musterverstärkungen. Das Gefühlsmuster wird in seiner »Tönung« – negativ oder positiv – verstärkt. Im Lernmanagement wäre es meist günstiger, positive Verstärkungen zu nutzen und den Teufelskreis einer Prophezeiung zu vermeiden, die das eigene Lernen behindert (vgl. auch Golemann 1996)

Um dem Teufelskreis zu entkommen, müssen wir zunächst zugestehen, dass unsere Muster ihrerseits relativ veränderbar sind. Werden Muster reflexiv aufgearbeitet, dann besteht die Chance, sich selbst aus tiefen negativen Verstrickungen zu lösen. Lehrende und Lernende berichten vielfach von der Erfahrung, dass ein erlebtes 🗗 *Reframing* einer scheinbar festgefahrenen sich selbst erfüllenden Prophezeiung zu einer einschneidenden Veränderung des subjektiven Fühlens und Handelns beitragen kann. Hier mischen sich zwei Umstände: Einerseits die gefühlsmäßige Erfahrung, die im Prozess gemacht wird (z.B. Wut und Ärger über das eigene Verhalten); andererseits eine kognitive Bearbeitung dieses Erlebens, die die Fremdbeobachterposition gegenüber eigenen (festgefahrenen) Selbstbeobachterpositionen betont (z.B. eine reflektierte kritische Distanz zum eigenen Verhaltensmuster). Allerdings wird im emotionalen Lernen auch die Erfahrung gemacht, dass eine kognitive Überredung nicht ausreicht, um Gefühlsmuster entscheidend und langfristig zu verändern. Deshalb sind insbesondere mahnende Appelle an die Lerner, ihre Position zu wechseln, in der Didaktik meist erfolglos. Es gehört vielmehr zu einer erfolgreichen Didaktik, den Lernprozess so zu organisieren, dass in den gemachten Lernerfahrungen dieser Wechsel durch die Aufgabe und die methodische Organisation sich möglichst von selbst in der Handlungsregulation ergibt.

Beziehungen gewinnen einen negativen Bedeutungsraum, wenn sie unter einer negativen sich selbst erfüllenden Prophezeiung stehen. Gleichwohl werden solche Kontexte von Individuen sehr unterschiedlich erlebt und ausgehandelt. Obwohl Gefühle (in ihrer Vermittlung mit Kognitionen) eine schwer kontrollierbare Grundlage für Beziehungen abgeben, scheint der Spielraum doch sehr viel größer zu sein, als wir uns oft in festgefahrenen Gefühls- und Denkmustern einbilden. Im emotionalen Lernen besteht hier eine große Chance zu Veränderungen dann, wenn Ereignisse stattfinden, die eine Reflexion ermöglichen. Was meist nicht funktioniert, das ist eine Reflexion einzusetzen, die dann das Ereignis heraufbeschwören soll – denn Gefühle lassen sich nicht einfach reflexiv planen.

Gefühlsmuster sind re/konstruktive Festlegungen, über deren Entwicklung, Aufbrechen, Veränderungen wir immer erst in einer Prozedur etwas sagen können. Wir sehen stets ihre Wirksamkeit, aber wir sehen auch Möglichkeiten, solche Wirkungsketten zu unterbrechen. Es zählen nur individuelle Fälle, denn ein eindeutiges Gesetz, wer wann und wie sich noch aus Gefühlsmustern verändern kann, gibt es nicht. Dies hängt auch damit zusammen, dass wir diese Muster selbst kaum exakt genug beschreiben können, was uns zum nächsten Aspekt führt.

Die Singularität von Gefühlen
Eine Frau sagt zu ihrem Mann: »Du bist einmalig!« Dummerweise ist er Philosoph und antwortet sofort: »Jeder ist einmalig!« Beide Positionen folgen einer unterschiedlichen Beobachterperspektive: Die Singularität des Individuums wird dann betont, wenn wir auf seine Unterschiede gegen den Rest der Welt sehen. Hier ist jeder in gewisser Weise einmalig. Selbst eineiige Zwillinge weisen allein schon durch den eigenen Körper und den Kontext zu ihrem Zwilling eine Einmaligkeit und Unterschiedlichkeit auf, die aus kleinen Unterschieden (z.B. »Wer ist der Erstgeborene?«) größere Unterschiede schaffen. Eine solche Unterschiedlichkeit und Einmaligkeit wird vor allem auch den Gefühlen zugeschrieben, weil sie die Spiegelungsvorgänge als etwas Besonderes am deutlichsten festhalten. Die Frau betont die Einmaligkeit ihres Mannes, um sich die Besonderheit dieser einmaligen Beziehung (und damit auch sich selbst als etwas Besonderes) zu vergegenwärtigen. Auf der Beziehungsseite hätte der Philosoph besser antworten sollen: »Wir sind auch ein einmaliges Paar!« Mit seiner rationalistischen Antwort aber entwertet er diese verborgene Erwartung. Er zeigt sich als wenig kontextsensibel. Er ist mit Sicherheit kein Fachmann für emotionales Lernen.

Was treibt uns dazu, die Singularität durch Normalität als Betonung von allgemeinen menschlichen Gemeinsamkeiten zu untergraben? Es ist das Ziel von Normalisierungen, Subjektivität rational zu begrenzen und unter die Perspektive eines Gemeinsamen zu stellen. Hier wird soziale Anpassung, Kohärenz oder Unterwerfung unter allgemeine Prinzipien betont, die zum Zwecke des menschlichen Zusammenlebens oft auch nützlich und notwendig sind. Das Recht ist ein Inbegriff hiervon, weil es jegliche Subjektivität unter eine allgemeine Norm zu stellen versucht. Ihr gegenüber können wir uns auch nicht oder nur in gewissen Grenzen auf unsere Singularität berufen. Wenn wir sagen: »Ich habe sie umgebracht, weil ich ein ganz besonderer Mensch bin und ganz eigene Gefühle habe, die keiner versteht«, dann wird diese Rechtfertigung als verrückt erscheinen. Wir haben jemanden umgebracht, und hier zählt diese Tat im Vergleich zu allen anderen Menschen als ein verallgemeinertes Übel, nicht aber als eine allein schon durch Singularität verständliche Tatsache. Deshalb werden wir auch mit Sicherheit bestraft – selbst dann, wenn wir unsere Singularität hinreichend durch besondere Umstände oder Motive vor Gericht erklären können. Sie wirken sich allenfalls strafmildernd aus, wenn der Vergleich der Verständigungsgemeinschaft (den Richtern) plausibel, d.h. hinlänglich kontextbezogen erscheint.

Die Singularität steht so immer in einer Spannung zur Normalität (je nach Umständen mehr oder weniger). Eben dies macht Beziehungen schwierig. Wie soll ich jeweils wissen, auf welchen Umstand ich mehr setze? Hätte der Philosoph geschwiegen, wäre seine Ehe vielleicht glücklicher verlaufen. Entscheidend scheint hier ein Gespür für das richtige Gefühl zu sein, was jedoch an die Grenze einer Planbarkeit stößt. Deshalb sagen wir gerne zu diesem Gefühl: »Entweder man hat es oder man hat es nicht.« Aber selbst diejenigen, die es zu haben scheinen, können wir dabei ertappen, dass sie in bestimmten Momenten auf früher gemachte Bevorzugungen und Sichtweisen zurückfallen und damit gefühlsmäßig eine neue Situation verfehlen.

Vielfach wird in Beziehungen mit Lernern versucht, diesem Dilemma durch eine Vielzahl von kognitiven Reflexionen zu begegnen. Dies scheint ein zunächst sinnvolles Verfahren zu sein. Aber es gibt eine Grenze in den Wirkungen, und wir dürfen diesen Zugang nicht überschätzen. Immerhin hilft es, über Gefühle zu sprechen, um überhaupt einen vertiefenden Zugang zu ihnen zu bekommen. Dies gilt auch für die Didaktik.

Die Kontrolle der Gefühle
Früher sagte man oft: »Das ist Sünde!« In der Postmoderne sagt man lieber: »Du darfst dich nicht erwischen lassen!« Eine Gefühlskontrolle unter den Perspektiven etwa der sieben Todsünden (Stolz, Habsucht, Wollust, Neid, Gier, Zorn, Faulheit) ist heute schwierig geworden. Die kapitalistisch geprägten Lebensformen mit ihren veränderten Einstellungen zum Stolz (auf eigene Leistungen), zum Haben (Reichtum als Glücksvorstellung), zur Lust (als Betonung körperlichen Genießens), zum Neid (als anerkanntem Konkurrenzverhalten), zur Gier (als Konsumrausch), zum Zorn (als Projektion auf Minderheiten und Außenseiter), zur Faulheit (als hedonistisches Lebensziel) haben die Plausibilität gerade dieser Normen als Sünde kulturell widerlegt. Die Sünden erweisen sich als die neuen Lüste. Dieser Werte- und Sinneswandel trägt dazu bei, sich von überkommenen Normen zu befreien, an die schon lange keiner mehr so richtig geglaubt hat. Dennoch bleiben kontextuelle Grenzen bestehen, die mit Begriffen einer allgemeineren, damit flexibleren Normierung und Kontrolle belegt werden. Dafür stehen Begriffe wie hässlich, abwegig, pervers, unfein, übertrieben und viele an-

dere mehr zur Verfügung. Sie versetzen Beziehungen in die Lage, vor Ort und gemäß den jeweiligen Kontexten und vorherrschenden Ritualen und Konventionen die Gefühle zu kontrollieren. Eine solche Kontrolle wirkt auch im emotionalen Lernen, denn sie gilt als ihr verborgenes Lernziel. Dieses Lernziel deckt sich mit dem Selbstzwangverhalten, das in einer Kultur erwartet wird. Die Schwierigkeit bei solcher Gefühlskontrolle aber ist die Zunahme von Offenheit und Zulassungsbedingungen, die sich im Lernen als größere Disziplinlosigkeit (im Vergleich mit früher) immer wieder geltend macht. Je stärker enge moralische und normierende Regeln aufgelöst und durch relativ offene ersetzt werden, umso situationsbezogener müssen die letztlich doch verbleibenden Regeln aufgespürt und beachtet werden. Dies ist ein kognitiver als auch emotionaler Vorgang einer sozialen Konstruktion von Wirklichkeiten. Dies führt gegenwärtig zur Verstärkung von kleineren Kulturen in den größeren Kulturen, die sich nach Altersgruppen oder Neigungen mit verschiedenen Wirklichkeitsversionen zusammenfinden. Hier können, wie es insbesondere Sekten zeigen, dann auch wieder strikte Verhaltensnormen aufgerichtet werden und ideologisch Gefühle kontrollieren. Der allgemeine Zwang zur Öffnung des Kontrollverhaltens in der Postmoderne bürdet Beziehungen einen großen Veränderungsraum auf, der für einzelne Beziehungsteilnehmer zu Konflikten führen kann. An die Stelle der Sünde rücken dann die individuell-interaktiven Schuldzuschreibungen: »Was du mir zumutest, das ist pervers, unanständig, übertrieben, gefühllos, kalt, eifersüchtig, herrschsüchtig.« Die höheren Kontrollnormen treten zurück, die *Beziehung* muss vermehrt aus eigener Kraft jetzt eine Lösung der Kontrolle von Gefühlen und kognitiven Verarbeitungen hierüber finden. Dies ist unser heutiger kultureller Kontext. Und deshalb können weder Lehrende noch Lernende einer Beziehungsarbeit und einer Arbeit am emotionalen Lernen entkommen, weil diese Konflikte und ihre Lösung im Gruppenprozess anderes Lernen erst hinreichend ermöglichen.

Die Ambivalenz in den Gefühlen
In all diesen Problemlagen zwischen individuellen Neigungen und Imaginationen bei gleichzeitiger Spiegelung über andere und tatsächlichen Reaktionen anderer können wir Gefühle keinesfalls als eindeutig, klar oder zielgerichtet *ein*fach beschreiben. Sie sind nicht monovalent. Je mehrdeutiger (polyvalent) Gefühle erscheinen, umso mehr erzeugen sie Ambivalenzen beim Beobachter: »Ist dies nun mein richtiges Gefühl oder muss ich erwarten, dass ich mich schon wieder täusche? Ist dieses Gefühl bleibend oder wird es nicht bald vergehen? Liebe ich mehr sie oder mich in ihr? Liebt sie mich oder nur bestimmte Eigenschaften von mir?« Die Ketten der Infragestellungen reißen nie ab. »Ich wünschte mir nichts sehnlicher, als diese Prüfung zu bestehen und das Lernen endlich abschließen zu können. Seit ich es geschafft habe, fühle ich mich so leer.« Die Ambivalenzen sind nicht nur Ausdruck unserer Gefühle, sondern als Prozedur schon unseren ursprünglichen Spiegelungen und unserem Begehren eigen. Deshalb können wir sie als Ursache und als Erscheinung, als Wirkung und als wirkungslos ansehen. Die Ambivalenzen lauern überall: zwischen den Imaginationen und der Symbolik; in den Imaginationen und der Symbolik selbst; zwischen dem Imaginären, Symbolischen und

dem Realen. Was ich imaginär begehre, kann dann, wenn es symbolisch wird, sich als Illusion erweisen. Auch das Lernen hält den in es projizierten Erwartungen oft nicht stand. In der Postmoderne haben die Ambivalenzen auch kulturell zugenommen (vgl. Kapitel 2). Dadurch geraten vor allem Beziehungen unter einen Verhandlungsdruck: Die konkreten Wünsche und Ziele, die vorhandenen Umstände und die individuellen Akteure müssen bei jedem Thema in einen lebensfähigen Konsens gebracht werden. Aber dies kann nicht mehr ohne Ambivalenzen geschehen. Je größer die Offenheit von Beziehungen diesbezüglich gestaltet wird, desto mehr Toleranz wird man beanspruchen müssen. Aber dann entsteht die Frage nach der repressiven Toleranz für jede Beziehung: Wann schlägt das tolerante Verhalten in eine Repression meiner eigenen Gefühle um? Soll mein emotionales Lernen für mich produktiv sein, dann muss ich immer wieder innehalten, um mich meiner Gefühle und ihrer Interaktion mit anderen zu vergewissern. Lerner und Lehrende sollten hier keine Antworten im Bereich eines Wissens erwarten, sondern emotionales Lernen – aus meiner Sicht – als Ausdruck der hier geschilderten neun Konstruktionsebenen sehen:

Für ein konstruktivistisches Beobachten des emotionalen Lernens ist es wichtig, zunächst einmal Schwierigkeiten eines solchen Beobachtens selbst zu thematisieren. Hier ist es erschreckend, wie unterentwickelt gerade diese Forschungsbereiche noch sind. Dominant sind in der Wissenschaft bis heute allemal die klaren symbolischen Konfigurationen. Aus dieser Dominanz heraus bestimmen wir gerne die Sozialisation und das Lernen der nachfolgenden Generation. Wenden wir uns hingegen solch gefühlsbezogenen Fragestellungen wie dem Lachen, dem Weinen, der Trauer, der Freude zu, dann wird offensichtlich, dass diese nicht zum hauptsächlichen Beobachterfokus der Wissenschaften gehören. Im Gegenteil: Sie sind randständig und durch scheinbare Belanglosigkeit entwertet. Für die konstruktivistische Didaktik wird sich dies ändern müssen, denn sie sieht gerade in diesen Bereichen entscheidende Schlüsselstellen, die bei einer stärkeren Beachtung der Beziehungswirklichkeit in den Vordergrund unserer Aufmerksamkeit und auch der wissenschaftlichen Forschung treten sollten.

Die neun Aspekte des emotionalen Lernens verdeutlichen neben dem sozialen Lernen, dass Lehrende nicht nur auf kognitive Fähigkeiten bauen können, wie schon beim situierten Lernen erkennbar war. Wenn Lehrende kognitive Lernprozesse als fachliche, methodische und soziale Kompetenzsteigerung erfolgreich organisieren wollen, dann sind insbesondere soziale und emotionale Bereitschaften, Vorstellungen und Muster erforderlich, die wir vorrangig bei Persönlichkeiten mit hohem Selbstwert und gleichzeitig einer hohen sozialen und solidarischen Einstellung finden. Wer erfolgreicher Didaktiker werden will, sollte sich gut prüfen, ob er diese Fähigkeiten auch für sich hinreichend entwickeln kann, denn ein Misserfolg im Lehrberuf wird sich ggf. verschlechternd genau auf diese Eigenschaften (den Selbstwert, die Emotionen, die soziale Einstellung) auswirken und so einen Prozess negativer Selbstverstärkung erzeugen.

7) Individuelles Lernen

Lernen ist ein lebenslanger Prozess, der für alle Altersgruppen Gemeinsamkeiten als auch Unterschiede aufweist. Die Gemeinsamkeiten wurzeln in der Beobachtung, dass Lernen dann für sehr viele Lerner besonders effektiv (im Sinne des Erinnerns, Behaltens, der Verhaltensänderung, der Erfindung) geschieht, wenn inneres Begehren, Spiegelung in anderen (Anerkennung), hohe Selbsttätigkeit (*learning by doing*) und Selbstbestimmung (Realisierung eigener Bedürfnisse) ineinander greifen. Die Unterschiede liegen vor allem in den Fähigkeiten, die je nach Alter als bereits erlernte Assimilationsschemata oder Muster (z.B. des Denkens, Fühlens) in individuellen Eigenschaften vorliegen, die für die Bewältigung des Lernens bereitstehen und realisiert werden können.

Die Individualisierung nicht nur des Lernens ist ein Ideal der Moderne und einer aufgeklärten Pädagogik, wie sie sich seit Rousseau in etlichen Varianten immer wieder findet. Meist wird das Ideal aber eher genannt als ausgeführt. In der Pädagogik wurde hierzu auch ein allgemeiner Diskurs etabliert, der die Notwendigkeit des Lernens aus dem Spannungsverhältnis von Begabung und Umwelt herzuleiten versuchte. Aus einer naturalistischen Perspektive erscheint ein jeder Mensch als unterschiedlich begabt, wohingegen die Umwelt erst eine solche Begabung realisieren lässt. Ein unendlicher Streit kann nun darüber entbrennen, ob und wie die Begabung oder die Umwelt mehr Ausschlag gewinnt. Aus konstruktivistischer Sicht ist dieser Streit gar nicht zu lösen, denn er setzt an einer gänzlich unbrauchbaren Unterscheidung an. Auch die vermeintlich festgestellte natürliche Begabung ist ein Konstrukt, das in den Zuschreibungen sich über die kulturellen Zeiten immer wieder änderte. Heute scheint es durch Gleichheitsgrundsätze relativiert, aber dabei verkennt man leicht, dass jede Zeit bestimmte Fähigkeiten bevorzugt und damit immer erst Begabungen konstruiert. Hier lauert in allen pädagogischen Anthropologien schnell ein naturalistischer Fehlschluss, der darin wurzelt, natürliche Festlegungen zu postulieren, die bei näherer Betrachtung nur Bevorzugungen kultureller Art darstellen. Eine konstruktivistisch orientierte Anthropologie sieht mehrere Versionen des Menschen, mehrere Zuschreibungen von Begabung und Umwelt, sie verliert damit ein einheitliches Menschenbild, das als natürlich begründet wird. Damit wird die Haltung gegenüber dem individuellen Lernen sehr viel offener:

- Individuelles Lernen ist immer singuläres Lernen, wenn das einzelne Subjekt sich selbst beobachtet oder von Fremdbeobachtern in seiner Einmaligkeit und Besonderheit respektiert wird. Ein Respekt vor dieser Singularität erscheint als notwendig, da es nicht hinreichend möglich ist, die Folgewirkungen von Lernen für das Subjekt exakt vorauszusagen. Wir können zwar noch im Einzelfall sagen: »So wie du diese Aufgabe zu bewältigen versuchst, scheint der Lerngewinn nicht hinreichend zu sein. Versuche es doch einmal anders.« Aber wir können nicht mit Sicherheit sagen: »Dein bisheriges individuelles Lernen wird mit Sicherheit dazu führen, dass du im Leben scheitern wirst.« Das individuelle Lernen kann zwar prognostisch aus seiner Singularität herausgenommen und in Vergleich zu anderen Lernern gesetzt werden, aber solche Vergleiche sind stark normierend und an beste-

hende Gewohnheiten geknüpft. Neue Lebenschancen entstehen oft in Bereichen, die noch nicht so stark normiert sind, und singuläres Lernen kann hier flexibler sein, als wir es erwarten mögen.
- Das individuelle Lernen zu respektieren setzt eine insgesamt neue bzw. andere (ungewohnte) Perspektive auf das Lernen voraus. Dies gilt für den Beobachter individuellen Lernens ebenso wie für den Lerner selbst. Zunächst muss der individuelle Weg mit all seinen Eigenarten und Be- oder Verfremdlichkeiten wertgeschätzt werden. Es müssen nicht alle Lerner auf gleichen Wegen zu gleichen Zielen gelangen. Dafür ist Ironie erforderlich, denn die Ironikerin weiß, dass es nie vollständige, perfekte, für immer haltende oder für alles passende Lösungen geben wird. Der individuelle Lerner, der sich in seinen Aktionen belächeln kann, weil er ahnt, dass es auch anders ginge oder er in der Falle seiner Gewohnheiten sitzt, der Fremdbeobachter, der ebenso lächeln kann, weil er wieder einmal dachte, dass er es besser weiß, und nun erkennen muss, dass es auch anders geht, dies sind Ironiker, die Respekt vor der Andersartigkeit des anderen (auch in sich, das andere zu sehen und zu fühlen) entwickeln können. Allerdings verlangt der Respekt auch, die Forderung an sich oder andere zu stellen, das individuelle Lernen als Lernen zu praktizieren und sich nicht bloß in Faulheit, Gleichgültigkeit, Desinteresse, Ablenkungen zu begeben, um das Lernen überhaupt als Anstrengung zu vermeiden.
- Deshalb ist es für das individuelle Lernen entscheidend, es in die Interaktion immer wieder zurückzuführen: durch Präsentationen von Ergebnissen, Dokumentationen, Rollenspiele, Diskussionen und andere vielfältige Formen, so dass eine Anerkennung, ein Sinn, eine Rückmeldung erscheinen können, die das individuelle Lernen antreiben und motivieren helfen. Nur wenn der individuelle Lerner erkennt, welche Viabilität sein Lernen für ihn und andere hat, wird er zu einem eigenen Lernstil finden, der Grenzen und Forderungen – gegen Faulheit, Gleichgültigkeit, Desinteresse, Ablenkungen – setzt.

Nehmen wir diese Grundsätze des individuellen Lernens ernst, dann kann es gelingen, eine Vielfalt von unterschiedlichen Lernern zu fördern, die sich gegenseitig bereichern statt behindern. Hinderlich gegen eine solche Individualisierung ist insbesondere eine frühe Hierarchisierung der Lerner, wie sie gerade im dreigliedrigen deutschen Schulsystem stattfindet. Hier werden Unterschiede etabliert, die ihrerseits neue Unterschiede festlegen. In einer Denkweise, in der Menschen als Typen z.B. in Hauptschüler, Realschüler, Gymnasiasten oder Sonderschüler aufgeteilt werden, entstehen Zuschreibungen, die bestimmte unterscheidende Erwartungen wie angeblich konstatierbare Gesetzmäßigkeiten verteilen. Andere Schulsysteme – wie z.B. das gegenüber dem deutschen System erfolgreichere finnische oder schwedische System – kennen dieses Konstrukt nicht. Hier gibt es bis zur neunten Klasse eine gemeinsame Schule, die sich auch nur Schule nennt und keinen Unterschied setzt. Die fehlende sprachliche Differenz führt gesellschaftlich gesehen zu mehr Gerechtigkeit und Chancengleichheit, weil sie dem individuellen Lernen einen größeren Handlungsraum in einem System bietet, das frühe Unterscheidungen vermeidet und durch gezielte Förderungen ausgleicht. Dagegen verfestigt das früh gegliederte und selektiv ausgerichtete Schulsystem ein hierarchisches und einteilendes Denken, das die Menschen zu eng auf Rollen und Erwartungen festlegt.

Eine frühe Selektion, ein Unterschied, der weit reichende Unterschiede nach sich zieht, wurde und wird im deutschen System immer wieder damit begründet, dass nur so die Besten hinreichend gefördert werden können. Auch für die schwächeren Schüler scheint es sinnvoll zu sein, sie zusammenzufassen, um ihren Entwicklungsmöglichkeiten zu entsprechen. Die Pisa-Studie belegt aber dagegen anschaulich, dass es sich hierbei um ein Vorurteil handelt. Leistungshomogene Gruppen verhalten sich im Lernen immer schlechter als heterogen zusammengesetzte Gruppen, wie man aus der Lernforschung weiß. So verschlechtern sich deutsche Hauptschüler beispielsweise überproportional gegenüber ihren Altersgenossen in anderen Ländern, die keine frühe Selektion kennen und keine homogene Gruppenbildung verfolgen. Aber auch die besseren Schüler zeigen nun nicht die erwarteten sehr guten Leistungen. Der gesetzte Unterschied erweist sich als Illusion, der aber als ein bürokratisiertes Konstrukt funktioniert und als Ideologie immer wieder politische Auseinandersetzungen dominiert. Diese Auseinandersetzungen sind durch alle Augenzeugen legitimiert, die dieses System auch durchlaufen haben und sich ein anderes gar nicht mehr vorstellen können.

> Die Vorstellungskraft ist die wesentliche Voraussetzung aller Reformen. Sie ist auch für die Ironie unabdingbar. Aber Augenzeugen werden nur dann ironisch, wenn sie einen Spaß aus einer Sache gewinnen, sich also etwas Neues vorstellen können. Vielleicht war für diese Zeugen die deutsche Schule überhaupt nicht spaßig, und vielleicht ist sie deshalb auch nicht zu reformieren.

Für eine konstruktivistische Didaktik ist es wichtig, in solchen Kontroversen eine klare Position zu beziehen. Insbesondere das finnische und schwedische Modell erscheinen als sehr lehrreich, um für eine neue Didaktik hinreichende Rahmenbedingungen zu schaffen (vgl. dazu Kap. 6.4). Im individuellen Lernen sind heterogene Lernergruppen sinnvoll, damit die Lerner sich in einem Team unterschiedlicher Lerner erleben und erfahren können, sich wechselseitige Hilfen anbieten, sich aufeinander abstimmen und voneinander profitieren. Auch wenn dabei scheinbar die leistungsstärkeren Lerner gebremst und die schwächeren auf ihre Kosten gefördert werden, so sind es gerade diese Kosten, die lerntheoretisch als sinnvoll erscheinen und die mehr Gewinn einbringen, als sich Außenstehende vorstellen können. Der leistungsstarke Lerner in einem hierarchischen System ist oft ein Einzelkämpfer, der zwanghaft versucht, sich durch sein Lernen über andere zu stellen oder einen Habitus zu erreichen, der vor allem auf seine Individualität und Besonderheit setzt. Statusüberheblichkeit, Arroganz und Ignoranz sind oft Folgen, wenn solches Lernen erfolgreich belohnt wird. Aber ist ein solcher Lerntyp nach der Schul- oder Ausbildungszeit heutzutage brauchbar? Ist er sozial erwünscht? Kann er eine Vision von einer wünschenswerten Gesellschaft bereichern? Eine konstruktivistische Didaktik verneint diese Fragen. Für sie ist es vielmehr wichtig, die Lerner auf eine andere Vision, auf ein anderes kollektiv Imaginäres hin zu orientieren: Wechselseitige Hilfe, Rücksichtnahme, das Zusammenwirken unterschiedlicher Fähigkeiten, um zu höheren und besseren Leistungen zu kommen, Förderung und kompensatorische Hilfe, Lernen nicht nur als kognitives, sondern auch soziales und emotionales Lernen, das Zulassen von Unterschieden, ohne diese zugleich zu dramatisieren und den Untergang des Abendlandes darin zu sehen, dass stärker integriert denn ausgegrenzt wird, auch die Aufnahme und Akzeptanz körperlich und geistig behinderter Menschen in die Regelschule, insgesamt eine innere Differenzierung vor einer äußeren – dies alles sind Leitbilder einer Didaktik, die Lernen und Bildung als ein kostbares Gut der Gesellschaft und aller Individuen sieht, das derzeit zu sehr vergeudet oder vernachlässigt wird.

Insbesondere heterogene und unterschiedliche Lerner-Altersgruppen beeinflussen ihre Lernprozesse gegenseitig. Zu einer Verbesserung der Lernvorgänge führt dies dann, wenn Lernen nicht linear oder hierarchisch oder einseitig aufgefasst wird. Lerner werden sich ihres Lernens und einer Verbesserung ihrer Lernmöglichkeiten immer dann bewusster, wenn sie Perspektivwechsel einnehmen können: hier Lerner, dort Lehrer; hier Zuhörer, dort Redner; hier Beobachteter, dort Beobachtender; hier Leistungsträger, dort Leistungsempfänger; hier Helfer, dort Geförderter. Zirkuläres, gleichberechtigtes und wechselseitiges Lernen ermöglicht Rückkopplungen, Feedback und Selbst- als auch Fremdreflexionen über Lernvorgänge, was Voraussetzungen einer konstruktivistischen Lernkultur bildet. Dabei stehen auch im individuellen Lernen Konstruktionen stets in ihrer Bedeutung vor den Rekonstruktionen. Sie drücken das Neue, Beobachtungen über Schwierigkeiten, Anomalien, Paradoxien, nicht aufgehende Zweck-Mittel-Zuschreibungen, Unschärfen aus, um veränderte Lösungen für nicht bewältigte Probleme zu liefern oder durch Experimente auch mehr oder minder zufällig zu Lösungen zu kommen, deren problematischer Ausgangspunkt im Nachhinein rekonstruiert wird. Im Grunde sind auch Rekonstruktionen immer zu einem gewissen Teil Konstruktionen (strikt lernpsychologisch gesehen, müssen sie es sein, da der Lerner nur über eigenes Erfinden die Welt entdecken kann), aber der je erreichbare Freiheitsraum der Vorgaben und Möglichkeiten macht uns andererseits auf die Unterscheidung eines eher entdeckenden oder erfindenden Lernens aufmerksam.

6.3 Didaktik und das Problem der multiplen Intelligenzen

In der psychologischen Forschung hat man sich angewöhnt, vor allem drei verschiedene Formen der Intelligenz zu unterscheiden. Zunächst wird allgemein die menschliche Intelligenz im Unterschied zu Tieren hervorgehoben. Der Mensch als sprachbegabtes Wesen erscheint als intelligenter als Tiere. Dann wird Intelligenz aber auch als ein Vergleich zwischen Menschen benutzt. Hier erscheint im Sinne einer allgemeinen menschlichen Intelligenz der eine intelligenter als der andere. Gemessen wird dies durch Testverfahren, die einen IQ (Intelligenzquotienten) feststellen. Schließlich gibt es noch einen allgemeinen Sprachgebrauch, in dem wir behaupten, dass jemand etwa eine Aufgabe intelligent gelöst hat, eine Situation intelligent gemeistert oder ein Stück intelligent interpretiert hat. Hier gebrauchen wir Intelligenz auch in einem meist fiktiv vergleichenden Sinn, aber ohne nähere Feststellung, wer der Vergleichspartner ist.

Für die Didaktik ist das Thema Intelligenz von großer Bedeutung. Diese Bedeutung dokumentiert sich darin, dass vor allem die Schulbildung in ihrer Entstehungsgeschichte stark mit einem besonderen, inhaltlich-kognitiven Bild menschlicher Intelligenz verbunden wurde. Da man lange Zeit glaubte, dass es nur eine einzige Intelligenz gibt, eine so genannte generelle Intelligenz (*general intelligence* oft abgekürzt als *g*), hat man Bildungsprozesse vielfach nur in der Dimension gesehen, auf die diese Intelligenz hin ausgerichtet war. Diese Intelligenz gilt als angeboren und wenig veränderbar. Sie erscheint als zugänglich für psychologisches Tests und soll Hinweise auf Stufen der Begabung geben. Insbesondere werden so auch so genannte Hochbegabte identifiziert.

Betrachtet man diese Annahmen kritisch, dann wird deutlich, dass eine solche allgemeine und potenzielle Intelligenz stark gesellschaftlichen Wunscherwartungen nach einem naturalistischen Selektionsprinzip (in Ablösung früherer Klassenzugehörigkeiten) entspricht. Eine umfassende und differenzierte Sicht auf das Phänomen Intelligenz wird so leicht verstellt. Howard Gardner als ein intimer Kenner der Forschungen hat im Laufe seiner Arbeit ein zunehmendes Unbehagen an der zu einfachen Herleitung menschlicher Intelligenz bekommen. Als Piaget-Anhänger bemerkte er, dass die Überbetonung des logisch-mathematischen Denkens durch empirische Studien nicht zu halten war. Auch bezweifelte er, dass die Intelligenz allein in der Kindheit erworben wird. Piaget hatte zu sehr offen gelassen, wie sich Kreativität, Führungsstärke und Beziehungsfähigkeiten (Wirkung auf andere Menschen) im Kontext von Intelligenz entwickeln.

Mit seiner Theorie der multiplen Intelligenzen (1993a) hat Gardner auf einen Schlag Berühmtheit erreicht. Hätte er statt von Intelligenzen von Fähigkeiten, Begabungen oder Talenten gesprochen, die Menschen auf vielerlei Arten besitzen, dann wäre seine Theorie, wie er selbst folgert, wahrscheinlich gar nicht groß aufgefallen. Aber dass er den in der Psychologie fest verankerten Intelligenzbegriff aufnimmt und von innen heraus relativiert, das setzte am Kern des von der Öffentlichkeit gemeinhin leicht geglaubten Konstruktes an.

Für Gardner war es nach zahlreichen Studien über Gehirnschädigungen, in neuronaler Praxis und in Auswertung der umfangreichen Forschungsergebnisse zur kognitiven Entwicklung und zur Intelligenzforschung nämlich gar nicht mehr ausgemacht, dass es nur eine generelle Intelligenz gibt. Je mehr Zweifel er an dem Konstrukt hatte, desto mehr fielen ihm Belege dafür in die Hände, wie vielgestaltig das ist, was wir als intelligentes Verhalten bezeichnen können.[1]

Die Theorie multipler Intelligenzen (MI)
In den »Frames of Mind« (1993a) hat Gardner sieben grundsätzliche Intelligenzen beschrieben, die er mittlerweile auf 8 ½, wie er sagt, erweitert hat. Für diese Intelligenzen gelten folgende übergreifende Grundsätze:

---

1 Vgl. zu biografischen Notizen und zur Werkentstehung auch die Internetseiten über Gardner; siehe insbes. url: http://www.howardgardner.com/ und http://www.pz.harvard.edu/PIs/HG.htm

- Jeder Mensch besitzt grundsätzlich 8 bis 9 relativ unabhängig voneinander erscheinende Intelligenzen. Diese Intelligenzen weisen zahlreiche Einzelleistungen auf, die sich mehr oder minder eindeutig identifizieren lassen. Wegen der Komplexität stehen die Forschungen erst am Anfang.
- Bei allen Menschen sind diese Intelligenzen unterschiedlich ausgelegt, d.h., jeder individuelle Mensch besitzt ein anderes Profil des Zusammenwirkens dieser Intelligenzen als ein anderer (die gilt selbst für eineiige Zwillinge). Das unterschiedliche Profil hängt aus dem je individuellen Zusammenwirken von genetischen und umweltbedingten Einflüssen ab.
- Keine Intelligenz ist für sich z.B. künstlerisch oder nicht künstlerisch, sondern allein im besonderen Profil kann das Zusammenwirken sich z.B. positiv auf eine künstlerische oder andere Tätigkeit auswirken.
- Der Besitz der Intelligenz bedeutet nicht, dass diese automatisch wirkt und voll entfaltet wird. Intelligenz ist auch keine Eigenschaft, die einen besseren oder schlechteren Menschen bezeichnen könnte. Es hängt von den Individuen und ihren Lernumgebungen ab, wie und wie effektiv die Intelligenzen im Leben genutzt werden.
- Gardner besteht vor allem darauf, dass alle von ihm postulierten Intelligenzen mit Ergebnissen nicht nur der kognitiven Entwicklungspsychologie, sondern vor allem auch der Neurobiologie übereinstimmen. Gerade Ergebnisse aus dieser Forschung führten ihn zur Aufstellung der später hinzugefügten achten und neunten Intelligenz. Die neunte Intelligenz, die ich im nachfolgenden Schaubild mit aufführe, gilt nur als eine halbe, weil Gardner sie am wenigsten empirisch nachweisen konnte.

Im Überblick stellen sich die multiplen Intelligenzen – vereinfacht dargestellt – wie in *Schaubild 14* dar.

Für Gardner ist es wichtig, die Intelligenzen aus einer deskriptiven Beobachterperspektive wahrzunehmen und sie weder als Lernstile noch als Spezialbefähigungen (z.B. derjenige, der ein Musikstück spielt, hat immer mehr musikalische Intelligenz als andere) zu verstehen. Auch verwahrt er sich dagegen, etwa ethnische Schlussfolgerungen aus den Profilen z.B. der Schwarzen gegenüber den Weißen hieraus ableiten zu wollen. Insgesamt wird aus der Forschung über MI deutlich, wie wenig wir im Grunde über unsere neurobiologischen Fähigkeiten im Kontext mit effektiven Lernumgebungen wissen. Aber wir wissen immerhin, dies die wesentliche Schlussfolgerung bei Gardner, die ich teile, dass es nicht nur eine einfache Intelligenz gibt.[1]

Innerhalb der Psychologie ist die Theorie strittig und weniger populär als in der Pädagogik. Insbesondere die Testpsychologie sieht sich angegriffen, da nach Gardner ihr Konstrukt des einfachen Testens problematisiert wird. Pädagogen hingegen wissen oft aus ihrer Praxis, dass die Werte aus Intelligenztests wenig der Leistungsbreite in konkreter Praxis entsprechen, was ihren Verdacht an einem zu einfachen Konstrukt nährt. Allerdings ist zu beachten, dass auch die Intelligenzen von Gardner ein Konstrukt sind,

---

[1] Wer Interesse an den multiplen Intelligenzen hat, der kann hier einen Selbsttest durchführen, um eigene Stärken herauszufinden: http://literacyworks.org/mi/intro/

Multiple Intelligenzen	z.B. geeignet für
1. Sprachliche Intelligenz (wichtig sind gesprochene und geschriebene Sprache, Fremdsprachen, Sprachnutzung, um Ziele zu erreichen, Sprache als Mittel für verschiedene Zwecke)	Berufe oder Interessen, für die das Reden und Argumentieren wichtig sind, z.B. in Verwaltungen, Marketing, auch Rechtsanwälte oder mit Recht befasste Menschen, Schriftsteller, Poeten, Redner, Journalisten
2. Logisch-mathematische Intelligenz (wichtig sind logische Analysen, mathematische Operationen, wissenschaftliche Untersuchungsstrategien)	Berufe oder Interessen, in denen das Erkennen von Mustern, deduktive Analysestrategien und logisches Denken besonders wichtig sind, z.B. in der Mathematik, der Technik, den Naturwissenschaften, aber auch bei Versicherungen, Banken, Computern usw.
3. Musikalische Intelligenz (Zuneigung zu, Durchführung von und Komposition von musikalischen Mustern)	Berufe oder Interessen, in denen das Erkennen und/oder Gestalten von musikalischen Tönen, Rhythmen, Formen usw. wichtig ist, z.B. Musiker (steht in starker Parallele zur Sprache)
4. Körperlich-kinetische Intelligenz (Einsatz des ganzen Körpers oder mit Teilen des Körpers zur Lösung von Problemen und Aufgaben)	Berufe oder Interessen, in denen Bewegungen und mentale Stärken der Körperkontrolle eine wichtige Rolle spielen, z.B. Handwerk, Sportler, Militär, Chirurgen (mentale und physische Stärken hängen hier zusammen)
5. Räumliche Intelligenz (Potenzial um räumliche Weite und Tiefe zu erkennen, zu nutzen, zu manipulieren)	Berufe und Interessen, in denen räumliches Sehen und Handeln eine besondere Rolle spielen, z.B. Kunst, Architektur, Seefahrer, Flieger, Schachspieler, Chirurgen
6. Interpersonale Intelligenz (Verständnis für die Intentionen, Motivationen, Bedürfnisse anderer und Fähigkeit der Zusammenarbeit)	Berufe und Interessen, in denen eine gemeinsame Kommunikation von entscheidender Bedeutung ist, z.B. erzieherische, soziale Berufe, Verkauf, Politik und Beratung, auch Religion
7. Intrapersonale Intelligenz (Fähigkeit der Selbstbeobachtung und Selbstanalyse auch im Blick auf Motivation, Gefühle und eigene Ängste)	Berufe und Interessen, in denen es auf hohe selbstanalytische Fähigkeiten ankommt, z.B. Meditation (wichtig in Kombination mit interpersonaler Intelligenz; die Kombination von inter- und intrapersonaler Intelligenz entspricht nach Gardner der emotionalen Intelligenz)
8. Natürliche Intelligenz (Fähigkeit, Unterschiede in der natürlichen Umwelt vorzunehmen und differenziert zu betrachten; auch Überlebensfähigkeit in der Natur)	Berufe und Interessen, die sich auf natürliches Leben beziehen, in dem es darauf ankommt, Unterschiede zwischen Spezies, Gattungen, sehr unterschiedlichen Lebensformen nach Nutzen und Gefahr usw. zu entwickeln (in der heutigen Konsumgesellschaft von der Natur auf Kultur mit ihren Unterschieden übertragbar)
9. Existenzielle Intelligenz (Fähigkeit existenzielle Fragen zu sehen und zu stellen)	Neigungen, existenzielle Fragen an die Welt und an andere Menschen zu stellen, Fragen nach dem Warum, der Herkunft, der Zukunft, die grundlegende Bereiche des Lebens betreffen (lässt sich nicht als aktiver Teil des Gehirns eindeutig identifizieren)

Schaubild 14: Multiple Intelligenzen nach Gardner

das sich stark auf den Kulturkreis heutiger Industriegesellschaften bezieht. So verwundert es nicht, dass es immer wieder Versuche gibt, noch weitere Intelligenzen, wie z.B. emotionale, spirituelle oder sexuelle Intelligenzen, zu konstruieren. Auch gibt es Kritiker, die z.B. die Herleitung, die Klarheit der Unterscheidungen und die Stichhaltigkeit der empirischen Belege bemängeln. Hier ist jedoch zu bedenken, dass Gardner und viele Forscher, die sein Konzept empirisch und praktisch überprüfen, sich intelligent gegenüber der eigenen Intelligenztheorie verhalten: Sie suchen in historisch-kulturellen, praktisch-konkreten, künstlerischen, sportlichen und anderen relevanten Erscheinungen der Zeit nach Belegen für die Vielfalt der Intelligenzen und eben nicht mehr nach der Einfalt einer gut testbaren Formel. Dabei müssen notwendig auch neue Wege der Forschung gegangen werden. Gerade neuere Forschungen auf dem Gebiet der emotionalen Intelligenz bestätigen aus anderer Sicht viele von Gardners Annahmen.

Aus konstruktivistischer Sicht erscheint allerdings eine Stelle in der Herleitung der multiplen Intelligenzen als problematisch. Wenn Gardner z.B. aus einer Beschreibung vorkommender Berufe auf mögliche Intelligenzen schließen will, dann scheint er sich nicht immer des Bezugskreises seiner Herleitung bewusst zu sein. Hier werden Prozesse ökonomischer und sozialer Arbeitsteilung mitunter zu reduktiv auf die neurobiologische Entwicklung bezogen. Dies führt dann auch zu naturalistischen Ableitungen, etwa wenn Gardner behauptet, dass die kulturellen Konstruktionen des Wissens in ihrer vorkommenden Vielfalt (z.B. Studienfächer) in einer Relation zum menschlichen Gehirn stehen müssten. Hier scheint es dann so, als würde das Gehirn solche Konstruktionen selbst aus biologischer Richtung hervorbringen, was mir ein naturalistischer Fehlschluss zu sein scheint.

Pädagogische Konsequenzen
Die Bevorrechtigung der ersten beiden Intelligenzen in Schulen ist offensichtlich. Gardner nennt die intellektuelle Zielstellung, die hier verborgen liegt, eine heimliche Ausrichtung an dem Ideal eines Juraprofessors, der der Idealtypus einer solchen Intelligenz wäre. Dagegen scheint es notwendig, die Bildungsvorstellungen zu erweitern und nicht auf so einen Typus zu verengen. Gardners Interesse ist es vor allem zu zeigen, dass es für die Vielfalt intelligenten Verhaltens auch keine Einfalt in der Erziehung geben sollte. Wir brauchen multimodale Zugänge und Wege, um unsere Interessen und Veranlagungen zu fördern (vgl. z.B. Gardner 1996, 1999a). Vor allem dürfen wir nicht ausschließlich auf die ersten beiden setzen, wie es die heutige Schule favorisiert. Wir dürfen aber auch nicht in den Fehler verfallen, etwa für jede Intelligenz Spezialschulen zu errichten. Es kommt vielmehr darauf an, dass Schulen eine gewisse Breite und Tiefe der Lernmöglichkeiten anbieten. Und dabei müssen wir eben gerade einen eindimensional rationalisierenden Unterricht, der sich überwiegend auf der Inhaltsseite abspielt, als zu beschränkten Zugang sehen, um unsere Intelligenzen zu fördern. In dieser Hinsicht hat die Arbeit Gardners im englischen Sprachraum als ein wichtiges Vorbild gedient, um neueren, handlungsorientierten Methoden zu einem stärkeren Durchbruch zu verhelfen (vgl. zur pädagogischen Umsetzung z.B. Kornhaber u.a. 2003, Williams u.a. 1996).

Beim Lernen müssen wir darauf achten, nicht zu einseitig bestimmte Potenziale zu fördern, Perspektiven zu verengen oder Fähigkeiten unterzubewerten. Dies jedoch geschieht oft sehr schnell aus z.B. ökonomischen Gründen (Nachfrage bestimmter Arbeitskräfte), aus einer Bevorrechtigung bestimmter Berufe (Statuserwartungen), aus einer Tradierung bestimmter Lehrformen (Nachfrage bestimmter Lerntypen). Wenn wir das Recht aller Lerner auf eine möglichst chancengerechte Förderung ihrer Lernchancen, d.h. ihrer jeweiligen Kombination multipler Intelligenzen, ernst nehmen, dann müssen wir unsere Didaktik verändern.

Ein wesentlicher Veränderungspunkt ist in Gardners eigener Forschung herausgekommen: In seinen Studien zu verschiedenen Schul- und Unterrichtsfächern fanden er und seine Mitforscher heraus, dass die Verständnisleistungen dann erheblich absinken, wenn man zu viel Unterrichtsmaterial anbietet. Was didaktische Praktiker im Grunde schon lange wissen, dass »weniger mehr ist«, das fand in der Forschung eine Bestätigung. Die Vielfalt der Intelligenzen fördert man nicht durch möglichst viel Stoff, sondern durch die *vertiefende* Erarbeitung ausgewählter Gebiete. Hierbei ist die Multimodalität der Zugänge besonders wichtig, um der Vielfalt der Intelligenzen in einer Lerngruppe zu entsprechen. Auch der komplexe Handlungskontext des Lernens ist wesentlich.

Einige pädagogische und didaktische Konsequenzen erscheinen als besonders wichtig, wenn wir Gardners Ansatz akzeptieren und auf die Didaktik umsetzen wollen:

- Alle Lerner können ihr Intelligenzpotenzial verwirklichen, indem sie die anderen (verborgenen, verdeckten, nicht geförderten) Seiten von Intelligenz in sich entwickeln lernen. Dazu muss ihnen das jeweilige Lernsystem aber umfassende didaktische Hilfen anbieten. Die multiplen Intelligenzen sind bloß ein Beschreibungskonstrukt. Erst in Verbindung mit didaktischen Zielvorstellungen lässt sich eine Praxis erreichen, die den Erfahrungen mit diesem Konstrukt besser als herkömmliche Lernsysteme entsprechen können. Hierzu gehören Regeln wie:
  – Weniger Stoff vertiefend erarbeiten, als vielen Stoff oberflächlich handhaben.
  – Handlungsorientiert und komplex, exemplarisch, aber vertiefend in unterschiedlichen Fächern arbeiten.
  – Lernkontrollen oder Tests nicht auf leicht handhabbare Aufgabenbögen beschränken, sondern sich stärker der Komplexität des beruflichen oder alltäglichen Lebens stellen, indem die erhobenen Daten auch der Komplexität der Handlungen entsprechen (und damit komplexer in diesen Handlungskontexten auszuwerten sind).
  – Empathie in Beziehungen erweist sich als ein Schlüssel in der Entwicklung der emotionalen Intelligenz nach Goleman (1996) und gehört auch für Gardner zum Erfolgskonzept einer effektiven Schule. Aber dies schließt leider nicht aus, dass Beziehungen als Erfolgsbedingung auch zur Manipulation missbraucht werden können. Daher müssen Schulentwicklungen vor allem in den Werten und Zielen einer demokratisch orientierten Verständigungsgemeinschaft verwurzelt sein (vgl. auch Gardner 1991, 1993b).

- Künstlerische Fächer, Kommunikation und Fächer, die sich mit der Natur und Existenzfragen intensiv befassen, Möglichkeiten zur kinästhetischen Entfaltung, aber auch zur Beziehungs- wie auch Selbsterfahrung müssten verstärkt in das schulische Lernen integriert werden. Aber dies darf nicht oberflächlich geschehen (z.B. nur Musik bei Matheaufgaben hören), sondern muss vertiefende Erfahrungen in den Intelligenzbereichen selbst und zwischen ihnen mit komplexem Handlungsbezug und konkreten Ergebnissen eröffnen. Um hierüber ein Verständnis zu gewinnen, kann es interessant sein, sich mit Biografien von außergewöhnlichen Menschen zu beschäftigen (vgl. Gardner 1997, 1999a; Gardner u.a. 2001).
- Insgesamt: Lerner mit unterschiedlichen Bevorzugungen müssen die Chance haben, ihr eigenes Lernpotenzial entfalten zu können. Dies bedeutet, dass Schulen nicht länger nur einseitig bestimmte Lerndimensionen oder bestimmte Unterrichtsmethoden bevorzugen dürfen.

- Die Definition von Intelligenz und Begabungen dürfen nicht länger psychologischen Spezialisten überlassen bleiben, die ein sehr enges Weltbild über den Aufbau des menschlichen Verstandes und menschlicher Vernunft haben, die allein auf ein rigides Testinstrument vertrauen und dabei auch noch den Anschein erwecken, als lasse sich so objektiv etwas hinlänglich über Erfolgsprognosen für menschliche Lernkarrieren aussagen. Sie testen nur bestimmte Merkmale eingeschränkter Intelligenz. Diese Spezies von Psychologen ignoriert die weiterführende Forschung, weil sie ihre Interessen- und Machtpositionen gefährdet sieht. Zugleich ist ihr Einfluss groß, weil Politiker und die Öffentlichkeit leichthin glauben, dass es eine Intelligenz gebe und diese auch noch gut und objektiv messbar sei. Dabei wird der eingeschränkte Messraum dann übersehen. So kann die mangelnde Förderung der Breite der Intelligenzen und vor allem der vernachlässigten Lerner entschuldigt werden, was sowohl den Lernern als auch dem wissenschaftlichen Fortschritt schadet.

Didaktik für die Zukunft
In den letzten Jahren hat Gardner sich stärker von der deskriptiven Forschung zu einer Diskussion von Zukunftsfragen umorientiert, so dass seine Arbeiten nun eher politisch und gesellschaftlich fordernd werden. In »Changing Minds« (2004) beschreibt er, wie Menschen sich mit ihrer Intelligenz gegenseitig beeinflussen. In einer neu entwickelten Theorie glaubt er, nachweisen zu können, dass es insbesondere sieben Faktoren gibt, die in der Überzeugung anderer wesentlich sind und die damit auch für Didaktik von großem Interesse sein können. Ich deute seine Kriterien hier sehr frei für die Didaktik um und lege sie im Sinne der konstruktivistischen Didaktik für mich wie folgt aus:

- *Reason* (Vernunft, Einsicht): Didaktisches Lehren und Lernen muss sich auf Vernunft beziehen, d.h., sie bedarf der Logik, klarer Schlussfolgerungen, einer einsichtigen Argumentation. Sie muss Widersprüche vermeiden oder erklären, sollte Normen und Werte, Fakten und Wahrheitssetzungen auf Einsichten gründen und kri-

tisch hinterfragen. Sie muss dabei die Vernunft selbst als ein Konstrukt von Verständigung und Viabilitätserwartungen begreifen.
- *Research* (Forschung): Eine gut begründete und überzeugende Didaktik kann sich auf Ergebnisse und Verfahren der Forschung stützen, um ihre Vorgehensweise zu untermauern. Dazu benötigt man Daten, Fallstudien, Untersuchungen, Experimente, die wissenschaftlich beobachtet und gedeutet werden.
- *Resonance* (Resonanz): Lehren und Lernen bedarf der Anschlussfähigkeit im Lerner, d.h., wenn der Lerner etwas mit dem Inhalt, den Beziehungen und den methodischen Wegen anfangen kann und als hilfreich für sich erfährt, dann wird das Lernen leichter gelingen. Die Resonanz kann sowohl das Wissen als auch die Lehrenden betreffen.
- *Redescription* (Verankerung): Inhalte und Beziehungen werden in einer Lernumgebung präsentiert, wobei es hilfreich ist, wenn eine Vielzahl von Zugängen und Medien zur kognitiven und emotionalen Verankerung des Lernens angeboten wird.
- *Rewards and Resources* (Belohnungen und Ressourcen): Belohnungen (mehr als Bestrafungen) fördern das Lernen. Ressourcen im Sinne von Ausstattungen und Hilfen unterstützen es.
- *Real World Events* (Realbegegnungen): Wenn die äußeren Bedingungen sich in der Welt ändern, dann ändern sich die Einstellungen schneller. Realbegegnungen können in der Didaktik hierfür ein sinnvoller Zugang sein.
- *Resistance Overcome* (Überwindung von Widerständen): Jedes Lehren und Lernen stößt auf bereits Gelerntes, auf Gewohnheiten und Einstellungen und damit auf Widerstände gegenüber dem Neuen. Diese Widerstände können dann am besten überwunden werden, wenn die Didaktiker erst einmal zu verstehen versuchen, woher sie kommen und wie sie entstanden sind. Dann lassen sich geeignete Wege finden, um sie an der Wurzel ihrer Entstehung zu überwinden.

In seinem neuesten Buch folgert Gardner (2005), dass es fünf große Aufgaben gibt, die wir in der Erziehung zu bewältigen haben: (1) Wir müssen Wissen und Fertigkeiten kognitiv verarbeiten und dies in hoher fachlicher Kompetenz verrichten. (2) Dazu gehört aber auch eine synthetisierende Kognition und Vernunft, die das Wissen und die Fertigkeiten nach Wichtigkeit ordnen kann und in nützliche Wege des Gebrauchs lenkt. (3) Kreativität ist unerlässlich, um uns dabei auch neue Wege gehen zu lassen. (4) In unserer Welt wird Diversität immer wichtiger, damit wir mit Menschen aus unterschiedlichen Kulturen und mit unterschiedlichen Hintergründen in einer Kultur nicht nur gut arbeiten, sondern auch menschlich auskommen lernen. (5) Deshalb werden eine ethische Einstellung und Vernunft immer wichtiger, die nach Prinzipien des gesellschaftlichen Miteinanders operiert.

Gardner sieht diese Aufgaben, die sich aus dem Hintergrund seiner Forschungen ergeben, als wesentlich für eine erzieherische Arbeit an, die auf eine bessere Zukunft hin orientiert. Damit steht er in einer Linie mit John Dewey, der schon ähnliche Forderungen aufgestellt hatte. Sie erscheinen auch als Orientierungsrahmen für eine konstruktivistische Didaktik als sinnvoll und passend.

6.4 Was ist eine gute Lernumgebung?

Lernbedingungen sind soziale Konstruktionen, für die wir oft die anderen verantwortlich machen. Lage der Lernorte, Architektur, Ausstattung, Material und Hilfsmittel, aber auch ideelle Strukturen wie Lehrpläne, Stoff-Fülle, Zeitdruck, dies und anderes mehr schaffen Lernbedingungen. Doch was von alledem ist die wichtigste Lernbedingung? Es ist immer der Lehrende! Leider vergessen Lehrende sehr oft, dass sie die wichtigste Lernbedingung sind.

Die konstruktivistische Didaktik legt großen Wert darauf, dass die Lernbedingungen stärker von den direkt betroffenen Personenkreisen (wie Schüler, Lehrer und Eltern) und nicht bloß von Experten definiert und bestimmt werden. Insoweit sind Lernbedingungen aus konstruktivistischer Sicht keineswegs externe Bedingungen, die als unveränderbar oder überwiegend von außen kommend anzusehen sind. Gleichwohl müssen auch konstruktivistische Didaktiker mit Strukturen kämpfen, die ihre Arbeit erschweren und verunmöglichen. Hierzu gehören lehrerzentrierte Didaktiken und hierarchisierte Entscheidungsabläufe ebenso wie eine Lehrplangestaltung, die von außen in die Schule hinein regiert. Experten aus Wissenschaft, Politik und Bürokratie steuern heute noch zu stark die Lehrplanentwicklungen, was Lehrpläne als starke Abstimmungskompromisse zeigt, die oft minimalistisch Ziele fixieren und aufgrund langer Abstimmungsprozeduren schnell veralten oder als bereits veraltet in die Praxis – so vor allem in Deutschland – übertragen werden (vgl. Dalin 1999). Je mehr man versucht, auf langen Wegen Umsetzungen von der Theorie in die Praxis zu erreichen, desto größer sind die Reibungsverluste. Der schwierigste Punkt aber scheint der zu sein, dass die Lehrkräfte oft gar nicht von diesen Plänen wissen, die für sie von außen kommen, an deren Entwicklung sie nicht hinreichend beteiligt wurden, deren Hintergründe sie oft nicht verstehen und die ihre Kompetenzen nicht hinreichend einbeziehen und für die sie auch nicht durch umfassende Weiterbildungen geschult werden. So können diese Pläne schon aufgrund der praxisfernen Erstellungs-Prozeduren und der Entfremdung von den unterrichtlichen Situationen kaum hinreichend effektiv umgesetzt werden.

Lehrkräfte als Visionäre der Pläne, die sie gemeinsam mit ihren Lernern entwickeln, um das Lernen in Bewegung zu halten und ihm zugleich geeignete Grundlagen oder Ankerpunkte zu verschaffen, setzen im Gegensatz zu den Plänen von außen auf Pläne von innen, die heute gerne mit dem Begriff des selbstorganisierten Lernens bezeichnet werden.

Selbstorganisiertes Lernen setzt eine eigene Verfügung über die vorhandenen materiellen Mittel (zumindest einen ökonomischen Gestaltungsfreiraum), über die Raum- und Zeitplanung, die Verwendung von Ressourcen, die Einsetzung der Personalkräfte in einem flexiblen Rahmen, die Entwicklung eines eigenen Leitbildes und eigener Planungskompetenz bei gleichzeitiger Entbürokratisierung voraus.[1] Dies ergibt

---

1 Lerner aller Lernstufen sollten stets die Möglichkeit erhalten, ihre Lernbedingungen mit zu gestalten oder bessere Lernbedingungen auch gegen den Widerstand von außen – insbesondere vor

sich nicht von selbst, sondern muss meist erst schrittweise erkämpft werden. Es setzt zudem voraus, dass sich größere Gruppen von Lehrkräften und möglichst auch Lernern hierüber einig sind. Es setzt eine Erhöhung der Kompetenzen der Lehrkräfte in fachlicher und didaktischer Hinsicht voraus. Solche Konstruktion der eigenen Lernbedingungen wird immer wesentlicher für den Erfolg von Lernsystemen.[1]

Was sind günstige äußere Bedingungen für eine konstruktive Lernumgebung? Ich will in Kurzform zusammenfassen, was für mich den Erfolg des finnischen oder schwedischen Schulmodells (wie es z.B. auch durch die Pisa-Studie angezeigt wurde) gegenüber dem deutschen auszumachen scheint. Für diesen Vergleich spricht auch, dass z.B. in den Lehrplänen der finnischen Lehrerbildung eine konstruktivistische Didaktik bevorzugt und empfohlen wird:

- Jedem Schüler wird eine bestimmte Geldsumme zugeteilt, die von den Schulen selbst verwaltet wird. Behinderte Schüler erhalten eine größere Summe. Die Schulen sind eigenverantwortliche Unternehmen, die sich von außen evaluieren lassen und der Kommune darüber Rechenschaft ablegen. Sie entwickeln in Zusammenarbeit von Schülern, Lehrern und Eltern ein Leitbild und Regeln, nach denen sie verfahren. Dies schließt Schwerpunktsetzungen, lokale Besonderheiten, Lehrplanumsetzungen, den Einbezug von Hilfen ins Schulprogramm (Sozialpädagogen, Schulpsychologen, Ärzte) mit ein.
- Die Lehrpläne werden radikal gekürzt und in die lokale Verantwortlichkeit gestellt. Landesweite und vergleichbare Testverfahren zeigen den Schulen, welches Niveau sie erreicht haben. Die Viabilität der Lehrpläne steht ständig auf dem Prüfstand. Es soll verhindert werden, dass Lehrpläne allein von Experten erstellt werden und durch Bürokratien schon in der Erstellungsphase veralten. Kürzung der Pläne bedeutet keine Qualitätsminderung, sondern lässt den Planern vor Ort die Freiheit eigener Vertiefungen, Aktualisierungen, Abstimmungen auf die Lerngruppe. Die Tests helfen, ein entsprechendes Qualitätsniveau durch Vergleich zu erzeugen.
- Eine Ganztagsschule sichert Möglichkeiten von Arbeitsgruppen, Differenzierungen, kompensatorischer Erziehung, sozialem Schulleben. Es gibt ein einheitliches Schulsystem für alle bis zur neunten Klasse. Dies verhindert die Ausgliederung schwacher Schüler. Dies allerdings funktioniert nur bei kleinen Klassengrößen in den unteren Klassen, gezielter Förderung. Die Lehrer haben Anwesenheitspflicht in den Schulen auch neben ihren Unterrichtsstunden, um Teamarbeit, kollegiale und Betreuungsaufgaben zu bewältigen. Gehälter und Leistungszulagen werden inner-

dem Hintergrund der mangelnden Interessenvertretung in der Politik – zu erkämpfen. Dieser Gesichtspunkt ist in Deweys Pädagogik beispielsweise viel stärker als in deutschen Ansätzen entfaltet (dies hat schon Bohnsack 1976 hervorgehoben). Auch im Rahmen der critical pedagogy in den USA wird die Notwendigkeit einer demokratischen Schülerbewegung betont. Demokratie realisiert sich auf der Ebene der Lernprozesse erst in solchen Bewegungen. Vgl. zu Postmoderne, Demokratisierung und Pädagogik aus dieser Sicht insbesondere Giroux (1992, 1993, 1994), Giroux/McLaren (1994).
1 Vgl. dazu z.B. einführend Schratz/Steiner-Löffler (1998).

halb der Schule (im Rahmen bestimmter Tarifvorgaben) geregelt. Die Personalkosten sind im Einzeleinkommen teilweise geringer, im Gesamtaufkommen der Volkswirtschaft für das Schulsystem aber deutlich höher als in Deutschland. Das Ansehen der Lehrer ist sehr viel höher.
- Das Benotungssystem zielt nicht auf Notenvergabe, sondern auf eine intensive Beschreibung der Zielvereinbarungen und Förderungen jedes Lerners. Der Lerner wird als jemand gesehen, der zu fördern ist, und die Schule als eine Institution, die diese Leistung nachweislich zu erbringen hat. Sitzen bleiben ist nicht vorgesehen, da dies nicht förderlich für das Lernen ist. Durch eine konsequente Förderung und Differenzierung kann unterrichtsmethodisch nachweislich verhindert werden, dass leistungsschwächere Lerner immer schwächer und leistungsstärkere behindert werden.[1]
- Die Lehrerausbildung wird praxisgerecht gestaltet und evaluiert. Erste und zweite Phase werden integriert. Es gibt nicht so große Lerngruppen wie in Deutschland, und kommunikative Kompetenzen erhalten einen bedeutenden Stellenwert. Der Fachidiot hat ausgedient.
- Der situative Rahmen wird verändert. Das Zeitkorsett der 45-minütigen Zerstückelung des Unterrichts kann abgeschafft werden, individuelle und lokale Lösungen werden möglich. Die Bürokratie wird radikal abgebaut, die Schule verwaltet sich in einem Rahmen von zu leistenden Stunden selbst. Den Schülern muss dabei ein vorgegebenes Stundenbudget garantiert werden. Die Schule kann durch die Selbstverwaltung des Geldes flexibel auf mögliche Lehrerausfälle reagieren. Die Raumplanung wird in die Hände der Schule gelegt. Veränderungen der Architektur, Ausstattung mit Medien, Setzung von Schwerpunkten können nach Maßgabe der Mittel langfristig vor Ort geplant werden und unterliegen weniger bürokratischen Zwängen. Frei werdende Stellen in der Schulbürokratie kommen den Schulen zu Gute.

Die konstruktivistische Didaktik sieht in diesen Maßnahmen auch Möglichkeiten zu einer radikalen Reform des deutschen Systems. Allerdings ist diese Reform unwahrscheinlich, weil sich alle am Lernsystem beteiligten Gruppen von Gewohnheiten und Ansprüchen trennen müssten. Aber allein diese radikale Bereitschaft wird auf Dauer helfen können, Lernen und Bildung als ein Gut zu erhalten und zu fördern, das hinreichend erfolgreich die Mehrheit der Lerner erreichen kann. Andernfalls wird der deutsche Weg beispielgebend für eine Bildungskatastrophe im internationalen Vergleich werden, die strukturell verankert ist.

---

1 In Schweden z.B. besuchen alle Schüler bis zur neunten Klasse gemeinsam die Schule, dann gehen derzeit 90% auf die Oberstufe über, von diesen erreichen 70% die Hochschulreife. Dagegen sank in Deutschland seit 1990 sogar die Zugangsquote zum Gymnasium. In Bayern sind es unter 20% (niedrigster Wert), in Hamburg ca. 35% (höchster Wert). Es ist offensichtlich: Das Schulsystem produziert unterschiedliche Lebenschancen, und insbesondere Lerner aus sozial schwächeren Familien haben in Deutschland im Verhältnis zu anderen Ländern schlechtere Chancen. Es gibt aber auch insgesamt zu wenige Abiturienten und die noch unterschiedlich verteilt.

Durch die Pisa-Studien und andere Analysen des Lernens und von Lernbedingungen ist deutlich geworden, dass eine strukturell günstige Ausstattung von Lernbedingungen unabdingbar ist, um Lernsysteme erfolgreich zu gestalten. Neben der Konstruktion der Lernbedingungen ist die Rekonstruktion des durchgeführten Lernens, das als Lernbedingung wirkt, möglichst umfassend zu evaluieren. Hierzu gehören ständig eingesetzte Verfahren des 🔲 *Feedbacks*, der Analyse von erfolgreichen Lernstrategien, soweit sie im Unterricht durch Befragung, Vergleich, Beschreibung, 🔲 *Evaluation* ermittelt werden können. Der schlimmste Feind einer Verbesserung von Lernbedingungen ist die Gleichgültigkeit und ein Laisser-faire-Stil, der Problemen und Schwierigkeiten nicht auf die Spur kommen will.

Hier kommen wir recht schnell zu einer Kritik auch der allgemeinen Lernbedingungen im heutigen Unterricht: zu große Klassen, veränderte Lebensgewohnheiten der Lerner, die oft Schwierigkeiten der Konzentration, des Einsatzes, der Einsicht in Notwendigkeiten der Rekonstruktion zeigen, Zunahme an Diversität in Lerngruppen durch Migration, aber auch ein Mangel an materieller Ausstattung, wie er gegenüber dem Wohlstand der Lebensweise in der Kultur schon erschreckend auffällt. Beklagte man noch in der Vergangenheit die Mittelschichtorientierung der Schulen, so muss heute offenbar diese Zuschreibung differenziert werden. Neben der idealtypischen Mittelschicht teilen sich auch Schulen immer mehr in ihren Besitz- und Verwahrlosungszuständen nach gesellschaftlichen Schichtungsbewegungen auf. Die Verwahrlosung vieler öffentlicher Räume, insbesondere der Schulen, erscheint prototypisch für ein mangelndes Bildungsbewusstsein (insbesondere in der Politik), das die Mittel und Zuwendungen besonders dort kürzt oder nicht entsprechend gestaltet, wo bloß auf eine mögliche Zukunft hin gelernt wird. Es wird zu wenig erkannt, dass diese gesellschaftlichen Signale Bildung und Lernen überhaupt entwerten. Angesichts gesellschaftlicher Strukturen, in denen es dann auch noch als Vorbild gilt, mit möglichst geringem Aufwand ein Maximum an Nutzen herauszuholen, wird es eine Pädagogik und Didaktik, die alle Teilnehmer fördern will und deren Leistungen erst in unklarer Zukunft im Sinne von Kosten-Nutzen-Effekten evaluierbar sind, immer schwer haben, sich hinreichende Ressourcen zu erstreiten. Dies erzeugt zugleich Frustrationen bei Pädagogen. Lehrer, die dagegensteuern, verausgaben sich oft so sehr, dass sie schneller als andere an den Bedingungen verzweifeln und resignieren. Gleichzeitig aber müssen Lehrende immer sehen, dass auch sie selbst jene Lernbedingungen herstellen und »sind« (= darstellen), die für Lerner gelten. So wird es zu einer Frage ihres Einsatzes und ihrer Gestaltungen, die Schule, die Pädagogik, die Didaktik neu zu erfinden und sie nicht nur distanzierend als Bedingung von außen zu definieren.

Zu einer guten Lernumgebung gehören aber nicht nur diese äußeren Faktoren, sondern auch innere. Wir haben in diesem Kapitel sowie vorher eine Fülle von solchen Faktoren genannt. Der wichtigste Faktor ist für mich die Beziehungsarbeit, der kommunikative und emotionale Kontext, der als angemessene Lernumgebung hergestellt werden kann. Zur Erinnerung an wichtige innere Faktoren der Beziehungen zwischen Lehrenden und Lernenden soll folgende Checkliste dienen, die zwar nicht vollständig sein kann, aber Eckpunkte erinnert:

Prinzip	Kurze Erklärung
1. Handlungsebenen des Lernens vielseitig gestalten	Lernvorgänge erfolgen in Handlungsebenen. Anzustreben ist eine Mischung aus Realbegegnungen, Repräsentationen und Reflexionen. Auch wenn didaktisches Lernen oft auf Repräsentationen intentional zielt, so ist es durch Realbegegnungen zu erweitern und möglichst immer auf Reflexionen hin zu orientieren.
Realbegegnungen	Schaffen erfahrungsbezogene Öffnungen des Lernprozesses und erzeugen ein besseres Sinn- und Problemverständnis.
Repräsentationen	Ermöglichen ein kohärentes, zielbezogenes, modellhaft aufbereitetes Wissen, das allerdings verengend wirkt.
Reflexionen	Erlauben Metaperspektiven und lassen über 🕮 *Metakognitionen* auch eine Reflexion auf erfolgreiches Lernen zu. Ein diskursives Verständnis verhindert naive Wissensaneignungen.
2. Handlungsstufen des Lernens gezielt planen	Lernen erfolgt in Handlungen mit einzelnen Handlungsschritten. Diese Stufung des Lernens ist bewusst zu planen, wobei die 5 Stufen nach Dewey helfen können.
3. Konstruktives Lernen entfalten	So viel Konstruktion wie möglich!
4. Rekonstruktives Lernen durchführen	Keine Rekonstruktionen um ihrer selbst willen!
5. Dekonstruktives Lernen nach Möglichkeit einsetzen	Kritik an Inhalten und Beziehungen bei Auslassungen, Konflikten, Problemen usw. ermöglichen. Die Reflexionstafel für didaktische Handlungsorientierung im re/de/konstruktiven Lernen nutzen!
6. Kreatives Lernen fördern	Nicht nur konvergentes, sondern auch divergentes Denken stärken. Produktives Denken entwickeln. Nonkonformes Verhalten in Grenzen ermöglichen. Staunen herausfordern.
7. Soziales Lernen immer beachten	Tolerantes, verständnis- und respektvolles Miteinander in einer diversen Kultur und unter multikulturellen Bedingungen immer dialogisch durchführen. Konsens als auch Dissens unter Spielregeln für alle ermöglichen. Freiheit, Solidarität und Macht in den Beziehungen der Lerngruppe thematisieren.
8. Situiertes Lernen als Rahmenkonzept nutzen	🕮 *Situiertes Lernen* besteht aus einer Vielzahl von lernerorientierten Methoden, die besonders zur Effektivität von Lernprozessen beitragen. Diese Ansätze sind besonders gut geeignet, eher herkömmliche Lehrmethoden mit neuen handlungsorientierten Methoden zu mischen.
9. Emotionales Lernen als Beziehungslernen sehen und positiv entwickeln	Emotionen sind in Beziehungen eine entscheidende Basis für Interaktionen und eine wertschätzende Atmosphäre. Gefühle sind vielfältig und wirken vielfältig. Sie müssen grundsätzlich didaktisch berücksichtigt werden.

Prinzip	Kurze Erklärung
10. Individuelles Lernen als diverses Lernen ermöglichen	Lernen in seiner Singularität, Heterogenität, Differenz (auch der Geschlechter) und Diversität akzeptieren und individuelle Lernchancen ermöglichen.
11. Eine systemische Perspektive im Lernen einnehmen	In der Beziehungsarbeit ist eine systemische Einstellung unter Nutzung von *systemischen Methoden* wesentlich, um eine Beziehungsdidaktik zu realisieren.
12. Mulitperspektivisches und multimodales Lernen als Ideal sehen	Da es multiple Intelligenzen gibt, muss es im Lernen unterschiedliche Inhalte und Zugänge geben, die möglichst breit allen Lernern entsprechen und diese hinreichend tief fördern.
13. Lernkontrollen sinnvoll auf Handlungskontexte abstimmen	Mechanische Lernkontrollen vermeiden und Lernkontrollen auf jene Handlungen beziehen, die das Ziel des Lernens sein sollen; *systemische Benotungen* entwickeln.
14. Wirkungen des Lernens evaluieren	Immer die Wirkungen von Lernprozessen durch *Evaluationen* und *Supervisionen* erfassen, um zu einem kontinuierlichen Verbesserungsprozess zu gelangen.
15. Innere Lernbedingungen verbessern	Sich als Lehrender als Lernforscher sehen, sich fachlich stets weiterbilden, Interesse an kommunikativen Weiterbildungen, Selbsterfahrungen und insgesamt einer Beziehungsdidaktik entwickeln. Sich als Beobachter, Teilnehmer, Akteur umfassend reflektieren.
16. Äußere Lernbedingungen verbessern	Für eine optimale äußere Ausgestaltung des Lernens sorgen bzw. im Sinne der inneren Gründe dafür kämpfen.

Schaubild 15: Checkliste zur »inneren« Lernumgebung

7. Planung

Planung in einer konstruktivistischen Didaktik ist immer Handlungsplanung, um möglichst effektive Lernergebnisse bei allen beteiligten Lernenden zu erzielen. Hier ist es nicht entscheidend, dass die Lehrenden ein für sie besonders günstiges und wenig arbeitsaufwändiges Planungsergebnis erzielen, sondern dass die Lernenden durch die Planung tatsächlich einen Lernzuwachs im Sinne gewählter Intentionen und Lernkontexte erreichen können. Nach meinen langjährigen Erfahrungen in der Beobachtung unterschiedlicher Lehrender in der Planung von Lehr- und Lernprozessen, auch durch Selbstbeobachtung und Feedback von außen, möchte ich vorschlagen, die Planung aus drei Perspektiven zu betrachten und zu entwickeln:

- Als *elementare Planung* (7.1) bezeichne ich Überlegungen, die grundsätzlich bei jeder Lehr- und Lernplanung im Blick auf die elementaren Handlungs- und Lernschritte, die ein Lerner zu vollziehen hat, angestellt werden müssen, um dem Lehr- und Lernprozess einen sinnvollen Rahmen, eine lernpsychologisch begründete Struktur und Handlungsschrittfolge zu geben. Solche elementare Planung gilt sowohl für einen eher instruktiv orientierten Unterricht unter Einsetzung ⌂ *klassischer Methoden* bis hin zu einem konstruktivistisch orientierten Unterricht, der auch insbesondere ⌂ *größere handlungsorientierte Methoden* zum Einsatz bringt. In der elementaren Planung müssen Lehrende vor allem eine lernpsychologisch fundierte Planungskompetenz entwickeln, in der sie die jeweiligen Inhalte des Lehr- und Lernprozesses mit lernerbezogenen effektiven Handlungsfolgen verbinden. Allerdings sollte dies nie schematisch geschehen, sondern muss dem Umstand Rechnung tragen, dass unterschiedliche Lerner auf unterschiedlichen Wegen lernen können. Dafür jedoch sind elementare Mindestüberlegungen notwendig.
- Als *ganzheitliche Planung* (7.2) gilt für mich eine Reflexion auf didaktische Prozesse, die eine elementare Planung in einen größeren Zusammenhang bringt. Hierfür ist es erforderlich, dass Didaktiker auf ihre eigenen Rollen als Beobachter, Teilnehmer und Akteure im Lehr- und Lernprozess reflektieren und dies sowohl mit den größeren notwendigen Handlungsschritten als auch mit imaginären Antrieben verbinden. Solche ganzheitlichen Planungen sind notwendig, wenn Lehrende sich von bestehenden Regelwerken – z.B. Schulbüchern – emanzipieren und stärker mit einer eigenen experimentellen und didaktisch kreativen Arbeitsweise ihre Planungen vollziehen wollen. Konstruktivistisch orientierte Lehrende wird man daran erkennen, dass sie nicht nur die elementare Planung verfolgen, sondern diese auch als ganzheitlichen Planungsansatz kompetent entwickeln wollen.

- *Situative Planungsreflexion* (7.3) ist sowohl für die elementare als auch die ganzheitliche Planung erforderlich. Hier will ich zusammenfassend wesentliche Merkmale nennen, die für eine konstruktivistisch angelegte Didaktik im Planungsbereich als sinnvoll und beachtenswert erscheinen. Solche Planungsreflexion sollte vor den Planungen, während des Planungsprozesses und nach dem Planungsprozess geübt werden.

Im Anschluss an diese drei Unterkapitel werde ich in 7.4 einige Hinweise zur Lehrerbildung geben, um einem schematischen Gebrauch der hier vorgelegten Planungsüberlegungen vorzubeugen, und abschließend in 7.5 mit einem Beispiel illustrieren, wie eine solche Planung konkret aussehen könnte.

7.1 Elementare Planung

Im Kapitel über das Lernen haben wir mit den 5 Stufen des Lernens nach John Dewey (vgl. 6.1) einen klassischen Ansatz kennen gelernt, der den Lernprozess sinnvoll gliedern hilft. Diesen Ansatz will ich – nicht zuletzt, weil er sich im englischen Sprachraum als eine sehr erfolgreiche Strukturierungshilfe der Unterrichtsplanung in vielen Evaluationen erwiesen hat – aufnehmen und in veränderter Form hier für eine elementare Planung nutzen. Dabei nehme ich dort Änderungen und Erweiterungen vor, wo mir das Ursprungsmodell als zu eng oder noch nicht hinlänglich auf didaktische Handlungsebenen bezogen erscheint.

Elementar ist die handlungsbezogene und stufenweise Gliederung der Lehr- und Lernschritte in dem Sinne, dass für ein Thema, einen abgegrenzten Wissensbereich oder eine zeitlich begrenzte Sequenz des Lehrens und Lernens eine Abfolge von Handlungsschritten gesucht wird, die der Lehrende grundsätzlich zu beachten hat, wenn er den Lehr- und Lernprozess organisiert. Im schulischen Lernen sind dies in der Regel Unterrichtsstunden, in anderen Bereichen wie der Erwachsenenbildung und Weiterbildung zeitlich und thematisch begrenzte Abschnitte des Lehr- und Lernprozesses. Zwar wissen wir aus der Lehr- und Lernforschung, dass es hier keine eindeutige Schablone für das Lernen aller Lerner gibt, aber wir wissen auch, dass zumindest bestimmte Eck- oder Grenzpunkte beachtet werden müssen, die es Lernern *in der Regel* erleichtern, ihren Lernprozess erfolgreich durchzuführen. Nur um solche Elementarien geht es in den nachfolgenden Überlegungen. Auch wenn die konstruktivistische Didaktik hier sehr offen für unterschiedliche Planungen ist und unterschiedliche Begründungen und Darstellungen des didaktischen Vorgehens unterstützt, so gibt es andererseits wiederkehrende und hilfreiche Handlungsstufen und Handlungsebenen, die die Didaktiker bei der konkreten Planung immer wieder kritisch heranziehen und überprüfen können.

Ein solches elementares Planungsmodell für Unterrichtsstunden wird in *Schaubild 16* dargestellt:

Handlungsstufen Handlungsebenen	1 Emotionale Reaktion Problem Ereignis	2 Anschlussfähigkeit	3 Hypothesen Untersuchungen Experiment	4 Lösungen	5 Anwendungen Übungen Transfer
Realbegegnung (sinnlich gewiss)	• Konkrete emotionale Betroffenheit? • Problem konkret erfahrbar? • Reales Ereignis möglich?	• Alltagserfahrungen? • Realitätsbezug? • Anschlüsse konkret erfahrbar?	• Hypothesen aus konkreten Erfahrungen? • Konkrete Untersuchungen oder Experimente zur Verifizierung?	• Praktische Lösungen? • Lösungsalternativen? • Konkrete Lösungsmöglichkeiten?	• Praktische Anwendungen? • Übungen? • Transfermöglichkeiten in die Praxis?
Repräsentation (konventionell)	• Betroffenheit durch emotionale Darstellung? • Problemdarstellung? • Ereignisdarstellung?	• Anschlüsse an Vorwissen/vorhandene kognitive Modelle? • Verdecktes Wissen? • Implizite konventionelle Deutungen?	• Theorie-Hypothesen? • Abstrakte Gegenstandsuntersuchung? • Gedankenexperimente?	• Theoretische Lösungen/ Lösungsalternativen? • Lösungsmöglichkeiten?	• Theoretische Anwendungen? • Übungen? • Transfermöglichkeiten für Regelfälle?
Reflexion (diskursiv)	• Betroffenheit/ Problematisierung durch Diskurs? • Widersprüche erkennbar? • Ereignisse erklärbar/deutbar?	• Anschlüsse an Interessen/ Deutungsmuster? • Abstraktionsfähigkeit? • Diskursives Vorwissen?	• Methodenreflexion (Untersuchungen/ Experimente)? • Einschätzung wissenschaftlicher Methoden?	• Begründung von Lösungen? • Geltung von Lösungen? • Reflexive Alternativen? • Auslassungen?	• Kritische Anwendungen? • Übungen? • Transfermöglichkeiten auf andere Fälle?

Schaubild 16: Elementares Planungsmodell für Unterrichtsstunden

Es wird von zwei Dimensionen her entwickelt

1) Handlungsstufen

Die 5 Lernstufen nach John Dewey aus Kapitel 6.1 waren für sehr lange Zeit eine große Hilfe für Lehrende, um den didaktischen Prozess zu gliedern. Ich nehme diese Stufen auf, gebe ihnen jedoch dabei eine veränderte Bedeutung, um sie möglichst flexibel und für viele didaktische Situationen handhaben zu können. Dabei wähle ich eine Kombination aus lernpsychologischer und didaktischer Begründung, um einerseits die Lernschritte des Lerners und andererseits die Angebotes des Didaktikers miteinander zu vermitteln:

(1) Emotionale Reaktion, Problem, Ereignis
Der Einstieg in ein neues Thema, in eine Stunde mit neuen Informationen, in eine Teilstunde mit neuem Wissen oder Verfahren, macht es erforderlich, dass die Lerner sich betroffen fühlen, um sich mit diesem Thema, Stoff, Wissen usw. auseinander zu setzen. Dies geht lernpsychologisch dann in der Regel leichter und effektiver, wenn die Lerner zunächst eine emotionale Reaktion zeigen, d.h. sich von ihren Interessen, Wünschen, Emotionen, von ihrem Begehren her motiviert zeigen, mit dem Gegenstand, dem Wissen, den Informationen umzugehen. Eine emotionale Reaktion entsteht immer dann, wenn die Einführung in das Thema oder die Demonstration des Gegenstandes, eines Ereignisses oder eines Problems so gelingt, dass die Betroffenheit dazu führt, Interesse und Neugier zu wecken. Es gibt Ereignisse, die direkt Neugierde, Interesse oder Betroffenheit auslösen. Bei der Einführung von Problemen kann eine solche Neugier oder ein solches Interesse aber auch eher kognitiv statt emotional geleitet sein.

Es gibt zwei wesentliche Faktoren, die diese Betroffenheit regulieren: entweder eine Neugierde und ein Interesse an dem Problem oder dem Ereignis (dem Gegenstand oder der Situation) und/oder eine emotionale Beziehung zu demjenigen, der lehrt.

Da jeder Lerner immer wieder neu zu entscheiden hat, was er angesichts der Fülle von Lernmöglichkeiten überhaupt lernen will, ist diese Stufe entscheidend, um die Weichen für ein gelingendes Lernen zu stellen. Begründungen wie »Das mussten alle so lernen!« oder »Das haben wir immer so gemacht!« sind eher Beschreibungen eines faulen Lehrers als einer bemühten Didaktik. Es gehört zum didaktischen Einfallsreichtum, zur Kreativität didaktischer Berufe oder zu einer guten Selbstmotivation, auf einen Einstieg zu achten, der dazu anspornt, sich mit dem Sinn des jeweiligen Lerngegenstandes zu befassen und sich auf die Neuartigkeit einzulassen.

In der Regel ist dies die erste Stufe eines neuen Lernprozesses. Öfter jedoch können auch die Stufe 1 und 2 miteinander in der zeitlichen Reihenfolge vertauscht sein. Der zeitliche Aufwand dieser Phase muss im Verhältnis zum Nutzen für den Lernprozess interpretiert werden. Je weniger Zeit hier eingeplant wird, desto größer mag die Gefahr werden, nur wenige oder gar keine Lerner hinreichend mit der Bedeutung des Lerngebietes zu erreichen, was dann während des Lehr- und Lernprozesses immer wieder größere Zeitverluste provozieren wird.

(2) Anschlussfähigkeit
Jeder Gegenstand, jeder Stoff, jedes Thema usw. bestehen für die Lerner aus bekannten und neuen Teilen. Ein gänzlich neuer Stoff ohne jeglichen Anschluss an vorhandenes Wissen, an vorhandene Beobachtungen oder ein sprachliches, gedankliches, imaginäres Vermögen wäre nicht vermittelbar. Lerner haben in der Regel nicht nur Assoziationen zu fast jedem Gegenstand oder Thema, jeder Information und jedem Wissen, sie haben oft sogar ein verdecktes Wissen oder eine implizite Deutung. Da das Lehren und Lernen sehr oft auf eine kognitive Verarbeitung drängen – dies ist die Regel zumindest beim schulischen Lernen (vgl. Kapitel 6.3) –, ist es besonders wichtig, die Anschlüsse zwischen bekannt, vertraut, gewohnt und unbekannt, unvertraut und ungewohnt kognitiv oder auf andere Weise herzustellen. Sofern Lerner nicht hinreichend die Chance erhalten, dabei bisherige kognitive Modelle zu vergegenwärtigen und mit den neuen kognitiven Erwartungen abzugleichen, sind sie leichthin verwirrt oder desorientiert. Deshalb ist es für Didaktiker grundlegend wichtig, die Anschlussfähigkeit des Neuen entweder nach einer Phase der emotionalen Reaktion, der Problemeinführung oder eines Ereignisses festzustellen oder vor dieser Phase durch gezielte ⌨ *Einstiege*, Befragungen, ⌨ *Brainstorming* oder andere Methoden zu ermitteln. Dies gibt den Lernern auch ein notwendiges Gefühl und Bewusstsein dafür, dass neue Lerngegenstände nicht willkürlich und vorbei an ihren bisherigen Kenntnissen und Fertigkeiten eingeführt werden.

Die zeitliche Planung dieser Phase variiert je nach Gegenstand und Thema. Oft erscheint diese Phase Lehrenden als Zeitverschwendung, weil sie nicht hinreichend begreifen, dass die Anschlussfähigkeit nicht bloß ein Aspekt der Motivation ist, sondern im Sinne der kognitiven Schemata und Modelle auch notwendig ist, um für Lerner Sinn und methodische Zusammenhänge herzustellen.

(3) Untersuchungen, Experimente, Hypothesen
Eine konstruktivistische Didaktik wünscht so viel Konstruktion wie möglich und keine Rekonstruktion um ihrer selbst willen. Dies bedeutet, dass dem Finden von Hypothesen durch die Lerner, dem eigenständigen Untersuchen, dem Experimentieren ein wesentlicher Raum eingeräumt werden muss. Hier hängt es ganz und gar von den Inhalten, den Themen und mit ihnen verbundenen Intentionen ab, ob eher eine Untersuchung (im natur- wie geistes- oder sozialwissenschaftlichen Sinne) durchgeführt werden kann oder ob ein Experiment (real oder gedanklich) möglich ist. In dieser Phase sollen zunächst Hypothesen gebildet werden, die sich auf die vorausgehenden Phasen 1 und 2 beziehen. Dann wird überlegt, wie die Hypothesen bewiesen (verifiziert) werden können. Sofern diese Verifikationen nicht selbst – durch eigene Untersuchungen und/oder Experimente – geleistet werden können, muss auf die Verifikationen von anderen (aus verschiedenen Informationsmaterialien) zurückgegriffen werden.

Im Sinne der Rekonstruktion neigen in dieser Phase viele Lehrende dazu, sich auf ein vorbereitetes Material durch Schulbücher oder andere Modellvorstellungen zu verlassen. Sie geben damit die Hypothesen und Lösungen sehr oft vor, statt sie konstruktiv von ihren Lernern finden zu lassen. Die konstruktivistische Didaktik behauptet nicht, dass es immer möglich sein wird, diese Form der Instruktion und damit gänzlich den 🏫 *Frontalunterricht* zu überwinden, aber sie will nach Möglichkeit die untersuchende und experimentierende Seite des Lernens stärken, da dies nicht nur auf kurzfristige Behaltensleistungen orientiert ist, sondern die Lerner zugleich mit einer fachlichen, methodischen und sozial-situativen Kompetenz ausstatten kann, die für den Prozess lebenslangen Lernens entscheidender ist als die sporadische Ansammlung von Wissen, das nicht nachhaltig erarbeitet und dann meist nur vorübergehend gespeichert wird.

Wenn Sie als Leserin und Leser einen Beweis für diese Behauptung suchen, dann nehmen Sie sich einmal selbst als Experte Ihres eigenen Lernens: Was sind die heute noch verfügbaren Wissensbestandteile aus Ihrer Schulzeit? Wo sind Ihre Vergessensraten am größten? Die Antworten sind schnell gefunden: Immer dort, wo Sie aktiv eigene Hypothesen bilden konnten, wo Sie eigene Untersuchungen und Experimente durchführten, die Sie mit Sinn und Anschlussfähigkeiten verbinden konnten, besteht überhaupt nur die Chance einer umfassenden Erinnerung. Aber damit diese Chance sich realisiert, müssen noch zwei Stufen des Lernens hinzutreten:

(4) Lösungen
Emotionale Reaktionen, Probleme, Ereignisse, die im Kontext von eigenen Erfahrungen zu Hypothesen führen, müssen dann auch gelöst werden, d.h., es muss ein verwendbares Lernprodukt entstehen, das in Handlungen benutzt und genutzt werden kann. Je mehr solche Lösungen vom Lerner selbst konstruiert werden können und nicht einfach instruktiv vorgegeben sind, desto höher ist die Chance, dass sie mit Sinn aufgeladen und mit persönlicher Bedeutsamkeit verbunden werden können. Insbesondere selbst gefundene Lösungsalternativen helfen, eine umfassende Methodenkompetenz auszubilden, die ein oberflächliches Lernen vermeiden hilft. Lösungen sind aber meist weniger direkte und eindeutige Ergebnisse als vielmehr Verfahren und Prozeduren, dabei kognitive Modelle, wie man zu Ergebnissen im Blick auf bestimmte Probleme und Aufgaben kommt. Lösungen können daher nur im Kontext aller Lernstufen gesehen werden und verlieren in isolierter Betrachtung sofort an Wirkung.

Auch dies können Sie sich recht gut vergegenwärtigen: Eine Lösung und die Art und Weise, wie man zu ihr gelangt, wird dann intensiver erfahren und behalten, wenn ich bereits vom Problem her und meiner Anschlussfähigkeit als auch durch die Aktivität bei der Hypothesengewinnung und die Intensität meiner Untersuchungen/Experimente einen Lernkontext, eine »innere« Lernumgebung, erzeuge, die die Lösung umrahmt und ihr Bedeutung verleiht.

(5) Anwendungen, Übungen, Transfer
Dennoch vergessen wir oft sehr schnell etwas Gelerntes, wenn die bisherigen vier Stufen nicht durch kontinuierliche Anwendungen, durch Übungen und Transferleistungen auf andere ähnliche oder unähnliche Sachverhalte und Verfahren übertragen wer-

den. In dieser Phase steckt das Geheimnis, weshalb auch autoritär strukturierte Instruktionen, Nachahmungsleistungen, Auswendiglernen, insgesamt Reproduktionen unter Druck oder mittels externer Motivation durch Noten und Belohnungen doch zum Erfolg kommen können: In ständiger Anwendung und Übung und durch Kontrollen lassen sich durchaus Behaltensleistungen erzwingen. Aber diese Leistungen tragen leider den Makel der Äußerlichkeit, sofern sie sich nicht mit inneren und gewollten Einstellungen verbinden. Wenn der Druck nachlässt, beginnt dann eine umso schnellere Vergessensrate.

Ein effektives Lern-, Unterrichts- und Schulsystem sollte aus der Sicht der konstruktivistischen Didaktik alle Handlungsstufen des Lernens möglichst breit und im Zusammenhang entfalten, wobei allerdings zu klären ist, welche Inhalte und Verfahren dabei dann gelehrt und gelernt werden sollten. Da wir allein durch Instruktionsmethoden, die in die Fallen des *Frontalunterrichts* führen, sehr viel Stoff in kurzer Zeit unterrichten können, bedarf es bei einer lernerorientierten und effektiven, d.h. für das Lernen nachhaltigen Lernleistung, eines größeren zeitlichen Spielraums, um alle 5 Handlungsstufen möglichst oft im Zusammenhang didaktisch zu realisieren. Da angesichts der Wissensexplosion in der Moderne ohnehin immer mehr exemplarisch gelernt werden muss, erscheint es als wichtig, dass Lehrende und Lernende sich kompetent im Feld des für sie und ihre Zeit notwendigen und hinreichenden Bildungserwerbs bewegen (vgl. Kapitel 2.3 und 4.1), um die passende Auswahl von Intentionen und Inhalten vor Ort auch hinreichend qualifiziert leisten zu können. Die konstruktivistische Didaktik setzt hier wie die skandinavischen Schulsysteme auf Lehrende als Experten vor Ort, die gezielter, schneller und effektiver die notwendigen Lerninhalte mit ihren Lernern abstimmen können als auf bürokratisierte Expertensysteme mit langen Lehrplanverfahren.

Anwendungen sind handlungsbezogene theoretische oder praktische Übertragungen der Lösungen oder der als Lösung aufzufassenden Operationen, Prozeduren, Regeln, Deutungen usw. auf unterschiedliche weitere Aufgaben oder Probleme. Erst aus Anwendungen heraus gewinnen Lerngegenstände eine kognitive komplexe Verankerung, eine Kontextualisierung durch Handlungsfolgen, eine Variation des Lösungsmusters usw., was nicht nur für komplexes, sondern auch schon für einfacheres Lernen (z.B. bei Vokabeln) notwendig ist. Um es an Vokabeln zu verdeutlichen: Erst wenn diese nicht bloß abgefragt, sondern auch in unterschiedlichen sprachlichen Situationen kontinuierlich angewandt werden, wird sich eine hinreichende Lernkompetenz als Handlungskompetenz ergeben.

Übungen sollen bestimmte Lösungen verankern helfen. Sehr oft erfolgen solche Verankerungen kognitiv, aber es sind im Rahmen unterschiedlicher Lernvorgänge auch sensomotorische, emotionale, kinästhetische u.a. Verankerungen möglich. Bei Übungen kommt es darauf an, dass nicht nur die erarbeitete Lösung wiederholt, sondern hinreichend variiert wird, um die Verankerung möglichst multimodal zu erweitern. Dies gibt verschiedenen Lerntypen die Chance, ein hinreichend breites Lernangebot zu erhalten.

Transfer ist der schon anspruchsvollere Versuch, etwas Gelerntes (als Lösung und Lösungsweg) auf ähnliche oder gänzlich andere Zusammenhänge zu übertragen.

2) Handlungsebenen

Die Handlungsstufen lassen sich perspektivisch auf die Handlungsebenen (vgl. genauer Kapitel 5.2) beziehen:

Realbegegnungen ermöglichen für emotionale Reaktionen, für konkret erlebte Probleme und Ereignisse besonders offene Situationen, in denen durch individuelle Betroffenheit ein besonders wirksamer Ausgangspunkt für Lernen liegen kann. Dabei ist es wichtig, dass die Realbegegnung nicht nur zu Beginn eines Lernprozesses einsetzen kann, sondern auf jeder der fünf Handlungsstufen als möglich erscheint.

> *Beispiel:* Nachdem auf der repräsentativen Handlungsebene durch die Lehrkraft ein Problem dargestellt wurde, untersuchen die Lernenden in der Stufe der Anschlussfähigkeit konkret, ob sie dort das Problem finden können (z.B. durch Befragungen). Auf Stufe drei bilden sie theoretisch Hypothesen, um dann zu einer theoretischen Interpretation auf der Stufe der Lösung zu gelangen. Zum Abschluss werden alternative Denkmodelle diskutiert. In diesem Beispiel sieht man, dass im Durchlauf der fünf Stufen die Handlungsebenen ständig wechseln können.

Repräsentationen sind in der Didaktik sehr dominant. In einer Schulbuchkultur wird diese Dominanz sogar leicht zur Monokultur, die andere Handlungsebenen verstellen kann. Ein konstruktivistischer Unterricht will dies auf jeden Fall vermeiden. Dazu ist es notwendig, die Handlungsebene der Repräsentation – auch wenn wir ihre Wichtigkeit nicht bestreiten – vor allem durch gezielte Wechsel in die anderen Handlungsebenen zu durchbrechen. Bei der Unterrichtsplanung kann jede Lehrende sehr deutlich erkennen, wann sie eine Monokultur des Lernens betreibt: Wenn auf allen oder fast allen Handlungsstufen nur auf der Ebene der Repräsentationen agiert wird, dann ist die Didaktik zu monoton, die Perspektiven sind zu eingeschränkt, die Lernwege zu eng und begrenzt. Eine lebendige didaktische Kultur zeichnet sich hingegen dadurch aus, dass die Handlungsebenen auf jeder Handlungsstufe stets wechseln!

Reflexionen sind mehr als repräsentative Wiedergaben der Meinungen anderer. Zur Reflexion kommt es, wenn eine eigene Meinung über unterschiedliche Meinungen, über Ansichten, Einstellungen, Deutungen und in theoretischer Perspektive über Diskurse geleistet werden kann. Dies macht eine Metaperspektive auf die Repräsentationen notwendig. Hier ist zu bedenken, dass die konstruktivistische Didaktik bei längeren Lernprozessen immer darauf zielt, zu einer Reflexion zu gelangen. Dies kann und sollte sich jedoch auf alle Stufen beziehen lassen, ohne eine ständige Dominanz des Reflexiven zu erzwingen, denn die Reflexionen benötigen Realbegegnungen und Repräsentationen, um über einen Stoff, einen Gegenstand, Probleme, Ereignisse und Situationen zu verfügen, auf die hin und über die hinaus reflektiert werden kann.

> Grundsatz der elementaren Planung: Eine lernerbezogene Didaktik ist daran zu erkennen, dass sie die Handlungsebenen der Realbegegnung, Repräsentationen und Reflexionen in Vielfalt, Abwechslung und gegenseitiger Bereicherung aufeinander bezieht und in jedem Fall eine Monokultur auf vorrangig einer Handlungsebene vermeidet!

7.2 Ganzheitliche Planung

Die elementare Planung nimmt meistens einen relativ kurzen Lernverlauf in die Perspektive, indem sie die Aufmerksamkeit auf das Verhältnis von Handlungsebenen und Handlungsstufen für ein Thema, einen Lerngegenstand oder eine Unterrichtsstunde lenkt. Eine andere und weitere Sicht gewinnen wir, wenn wir Planungen aus der größeren Perspektive ganzer Lernreihen oder Unterrichtseinheiten sehen. Diese ganzheitliche Sicht ist insbesondere erforderlich, wenn wir ⌨ *handlungsorientierte Methoden*, wie sie im Methodenpool dargestellt sind, in kleiner oder großer Variante einsetzen. Dann sind zwar nicht die einzelnen Handlungsstufen ausgeschlossen, sie können und sollten als eine wichtige elementare Planungsmöglichkeit beachtet werden, aber es wäre zu schematisch, immer nur so vorgehen zu wollen. Insbesondere Lehrende, die bereits routinierter sind, können und sollten von einem erweiterten Planungsmodell ausgehen, das ich als ein ganzheitliches bezeichnen möchte. Was ist darunter gemeint?

In einem Planungsmodell in *Schaubild 17* will ich die ganzheitliche Planung als Handlungsplanung näher verdeutlichen:

Der innere Kreis der Planungsperspektiven für größere Unterrichtseinheiten soll für Lehrende wie Lernende die Ausgangsposition markieren, in der sie sich als Beobachter, Teilnehmer und Akteure befinden, wenn sie eine Unterrichtsreihe planen:

- als Akteure sind sie die direkt Planenden, die eine Planung vorbereiten und durchführen und in die Tat umsetzen; Unterrichtsplanung ist Handlungsplanung;
- als Teilnehmer sind sie mehr oder minder aktiv an den normierenden Voraussetzungen der Planung beteiligt; sie folgen bestimmten Vorgaben oder entwickeln eigene, sie verständigen sich über Bedingungen und Perspektiven der Teilnahme; sie beurteilen die Teilnahmebedingungen; Unterrichtsplanung ist Verständigungsplanung über Voraussetzungen;
- als Beobachter nehmen sie wahr, welche Handlungen vorbereitet, durchgeführt, welche Teilnahmen geleistet, welche Kommunikation entwickelt wird; sie beobachten sich selbst und andere; sie machen sich ein Bild von der Situation; Unterrichtsplanung ist Beobachtungsplanung.

Jeder Didaktiker (Lehrender oder Lernender) wechselt ständig die Positionen in diesen drei Rollen. Es gehört zur Planungskompetenz, dies bewusst zu vollziehen und möglichst zu reflektieren, aus welcher der Positionen wir jeweils sprechen und argumen-

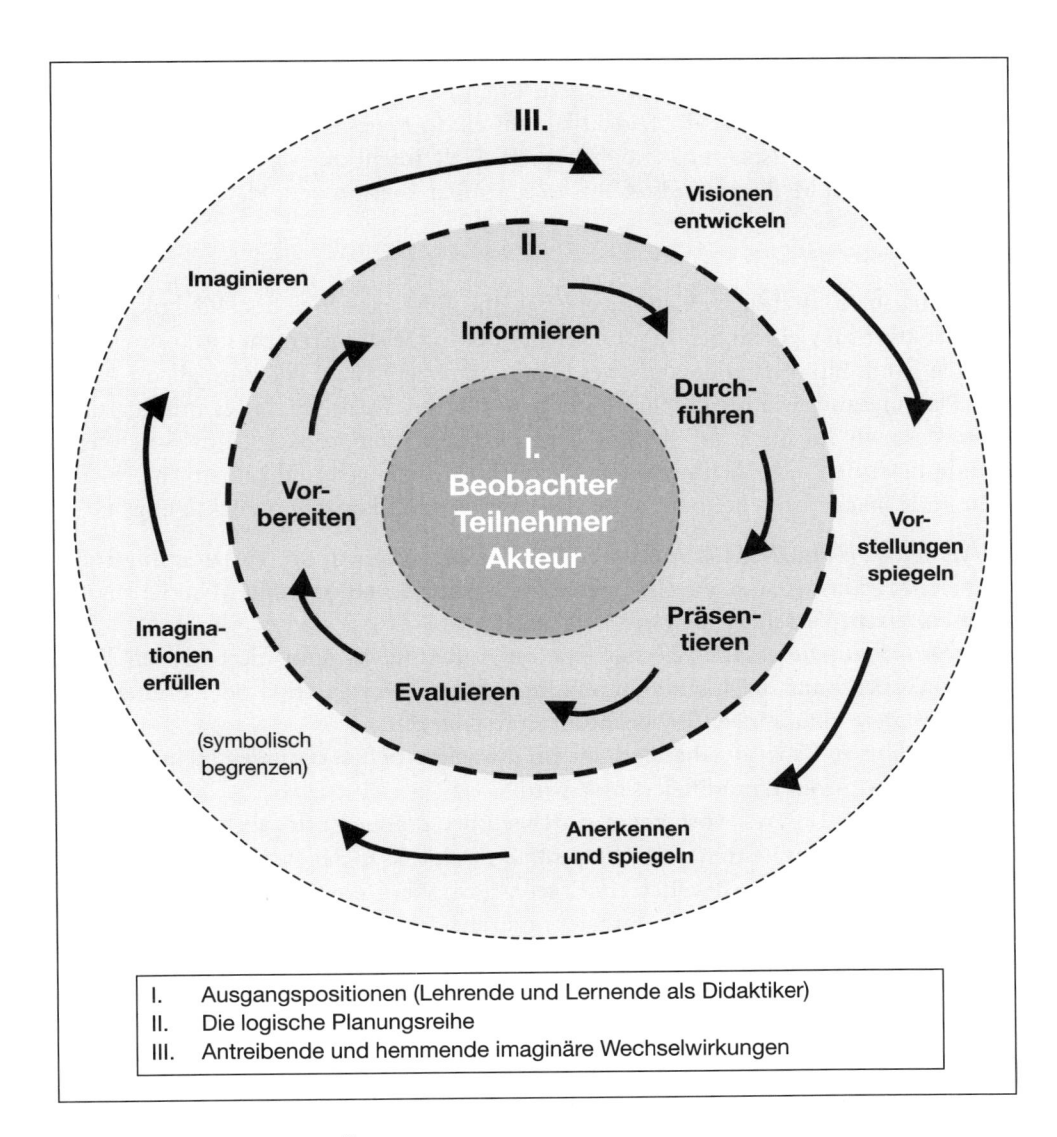

Schaubild 17: Planung im Überblick

tieren. So kann z.B. der distanzierte Beobachter dem engagierten Teilnehmer oder Akteur helfen, sich in ihren Ausgangspositionen zu relativieren und sich offener zu verständigen. So kann der Teilnehmer dem Akteur und Beobachter helfen, Voraussetzungen ihrer Aktionen und Beobachtungen zu bedenken. So kann der Akteur dem Beobachter und Teilnehmer zeigen, dass es nicht nur darauf ankommt, scharf zu beobachten oder Teilnahmen zu reflektieren, sondern auch, etwas in Handlungen umzusetzen und durchzuführen.

> Die konstruktivistische Didaktik ist sehr offen in Bezug auf die Planung. Sie will nicht wie andere Ansätze die Didaktiker auf *ein* formales Modell verpflichten, das für jede Unterrichtsplanung möglichst alle Ziele/Intentionen aufschreibt, diesen Methoden und Medien zuordnet, um zu scheinbar vollständiger Planung zu gelangen.

Der Hang zur vollständigen Planung erzeugt eine illusionäre Welt der Didaktik, die zur Konstruktion zu viel Zeit benötigt und in der Praxis meist doch nicht linear umgesetzt werden kann. Ein offenes didaktisches Planungskonzept sucht einen möglichst geringen Planungsaufwand bei gleichzeitig hohem Nutzen. Dazu scheint es mir auszureichen, dass wir im Blick auf größere Unterrichtseinheiten zunächst nur wesentliche Handlungsstufen – die sich untereinander zirkulär bedingen und keinen Anfang und kein Ende markieren – nennen und im groben Planungskonzept berücksichtigen:

- *Vorbereiten:* Ein Didaktiker (Lehrender oder Lernender in der Vorbereitungsrolle) bereitet etwas vor, d.h. erstellt einen Plan, eine Information, stellt Material zusammen, macht Vorschläge usw.
- *Informieren:* Die gesamte Lerngruppe muss über etwas informiert werden (nach der Vorbereitung, nach einer Durchführung, einer Präsentation oder Evaluation), um weitere Handlungen/Beobachtungen festzulegen.
- *Durchführen:* Es wird gehandelt, indem etwas erarbeitet, erfunden, gefunden, gelöst, transformiert, modifiziert usw. wird.
- *Präsentieren:* Das, was vorbereitet, durchgeführt, evaluiert oder als Information gedacht ist, wird präsentiert; eine Präsentation schließt in der Regel eine didaktische Einheit ab, indem ein Resultat, ein Ergebnis, ein Werk, ein Stück, ein Spiel usw. gezeigt und gemeinschaftlich betrachtet und reflektiert wird.
- *Evaluieren:* Eine Auswertung aller vorher genannten Stufen soll eine hinreichende Rückmeldung aller Beteiligten absichern (z.B. als *Feedback* über den Prozess auf der Inhalts- und Beziehungsseite, als Befragung, als Rückmeldung über *Reflecting teams*).

Diese didaktischen Arbeitsstufen geben aber keinesfalls eine vollständige Handlungskette an.[1] Sie sind bloß Beschreibungen von Handlungsstufen, die oft in Handlungsprozessen eingenommen werden, die aber auch untereinander variieren können. Sie lassen sich problemlos auch auf die elementare Planung beziehen. So lässt sich insbesondere aus der ganzheitlichen Sicht in der Vorbereitungsphase das elementare Pla-

---

[1] Die Stufen – (1) informieren, (2) planen, (3) entscheiden, (4) ausführen, (5) kontrollieren und (6) auswerten – werden als »vollständige Handlung« bezeichnet. Doch bei solchen Modellen ist Vorsicht geboten: Sie erscheinen immer nur als »vollständig«, wenn wir sie entsprechend rekonstruieren. Ändern wir unser Beschreibungsmodell, dann ändern sich auch die beobachtbaren Handlungsstufen. Die »vollständige Handlung« ist z.B. vorwiegend in technisch klar geregelten Abläufen rekonstruierbar. Sie beruht auf der Arbeitspsychologie Hackers. Vgl. auch Koch/Selka (1991).

nungskonzept entwickeln, um dann z.B. in der Informationsphase mit einer geplanten Realbegegnung oder Repräsentation einzusetzen. Die elementare Planung befindet sich, so gesehen, auf einer konkreteren Handlungsebene. Aber dies entscheidet allein die Perspektive, die wir als Planende einnehmen wollen.

Die ganzheitliche Planung darf ebenso wenig wie die elementare Planung zu einem Schematismus verleiten. Zwar können wir bei vielen gelungenen Handlungsprozessen fast immer alle Stufen rekonstruieren – wir erkennen dann im Nachhinein, dass etwas vorbereitet, dass über etwas informiert, dass es dann durchgeführt, präsentiert und möglichst auch evaluiert wurde –, aber dies darf nicht so missverstanden werden, dass diese Reihe immer in einer bestimmten Schrittfolge schematisch einzuhalten ist. So kann z.B. die Präsentation einer Gruppe bereits Vorbereitung und Information für eine andere sein. Die Stufen sollen uns daher nur allgemein orientieren, an was wir in didaktischen Prozessen *in der Regel* im Blick auf den größeren Handlungsrahmen zu denken haben. Sie geben die sichtbare Planungsfläche an, in der wir agieren.

Aus konstruktivistischer Sicht ist es problematisch, von einer »vollständigen« Handlung zu sprechen. Vollständigkeit wäre ein Beobachtermodell, das klar anzugeben wüsste, was alles zur Handlung notwendig und eindeutig gehört. Aber ein solches Modell wäre gerade im Blick auf das Lernen fragwürdig, weil es mehr versprechen müsste, als es halten kann. Im Lernen sind es gerade die Unvollständigkeit, die Unabgeschlossenheit und Offenheit des Lernens, die eine Vollständigkeit im Blick auf das Zusammenwirken z.B. kognitiver, emotionaler und sozialer Aspekte verhindern. Daher sieht die konstruktivistische Didaktik diese Handlungsstufen als Möglichkeitsstufen einer modellhaften Ordnung an, die uns eine Orientierung geben können, ohne immer auf alles passen zu müssen.

Solche Orientierungsmodelle haben auch einen wesentlichen Hintergrund, der oft übersehen wird. Im Hintergrund aller Planungen sieht die konstruktivistische Didaktik ein imaginäres Vorstellen, das die symbolische Arbeit der Planungsreihe antreiben oder auch hemmen kann:

- *Imaginieren:* In unseren Vorstellungen assoziieren, erträumen, wünschen und begehren wir ständig, ohne uns einen Begriff davon machen zu müssen. Die Vorstellung allein kann schon Antrieb sein, weil wir uns in ihr als erfolgreich, schön, anerkannt usw. sehen. Solche Imaginationen in positiver, motivierender, den Selbstwert erhöhender Weise zu wecken ist eine wesentliche Bedingung für die antreibende Kraft in didaktischen Prozessen. Ein Erkalten des Imaginären führt schnell zu Langeweile, Unaufmerksamkeit, Ablehnung.
- *Visionen entwickeln:* Das Imaginäre hat sich hier bereits ein mehr oder minder konkretes Ziel gesucht, das es ausmalt, beschreibt, markiert, das symbolisch geäußert und bearbeitet werden kann. Eine Vision will sich das Schöne, das Wertvolle, das Erwünschte usw. festhalten und dies realisieren. Es ist Antrieb, wenn die Vision nicht zu utopisch wird, d.h., wenn sie nicht bei vorhandenen Möglichkeiten bloß

zur Vision des Unmöglichen verkümmert. Didaktisch günstig sind die kleinen, realisierbaren Visionen, aber auch eine große, unerreichbare Vision kann dann Energien freisetzen, wenn sie dazu hilft, erste Schritte zu gehen.
- *Vorstellungen spiegeln:* Das Imaginäre des anderen ist mir nie direkt erreichbar, es ist durch eine Sprachmauer verstellt (vgl. Kap. 4.2.2). Gleichwohl kann ich symbolisch versuchen, mich darüber zu verständigen, und ich kann auch zeigen, dass ich imaginäre Vorstellungen habe. So können wir uns in der Kommunikation im anderen spiegeln, indem wir das imaginäre Vorstellen als wertvoll, wünschenswert, menschlich hinstellen und herausfordern. Eine Spiegelung äußert sich kommunikativ in Nachfragen nach Gefühlen, Empfindungen, nach dem, was gesehen oder erträumt wird, nach den Wundern, die geschehen müssten, damit wir etwas erreichen, und der Spiegelung dessen, was wir wundersamerweise schon alles geschafft haben.
- *Anerkennen und spiegeln:* Der andere will anerkannt sein und dies von uns gespiegelt bekommen. Dies erfordert fast nie lange Sätze, sondern meist nur einen Blick, eine Geste, eine kurze Aufmunterung oder Anerkennung. Dies schafft eine Atmosphäre, die von Selbstwert zeugt und die Selbstwert vermitteln kann.
- *Imaginationen erfüllen:* Was nützen uns alle Wünsche, wenn wir sie nie erfüllen können. Unsere Imaginationen und Visionen erfüllen wir uns, indem wir sie symbolisch realisieren: als Handlung, als Teilnahme, als Beobachtung. Die Didaktik hat eine wesentliche Aufgabe darin, Imaginationen nicht nur transportieren, sondern auch erfüllen zu helfen.

Bei allen Planungsprozessen will die konstruktivistische Didaktik von innen nach außen und von außen nach innen in diesem Modell einer ganzheitlichen Planung für längere Lehr- und Lerneinheiten denken. Sie versteht dieses Modell als eine Orientierungshilfe, die für die Lehrenden wie die Lernenden gilt, denn beide sind Didaktiker. Also sollten sie sich in jedem Planungsprozess verständigen,

- welche Rollen sie jeweils einnehmen und was diese Rollen im Laufe des Planungs- und Durchführungsprozesses bedeuten;
- welche Handlungsstufen von wem zu planen und durchzuführen sind;
- welche imaginären Ressourcen aufgebracht und eingesetzt werden können;
- ohne in diesen drei Perspektiven diese Orientierungshilfe als vollständig oder abgeschlossen ansehen zu wollen.

Zusammenfassung: In der Planung im Überblick in *Schaubild 17* werden drei Perspektiven artikuliert, die bei einer ganzheitlichen Planung beachtet werden sollten:

1. Die Rollen von Beobachter, Teilnehmer und Akteur helfen, den didaktischen Prozess als Handlungs-, Verständigungs- und Beobachtungsplanung zu differenzieren und die hierbei eingenommenen Rollen kritisch zu reflektieren. Die hier angelegten Ausgangspositionen markieren die in Beziehungen hergestellte Lernumgebung.

2. Der Handlungskreislauf der logischen Planungsreihe hilft, sich die größeren Handlungsschritte zu verdeutlichen, die in jeder Unterrichtseinheit immer wieder auftreten. Hier ist vor allem zeitlich zu planen, wann welche Handlungsphasen zum Einsatz kommen.
3. Die antreibenden imaginären Wechselwirkungen, die den Lehr- und Lernprozess unterstützen sollen, helfen den Lehrenden und Lernenden zu erkennen, wann und wie sich in der Unterrichtseinheit auch imaginäre Perspektiven, Wünsche und Visionen integrieren lassen, auch wenn sich das Imaginäre immer spontan einstellen muss und nie hinreichend instruktiv geplant werden kann.

7.3 Situative Planungsreflexion

Die Planung von Lehr- und Lernprozessen verändert sich auf der Grundlage der bisherigen Überlegungen in der konstruktivistischen Didaktik erheblich gegenüber herkömmlichen Modellen. Die hier vorgeschlagene Planung sollte dabei immer wieder auf grundlegende Aspekte der Planung hin reflektiert werden. In diesem Abschnitt schlage ich fünf Reflexionsperspektiven vor, die bei der Planung stets eingenommen werden sollten, um der planerischen Arbeit kritische Impulse zu geben, die sich aus dem Kontext des Verständnisses der konstruktivistischen Didaktik ergeben. Die Planungsperspektiven geben in kurzer Form wesentliche Grundaspekte an, die bei einer kritischen Sicht auf die eigenen oder fremden Planungen eingenommen werden können. Sie lassen sich allerdings auch durch andere in diesem Buch oder auf der CD entwickelte Instrumente ergänzen, wie z.B. die Reflexionstafel in den *Schaubildern 12 und 13* oder die Checkliste zum Lernen in *Schaubild 15*. Zur Planungsreflexion können auch die *Evaluation*, *Supervision* und die *systemischen Methoden* immer wieder einbezogen werden.

In *Schaubild 18* halte ich Mindestperspektiven auf die Planungsreflexion in vereinfachter Form fest:

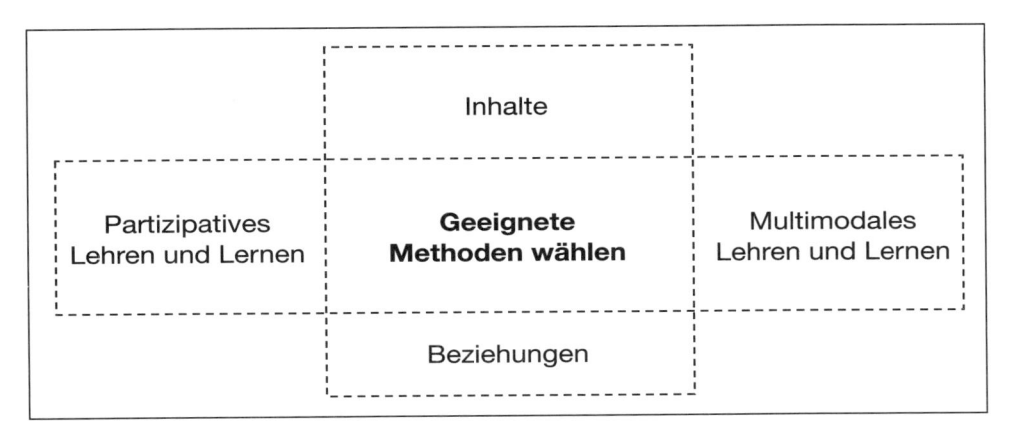

	Inhalte	
Partizipatives Lehren und Lernen	**Geeignete Methoden wählen**	Multimodales Lehren und Lernen
	Beziehungen	

Schaubild 18: Mindestperspektiven auf die Planungsreflexion

1) Partizipatives Lehren und Lernen

Partizipation ist ein Schlüsselanliegen einer konstruktivistischen Didaktik, das sich aus der Interpretation der didaktischen Aufgaben in der Gegenwart und dem Bild des Didaktikers, wie er konstruktivistisch und in Interaktionsbeziehungen von mir begründet wurde, notwendig ergibt. Grundsätzlich sollen aus dieser Sicht Lehrende und Lernende bei allen Gegenständen des Unterrichts und allen Planungen (zumindest in Phasen) gemeinsam vorgehen und sich miteinander darüber abstimmen, was, wie, in welcher notwendigen und hinreichenden Reichweite, mit welchen Optionen und unter welchen Maßstäben gelehrt und gelernt werden soll. Partizipation bedeutet insbesondere:

- Unterricht phasenweise gemeinsam planen,
- Notwendigkeiten gemeinsam erörtern und begründen,
- Planungen kritisch gemeinsam evaluieren und Konsequenzen ziehen,
- Reflecting teams kontinuierlich einsetzen,
- ein partizipatives Evaluationsmodell durchführen.

Einige Anmerkungen sollen den partizipativen Ansatz verdeutlichen:

Unterricht gemeinsam planen
Ein wesentliches Ziel gemeinsamer Planung ist es, das Lernen zu aktivieren, mit eigenen Interessen zu verbinden, die Lehrer- und Lernerrolle in Richtung auf mehr eigenverantwortliches, selbstorganisiertes Lernen umzustellen. Auch wenn der Lehrende über mehr Wissen verfügt, so ist es wichtig, dass er sich hier in großen Teilen in eine Moderationsrolle begibt, um die Gemeinsamkeit des Planungsprozesses nicht bloß als aufgesetzt und äußerlich erscheinen zu lassen. Auch der Lehrende muss die explorative Neugierde der Lerner teilen und sich von diesem Verfahren etwas versprechen.
Beispiel: Als eine Einstiegsmöglichkeit in eine neue Unterrichtseinheit bietet sich das schriftliche Diskutieren mit der Stellwand an (⊞ *Moderationsmethode*). Mit einer offenen Frage wird das Themenfeld umrissen. Alle Teilnehmer schreiben Kärtchen, die dann gemeinsam zu Themenwolken gebildet werden. Zu den Themenwolken werden z.B. Punkte vergeben, um eine Rangfolge nach Interesse festzulegen. Oder die Teilnehmer unternehmen Recherchearbeiten in der Bibliothek, dem Internet, mittels ⊞ *Erkundungen*. Die Ergebnisse geben einen Einstieg in das Thema. Oder eine Lerngruppe erstellt ein Lernmaterial für eine Folgegruppe. Dies kann insbesondere der zeitaufwändigen Sichtung und der Vorbereitung von Material dienen. Ein Minimum gemeinsamer Planung wäre es, sich über die Eckpunkte des weiteren Vorgehens dialogisch zu verständigen.

Notwendigkeiten gemeinsam erörtern und begründen
Etliche Unterrichtsstunden stehen unter dem Diktat der Notwendigkeit: Sei es durch Lehrplanvorgaben, formale Ausbildungsnotwendigkeiten, wenig kreativem Spielraum

bei der Vermittlung. Gleichwohl kann man oft auch bei diesen Stunden, die überwiegend Wissen reproduzieren oder Techniken vermitteln sollen, meist erkennen, dass Lehrende bloß aus Gewohnheit die möglichen kreativen Seiten unterschätzen oder nicht mehr sehen können. Oft wird hier auch die Zeit angeführt: Konstruktive Lernwege kosten mehr Zeit, und es steht in Frage, ob alle Lerner dabei tatsächlich effektiver lernen. Die konstruktivistische Didaktik will an solchen Stellen, wo unsere Fantasie versagt oder die Zeit uns zu sehr drängt, zumindest mit den Lernern gemeinsam erörtern und begründen, warum wir jetzt so und nicht anders vorgehen können oder wollen (*Demokratie im Kleinen*). Nur wenn gerade in solchen Phasen des Lernens eine Einsicht erhalten werden kann, werden Lerner nicht bloß schnell reproduzieren und nach dem Test noch schneller alles vergessen. Daher sind vor solchen Unterrichtseinheiten Prozeduren zu vereinbaren, die den Lernern Kompetenzen auch für Phasen des Frontalunterrichts zugestehen; insbesondere: Wie kann ich das eben Gehörte durch gezielte Übungen so verinnerlichen, dass ich es später nutzen kann?

Planungen kritisch gemeinsam evaluieren und Konsequenzen ziehen
Schon während der Planungsphase führen uns unsere Imaginationen öfter in Versuchung, mehr zu wollen, als wir eigentlich umsetzen können. Wenn Lehrende dies allein für sich unternehmen, dann scheitert ihr Unterrichtskonzept meist an der Realität, die gerne als Unmöglichkeit, dies mit diesen Lernern zu machen, interpretiert wird. In einem partizipativen Lehr- und Lernmodell ist die Planungskompetenz zwischen Lehrenden und Lernenden (und hier auch noch Untergruppen von Lernenden) verteilt. Das aber erzwingt Abstimmungsprozesse, Zwischenschritte, die evaluiert werden (*Evaluation* = was lief bisher gut und was haben wir nicht erreicht?), um aus solcher Reflexion Konsequenzen für den weiteren Fortgang zu ziehen. Ein solches Verfahren grundsätzlich einzurichten bedeutet die Möglichkeit zu schaffen, das Lernen zu lernen. Es bietet aber auch die Chance, die Imaginationen besser zu realisieren, weil sie nicht einseitig von Lehrenden oder Lernenden ausgehen, sondern als Wunsch- und Leitbilder zwischen beiden, miteinander und weniger gegeneinander, verhandelbar sind.

Reflecting teams kontinuierlich einsetzen
Reflecting teams sind Untergruppen von Lernenden, die bestimmte Stunden oder Phasen beobachten und gezielte Rückmeldungen nach Inhalten und Beziehungen geben (vgl. auch Reich 2005). Sie verwenden Beobachtungsbögen, die sie sich selbst konstruieren bzw. nach Vorlagen umbauen.

Ein partizipatives Evaluationsmodell durchführen
Am Ende von Lehr- und Lerneinheiten soll nicht nur der Lehrende – z.B. durch Noten (*Systemische Benotung*) – bestimmen, welchen Erfolg der Unterricht hatte, sondern alle Lerner müssen aktiv in das *Feedback* und die *Evaluation* einbezogen werden.

2) Multimodales Lehren und Lernen

Wollte man für die konstruktivistische Didaktik einen ethischen Imperativ (eine gewollte und verbindliche Norm) aufstellen, so könnte diese wie folgt lauten:

> »Handle stets so, dass die Lernmöglichkeiten, Lernchancen und Lernanlässe deiner Lerner wachsen, so dass es zu einer Zunahme von Perspektiven, Handlungschancen und vielfältigen Lernergebnissen kommt!«

Ein Vorbild findet diese Norm in John Deweys Pädagogik, der das Wachstum (*growth*) zu einer zentralen Perspektive seiner Pädagogik machte. Ich erweitere und konkretisiere seinen Ansatz um neuere Ergebnisse der Lernforschung, die uns auffordert, dieses Wachstum mindestens in dreierlei Weise zu praktizieren:

1. *Multiperspektivität:* In Verbindung mit den sieben Rs (vgl. S. 230f.) wird die Vielfalt der didaktischen Perspektiven insbesondere dann erhöht, wenn die Einstellung der Lehrenden und der Lernenden darauf gerichtet ist, grundsätzlich die Möglichkeiten des Denkens und Handelns zu erweitern und sich hierfür offen und nicht bloß im Blick auf konventionelle Lösungen einzusetzen.
2. *Multimodalität:* Lehrende wie Lernende müssen heute eine Vielzahl von Methoden des Lehrens und Lernens kennen, um für unterschiedliche Verwendungen geeignete Formen des Lernens zu finden, zu untersuchen, zu experimentieren und die dabei erreichten Erfolge zu evaluieren (mit Konsequenzen für nachfolgende Lernprozesse). Hierfür will insbesondere der Methodenpool auf CD Anregungen geben. Jeder Lehrende und auch Lernende sollte hierbei die Perspektive eines Lernforschers einnehmen, um sowohl in der Lehre als auch beim eigenen Lernen für andere und für sich günstige und erfolgreiche Wege des Lernens zu ermitteln und anzuwenden.
3. *Multiproduktivität:* Lernen erzeugt Lernergebnisse, die nicht unsichtbar bleiben sollten. Die Produktivität des Lernens erkennt man an ihren Erscheinungen in unterschiedlichen Formen. Hier ist es heute notwendig, nicht nur auf den Wegen des Lernens multimodal vorzugehen, sondern auch die Ergebnisse auf viele Arten zu präsentieren. Insbesondere der Erfolg von ⊞ Portfolios zeigt, wie wichtig eine angemessene Präsentation und ihre Verankerung in wechselseitiger Anerkennung und in Beziehungen beim Lernen sind. Die meisten handlungsorientierten Methoden nutzen hierbei auch das Prinzip, dass die Lerner ihre Rollen ständig wechseln und auch selbst Lehrer für andere werden. Diese Produktivität gibt Lerngegenständen oft einen Sinn und eine bessere Verankerung.

Eine konstruktivistische Didaktik will »So viel Konstruktion wie möglich« in Unterrichtsprozessen verwirklichen. Dies soll daher ihr zentrales Ziel in allen Planungsprozessen im Blick auf Inhalte, Beziehungen und gewählte Methoden und Medien sein. Die Forderung entspricht den drei eben aufgestellten Zielperspektiven zum Wachstum.

Als Selbst- und Fremdbeobachter von Unterricht sind wir daher immer gehalten, uns zu fragen, inwieweit dieses Ziel hinlänglich angestrebt und erreicht wurde. Didaktiker (Lehrende und Lernende) müssen planen, wann sie wie und warum Rollen als Beobachter einnehmen und wie diese Rollen ihre Beobachtungen verändern. Als Planer sind sie didaktisch gefordert, ihren Lehr- und Lernprozess eigenständig zu planen. Sie legen dabei das Maß ihrer Konstruktivität selbst fest und vereinbaren Beobachtungen, in denen sie das erreichte Konstruierte betrachten, auswerten, präsentieren usw. Ihre Planung bedeutet das Ermöglichen von Konstruktionen und die Planung von Beobachtungen hierüber, um sich eine Rückmeldung über die Konstruktionen zu geben.

Konstruktives Lernen findet oft statt, aber es wird nicht selbstverständlich beobachtet. Um konstruktives Handeln zu fördern, müssen Beobachtungen ermöglicht werden, in denen wir überhaupt bemerken, was wir tun, erreichen, verändern, wenn wir konstruieren. Hier ist eine Achtung vor den kleinen Ereignissen und den individuellen Aha-Erlebnissen zurückzugewinnen, die in unserer Medienkultur immer mehr verstellt und verdeckt werden. Die Fülle der kleinen Dinge, der singulären Ereignisse, der vielfältigen Konstrukte in unserem Alltag und Lernen kann uns einen Selbstwert zurückgeben, in dem wir uns als Konstrukteure erfahren, die mächtig genug sind, ihre Wirklichkeit zu bestimmen. Dies ist zwar nicht im großen Maßstab von Weltveränderungen planbar, aber für die kleinen Schritte durch die Mühen konstruktiver Anstrengungen zu erreichen. Die dunkle Seite der Postmoderne als ein Zeitalter oberflächlicher Simulationen bietet uns dagegen über die leichte Seite der Ablenkungen und Unterhaltungen als passive Beobachter bloß die Unterwerfung unter große Illusionen.

In jede didaktische Planung gehört in diesem Sinne eine Phase der gemeinsamen Rollenreflexion, die das Maß konstruktiver Erfahrungen, die Weite und Tiefe von Experimenten, den ästhetischen Anspruch, den gewählten Einsatz, das gewählte Engagement usw. reflektieren helfen. Je mehr diese Planung einen kreativen, wagenden, experimentierenden Umgang mit dem Konstruktiven entwickeln kann, desto stärker dürfen wir hoffen, ein Verständnis darüber erreichen zu können, was wir lernen und was wir nicht lernen wollen. Angesichts der Überflutung mit Reizen und Lernangeboten wird es immer wichtiger, im Lernen eine gewollte Teilnahme zu reflektieren, die uns vor für uns nicht passenden Ansprüchen schützt. Dies aber können wir nur dadurch erlernen, dass wir – alle Didaktiker (also Lehrende und Lernende) – an den Planungen teilnehmen, die unser Lernen bestimmen sollen.

Die Verantwortung des eigenen Lernens beginnt mit dem ersten Lernen selbst. Sie kann gar nicht früh genug angesetzt werden. Im konstruktiven Lernen steckt die Forderung, etwas zu wollen. Dieses Wollen entsteht durch konkrete Auseinandersetzungen, Erlebnisse, Erfahrungen, die sich nicht instruktiv aufprägen lassen. Ich kann keinem Lerner – außer durch rigide Vorschriften und autoritäre Unterwerfungsstrategien – in seinem Wollen instruktiv unterweisen. Der Wille zu einem Engagement, ästhetischen Stil, einem Experiment, einer Tat usw. entsteht nur dort hinreichend, wo ein Raum der Ermöglichung ist: ein umfassendes Recht, in die Planungen der von mir gewählten Konstruktionen einzugreifen, dann aber auch an den eigenen Entscheidungen gemessen zu werden. Dies erscheint als eine neue didaktische Kultur, in der der Wille und das Wollen aller Didaktiker vor allem dadurch gefordert werden, dass sie geachtet und beachtet sind.

Konstruktives Lernen sollte nicht nur geplant werden, es muss immer in eine Handlung überführt werden. Die geistige Antizipation ist nur eine Seite der Planung, die Realisation und Auswertung dieser Realisation ist die notwendige andere Seite. Nur wenn beide Seiten zusammenkommen, kann von konstruktivem Lernen gesprochen werden. Die Planung verwirklicht sich in der Realisation, deren Reflexion eine weitere Planung verändert. Nicht Lehrende allein im stillen Kämmerlein sollten solche Lernprozesse umfassend planen, sie sollten sich vielmehr mit den Lernenden zusammen organisieren, um eine höhere Ideenvielfalt und Planungsenergie zu erreichen.

In den Schulen verhindert die gegenwärtige Unterrichtsorganisation in ihrer auf Unterrichtsstunden begrenzten Art des Zusammenkommens von Lehrenden und Lernenden diesen Gesichtspunkt erheblich. In einem Ganztagssystem mit gemeinsamer Anwesenheit von Lehrenden und Lernenden können eher Planungsprozesse realisiert werden, die dem konstruktiven Lernanspruch entsprechen. Dies gilt auch für die Möglichkeiten des *Teamteaching* und von Arbeitsgemeinschaften der Lerner. Es ist im Rahmen der Pisa-Studie nicht zu übersehen, dass gerade jene Länder, die dies ermöglichen, zu den Testsiegern gehören.

3) Inhalte im Blick auf Beziehungen planen

Inhalte und Intentionen in der Didaktik sind eine Festlegung auf Ansprüche (vgl. dazu genauer Kapitel 4.1 und 4.2). Deshalb ist es für die konstruktivistische Didaktik ganz entscheidend, dass Inhalte und Intentionen nie nur von außen durch Experten oder von innen durch Lehrende für Lerner einseitig gesetzt werden. Die Bildungswidersprüchlichkeit unseres Zeitalters kann dann besser viabel bearbeitet werden, wenn Lernende und Lehrende gemeinsam die Konstruktion, Methode und Praxis von Inhalten und damit verbundenen Intentionen entwickeln. Dies bedeutet für konkrete Unterrichtsplanungen und -durchführungen, dass

- die inhaltlichen und intentionalen Konstruktionen auf allen Stufen des Lernens immer möglichst gemeinsam erarbeitet und reflektiert werden;
- der Lehrende verpflichtet ist, die Lernenden an der konstruktiven Prozedur der Erarbeitung von Inhalten und Intentionen je nach Wissensstand und Voraussetzungen umfassend zu beteiligen;
- die Methoden nach Geltung und Begründung nicht bloß durch Autorität gesetzt sind, sondern in Verständigung erläutert, transparent und für Neuerungen offen gehalten werden;
- Methoden nicht als universelle Abbilder der Wirklichkeit erscheinen, sondern als ideal (mehr oder minder!) akzeptierte rationale Verfahren, auf die man sich auf Zeit und für gegebene Anlässe verständigt und so weit einigt, wie es erforderlich ist (was Dissens und neue Lösungsmöglichkeiten nie gänzlich ausschließen sollte);

- eine unterrichtliche Praxis gemeinsam entwickelt und verantwortet wird;
- die höchste Verantwortung der Lehrenden ist, alle Lernenden zu einer für sie möglichst viablen Praxis kommen zu lassen;
- die Verantwortung der Lernenden bedeutet, dass sie ihre eigenen Ansprüche ernst nehmen und Selbstverantwortung für ihre Praxis entwickeln;
- Didaktik als ein praktischer Prozess gesehen wird, und erst in dieser Praxis zeigen sich Konstruktionen und Methoden in ihrer Viabilität; Praxis muss daher für Lehrende wie Lernende auch ein ständiger Ort des Tuns und des Reflektierens über das Tun sein, um Konstruktionen und Methoden zu verändern.

Mit diesen Einsichten werden alle Unterrichtsentwürfe fragwürdig, die von Inhalten und Intentionen allein aus der Sicht der Lehrenden ausgehen. Für jeden Unterrichtsprozess ist zu fragen, wie sich die Beobachtungs-, Teilnahme- und Aktionsmöglichkeiten intentional vermitteln:

- Was sind geforderte oder erwünschte Inhalte und Intentionen aus der Sicht der Lehrenden (unter Einbezug curricularer Erfordernisse)?
- Was sind viable Inhalte und Intentionen aus der Sicht der Lernenden (unter Einbezug ihrer unterschiedlichen Voraussetzungen und Wünsche)?

Erst wenn beide Sichtweisen zu Beginn größerer Unterrichtseinheiten thematisiert und reflektiert werden, können Lernende und Lehrende sich auf einen Prozess inhaltlich und intentional einigen, der ihre Verständigung als dialogische Partner und nicht bloß als abhängige Befehlsempfänger artikulieren lässt. Selbst wenn die Vorgaben so eindeutig sind, dass kaum Abweichungen möglich erscheinen, so ist es immer noch entscheidend, dann zumindest diese Vorgaben intentional zu diskutieren. Es ist offen zu dokumentieren, was geleistet werden soll und wie sich die Lernenden hierzu stellen wollen. Nur unter der Vorbedingung solcher Offenheit ist ein Lernen aus Einsicht und nicht aus bloßer Gewohnheit zu erreichen. Der Konstruktivismus bevorzugt auf jeder Lernebene ein Lernen aus Einsicht, weil es grundsätzlich die konstruktiven, methodischen und praktischen Fähigkeiten der Lerner besser und nachhaltiger fördert.

Lehrende betonen sehr oft die altersbezogene Schwierigkeit, dass nur bei älteren Lernern eine aktive Beteiligung am Planungsprozess möglich sei. Diese Ansicht verkennt die Möglichkeiten und planerischen Kompetenzen der jüngeren Lerner. Es ist durch altersgerechte Kommunikation auf jeder Altersstufe möglich, planerische Kompetenzen zu entwickeln. Je früher sie gefordert sind, desto leichter fallen sie später. Allerdings ist dabei zu beachten, dass die Beziehungsseite, der kommunikative Umgang von Lehrenden und Lernenden, wesentlich dafür entscheidend ist, ob es gelingt, diese Forderung als anerkennende Achtung zu vermitteln.

4) Beziehungen im Blick auf Inhalte planen

Die konstruktivistische Didaktik ist eine Beziehungsdidaktik. Ihr reicht es aber nicht, bloß eine möglichst störungsfreie Kommunikation in einer Klasse oder Gruppe von Teilnehmern zu erreichen, auch wenn dies schon ein wichtiges Ziel ist. Beziehungsdidaktik meint hingegen, dass Lerner immer in Beziehungen stehen und auch alle Inhalte einen Bezug aufweisen, der mit Beziehungen zusammenhängt (vgl. Kapitel 1). Dies erklärt sich schon durch den einfachen Umstand, dass jeder Lerner einen Bezug zu Inhalten hat, der stark durch seine lebensweltlichen Vorstellungen und durch sein Beziehungsleben bestimmt ist. Hier nun haben konstruktivistische Didaktiker vielfältig die Erfahrung gemacht, dass alle Inhalte interessanter, vielgestaltiger, nachvollziehbarer werden, wenn die in ihnen liegende Beziehungsseite nicht ausgeschlossen oder minimiert wird, sondern selbst zum Gegenstand des Lernens bzw. von Selbsterfahrungen gemacht werden kann.

Beispiele: Im Geschichtsunterricht ist von der Weimarer Zeit die Rede. Wenn wir die agierenden Personen wie Gegenstände auffassen, dann benutzen wir z.B. ein Schulbuch und reden nur von Inhalten. Wenn wir hingegen den Prozess aus der Sicht der agierenden Personen näher begreifen und für uns umfassend diskutierbar machen wollen, dann erfassen wir nicht nur den Inhalt abstrakt, sondern setzen ihn auch in ein Beziehungsspiel um, indem wir die auftretenden Rollen dramatisieren, nachspielen, dabei unsere Gefühle und Vorstellungen aus der Sicht dieser Rollen artikulieren. Analog lässt sich dieses Vorgehen in allen Geistes- und Gesellschaftswissenschaften praktizieren: Wann immer Menschen Entscheidungen getroffen haben oder treffen müssen, wann immer Ereignisse vorliegen, die wir nachvollziehen wollen, können wir uns Situationen imaginieren und dann nachempfinden, die den Prozess und die Lösung für uns diskutierbar werden lassen.

In den Naturwissenschaften und der Mathematik hingegen geht es oft um Sachen oder Abstraktionen, die ungleich schwerer in ihrer Beziehungskonfiguration gezeigt werden können. Genau in diesen Fächern aber ist dies auch wichtig, um den Bezug von Gegenstandsanalyse und Lebenswelt nicht aus den Augen zu verlieren. Erfindungen z.B. sind nie losgelöst vom kulturellen Hintergrund zu sehen, in dem sie gemacht und vor allem dann auch genutzt werden. Alle ethischen Implikationen weisen immer eine Beziehungsseite in menschlicher Kommunikation aus. Es wäre aber andererseits naiv, möglichst alle naturwissenschaftlichen oder mathematischen Aussagen dadurch aus ihrer Abstraktheit lösen zu wollen, indem wir sie in spielerische Aktionen verwandeln. Hier ist oft eher ein problemlösendes Verfahren angezeigt, das sich partiell mit der Beziehungsebene verbinden lässt: Wenn z.B. Newtons Versuche nachentdeckt werden oder wenn wir verstehen wollen, aufgrund welcher Vorannahmen Einstein zu seiner Relativitätstheorie gelangte, dann führen wir einen Teil der Lebenswelt in unsere Vorstellungen ein, ohne dass dies jedoch hinreicht, die Lösungen selbst exakt nachzuvollziehen. Aber wir sind leichter motiviert, diesen Nachvollzug leisten zu wollen, wenn wir überhaupt erst einmal etwas vom Kontext und Lebensweltbezug verstanden haben.

5) Methoden und Medien wählen

Mit welchen Methoden ein Lerner am besten lernt, dies bleibt letztlich immer seiner Selbstbestimmung überlassen. Dies heißt aber nicht, dass er keine Hilfen für seine Möglichkeiten und Entscheidungen bekommen soll. Konstruktivistische Didaktik ist eine Ermöglichungsdidaktik, die verschiedene Methoden – vornehmlich handlungsorientierte – anbietet und weiterentwickelt. Dabei allerdings gibt es etliche methodische Schwächen herkömmlicher Didaktik, die der Konstruktivismus bekämpfen will:

- Zunächst vermeiden Konstruktivisten Methoden, die den Lerner zu sehr in die Passivität treiben, die seine eigenständigen Handlungsmöglichkeiten zu stark begrenzen, die auf Abhängigkeit mehr als auf Selbstständigkeit setzen.
- Ein weiterer Feind im methodischen Bereich ist die Bevorzugung weniger Methoden, die dann auch meist noch auf Frontalphasen konzentriert sind. Systemisch-konstruktivistische Methoden erkennt man an ihrer Vielfalt, um im konstruktiven Bereich selbstorganisiertes Lernen zu fördern, um im Bereich der Beziehungen und der eigenen beziehenden Beschäftigung mit Inhalten und Kommunikation systemische Blickweisen zu ermöglichen (vgl. auch Reich 2005, Kap. 9 und 10).
- Die Methodenauswahl klassischer Didaktiken betont überwiegend die symbolische Ebene und vernachlässigt die Bedeutung der Imaginationen. Für die konstruktivistische Methodenwahl spielen symbolische und imaginäre Deutungen als auch reale Ereignisse (vgl. Kapitel 4.2.2 und 4.2.3) eine entscheidende Rolle.
- Konstruktive Methoden stehen in einem besonderen Spannungsverhältnis: Einerseits benötigen sie eine gewisse Neugierde der Lerner, das Einlassen auf Erfahrungen (*experience*) und die Bereitschaft, Inhalte und Intentionen, Gegenstände und Möglichkeiten zu untersuchen. Andererseits sind ästhetische – mehr oder minder gelungene – Umsetzungen erforderlich, die von handwerklich einfachen bis hin zu künstlerischen Arbeiten reichen können, wenn nicht nur etwas abstrakt begriffen, sondern auch konkret produziert werden soll.
- Die methodische Spannung zwischen *experience* (auch gedanklicher Art) und praktischer Umsetzung – so lautet eine Forderung der konstruktivistischen Didaktik – sollte nicht einseitig bloß dem Bau einer Gedankenwelt zugeführt werden. Die gewählten Methoden sollten vielmehr immer auch dazu verhelfen, Ideen mit praktischen Realisierungen zu vermitteln.

In der konstruktivistischen Didaktik lassen sich alle bekannten Methoden einsetzen, es lassen sich auch neue entwickeln. Im Methodenpool stehen sowohl konstruktive als auch systemische Methoden, mit denen die konstruktivistische Didaktik arbeitet.

7.4 Hinweise für die Lehrerbildung

In der deutschen Lehrerbildung ist durch die Aufteilung in zwei Phasen die Gefahr besonders groß, dass die Entfremdung von universitärer Theorie und Praxis im Referendariat auch in den Köpfen der Lehrenden nicht hinreichend überwunden werden kann. Dann wird einerseits eine Reflexion gesehen, die zwar interessant sein mag, aber für die Praxis nichts bringt; andererseits werden praktische Tipps gegeben, deren Begründungsreichweite stets fragwürdig bleibt. Diese Situation kann nur überwunden werden, wenn erste und zweite Phase nicht nur stärker zusammenarbeiten, sondern auf lange Sicht zu einer Phase werden – wie es andere Länder mit Erfolg zeigen.

Wenn in der Lehrerbildung die konstruktivistische Didaktik eingesetzt wird, dann möchte ich vor allem vier Empfehlungen aussprechen:

- Das Konzept der Beziehungsdidaktik setzt auf Einstellungen und Engagement. Dies ist nur schwierig in eine Bewertung in Form von Noten zu bringen. Förderlicher für Ausbildungszwecke sind Zielvereinbarungen und Fördergespräche, wie sie in der 🕮 *systemischen Benotung* vorgeschlagen werden. Zudem sind dabei Vorbilder einer guten Lehrerbildung wesentlich, um eine effektive Didaktik zu fördern. Solche Vorbilder müssen durch Lehrerbildnerinnen selbst entwickelt und dialogisch vermittelt werden.
- Die Planungsmodelle der konstruktivistischen Didaktik sind Vorschläge, die anregen sollen, aber keine Prüfschemata, die als Exerzitium zu praktizieren sind. Auch in der Dokumentation von Fortschritten und Wachstum im Handeln der Lehrenden sollten wir das erwarten, was wir von den Lernern wollen: Multiperspektivität, Multimodalität und Multiproduktivität sollten auch Leitbilder in der Lehrerbildung sein. Wir müssen uns gemeinsam als Lernforscher verstehen und dabei aus Einsicht hohe Ansprüche entwickeln.
- Dies bedeutet, dass auch Abschied von den so genannten großen Planungen genommen werden sollte, die eine meist eher vordergründige Sachanalyse von Lerngegenständen, eine Analyse der Lernervoraussetzungen, eine Zielbestimmung und eine Planung mit Methoden beinhaltet. Auf 20 Din-A4-Seiten kann eine solche Planung weder hinreichend noch besonders ergiebig sein. Dagegen benötigen wir tatsächliche Lernforschung, indem über einen längeren Zeitraum Analysen und Erfahrungen zusammengetragen werden, die nach und nach ein Puzzle in unterschiedlichen Lernumgebungen – nämlich Möglichkeiten des Lernens in ihnen – zu lösen helfen und dies in Analysen und Fallstudien dokumentieren. Hierbei kann und sollte in der Lehrerbildung insbesondere das 🕮 *Portfolio* eingesetzt werden.
- Wir müssen anerkennen, dass Lehrerbildung schwierig ist, weil das Lehren und Lernen keine einfachen technisch erfassbaren Abläufe sind, die ein jeder ohne Probleme lernen kann. Es muss deutlicher kommuniziert werden, dass der Lehrberuf eher zu den schwierigen und anstrengenden, aber auch den kreativen und kommunikativen Berufen gehört. Lehrende sollten und müssen früh die Gelegenheit haben, sich auch praktisch umfassender in diesem Beruf vor Ort zu erleben (= Re-

albegegnungen!), um überprüfen zu können, ob sie sich nicht nur den Anforderungen gewachsen sehen (dies ist zu wenig!), sondern sie auch mit Freude und kreativer Neugierde gestalten können.

7.5 Ein Planungsbeispiel

Zu Beginn der Sek. I lässt sich das Unterrichtsbeispiel Nachrichten durchführen, dessen Grundzüge ich in dem *Schaubild 19* zur Übersicht dargestellt habe.

Linke Spalte: Ein lehrerzentrierter Unterricht über das Thema Nachrichten kann bei einem Lehrenden, der das Thema über Schulbücher, illustratives Material oder eigene gefertigte Unterlagen, über gezielte Übungen vermittelt, durchaus zu Lernerfol-

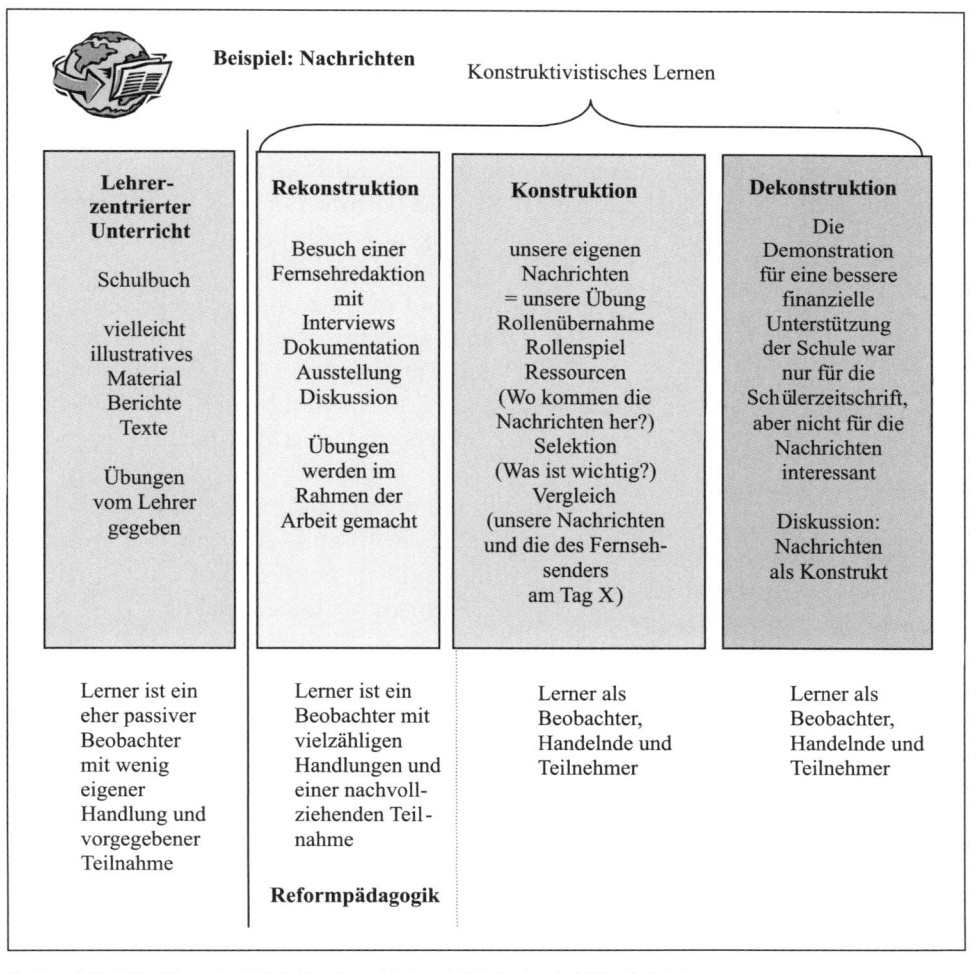

Beispiel: Nachrichten — Konstruktivistisches Lernen

Lehrerzentrierter Unterricht	Rekonstruktion	Konstruktion	Dekonstruktion
Schulbuch vielleicht illustratives Material Berichte Texte Übungen vom Lehrer gegeben	Besuch einer Fernsehredaktion mit Interviews Dokumentation Ausstellung Diskussion Übungen werden im Rahmen der Arbeit gemacht	unsere eigenen Nachrichten = unsere Übung Rollenübernahme Rollenspiel Ressourcen (Wo kommen die Nachrichten her?) Selektion (Was ist wichtig?) Vergleich (unsere Nachrichten und die des Fernsehsenders am Tag X)	Die Demonstration für eine bessere finanzielle Unterstützung der Schule war nur für die Schülerzeitschrift, aber nicht für die Nachrichten interessant Diskussion: Nachrichten als Konstrukt
Lerner ist ein eher passiver Beobachter mit wenig eigener Handlung und vorgegebener Teilnahme	Lerner ist ein Beobachter mit vielzähligen Handlungen und einer nachvollziehenden Teilnahme **Reformpädagogik**	Lerner als Beobachter, Handelnde und Teilnehmer	Lerner als Beobachter, Handelnde und Teilnehmer

Schaubild 19: Konstruktivistisches Unterrichtsbeispiel Nachrichten

gen bei Lernenden führen. Aber grundsätzlich wird bei dieser Lernmethodik eher ein passiver Lerner und Beobachter gefördert, der wenig eigene Handlungskompetenz im Sinne partizipativer Mitentscheidung entwickeln kann und sich in seiner Teilnahme stark an Vorgaben halten muss. Was besonders in autoritärer Verhaltens- und Wissensübernahme früher Erfolg hatte, ist für heutige Lebenswelten zunehmend weniger passend. Insbesondere kann so kein hinreichender Handlungsbezug im Lernen entwickelt werden, der jedoch für das Thema Nachrichten ausschlaggebend sein sollte.

Eine Wende hin zum konstruktivistischen Lernen setzt mindestens drei Schritte (in den drei Spalten hinter der linken Spalte bezeichnet) voraus:

(1) Rekonstruktion: Schon in der Reformpädagogik sind Methoden wie Fallstudien, Erkundungen und Projekte entwickelt worden, in denen Lerner eine Rekonstruktion der Lebenswelt oder eines Wissens durch dokumentarische Recherche entwickelten. Mittels Interviews und Ausstellungen und anderen Verfahren konnte dabei ein Lernverständnis entstehen, das den Lerner als eigenständigen Beobachter mit vielfältigen Handlungen sieht. Die Lerner sollten hierbei insbesondere aus Situationen, Erlebnissen und Ereignissen heraus nicht nur ein Wissen kognitiv aneignen, sondern zugleich den Sinn und Hintergrund eines solchen Wissens und Wissenserwerbs erlebend und situativ verstehen und reflektieren können. Im Blick auf Nachrichten könnte dies vor allem durch den konkreten Besuch einer Nachrichtenredaktion (z.B. beim Fernsehen) erreicht werden, wobei die Lerner im Vorfeld eigene Überlegungen anstellen können, die sie unter Beteiligung des Lehrenden systematisieren, in Handlungspläne übersetzen, z.B. arbeitsteilig realisieren, und abschließend zu einem konkreten Präsentationsergebnis gestalten. Damit ist eine Realbegegnung möglich, die in den folgenden Handlungsschritten zu einer repräsentativen Dokumentation dieses Besuches führt und für weiter gehende Reflexionen genutzt werden kann. In einem solchen Konzept sind viele Perspektiven möglich, auch viele Wege des Lernens und unterschiedliche Lernprodukte, die in Präsentationen und in einer Ausstellung dokumentiert werden können.

Ein solcher lernerbezogener und handlungsorientierter Unterricht, wie er seit der Reformpädagogik bekannt ist, aber in der deutschen Schule zu wenig kontinuierlich und in der Breite realisiert wurde und wird, trägt bereits viele konstruktive Aspekte. Aber er ist noch nicht ausreichend für eine konstruktivistische Didaktik.

(2) Konstruktion: Eine konstruktivistische Didaktik strebt vor allem nach Möglichkeiten der Konstruktion für alle Lerner. Sie will nicht nur den Lehrenden als Didaktiker sehen, sondern auch den Lerner als Didaktiker aktivieren (Prinzip der »kleinen Lehrer«). Hier soll der Lerner aktiv drei Rollen einnehmen können: Er soll Beobachter im Lernprozess sein, aktiver Teilnehmer, der an der Auswahl der Intentionen, Inhalte und Methoden sowie Medien partizipiert, aber auch Akteur, der handelnd und experimentell ausprobieren und evaluieren kann, was er/sie als Handlungsentwurf geplant hat. Im Blick auf die Nachrichten bedeutet diese Wende in die Konstruktion, dass Lernende ihre eigenen Nachrichten entwickeln und erproben sollen. Auch dies geschieht in einer Realbegegnung, die allerdings aus den Handlungen der Lerner selbst erzeugt

wird. In dem hier beschriebenen Unterrichtsversuch wurde dazu ein Tag X gewählt, an dem eine öffentliche Fernsehnachrichtensendung aufgezeichnet wurde, und die Lerner beschlossen, für genau diesen Tag ihre eigenen Nachrichten auf Video aufzunehmen, um anschließend beide Aufnahmen miteinander zu vergleichen.

Ein Problem stellte die Rohdatenbeschaffung dar, da Daten der vorgeschalteten Nachrichtenagenturen nicht erhalten werden konnten. So griffen der Lehrende und die Lerner auf Zeitungen des Tages zurück, die als Nachrichtenbasis dienten. Die Lerner simulierten eine Fernsehredaktion und gestalteten arbeitsteilig in Projekten Maßnahmen, die von der Redaktion bis hin zum Aufnahmestudio, Maske, Wahl einer Fernsehmoderatorin usw. reichten. Hier erwies es sich als günstig, dass die Rekonstruktion bereits vorher erfolgt war, so dass die Lerner eine klare Vorstellung von der Arbeit einer Nachrichtenredaktion hatten. Der Anreiz, sich mit Erwachsenen zu messen und einen Vergleich hierüber anzustellen, war enorm groß und belebte die Aktivitäten insgesamt.

Die Lerner waren mit ihrer Nachrichtensendung sehr zufrieden. Sie konnten erkennen, dass Nachrichten eine Auswahl darstellen, dass man über Auswahlkriterien streiten muss, aber sie mussten und konnten sich auch darauf einigen, was für sie wichtig und eher unwichtig war. Dass Nachrichten bloß bestimmte wahrgenommene Versionen von Wirklichkeiten sind, auch wenn sie im öffentlichen Fernsehen gezeigt und von Profis gemacht werden, wurde dann durch den Vergleich sehr offensichtlich. Die aufgenommene Nachrichtensendung des öffentlich-rechtlichen Fernsehens und die von den Lernern produzierte unterschieden sich fundamental, weil die Lerner stärker auf lokale Gegebenheiten orientiert waren und stärker biografische Momente in ihre Berichte mit einfügten. Zudem entschleunigte ihre technisch nicht so perfekte Art der Darstellung die Berichterstattung, weil die Lerner zwar Bilder und Grafiken in den Hintergrund einfügten, diese aber als Bilder und nicht als Videos zeigten. Hier konnte anschließend sehr gut diskutiert werden, warum und inwieweit Dokumentarmaterial dazu verführt, Auswahlkriterien von Bildern (etwa bei Gewaltdarstellungen) zu vergessen, aber auch, warum es problematisch sein kann, wenn das Fernsehen in eine Ekstase der Live-Schaltungen verfällt, um so eine Augenzeugenschaft zu sichern, die oft vor eine Vertiefung durch Interpretation tritt bzw. für Interpretationen und Hintergrundberichte dann nicht mehr genügend Raum lässt.

Die konstruktivistische Wende im Lernprozess war von hoher Bedeutung für das Verstehen von Nachrichten, weil die Lerner über die Handlungen und Beobachtungen von Handlungen, über den Vergleich von Sendungen, ein tiefer gehendes und differenziertes Verständnis des Phänomens Nachrichten gewinnen konnten. In den Reflexionsphasen, die die Lehrende immer wieder in Zwischenstopps einfügte, wurden die eigenen Handlungen reflektiert. Die anfallenden Arbeiten der Texterstellung, Bilderstellung, Auswertung und Dokumentation fügten sich aus der Aufgabe heraus in den Lernprozess ein und verbesserten auch die formalen Kompetenzen in Rechtschreibung und Gestaltung, weil die Lerner ein ansprechendes und sachlich richtiges Produkt präsentieren wollten und sollten. Eine konstruktivistische Didaktik soll nicht nur Spaß machen, sondern auch Kulturtechniken und Wissen im Handlungsprozess vermitteln.

Ich bin mir sicher, dass so auch höhere Lernleistungen und Lernergebnisse als in einem herkömmlichen Unterricht erreicht werden können.

(3) Dekonstruktion: Der Unterricht erfuhr wenig später seine Dekonstruktion, weil die Schülerinnen und Schüler an einer Demonstration wegen schlechter Ausstattung der Schule vor dem Regierungspräsidium teilnahmen. Sie konnten tags darauf erkennen, dass dieses Ereignis keine Nachricht in den Medien Wert war. In einer Reflexion dieses Ereignisses konnten sie reflektieren, dass eigene Konstruktionen nur dann nachrichtlich relevant werden, wenn Interesse und Aufmerksamkeit der Öffentlichkeit geweckt werden. Es wurde von ihnen auch diskutiert, inwieweit und warum die Medien bestimmte Ereignisse wenig oder unzureichend wahrnehmen.

Dieser Unterricht ließe sich nun aus verschiedenen Perspektiven untersuchen, wenn wir als Lernforscher agieren. So wäre es z.B. interessant, der Frage nachzugehen, wie unterschiedlich die Lerner die einzelnen Aspekte des Unterrichts wahrgenommen haben. Oder: Wer hat wann welche Rollen gewählt? Wer hätte gerne die Rollen gewechselt? An welchen Stellen sind Repräsentationen gelungen, waren Realbegegnungen tatsächlich »real«, waren Reflexionen auf den Punkt gebracht?

Die Frageliste ließe sich unendlich fortsetzen, denn das zeigte gerade dieser Unterricht: Je konstruktiver das Lernen geraten kann, desto komplexer werden auch unsere Fragen. Wer allerdings den Unterricht vor Ort beobachtet hat, der bekommt auch ein ganzheitliches Bild: Ich erinnere noch sehr genau die Aufmerksamkeit, die Spannung, den Spaß, die Darstellungen und Ergebnisse, das Erstaunen und die intensive Auseinandersetzung der Lerner, die auf sehr unterschiedlichen Wegen sowohl die Handlungsebenen als auch die Handlungsstufen didaktischen Lernens in lebendiger Weise erlebten und gestalteten. Und ich erinnere mich an die Gespräche mit der Lehrerin, wo es im Dialog gelingen konnte, die gelungene Planung zu reflektieren und dennoch über sie hinaus zu denken. Der Kreativität dieser Auseinandersetzung muss eine Lehrerbildung entsprechen, die sich nicht mehr mit einfach gefertigten Unterrichtsentwürfen im Sinne einer oberflächlichen Behandlung von Planungsskizzen zufrieden geben sollte, sondern tiefer – und das heißt auch hier exemplarisch und dabei vertiefend – in den Lehr- und Lernprozess eindringen müsste und damit die Lernforschung der Didaktik zu entwickeln hätte. Hierfür Beispiele zu geben, zu sammeln und zu verbreiten, dies wird wesentlich mit über die Qualität einer reformbedürftigen Lehrerbildung entscheiden.

8. Methoden

Eine Lehrerin macht eine Weiterbildung in Methoden. Sie erhofft sich, neue Anregungen zu bekommen, um das Lernen anschaulicher, lebhafter, interessanter, abwechslungsreicher zu machen. Begierig saugt sie Tipps und Tricks auf, die ihr Methodiker anbieten. Aber irgendwie, das bemerkt sie schon nach einem Tag Methodentraining, fehlt bei der Ansammlung vorgeschlagener Methoden, die alle nebeneinander und für sich zu stehen scheinen, ein Rahmen, ein ganzheitlicher Sinn, eine intuitive Perspektive, Gefühle, die ihr signalisieren, wann sie welche Methoden in welchen Variationen einsetzen sollte und ob alle auch irgendwie zusammenwirken können. Gibt es eine solche Intuition, einen Sinn oder einen Stil für die »richtigen« Methoden? Und gibt es verbindende Prinzipien, die die Methoden aus einem bloßen Nebeneinander in ein ganzheitliches Miteinander versetzen können?

In mehreren Schritten will ich auf die Fragen dieser Lehrerin, die exemplarisch für viele Lehrende und auch Lernende stehen, antworten:

1. Unter 🖽 *Methodenlandschaften* werde ich auf der CD/im Internet eine Methodenlandschaft bildlich zeigen und wörtlich beschreiben, die eine Vorstufe, eine bildliche und metaphernartig vorgetragene Anregung ausdrücken soll. Damit will ich Assoziationen und Intuitionen wecken, ein implizites Wissen erinnern, das uns Methoden in einem Kontext zeigt, der ganzheitlichen Sinn in unterschiedlichen Standorten und bei unterschiedlichen Blickwinkeln eröffnet. Hier legen wir uns noch nicht auf einzelne Methoden fest, sondern suchen einen Raum des Methodischen zu erschließen, allgemeine Hinweise und Bedeutungen zu geben. Es geht um ein Einfühlen in das Thema, den Entwurf einer bildlichen Geschichte, die uns eine Ganzheit noch vorstellen lässt, bevor wir in einem nächsten Schritt uns stärker einer rationalen Begründung der methodischen Prinzipien zuwenden werden. Dieser Einstieg mag besonders für didaktische Anfänger interessant sein.
2. Unter Kapitel 8.1 will ich methodische Prinzipien diskutieren. Es geht uns hier wie mit dem »Ich-will« und dem »Ich-soll« aus Kapitel 2.3: Die relative Freiheit des Vorstellens und einer offenen Landschaft der Methoden verwandelt sich dann, wenn wir prinzipiell zu denken beginnen, in ein Gerüst objektivierender Fragen und Regeln, das wir benötigen, wenn unsere Intuitionen nicht hinreichen, einen effektiven lernerorientierten Unterricht kontinuierlich zu gestalten. Haben wir uns später zu sehr in den Prinzipien verrannt, dann lohnt es durchaus, in die Vorstufe des offeneren Schauens zurückzukehren.

3. Schließlich verweise ich unter 8.2 auf die beiliegende CD mit dem 🪟 *Methodenpool*. Im Text zeige ich hier nur die Übersicht des Pools als Schaubild zur Orientierung. Der sehr umfassende Methodenpool steht mit der CD zur Erkundung frei.

8.1 Methodische Prinzipien

In der Didaktik gab es in den letzten Jahrzehnten immer wieder eine Kontroverse um das Verhältnis von Intentionen und Inhalten auf der einen und Unterrichtsmethoden auf der anderen Seite. Die Frage ging darum, inwieweit es einen Primat auf der intentionalen und inhaltlichen Seite geben müsse, wie es die bildungstheoretische Didaktik reklamierte (vgl. z.B. Klafki 1962, 1963, 1985), oder ob nicht eine Gleichwertigkeit beider Perspektiven im Lernprozess beachtet werden sollte, worauf besonders Paul Heimann (1976) hinwies. Die konstruktivistische Didaktik nimmt diese Frage in einem erweiterten Argumentationsspektrum wieder auf. Sie will das zu wenig bearbeitete Problem lösen, wie sich eine fachwissenschaftliche Inhalts- und Methodenkompetenz mit einer didaktisch bezogenen Lernerkompetenz (einschließlich unterrichtsmethodischer Kompetenz) vermitteln lässt.

> Die Bildungstheorie unterschied Didaktik und Methodik, um auf einen Primat der Didaktik aufmerksam zu machen, der einer inhaltlich-intentionalen Reflexion gebühren sollte. Dabei wurde nicht umfassend thematisiert, dass auch die Fachwissenschaften mit unterschiedlichen Methoden ihre Begründungen und Geltungsansprüche (mit teilweise widersprüchlichen Ergebnissen) erstellen. So konnte der Eindruck entstehen, als ob es ein sicheres Wissen mit sicheren Intentionen gäbe, die dann in einer didaktischen Reflexion für Unterricht übersetzt werden könnten. Zwar verbietet der Ansatz ein bloß formales didaktische Kategorialgefüge im Sinne von Rezepten, aber zugleich wird schon von Erich Weniger der Kern der Didaktik auf eine Theorie der Bildungsinhalte und des Lehrplans reduziert. Didaktik erscheint hier als Simulation einer in wesentlichen Hinsichten vorausgesetzten, umfassend zu thematisierenden Bildung. Die noch nicht durch die Postmoderne erschütterte Bildungstheorie versuchte sowohl die Notwendigkeit bestimmter Bildungsinhalte als auch deren Relevanz für Lerner zu begründen. Sekundär erscheint demgegenüber die Methodik, die eher darin besteht, geeignete Aktions- und Sozialformen des Unterrichts zu finden (eine Sicht, die man von der Lerntheorie übernahm), um zu einer effektiven Lehre zu gelangen. Auf Grund dieser Festlegung blieb die Methodik ein ungeliebtes und vernachlässigtes Kind der Bildungstheorie, was zu allerlei Rezeptbüchern aus der Praxis Anlass gab, um dieses Defizit auszugleichen. Zugleich wurde aber in Ansätzen durchaus erkannt, was auch die konstruktivistische Didaktik heute für wesentlich hält: Inwieweit sind in allen fachwissenschaftlichen Inhalten auch Methoden (Methodologien der Forschung, der Begründung und Geltung) enthalten (vgl. Kapitel 4.3), die im didaktischen Verhältnis von Inhalten, Intentionen und Methoden des Lehrens und Lernens beachtet wer-

den müssen? Die Frage kann auch so gestellt werden: Gibt es bei den Lernmethoden bestimmte Bevorzugungen für Methoden, die mit der inhaltlich-intentionalen Seite korrespondieren, oder können alle Lernmethoden unabhängig vom zu vermittelnden Stoff eingesetzt werden?

Auch die Lerntheorie hat diese Frage gesehen, aber keine hinreichende Antwort gegeben. Sie hat vielmehr Lösungen bekräftigt, die bloß noch eklektizistisch Inhalte, Intentionen, Medien und Methoden in der unterrichtlichen Planung und Analyse nebeneinander stellen, ohne der Frage differenziert nachzugehen, ob denn alle Methoden auch bei allen Inhalten und Intentionen geeignet seien. Zwar finden sich bei Paul Heimann Ansätze dazu zu problematisieren, dass eine Unterrichtsmethode den zu repräsentierenden Gegenstand oder Inhalt nicht verzerren oder in ein falsches Licht rücken dürfe, aber systematisch wird dieser Gedanke nicht entfaltet. Dafür hat die Lerntheorie sehr viel stärker als die Bildungstheorie das Lernen der Lerner in den Vordergrund gerückt.

Gegenwärtig gibt es in der Didaktik sehr viele Methodenlehren, die ganze Listen von Methoden anbieten, die für alle Inhalte und Zwecke zu taugen scheinen. Sie umgehen meistens die Frage nach dem Verhältnis von Inhalten und Methoden, indem sie es hier den Lehrenden überlassen, sich eigene Überlegungen zum sinnvollen Einsatz zu machen.[1] Diese Leerstelle will die konstruktivistische Didaktik nicht akzeptieren. Sie sieht die Auswahl von Methoden keineswegs als bloß subjektive Wahl von Lehrenden und damit auch nicht als relativ beliebig an.

Unterrichtsmethoden werden oft als Lehr- oder Lernmethoden unterschieden. Als Lehrmethoden drücken vor allem die klassischen Methoden des ⊞ *Frontalunterrichts* mit eingebundenen ⊞ *Einzel-, Partner- und Gruppenarbeitsverfahren* eine Dominanz des Lehrenden aus, der durch instruktive Interaktionen die Lerner beim Aufbau eines gelenkten Wissens und Verhaltens orientieren will. Im Rahmen konstruktivistischer Forschungen zur Wissens- und Verhaltensaneignung ist zwar nicht der Sinn dieser Unternehmung bestritten worden, wohl aber die Effizienz des Verfahrens. Lernende lassen sich nicht einfach instruieren, sondern müssen eigenständig eine Bereitschaft entwickeln, lernen zu wollen und hierbei eigene Interessen mit einer Auseinandersetzung über Problemstellungen und Lösungsmöglichkeiten verbinden.[2] Für die Lernenden stellen sich so gesehen alle Unterrichtsmethoden als ihre Lernmethoden dar. Deshalb spreche ich nachfolgend immer wieder von Unterrichtsmethoden in einem weiteren Sinne als Lernmethoden. Sie stehen im Zentrum der unterrichtsmethodischen Überlegungen der konstruktivistischen Didaktik. Aus ihrer Perspektive relativieren sich Annahmen über Lehrmethoden, wie die methodische Reflexion weiter unten noch zeigen soll.

---

1 Vgl. als Methodenlehren insbesondere Klippert (1996 a, b, 1998, 1999), Meyer (1994), Bönsch (1995) Peterßen (1999), Gugel (1997, 1998), Terhart (1997).
2 Vgl. dazu auf deutsch z.B. Reinmann-Rothmeier/Mandl (1996), Mandl/Gerstenmeier (2000), Mandl/Reinmann-Rothmeier (1995).

	Lernmethodische Perspektive	Didaktisches Handlungsziel
1. Prinzip der Methodenkompetenz	Konstruktives Lernen inhalts- und beziehungsbezogen in handlungsorientierter, partizipativer und viabler Weise für Lerner und mit Lernern entwickeln	Kompetent (bei Inhalten, Beziehungen) passende Lernmethoden auswählen
2. Prinzip der Methodenvielfalt	Methodenmonismus vermeiden und vielfältige Beobachter-, Teilnehmer- und Handlungsvollzüge erschließen	Lernmethoden in ihrer Vielfalt einsetzen
3. Prinzip der Methodeninterdependenz	Methoden in wechselseitiger Bereicherung einsetzen und nach situativen Erfordernissen variieren, mischen und kontrastieren	Situativ Lernmethoden kombinieren

Schaubild 20: Methodische Prinzipien

Wenn ich von Methoden spreche, dann ist eine Unterscheidung wesentlich: Es gibt Methoden in der Wissenschaft, hier spricht man auch im umfassenderen Sinne von Methodologien, und Methoden des Lehrens und Lernens (darunter auch Unterrichtsmethoden im engeren Sinne). Beide Ebenen sind wohl zu unterscheiden. Die Methoden in der Wissenschaft haben zunächst nichts mit Unterrichtsmethoden gemein, sondern dienen der Begründung wissenschaftlicher Verfahren, mit denen eine Geltung wissenschaftlicher Aussagen angestrebt wird (vgl. dazu Kapitel 4.3). Methoden des Lehrens und Lernens sollen Inhalte und Beziehungen *zunächst* für unterschiedliche Lerner überwiegend aneignen lassen, sie dienen also dazu, z.B. von der Wissenschaft erarbeitete Begründungen und Geltungen nachvollziehen und erinnern zu können. Aber diese Beschreibung ist zu rekonstruktiv. Auf einen zweiten Blick haben die Methoden der Wissenschaft nämlich durchaus mit den Methoden des Lehrens und Lernens zu tun. Auch Wissenschaftler müssen lernen, viable Wege der Begründung ihrer Aussagen zu finden, wenn sie Geltung beanspruchen. Insoweit ist gerade wissenschaftliche Forschung eine spezialisierte Form des Lernens, eines forschenden Lernens. Und eine solche forschende Einstellung ist ein wichtiges Ziel konstruktivistisch eingesetzter Lernmethoden. Es gibt aber auch weitere Ziele, denn im Lernen kommt es heute nicht nur auf die Wissenschaften, sondern auf die Lebenswelt insgesamt an. Und in dieser verstärkt sich diese konstruktive Seite des Lernens: Wir müssen mehr und mehr lernen, uns bisheriges Gelerntes auf neue Erscheinungen und Ereignisse zu beziehen, um uns zu orientieren, uns weiterzuentwickeln, neue Lösungen zu finden. Ohne eine konstruktive (explorative, forschende, transformierende, modifizierende, kreative) Sicht der Ereignisse, die eine Vielfalt möglicher Methoden der Beobachtung, Teilnahme und Handlung uns eröffnet, werden unsere Chancen der Partizipation an der Lebenswelt deutlich geringer.

Es erscheint aus dieser Sicht als unzureichend, Methoden relativ willkürlich aus dem großen Methodenpool auszuwählen und hierbei ohne leitende Prinzipien vorzugehen. Für die Viabilität eines lernerzentrierten Methodeneinsatzes in der Gegenwart scheinen mir vielmehr drei wesentliche Prinzipien als begründungsleitende Perspektiven eingesetzt werden zu müssen, um zu einer hinlänglich reflektierten Methodenwahl zu kommen. Diese drei Prinzipien will ich zunächst in einer Übersicht im *Schaubild 20* darstellen und sie dann einzeln erläutern.

Zur besseren Übersicht werden die Prinzipien nachfolgend in Grundfragen zusammengefasst und in Leitfragen unterteilt. Eine Übersicht soll helfen, die Darstellung zu überblicken. Nach der Übersicht folgen Erläuterungen und Beispiele.

1) Prinzip der Methodenkompetenz

Die Grundfrage lautet hier: Welche Lernmethode passt für welche Inhalte und Beziehungen? Diese Grundfrage lässt sich in drei wichtige Leitfragen aufteilen (vgl. *Schaubild 21*, S. 270):

1. Lässt sich durch die wissenschaftliche Rekonstruktion des Inhaltes und der Beziehungen etwas für eine geeignete erfahrungs- und handlungsbezogene Wahl der Lernmethode aussagen?
2. Bietet die gewählte Lernmethode einen adäquaten Zugang zum Inhalt/den Beziehungen?
3. Lässt sich die Lernmethode systemisch-beziehungsorientiert erweitern, um die Kompetenz im Umgang mit dem Inhalt zu steigern?

Die erste Leitfrage zielt vor allem darauf, den Erfahrungs- und Handlungsbezug zwischen dem, was ein Lerner als seine (an die übrige Welt anschlussfähige) Konstruktion von Wirklichkeit erfährt, und dem, was das Lernen im Sinne eines Kulturbezuges, einer Bildung, eines Wissen- und Verhaltenaufbaus bewirken soll, zu problematisieren. Dies erscheint mir als eine wichtige Einstiegsfrage in die Methodenwahl: An welche Erfahrungen können wir anknüpfen, welche müssen und können hergestellt werden, welche sind imaginär oder symbolisch zumindest visionär zu erfassen oder darzustellen? (Vgl. dazu ausführlich Kapitel 5.2)

Hier ist im Sinne der Realbegegnungen zu unterscheiden, was die Wahl der Lernmethode im Blick auf die Ebene des gewünschten *experience* bedeutet: Auf der Stufe der Realbegegnungen (*sinnlichen Gewissheit*) kommt es darauf an, Lernmethoden zu wählen, die konkrete, situative, eine Erweiterung der Beobachterperspektiven ermöglichende, experimentelle Wege und Prozeduren fördern, die entweder die Rekonstruktion des zu vermittelnden Inhaltes/der Beziehungen möglichst direkt oder eindeutig nachvollziehen lassen oder die aus motivationalen Gründen zur Hinführung in ein Thema geeignet sein können (= Erwerb vor allem forschender, explorativer Methodenkompetenz, forschender Sozialkompetenz, Erfahrungsdaten zur Fachkompetenz).

Auf der Stufe der Repräsentationen (*Konventionen und geregelten Dialoge*) ist es wichtig, Lernmethoden zu wählen, die die Konventionen nicht einfach nachahmend vermitteln (dazu dienen alle klassischen Unterrichtsmethoden), sondern den Lernern

Methodisches Prinzip	Leitfragen	Didaktische Konkretisierung
Prinzip der Methodenkompetenz	Wird eine geeignete erfahrungs- und handlungsbezogene Lernmethode gewählt?	Eine Realbegegnung und ein Handlungsbezug sollten frei von naiven Abbildern hergestellt werden
		Eine Repräsentation als konventioneller Erfahrungs- und Handlungsbezug sollte als eingeschränkte Perspektive erkannt und ggf. thematisiert werden
		Ein reflexiver Erfahrungs- und Handlungsbezug ist das langfristige Ziel konstruktivistischer Didaktik
	Gibt es einen adäquaten methodischen Zugang zu Inhalten/ Beziehungen?	Die Methode muss die Inhalte und Beziehungen anschlussfähig und anschaulich an die Lerner vermitteln
		Sie muss möglichst ein multiperspektivisches, multimodales und multiproduktives Lernen entsprechend der Inhalte/Beziehungen ermöglichen
		Die Methode muss zu den Inhalten und Beziehungen passen und für die geplante Handlungsebene angemessen sein
	Wird die Kompetenz systemisch erweitert?	Eine Orientierung an bisherigen Beziehungserfahrungen nutzt die Ressourcen der Lerner
		Die Erweiterung des Beziehungshorizontes mittels des Wechsels von Selbst- und Fremdbeobachterperspektiven hilft, das kommunikative Verhalten zu verbessern
		Der Einsatz beziehungsfördernder Methoden hilft, die Beziehungsfähigkeit in der Sozialkompetenz, Teamarbeit und interkultureller Einstellung zu verbessern

Schaubild 21: Das Prinzip der Methodenkompetenz

dabei auch Gelegenheit und Raum lassen, sich den Sinn und die Verwendbarkeit der Konventionen zu vergegenwärtigen; für diese Stufe sind auch sehr offene Lernermethoden zu wählen, wenn ein konventioneller Stoff motivational anregend vermittelt werden soll.

Die Stufe der Reflexionen (*Diskurse und offenen Dialoge*) bietet vom Einsatz der Lernermethoden einen großen Freiraum, weil und insofern hier alle Methoden stets auch auf ihren viablen Einsatz hin reflektiert werden können (= Erwerb einer umfassenden Methoden- und Sozialkompetenz und einer differenzierten Fachkompetenz).

Die Methodenkompetenz im Lehren und Lernen wird gefördert, je mehr die Stufe der Konventionen und geregelten Dialoge überschritten und in Richtung auf sinnliche oder reflexive Erfahrungen hin ausgeweitet werden kann. In der Didaktik entsteht eine Enge der lernermethodischen Kompetenz oft allzu stark durch eine Favorisierung der konventionellen Ebene. Dies führt dann auch im Blick auf Inhalte und Beziehungen des Unterrichts zu oberflächlichen Vermittlungen, mangelnden Erfahrungen, Uneinsichtigkeit von Verwendbarkeit und eingeschränkter Viabilität.

Auf der Basis einer Reflexion dieser drei Ebenen lässt sich die erste Leitfrage eingrenzen und genauer im Blick auf die Inhalte und Beziehungen im Lehren und Lernen bestimmen. Mit der Frage verbunden ist die Entscheidung, inwieweit alle drei didaktischen Handlungsebenen angesprochen werden können, was vom Alter der Lerner, der Tiefe des Lernanspruches, der Ermöglichung eines umfassend erlebten oder eines minimalistischen – eher konventionellen – Erfahrungsbezuges abhängt. Diese Fragen zu reflektieren und sich in der Auswahl zu entscheiden, scheint mir – unter Voraussetzung einer hohen Fachkompetenz des Lehrenden – zu Beginn einer Unterrichtsplanung entschieden effektiver, als sich in langatmigen Sachanalysen bestimmter Fachinhalte zu verlieren, die ohne Bezug zur Lernergruppe bleiben. Sachanalysen in der Lehrerausbildung zeigen sich zu oft als Abschreibeübungen, die unnötig sind, weil der Lehrende in der Methodenreflexion und im Prozess seine fachliche Kompetenz ohnehin dokumentiert. Damit ergeben sich folgende Kriterien zur didaktischen Konkretisierung:

- *Realbegegnung* (*sinnliche Gewissheit*): Bei lehrer- wie lernerzentrierten Methoden ist zu problematisieren, ob und inwieweit es hinreichend Realbegegnungen im Unterricht gibt. Solche Erfahrungen bieten zahlreiche Chancen, dass die Lerner eigene explorative, forschende und untersuchende Methoden einsetzen können, um einen Lerngegenstand unmittelbar, direkt, konkret und auch sinnlich zu erfahren und zu erfassen, zu berühren und zu begreifen. Hierdurch können vor allem eigene Beobachtungen gemacht werden, die für das Lernen eine hilfreiche Bezugsquelle darstellen. Allerdings sind vereinfachende Abbilder zu vermeiden. Aus Realbegegnungen lassen sich nicht einfache und eindeutige Wahrheiten eines Gegenstandes, Ereignisses, Sachverhaltes ableiten. Gegen Vereinfachungen sind Didaktiker gefragt, die naive Abbildschemata aufbrechen und durch adäquatere (komplexere und kontextbezogene) Darstellungen ersetzen, die dabei sinnliche Erfahrungen und unterschiedliche Beobachtereindrücke bei den Lernern fördern und möglichst umfassend, aber eben auch begrenzt als Einstieg gestalten (= Kriterium des umfassenden Erfahrungsbezuges).
- *Repräsentationen* (*Konventionen*): Repräsentationen und dabei Konventionen müssen anschaulich vermittelt werden und dürfen die Lerngegenstände nicht zu sehr vereinfachen, so dass das Thema zu oberflächlich vermittelt wird. Insbesondere Lernmethoden, die das Konventionelle unkritisch übernehmen lassen, können dann das Desinteresse am bereits methodisch langweiligen Stoff erhöhen. Wenn Einigungen auf Konventionen notwendig sind, dann ist es besonders angebracht, diese nicht als Selbstverständlichkeit zu nehmen, sondern auch lernmethodisch angemessen zu erarbeiten, warum *diese* Konventionen so passend, nützlich, erfolgreich sind oder sein sollen. Didaktiker sollten die eingeschränkte Perspektive für

sich erkennen und nach Möglichkeit – abhängig von der Anschlussfähigkeit an die Lerner – kritisch thematisieren (= Kriterium der anschaulichen und begrenzten Vermittlung von Repräsentationen).
- *Reflexionen (Diskurse):* Sie helfen, die Adäquatheit und den gewählten Erfahrungsbezug selbst zum Thema zu machen. Deshalb sind sie besonders geeignet, die Methodenkompetenz sowohl in fachlicher und sozialer als auch in lernmethodischer Hinsicht zu fördern. Sie sind die didaktische Handlungsebene, die eine konstruktivistische Didaktik *nach Möglichkeit* ansprechen oder erreichen will. Auch in unteren Lernstufen ist dies auf elementarer, an die Lernvoraussetzungen abgestimmter Form möglich, insofern die Lerner sich mit den Begründungen der Inhalte und Beziehungen im Blick auf die Geltung, die sie für den Beobachter, Teilnehmer und Akteur einnehmen sollen, auseinander setzen (= Kriterium des reflexiven Erfahrungsbezuges).

Beispiel Inhaltsbezug: Insbesondere Schulbücher sind kritisch zu hinterfragen, wenn sie einen abbildenden Stil bevorzugen und in die Aussageform »ist so«, »zeigt sich als«, »muss verstanden werden als« bringen. Bessere Schulbücher gelangen zur Thematisierung der konventionellen Stufe, wenn sie unter Angabe kurzer Begründungen die Aussagesätze in Relation zu üblichen oder historisch erklärbaren Konventionen führen, die gelernt werden sollen. Sie müssten hierfür aber zumindest kurze Begründungen durch Verweis auf Quellen, Autoren und deren Interessen, historisch-kulturell bedingte Interpretationsweisen geben. Aber erst ein reflexives und möglichst diskursives Verständnis kann erkennen, dass die konventionellen Vereinbarungen immer durch Auslassungen, durch Einengungen, auch durch Interessen und Macht gewonnen werden. Dies ist weniger die Angelegenheit von Schulbüchern, die ein genormtes Zulassungsverfahren durchlaufen. Hier sind die Didaktiker in der Regel aufgefordert, sich ein eigenes Lernmaterial zu erschaffen, was ohnehin das Lernen zu einer größeren Breite und Tiefe – bei Lehrenden und Lernenden auch zu einer forschenden Einstellung – bringen kann.

Beispiel Beziehungsbezug: Will man z.B. mit Lernern Wege der Konfliktbewältigung in der Lerngruppe erarbeiten, dann müssen alle drei didaktischen Handlungsebenen angesprochen werden: In Rollenspielen und reflektierten Beobachtungsaufgaben ist die sinnliche Erfahrungsebene einzubeziehen, weil diese bei Konflikten stets betroffen ist; die konventionelle Ebene eines gemeinsam organisierten Regelverhaltens ist entscheidend, um Konfliktlösungen in einer Gruppe auf Zeit zu realisieren; die reflexive/diskursive Ebene ist wesentlich, um eine Metareflexion von Konflikten und kognitive wie kommunikative Strategien der Konfliktbewältigung zu erarbeiten.[1] Hier muss die Methode zu den Beziehungen und Möglichkeiten einer gemeinsamen Beziehungsarbeit passen. Insbesondere muss sich der Lehrende eine solche Beziehungsarbeit auch zutrauen. Nacherleben als An-

---

1 Vgl. hierzu einführend z.B. Reich (2005, Kapitel 2); ferner z.B. Watzlawick (1985, 1988); Schulz von Thun (1988).

schluss an eigene Erfahrungen ist hier wesentlich und kann nicht mit rein kognitiven Lernmethoden erzielt werden. Irrelevant wären z.B. Methoden, die bloß textlich oder distanzierend mit dem Thema umgehen würden. Es wäre auch ein zu großer Umweg, wenn solche Konflikte allein am Beispiel von Literatur oder Außenbeobachtungen gemacht werden, wenn also der eigene Grad der Betroffenheit in der Lerngruppe ausgeklammert bliebe (nach dem Motto: »Konflikte haben nur die anderen«).

Die zweite Leitfrage ist nicht leicht zu beantworten. Zwar kann man z.B. sagen, dass das Erlernen von Operationen mit Zahlen mindestens methodisch auch mit Zahlen operieren sollte (= die Methode muss zum Inhalt passen), aber es kann durchaus sinnvoll sein, dass an die Seite/an die Stelle klassischer *Frontalmethoden*, in denen vorwiegend solche Operationen direkt vor- und nachgemacht oder fragend-entwickelnd erarbeitet werden, andere methodische Aspekte wie selbstorganisiertes Lernen, Projekte, Freiarbeiten, Rollenspiele, vielleicht sogar Fantasiereisen oder Rätsel und vieles andere mehr treten (siehe alles *Methodenpool*). Solche Operationen lassen sich in unterschiedlichen Kontexten mit unterschiedlichen Graden selbstständiger Tätigkeiten der Lerner durchführen. Alle Lernmethoden können zu fast allen Inhalten und Beziehungen etwas im Sinne von Beobachtungsmöglichkeiten, Teilnahmeverständnis und Handlungen beitragen. Dabei ist allerdings immer auf die Anschlussfähigkeiten an die Vorkenntnisse und das Verhalten der Lerner zu achten, um eine angemessene Auswahl zu treffen. Drei Gesichtspunkte sind für die Bestimmung der Angemessenheit besonders wichtig:

Zuerst geht es darum, die Anschlussfähigkeit der Lerner an den neu zu vermittelnden Inhalt oder die zu bildenden Verhaltensweisen in Beziehungen zu sichern. Hier muss festgestellt werden, welche Fachkompetenz bereits vorhanden ist.

Aus Kapitel 6 (siehe zusammenfassend die Checkliste auf S. 236f.) und 7 (siehe insbesondere 7.3) ist deutlich geworden, dass bei der Auswahl von Methoden zudem für das Lernen zu berücksichtigen ist, inwieweit für die Inhalte und Beziehungen ein möglichst weit reichendes multiperspektivisches, multimodales und multiproduktives Lernen entsprechend den Lernerinteressen ermöglicht werden kann. Hier gehört es zur Methodenkompetenz, in jedem Fall zu prüfen, inwieweit ein »Wachstum« im Lernen erreicht werden kann: Welche Methoden sind im Blick auf Inhalte und Beziehungen besonders geeignet, einen Zuwachs an Perspektiven, an möglichen Wegen des Lernens und an Ergebnissen in jeder einzelnen Lehr- und Lernsequenz zu erreichen? Dies erscheint als eine zentrale Grundfrage, die bei keiner Methodenauswahl übersehen werden sollte.

Hinzu kommen sollte schließlich auch die Frage, welche Methoden bezüglich der Inhalte und Beziehungen im Blick auf eine Eignung und einen Zuwachs an Lernmöglichkeiten günstig sind. Hier ist die Adäquatheit der Vermittlung von Inhalten/Beziehungen und Lernmethode zu problematisieren. Bei dieser Reflexion ist zu beachten, dass – je nach dem, was vermittelt werden soll – einzelne Methoden unerwünschte Nebenwirkungen haben: Sie kosten z.B. zu viel Zeit, erscheinen im Blick auf den Stoff als unrealistisch, verführen zu einem zu oberflächlichen Eindruck. Die Nebenwirkung kann sogar zur Gegenwirkung werden, wenn die eingesetzten Methoden in Widerspruch zur Rekonstruktion der Inhalte und Beziehungen geraten. Dies ist dann der Fall, wenn z.B. in einem literaturwissenschaftlichen Themenbereich keine Literatur gelesen und nach rekonstruktiven Methoden dieser Wissenschaft analysiert wird, wenn im Physikunterricht nur mit einem Buch und ohne Experimente gearbeitet wird, wenn kommunikatives Verhalten nur besprochen, aber nicht in Rollenspielsituationen simuliert wird. Jedes Fach und jedes Thema trägt einen rekonstruktiven Teil, der Mindestbedingungen seiner Darstellung beinhaltet, die darin wurzeln, dass man ohne dieses Minimum nur ein verfälschtes oder viel zu oberflächliches Bild gewinnen würde.[1] Irrelevante Themen und Methoden (auch wenn sie vielleicht Lieblingsmethoden des Lehrenden sein mögen) sind hingegen zu vermeiden.

Nehmen wir diese drei Aspekte, dann ist es bei der Methodenwahl erforderlich, darüber nachzudenken, inwieweit die Rekonstruktion der Inhalte und Beziehungen, die didaktisch bearbeitet werden sollen,

- bestimmte Lernmethoden unbedingt erforderlich machen, weil die Lernenden in ihrem Kontext Möglichkeiten haben, die Inhalte und Beziehungen nachzuerleben, nachzuentdecken, neu zu überdenken oder nachzuerfinden; eine angemessene Lernmethode setzt hierbei an den Vorkenntnissen, Vorerfahrungen und Voreinstellungen der Lerner an, um die Anschlussfähigkeit zwischen bereits Gelerntem und neu zu Lernendem zu sichern (= Kriterium der Anschlussfähigkeit an die Vorkenntnisse der Lerner);
- bestimmte Lernmethoden besonders geeignet erscheinen lassen, die Themen und Beziehungen erweiternd zu bearbeiten, um ein Lernwachstum im Blick auf neue Perspektiven, Wege und Ergebnisse zu erzielen (= Kriterium des Lernzuwachses durch Multiperspektivität, Multimodalität und Multiproduktivität);
- bestimmte Lernmethoden zu bevorzugen, um wesentliche Aspekte des Themas, des Sinns, der Intentionen, der Begründung und Geltung der Lerngegenstände hinlänglich zu erfassen; eine solche Erfassung entsteht besonders dann, wenn die (wissenschaftlichen, ästhetischen oder sonstigen) Methoden der Rekonstruktion bestimmter Inhalte oder Beziehungen zugleich mit der Qualität der Lernmethoden korrespondieren; solche Korrespondenz zwingt dazu, nach passenden Modellen der Übereinstimmung von Lernmethoden und z.B. wissenschaftlichen Methoden oder anderen Praktiken, Routinen und Institutionen in der Lebenswelt zu suchen, damit die Darstellung im Lernprozess nicht zu sehr vereinfacht und dadurch entstellt wird (= Kriterium der Passung von wissenschaftlichen und anderen Methoden und Lernmethoden und Vermeidung von Irrelevanz).

---

1 Leider ist bis heute zu bemerken, dass auch im Fachstudium nicht immer hinreichend auf die diskursive Vielfalt eingegangen wird, sondern ein *mainstream* in der Vermittlung im Vordergrund steht. Dabei ist es für ein wissenschaftliches Studium wesentlich, Kontroversen zu erkennen, zu führen, eine eigene forschende Einstellung hierzu zu gewinnen, um später in der Didaktik überhaupt Mindestbedingungen für sich formulieren zu können.

Beispiel: Thema sind die Mondphasen. Der Lehrer hält einen Vortrag, in dem er vor einer Lampe, die die Sonne symbolisieren soll, mittels zweier runder Pappscheiben die Erde und den Mond kreisen lässt, um so den Mondschatten zu zeigen. Die Lerner äußern Hypothesen, die der Lehrer dann zusammenfasst, um nach mehreren Fragephasen seine richtige Lösung an die Tafel zu schreiben.

In diesem Beispiel werden zwei Fehler gemacht:[1] Zunächst stimmt das repräsentierende Medium der Pappscheibe nicht hinlänglich mit den zu symbolisierenden runden Körpern überein. Es erzeugt ein zweidimensionales Bild, wobei es durch die Benutzung von Kugeln leicht wäre, hier eine genauere Analogie zu finden. Die gewählte Lernmethode des Frontalunterrichts und einer fragend-entwickelnden Methode ist ebenfalls unbefriedigend, weil so zu wenig das eigene explorative Vermögen der Lerner gefördert wird. Die Mondphasen können durch ein entsprechendes experimentelles Setting mittels Lampen und Kugeln von den Lernern eigenständig erforscht und erfahren werden (= sinnliche Ebene), um dann in logischen Schlüssen zu einem Ergebnis gebracht zu werden (= konventionelle Ebene). So werden Voraussetzungen für ein diskursives Vorgehen geschaffen (= Vorbereitung der diskursiven Ebene durch Erlernen eines Begründungskontextes).

Zur Adäquatheit des Zugangs zu Inhalten/Beziehungen lassen sich wichtige Fragen stellen: Gelingt es, geeignete, nicht zu stark vereinfachende Modelle (Symbole, Analogien, Metaphern, Repräsentationen) für die Inhalte und Beziehungen zu finden (= im Kriterium der Passung ist dies die adäquate Modellbildung)? Lassen sich die gewählten Lernmethoden konstruktiv auf die wissenschaftlichen Methoden, lebensweltlichen Praktiken oder ästhetische Stile beziehen, in denen die Inhalte und Beziehungen stehen? Sind die eingesetzten Lernmethoden im Blick auf die Inhalte und Beziehungen relevant?

Die Beantwortung der zweiten Leitfrage zur Methodenkompetenz lässt eine große Freiheit bei der Wahl der Lernmethoden. Dies ist bewusst so gewollt, denn die Lernmethoden sind besonders dann wirksam, wenn sie Überraschungseffekte, Aha-Erlebnisse, Staunen oder teilweise auch ein Erschrecken aus Unkenntnis hervorrufen können. Deshalb sind die Kriterien der Passung und Anschlussfähigkeit, des Zuwachses an Lernmöglichkeiten und der Verhinderung von Irrelevanz nicht starr zu verstehen, sondern Orientierungsgrößen, die zu einer Reflexion der Didaktiker anregen sollen. Mitunter werden neue, ungewöhnliche Wege im Lernen helfen, auch diese Kriterien anders als erwartet zu deuten. Diese Anregung dient zudem dazu, sich noch einmal mit der methodischen Rekonstruktion des Themas zu befassen, die vorausgesetzt ist und die begründet und zugleich hinterfragt werden sollte. Hat man sich in der Wahl der Lernmethode geirrt, so kann dies zu einem Anlass werden, mit der Lerngruppe zu thematisieren, warum es so gekommen ist. So können Lehrende und Lernende ihr Verständnis über Lernvorgänge und Methodeneinsatz verfeinern (siehe dazu die *Methodenlandschaft:* z.B. Wald der Wagnisse, Gebirge des Ungewissen, Klippen des Scheiterns, die an den konstruktiven Wegen uns begegnen).

---

1   Auf den ersten Fehler wies bei diesem Beispiel schon Paul Heimann (1976) hin.

So kann es geschehen, dass Lehrende und Lernende als Didaktiker sich für eine handlungsorientierende Methode entschieden haben, mit der die Lerner eigenständig Quellen zu einem Thema recherchieren sollen. Dabei kann sich im forschenden Lernen die vom Lehrer ursprünglich erarbeitete Sachanalyse völlig verschieben, weil nunmehr anderes, in Sicht auf die Lerner aber relevantes Material gefunden und besprochen werden kann. Dies kann auch bei Themen geschehen, die der Lehrer – in seinem Verständnis – vorher eigentlich für eindeutig und geklärt gehalten hatte.

Die dritte Leitfrage zielt auf die systemische Kompetenzerweiterung in der Kommunikation durch Lernmethoden, die dadurch erreicht werden kann, dass Themen nicht nur inhaltlich, sondern auch beziehungsmäßig in ihrer Relevanz beachtet und entfaltet werden. Bei der Wahl der Lernmethoden spielen die Beziehungen des Lehrenden zu den Lernenden und umgekehrt als auch der Lernenden untereinander eine ausschlaggebende Rolle. Im Inhaltslernen ist das Beziehungslernen stets angesprochen. Aber auch in Beziehungen erscheinen umgekehrt betrachtet immer wieder Inhalte. Daher ist auch bei der Wahl der Lernmethoden zu fragen, ob

- die Lernmethode hinreichend an der Methoden- und Sozialkompetenz, den bestehenden Beziehungen der Lerner (Selbst- und Fremd-Zuschreibungen, Gruppen-, Teamerfahrungen) ansetzt, um diese zu nutzen und weiterzuentwickeln (= Orientierung an methodischen Ressourcen der Lerner);
- die eingesetzte Lernmethode hinreichend systemisch auf kommunikative Beziehungen der Lerner (das sind z.B. intersubjektive Einstellungen, Erwartungen, Konflikte, Ressourcen, Lösungen) eingeht und diese durch Wahrnehmung von gezielten Selbst- und Fremdbeobachtungen und dabei erforderlichen Rollenwechseln erweitern kann (= Erweiterung kommunikativer Kompetenzen);
- die Lernmethode beziehungsfördernd sein und damit motivationssteigernd wirken kann, ob sie die Sozialkompetenz und hierbei insbesondere die Teamfähigkeit unterstützt, die gegenseitige Rücksichtsnahme insbesondere auch unter Einschluss eines interkulturellen Dialogs und Verständnisses fordert und fördert (= Erweiterung der Beziehungsfähigkeit).

Beispiel: Eine Lerngruppe begrüßt den Frontalunterricht mit großem lehrerzentrierten Anteil, weil sie so eher passiv den Unterricht verfolgen kann und keine großen Anstrengungen verspürt. Man arrangiert sich mit der Lehrkraft, bei Klausuren ein Minimum von Reproduktion zu leisten, das für kurze Zeit auswendig gelernt wird, um den Schein einer Leistung zu wahren. Es gibt keine nach außen sichtbaren Konflikte. Und dennoch kann bei einer solchen Lernhaltung von einer systematischen beziehungsmäßigen (und dann auch fachlichen) Kompetenzvernichtung gesprochen werden. Die Ressourcen der Lerner werden nicht genutzt, sie werden weder gefordert noch gefördert. Im kommunikativen Verhalten wird nur das Modell eines gleichgültigen Umgangs miteinander gelernt, wo sich keiner wehtun soll. Konflikte werden verschwiegen, tabuisiert, nicht ausgetragen. Der kurzfristige, scheinbare Beziehungsfrieden wird mit langfristigem Desinteresse und einer Beziehungsgleichgültigkeit auf beiden Seiten erkauft, die den Beziehungen antreibende Energien, kreative Momente und Wertschätzung entzieht. Ein konstruktivistischer Unterricht setzt auf das genaue Gegenteil: lernerzentrierte Methoden, die Passivität gar nicht erst aufkommen lassen; Partizipation der Lerner bei der Themen- und Methodenwahl; Vorrang der Beziehungsseite, um nicht nur Konflikte zu bewältigen, sondern durchgehend die kommunikative Kompetenz im Umgang miteinander zu fördern; in jedem Fall aber: Kampf gegen jegliche Gleichgültigkeitspädagogik, die kein anstrebenswertes Ziel und keinen hinreichenden Sinn mehr sieht.

2) Prinzip der Methodenvielfalt

Die Grundfrage lautet hier, inwieweit sich Lernmethoden in ihrer Vielfalt einsetzen lassen, so dass Lerner unterschiedliche Zugänge, erweiternde Perspektiven, vielfältige Strategien gegenüber den Inhalten und Beziehungen erwerben können. Auch hier sollen drei Leitfragen aufgestellt werden:

1. Ermöglichen die eingesetzten Lernmethoden eine hinreichend breite Methodenvielfalt, um Probleme aus unterschiedlichen Erarbeitungs- und Lernperspektiven zu beschreiben und Lösungen zu erschließen?
2. Ist eine Vertiefung und Bereicherung der Problemanalysen und Lösungsmöglichkeiten durch eine Mischung, Variation oder Kontrastierung der eingesetzten Methoden zu erreichen?
3. Werden die systemischen Methoden als zusätzliche Steigerung der Problem- und Lösungskompetenz genutzt?

Die erste Leitfrage zielt auf die Breite der Methoden. Das Prinzip der Methodenvielfalt geht davon aus, dass jedes inhaltliche oder beziehungsorientierte Lernen immer mit bestimmten Methoden des Lernens verbunden ist. Je vielfältiger diese Methoden sind, desto größere Beobachterbereiche können sich erschließen. Dies kann auf die Teilnahme erweiternd wirken und wird die Handlungsmöglichkeiten vor allem durch Einsatz handlungsorientierter Methoden steigern. Insoweit ist Methodenvielfalt im Sinne der konstruktivistischen Didaktik kein buntes Nebeneinander unterschiedlicher Lehr- und Lernmethoden, die unvermittelt für sich stehen, sondern erfordert die Reflexion aller Beteiligten über einen sinnvollen Einsatz und eine breite praktische Durchführung auch und gerade *für längere Zeiträume*. Das methodische Prinzip der Methodenvielfalt deckt sich daher in Teilen mit dem folgenden Prinzip der Methodeninterdependenz, das insbesondere auf die wechselseitige Verbundenheit unterschiedlicher Methoden im Zusammenwirken des Lernens aufmerksam machen will.

Je mehr dem Prinzip der Methodenvielfalt entsprochen werden kann, desto bessere Lernleistungen sind zu erwarten. Dies ist eine Erfahrung, die viele Didaktiker machen und die auch nicht im Widerspruch zu dem Umstand steht, dass einzelne Lerner mit unterschiedlichen Methoden besonders erfolgreich lernen können. Dazu müssen sie erst einmal die unterschiedlichen Methoden und die für sie passenden kennen lernen. Dies kann nicht in jeder Lerneinheit gleichermaßen geschehen, aber der Didaktiker (Lehrende wie Lernende gleichermaßen) muss sich über längere Lernzeiten hinweg

Methodisches Prinzip	Leitfragen	Didaktische Konkretisierung
Prinzip der Methodenvielfalt	Wird eine breite Methodenvielfalt angeboten?	Realbegegnungen bieten die Möglichkeit einer größeren Erfahrungsnähe für die Lerner und sollten (wenn möglich) oft ermöglicht werden. Eine reflexive didaktische Handlungsebene lässt meist mehr Spielraum für Methodenvielfalt als ein repräsentatives und überwiegend konventionell-reproduktives Lernen
		Zur Verhinderung einer oberflächlichen, gelangweilten Sicht ist der Einsatz möglichst vieler lernerzentrierter Methoden auch beim Erwerb von Basiswissen und Regeln hilfreich
		Der Einsatz neuer, noch nicht bekannter Lernmethoden soll den Aufbau eines breiten Methodenbewusstseins sichern, und methodische Partizipation soll helfen, die Lerner bei der Methodenwahl aktiv zu beteiligen und forschendes Lernen zu fördern
	Gibt es Vertiefungen durch methodische Mischungen, Variationen, Kontraste?	Methoden und Techniken sollen nach situativen Erfordernissen kreativ gemischt werden, um eigene methodische Stile für verschiedene Lernergruppen zu prägen
		Methodische Variation soll Schematismus vermeiden und die Möglichkeit unterschiedlicher Lernwege erschließen helfen
		Methoden können durch Kontrastierung bisher vertraute Inhalte/Beziehungen verunsichern, neue Sichtweisen und Erkenntnisse ermöglichen
	Bereichern systemische Methoden die Methodenvielfalt?	Systemische Methoden können durch Aufzeigen von Beziehungsaspekten bei Inhalten und Inhaltsaspekten bei Beziehungen den Horizont erweitern und die aktuelle Situation der Lerner berücksichtigen helfen
		Systemische Methoden können insbesondere hilfreich sein, um den Selbstwert der Lerner in den Blick zu nehmen und zu erhöhen
		Systemische Methoden können zu einer Verbesserung der Beziehungen beitragen

Schaubild 22: Das Prinzip der Methodenvielfalt

darüber Rechenschaft geben, was er für die Methodenvielfalt erreicht hat, um ein zu einseitiges Lernen (für zu wenige Lerner!) zu vermeiden. Dies setzt eine forschende Einstellung zu den Lernmethoden voraus: Welche gibt es, welche Vor- und Nachteile haben einzelne Methoden, was kann ich für meine Lerngruppe und mit meiner Lerngruppe aufnehmen oder situativ neu erfinden?

Inhalte und Beziehungen benötigen eine mehrdimensionale, multiperspektivische, multimodale und multiproduktive Herangehensweise, der nur durch eine Vielfalt von Lernmethoden entsprochen werden kann. Die weiter oben gestellten Fragen zur Methodenkompetenz lassen sich nun für die notwendige Mehrzahl von Methoden, die zum Einsatz kommen sollen, konkretisieren:

- Kann methodisch auch die Ebene der Realbegegnungen auf verschiedene Art und Weise angesprochen und erreicht werden, um den Lernern eine große Erfahrungsnähe und damit ein unmittelbares, direktes, konkretes und sinnliches persönliches Interesse zu geben? Kann eine Methodenvielfalt insbesondere helfen, konventionell-reproduktives Lernen durch interessante Bearbeitungsformen anzureichern? Wird hinreichend eine diskursive didaktische Handlungsebene erreicht, die dann am leichtesten mit vielfältigen Methoden realisiert und reflektiert werden kann, wenn sie an Erfahrungsmöglichkeiten der Lerner ansetzt? (= Kriterium des vielfältigen Erfahrungsbezuges durch Einsatz mehrerer Methoden)
- Kann die repräsentative und konventionelle Ebene der Bearbeitung durch eine Vielzahl von Methoden zu einer Verhinderung einer oberflächlichen oder gelangweilten Sicht auf die Inhalte/Beziehungen beitragen und gleichzeitig ein notwendiges Basiswissen vermitteln? Wird so eine zusätzliche Motivation geschaffen? Kommen dabei überwiegend lernerzentrierte Methoden zum Einsatz, um die Lerner zu aktivieren? (= Kriterium der Lernerzentrierung insbesondere bei Repräsentationen und Konventionen)
- Wird der Spielraum der reflexiven und diskursiven Ebene durch den Einsatz unterschiedlicher Methoden genutzt und wird die Methodenvielfalt auf dieser Ebene besonders gesteigert? Wird dabei hinreichend berücksichtigt, dass die reflexive Ebene von einer durchgehenden Partizipation der Lerner geprägt sein muss? (= Kriterium des forschenden Lernens mit Methodenvielfalt)

Beispiel: Fächer mit abstrakten Operationen wie die Mathematik weisen oft eine besondere Ferne zu sinnlichen Erfahrungen auf. Dabei ist es für das Lernen besonders erfolgreich, wenn sich greifbare lebenspraktische Zahlenoperationen mit logisch abstrakten verbinden lassen. Allerdings darf der hierdurch erzeugte Kontext nicht aufgesetzt oder logisch unstimmig sein. Mathematiklehrer müssen erst lernen, wie sie ihren Stoff mit alltäglichen Phänomenen verbinden können, was ihnen in der universitären Ausbildung meist verweigert wird. Aber hier ist ein Blick in englischsprachige Mathematikdidaktiken, die dies sehr viel besser leisten, sehr hilfreich. Mitunter ist der mathematische Zusammenhang auch schlecht in eine Praxis oder Sinneserfahrung übersetzbar. Dann ist konventionell zu verfahren. Aber dies bedeutet lernmethodisch, dass nun besondere Aufmerksamkeit auf eine hinlängliche Aktivierung des Lerners und Passung der Lernschritte gerichtet werden muss. Der Didaktiker kann sich nicht damit befriedigen, eine bloß schematische Lösung auswendig lernen zu lassen, sondern muss insbesondere im konventionellen Regellernen auf den Aufbau kognitiver Strategien achten, die allein durch übungsintensive und lernerzentrierte Unterrichtsphasen gewährleistet werden können. Die reflexive Handlungsebene ist dann zu erreichen, wenn die Lerner z.B. eigene Aufgaben für sich oder andere Lerner erstellen, wenn sie nicht nur Wissen reproduzieren, sondern eine Variation dieses Wissens (selbst im konventionellen Rahmen) erzeugen können. Dies ist zumindest der erste Schritt in ein reflexives und ggf. diskursives Verständnis. Und im Blick auf die Lernmethoden müssten sie sich Gedanken machen, wie die von ihnen gestalteten Aufgaben besonders lernerwirksam eingesetzt werden könnten.

Beispiel zur Methodenvielfalt: Der Lehrende ist ein begabter Showmaster und hält so seine Lerner bei guter Laune. Seine Methoden hat er auf seine schauspielerischen Künste abgestellt. Bei der Leistungsbewertung muss er erkennen, dass die Lerner längst nicht so gut lernen, wie er hoffte. So denkt er sich, dass die Lerner heute nicht mehr so gut wie die von früher sind und macht äußere Umstände dafür verantwortlich. Diese Art der Ursachenzuschreibung ist für das Lehrerhandeln durchaus typisch. Die eigene Art des Unterrichtens wird meist nicht als mögliche Ursache für die Leistungen der Lerner gesehen. Bei diesem Unterrichtsstil, der den Lehrer durchaus als beliebten Lehrer zeigen kann, kommt im Blick auf die Lernmethoden hinzu, dass diese nicht hinreichend als vielfältige Wege des Lernens vom Lerner erkannt werden können, weil der Didaktiker nur vortragend und vormachend in seinem Schauspiel kommuniziert und weitere Methoden als sekundäres Beiwerk sieht. Das jedoch schafft kein hinreichendes Methodenbewusstsein. Dieses entsteht erst dann, wenn bei Inhalten und Beziehungen vor, während oder nach einer Lerneinheit gefragt wird: »Welche Bedeutung hat diese Lernmethode für die Lerngruppe und einzelne Lerner gehabt?« Eine solche Frage wird man diesem Lehrer aber kaum stellen können, weil er seine Methode, die *für ihn* erfolgreich ist, für die einzig richtige hält. Bei den Lernmethoden aber kommt es nicht auf den Erfolg der Lehrkraft, sondern nur auf die Erfolge der Lerner an!

Beispiel zur Partizipation: Lernmethoden sollten nicht nur vom Lehrenden vorgegeben werden, sondern möglichst gemeinsam mit den Lernenden erarbeitet werden. Hierzu ist es hilfreich, der Lerngruppe Material über Lernmethoden bereitzustellen, aus dem geeignete Methoden zu Beginn einer Lerneinheit herausgesucht werden können. Nicht nur Inhalte und Beziehungen sind explorativ zu behandeln, sondern auch die Methoden, mit denen wir sie beobachten, in ihnen teilnehmen und agieren. Die Partizipation an der Methodenwahl kann als Chance gesehen werden, einen eigenen Lernstil bewusster auszuprägen.

Die zweite Leitfrage erweitert die erste, indem sie speziell auf die Problem- und Lösungstiefe, die mit Lernmethoden durch situative Mischungen, Variationen oder Kontrastierungen durch Methoden erreicht wird, eingeht. Im Sinne der Methodenkompetenz hatten wir weiter oben nach der Adäquatheit der einzelnen Lernmethode für Inhalte und Beziehungen gefragt. Hier nun fragen wir nach der situativen Angemessenheit. Dies zielt vor allem darauf ab, dass Didaktiker feststellen sollen, inwieweit bisher bekannte Lernmethoden durch die eingesetzten Lernmethoden gemischt, variiert und kontrastiert werden können. Eine solche Erweiterung soll der Vertiefung der inhaltlichen/beziehungsbezogenen Arbeit dienen und kann z.B. folgende Aspekte beinhalten:

- Werden bisher eingesetzte oder ausgewählte Methoden nach situativen Kriterien (Voraussetzungen der Lerner und Lerngruppe, örtlichen Bedingungen und anderes mehr) mit weiteren Methoden oder Techniken gemischt, um einen eigenen methodischen Stil (kurz- oder langfristig), der allein auf diesen Lerner oder diese Lerngruppe passt, zu erfinden? (= Kriterium der Methodenmischung).
- Wird eine bereits bekannte Lernmethode variiert, um Schematismus zu vermeiden, um für unterschiedliche Lerner unterschiedliche Lernwege zu erschließen, um das lernmethodische Vorgehen zu verfeinern? (= Kriterium der methodischen Variation).
- Wird eine kontrastierende Lernmethode benutzt, um gewohnte Wege, vertraute Methoden, erfolgreiche Prozesse zu verlassen, indem das Ungewohnte, das Unvertraute, das noch nicht Erfolgreiche als eine neue, andere, zukunftsweisende Möglichkeit eingeführt wird? (= Kriterium der methodischen Kontrastierung).

Beispiel zur Mischung: Jede Lerngruppe unterliegt bestimmten situativen Bedingungen, Ressourcen und Lösungsmöglichkeiten, auf die nicht alle Methoden gleichermaßen als Standardverfahren passen können. Setzen wir hier den Fall, dass wir eine sehr heterogene Lerngruppe haben, in der 90% der Lerner langsam bis sehr langsam arbeiten und 10% fast immer schon nach der Hälfte der Zeit fertig sind. Die in der Literatur idealtypisch konstruierten Lernmethoden geben auf solche Sonderfälle (und jede Lerngruppe ist ein Sonderfall in der einen oder anderen Weise!) keine Antworten. Die muss der Didaktiker vor Ort für sich konstruieren. Bei einer sehr heterogenen Lerngruppe z.B. müssen Methoden breiter differenziert werden als bei einer eher homogenen. Jetzt sucht der Didaktiker nach Methoden, die einerseits alle Lerner aktivieren, aber die schnelleren länger beschäftigen als die langsamen, oder welche, die die langsamen schneller und die schnellen Lerner langsamer werden lassen. Dies geht nur durch Mischung unterschiedlicher Methoden (um auf ein Lerntempo über längere Strecken des Unterrichts zu kommen, das alle Lerner befriedigt). Und dies geht nur, wenn nicht schematisch verfahren wird (also etwa eine Lernmethode, die Differenzierung besonders leicht ermöglicht, ständig eingesetzt wird und so Langeweile für alle erzeugt). In diesem Fall hat die Lehrerin dann besondere Aussicht auf Erfolg, wenn sie das Problem mit den Lernern gemeinsam bespricht und Lösungsvorschläge aus der Gruppe einholt. Die Gruppe wird dann z.B. vorschlagen: Schnellere Lerner helfen langsameren, Zusatzaufgaben für schnelle Lerner, teamorientierte Methoden mit gemeinsamen Tempo, um sich aufeinander einzustellen, die »Guten« halten die nächste Stunde.

Beispiel zur Varianz: Eine Lerngruppe bevorzugt einzel- und partnerschaftliche Arbeitsweisen, weil sie dies durch vorangehenden Unterricht gewohnt ist. Bei der Assoziation, der Teamarbeit, der arbeitsteiligen Aufgabenlösung, handlungsorientierten Lernarrangements erweist sich die Begrenzung als besonders nachteilig. Hier ist bereits ein Schematismus in den Erwartungen der Lerngruppe aufgetreten, der überwunden werden muss. Die Lerngruppe muss durch den Einsatz anderer Lernmethoden methodische Variation kennen lernen, um besser die Angemessenheit verschiedener methodischer Verfahren beurteilen zu können. Hierzu kann eine Methodenübersicht (*Methodenlandschaften:* Landkarte, Schatzkarte) an der Wand hilfreich sein, um nach und nach weitere Methoden zu erschließen und zu reflektieren. So werden neue Lernmethoden bewusst eingeführt und können in ihren Vor- und Nachteilen beschrieben werden. Es kann auch beschrieben werden, dass Lerner mit unterschiedlichen Methoden sehr unterschiedlich lernen.

Beispiel zur Kontrastierung: Eine Lerngruppe hat eine Klassenarbeit geschrieben. Alle erwarten vom Lehrer, dass er diese Arbeit korrigiert. Er aber erklärt, dass er die richtige Lösung zwar habe, aber die Klasse auch als kompetent genug ansehe, um als Lehrer zu agieren. Sie sollten erstens eine Musterlösung in Gruppen erstellen, diese zweitens mit dem Lehrer vergleichen, um dann drittens die Arbeiten einer jeweils anderen Gruppe gewissenhaft zu korrigieren. Später schlägt der Lehrer auch noch vor, eine Klassenarbeit für die Parallelklasse zu entwickeln.

Die dritte Leitfrage sieht den Einsatz von systemischen Methoden als wesentliche Möglichkeit, eine Steigerung der Problem- und Lösungstiefe zu erzielen. Auch hier ist es wichtig, eine Vielfalt von Methoden kennen zu lernen, um insbesondere eine Verbesserung der Sozialkompetenz, der Teamfähigkeit und des kommunikativen Verhaltens zu erreichen. Folgende Unterfragen erscheinen als sinnvoll:

- Werden systemische Methoden in ihrer Breite eingesetzt, um die inhaltlichen Ziele, Sachverhalte und Ergebnisse auch aus der Sicht einer Beziehung auf die Beobachter, Teilnehmer und Akteure darzustellen und zu reflektieren? Lassen sich andererseits Inhaltsaspekte auf Beziehungsfragen anwenden, um subjektive Bewertungen in einen symbolisch reflektierten Kontext zu stellen? (= Kriterium der Erweiterung des systemischen Methodenhorizonts).
- Dienen die systemischen Methoden in ihrer Breite einer Förderung insbesondere des Selbstwerts aller Lerner[1], indem sie das Verhältnis von Engagement und Distanz sichtbar und reflektierbar werden lassen? (= Kriterium der Erhöhung des Selbstwerts).
- Ermöglichen die systemischen Methoden eine Erhöhung der Beobachterperspektiven für die Belange, Interessen und subjektiven Einstellungen der anderen, helfen

---

1 Auch andere Perspektiven des Selbst oder der Wahrnehmung des anderen könnten hier eingesetzt werden. Der Selbstwert erscheint allerdings aus der Sicht der systemischen Beratung als besonders wesentlich. Vgl. dazu Kapitel 1.3.

sie, die eigene Teilnehmerperspektive durch die Sicht auf andere zu erweitern und dabei neue Handlungsperspektiven im Umgang mit anderen zu erschließen? (= Kriterium der langfristigen Verbesserung der methodischen Wahrnehmung und Gestaltung von Beziehungen).

Beispiel zur Erweiterung des Beziehungs- und Inhaltshorizontes: Wenn Inhalte gelernt werden, dann geschieht dies immer in einer Beziehung zu diesen. Wenn z.B. im Geschichtsunterricht von einer vergangenen Epoche die Rede ist, dann gibt es auch einen Bezug zur Gegenwart, der sich in den Beziehungen (subjektiven Einstellungen und Interaktionen der Lerner mit anderen) wieder findet. Soll der geschichtliche Stoff gegen diesen Hintergrund gestellt werden, dann bleibt er meist äußerlich und wird als schnell zu vergessendes Wissen nur kurz abgespeichert. Wird hingegen mit systemischen Methoden z.B. eine Skulptur gestellt, in der eine Beziehungskonstellation aus der Vergangenheit nachgestellt und dabei in Personen dokumentiert wird, die dann auch inhaltlich (verkörpert durch die Rollen der historischen Figuren) differenziert werden kann, dann gewinnt der Inhalt eine Bedeutung für die Gegenwart und wird sozial interessant. Alle systemischen Methoden können helfen, Problem- und Lösungssituationen aus der Vergangenheit, aus fremden Kontexten, aus abstrakten Definitionen in die Beziehungswelt zurückzuübersetzen, sofern wir eine Beziehung zu ihnen finden.

Einwand: Es ist ein fundamentaler Fehler, z.B. aus den Daten einer Biografie (eines Forschers) auf seine Leistungen in der Wissenschaft (z.B. formulierte Gesetze) zu schließen. Das eine ist aus dem anderen nicht einfach ableitbar.

Eine einfache Ableitung sollte auch nicht intendiert werden. Gleichwohl geschieht jede Forschung und steht jedes Ergebnis in einem historischen und kulturellen Kontext, der die Bedeutung des Ereignisses und Ergebnisses erst verständlich, nachvollziehbar, interessant werden lässt. Insoweit ist eine Einbettung des Lernens in eine Rekonstruktion auch der Beziehungsaspekte dieses Kontextes ein lernrelevanter Zusammenhang, der insbesondere motivierend für Lerner wirkt. In manchen Fächern insbesondere der Geistes-, Geschichts- und Kulturwissenschaften ist dieser Kontext in entscheidender Weise sinnbildend. Aber auch in den Naturwissenschaften ist es nie belanglos, nach den Umständen der Forschung und der Ergebnisgewinnung, auch nach der Wirkung der Forschungen, der Problemerfindungen oder Lösungen zu fragen. Durch diese Dokumentation kann dann auch im Einzelfall nachvollzogen werden, warum es keine einfachen Ableitungen wissenschaftlicher Beschreibungen aus der Lebenswelt gibt. Es ist auch zu beachten, dass die wissenschaftliche Betrachtung hier nur *ein Feld* der Lernfächer ausmacht. Systemische Methoden sind besonders geeignet, auch die jeweilige historische und kulturelle Grenze der Notwendigkeit und Vergänglichkeit solcher Beschreibungen aufzuweisen.

Beispiel zur Erhöhung des Selbstwerts: Ein Lerner verweigert sich im Unterricht. Er wirkt bockig und trotzig und kann nicht zur Mitarbeit ermuntert werden. Die Lehrerin entscheidet sich für ein ⌘ *Reframing*, das nicht das Verhalten des Lerners thematisiert (das hat sie zuvor schon versucht, unter vier Augen zu klären), sondern auf eine neue Lösung zielt. Sie unterbricht die Klasse und thematisiert, dass der Lerner jetzt

keine Lust zum Lernen hat. Manchmal, so sagt sie, brauchen wir eine Auszeit. Dann müssen wir neu schauen, was wir wollen und können. Das scheint bei diesem Lerner jetzt der Fall zu sein. Deshalb soll er ruhig sitzen und die anderen beobachten, bis er sich entscheiden kann, weiter ruhig zu sitzen oder nach eigener Entscheidung mitzumachen. Sie drückt ihre Sätze mit hoher Wertschätzung und gleichzeitig deutlicher Bestimmtheit gegenüber dem Lerner aus.
Systemische Methoden können helfen, das eigene Engagement oder eine Distanz zu Inhalten und Beziehungen so beschreiben zu lernen, dass der Selbstwert dabei auch bei Grenzziehungen oder zunächst negativen Lernerfahrungen nicht Schaden leiden muss und ggf. sogar erhöht werden kann. Wenn sich ein Lerner sehr engagiert mit einem Thema beschäftigt, so kann dies dann seinen Selbstwert steigern, wenn er hinreichend Anerkennung bekommt. Systemische Methoden verhelfen dem Didaktiker aber auch dazu, bei scheinbar ablehnendem Verhalten eine tiefere Einsicht in die Motive und Gefühlslagen, die Interessen und Beziehungen der Lerner zu gewinnen, um ein förderndes und forderndes Feedback geben zu können. Hier ist allerdings besonders sensibel auf das Notensystem zu achten (vgl. *systemisches Benoten*). Wenn ein Lerner Distanz übt, dann sieht der Didaktiker darin in aller Regel eine Abweisung seiner Lernangebote, was die Kompetenz des Lernangebots in Frage stellt und den Didaktiker verärgert. Diese Einstellung aber ist gegenüber Lernenden von vornherein ungünstig, weil sie Handlungschancen nimmt. Sieht der Didaktiker im distanzierten Verhalten des Lerners (z.B. Passivität, randständige Teilnahme, Desinteresse) ein Symptom, das zunächst positiv zu betrachten ist (= »Du hast dich entschieden, etwas nicht zu wollen, d.h., du willst etwas«), dann muss nicht der Selbstwert des Lerners bezweifelt werden. Nun kann der Lerner vor Handlungskonsequenzen vor einem positiven Hintergrund gestellt werden: »Für was willst du dich alternativ entscheiden? Welche Handlungsspielräume kann ich dir anbieten? Was kann ich dir später anbieten, wenn du dieses Mal nicht mitmachst? Sieh, die Entscheidung liegt allein bei dir, aber den Rahmen deines Aufenthaltes in dieser Lerngruppe können wir nicht ändern (zumindest bei Schulpflicht). Wo kannst du dein Engagement zeigen, damit beide Seiten die gegenwärtige Distanz akzeptieren können?« Hier werden neue Handlungschancen eröffnet, die auf eine Steigerung des Selbstwerts setzen.

Einwand: Und wenn der Lerner sich *immer* verweigert? Sofern die Didaktik als Beziehungsdidaktik entwickelt wird, halte ich dies für unwahrscheinlich. Der Lerner, der sich verweigert, und jetzt beobachtend die anderen arbeiten sieht, wird über kurz oder lang in die Arbeiten der Gruppe zurückkehren. Aber er wird dies als seine Entscheidung sehen, was für sein weiteres Lernen zu einer Entscheidung für und nicht gegen das Lernen werden kann. In einer Beziehung ist es nicht möglich, sich nicht auf den anderen zu beziehen. Allein, wenn ich gleichgültig gegen den anderen bin, werde ich eine Distanz aufbauen und ertragen können. Wenn ich mit ihm in Verhandlungen eintrete, dann relativiert sich die Verweigerung. Gelingt gar keine Verhandlung mehr, dann ist meine Lerngruppe für diesen Lerner unpassend.

Beispiel zur Verbesserung der Beziehungen: Ein Lerner kommt neu in eine Lerngruppe. Er ist isoliert und findet keinen Anschluss. Er wird gehänselt, und je mehr er auf ungeschickte Art versucht, sich den anderen zu nähern, desto mehr wird er abgestoßen.

Die Lehrerin stellt eine 🗔 *Skulptur* und bitte eine Lernerin die Lerngruppe dabei so aufzustellen, dass ihre Beziehungen zueinander (»Wen würdest du zu deinem Geburtstag einladen und wen eher nicht?«) sichtbar werden. Nun geht sie zu einzelnen Lernern in der Aufstellung und klärt über 🗔 *zirkuläre Fragen*, wie sich die einzelnen Lerner in ihrer Position wieder finden und fühlen. Dann kann gemeinsam diskutiert werden, was zur Verbesserung/Veränderung einzelner Positionen von wem beigetragen werden könnte.

3) Prinzip der Methodeninterdependenz

Die Grundfrage lautet hier, inwieweit Lernmethoden ein eigenes inhaltliches und beziehungsorientiertes Forschungs- und Lerngebiet darstellen, das sich als ein Lernhabitus darstellen lässt. Lernmethoden können und müssen gelernt werden. Je mehr Lernmethoden ich kenne, je mehr ich beobachte, agiere und reflektiere, desto höher sind meine Chancen, eine eigene Methodenkompetenz unter Berücksichtigung der Methodenvielfalt zu erwerben. Dies führt zu einem bestimmten Lernhabitus. Dabei kann es mir auf unterschiedlichen Stufen meines Lernens gelingen, etwas über die Methodeninterdependenz und ihre Bedeutung für mein Lernen zu erfahren. Die Methodeninterdependenz beschreibt die umfassenderen Beeinflussungen, das Zusammenwirken und Wechselwirkungen, die Lernmethoden mit- und gegeneinander erzeugen. Auch hier sollen drei Leitfragen, die an die beiden bisherigen Prinzipien anknüpfen, helfen, dieses Prinzip zu strukturieren:

1. Welche allgemeinen Gesichtspunkte und Grundlagen des Lernens erscheinen in den ausgewählten Lernmethoden und inwieweit kann ich als Lerner/für Lerner hierin eine Erweiterung der Lernkompetenz erkennen (= Kriterium der Steigerung der Lernkompetenz)?
2. Bereichern sich die ausgewählten Methoden gegenseitig, indem sie dem Lerner hinreichend breite und vielfältige Lernchancen eröffnen, sich ergänzen, Differenzierungen und Hilfen bieten, inhaltliche und beziehungsmäßige Kompetenz aufbauend aufeinander steigern und sich für das Lernen als signifikant wirksam erweisen? Entsteht dabei so etwas wie ein »Lernstil«, der sich als eine ausgewiesene Einstellung zum Lernen im Sinne ganzheitlicher, umfassender Ansprüche zeigt (= Kriterium der methodischen Abstimmung und Wirksamkeit)?
3. Lassen sich systemische Methoden sinnvoll mit den anderen Methoden so verbinden, dass sie nicht nur bei Störungen auf der Beziehungsseite eingesetzt werden, sondern als eine durchgängige Bereicherung der methodischen Arbeit und Kompetenzen gelten können (= Kriterium der systemisch-methodischen Interdependenz)?

Methodisches Prinzip	Leitfragen	Didaktische Konkretisierung
Prinzip der Methodendependenz	Welche methodischen Lerngrundsätze werden verfolgt und führt dies zu einer Verbesserung der Lernkompetenz?	Lernen wird in seiner ganzen Breite gesehen und auf die didaktischen Handlungsfelder so bezogen, dass nicht nur Konventionen gelernt werden, sondern Realbegegnungen ermöglicht und Reflexionen erreicht werden können
		Lernen wird sowohl auf einer kognitiven als auch imaginären (emotionalen) Ebene situiert, um symbolisches Handeln mit imaginären Antrieben zu verbinden. Perspektiven des konstruktiven und partizipativen Lernens für Inhalte und Beziehungen werden beachtet
		Ein wesentlicher Lerngrundsatz ist die Orientierung am Lerner, die die Auswahl der Methoden stets begleiten muss
	Entsteht ein methodisch-interdependenter erfolgreicher Lernstil?	Methoden fügen sich jeweils situativ zu bestimmten Stilen zusammen, die in den Rollen als Entdecker, Erfinder und Enttarner gemacht werden können; dieser situative Stil wirkt dann über das einzelne Lernereignis hinaus
		Zu einem methodischen Stil gehört, dass nicht nur auf der symbolischen Ebene Methoden ausgewählt werden, sondern in der methodischen Arbeit stets imaginäre und reale Ereignisse bedeutsam bleiben
		Ein konstruktiver und partizipativer Lernstil zeigt Lehrende als methodische Mehrwisser, aber nicht als Besserwisser
	Bereichern systemische Methoden durchgehend die Lernmethoden?	Systemische Methoden helfen grundsätzlich bei Inhalten und Beziehungen, um Selbst- und Fremdbeobachterperspektiven einnehmen zu können und damit einen offenen Beobachtungsstil auszuprägen
		Kommunikative und metakommunikative Kompetenzen werden gefordert und gefördert
		In der Zusammenarbeit der Lerngruppe entsteht mit Hilfe des Einsatzes systemischer Methoden ein Beziehungsstil, der als Vorbild für andere Beziehungen gelten kann

Schaubild 23: Das Prinzip der Methodeninterdependenz

Die erste Leitfrage geht davon aus, dass es Lerngrundsätze gibt, die für die Methodenauswahl und Methodennutzung wesentlich sind. In Kapitel 6 wurde auf solche Grundsätze eingegangen. Es wurden dabei re/de/konstruktive, kreative, soziale, situative, emotionale und individuelle Seiten des Lernens angesprochen, die für die Rolle der Lehrenden und Lernenden entscheidend sind, um das Lernen zu fundieren und zu organisieren. Auch die Frage nach der Förderung multipler Intelligenzen oder günstiger Lernumgebungen gehört hierzu. Bei einer Organisation der didaktischen Handlungsebenen, so wurde in Kapitel 5.1 ausgeführt, sind es die Ebenen der Realbegegnung, der Repräsentationen und Reflexionen, die im Lernen auftreten und angemessen zu realisieren sind. Hierbei geht es in erster Linie um eine Haltung, die der Didaktiker in methodischer Perspektive einnimmt:

- die Beliebigkeit der Methodenauswahl dadurch zu begrenzen, dass differenziert auf die Lernvoraussetzungen und Lernansprüche im Vorfeld und im Prozess des Lernens gesehen wird; dazu gehört vor allem auch, Lernvorgänge und Methoden in ihrer gegenseitigen Beeinflussung zu sehen und zu reflektieren, um das Lernen hinreichend breit und tief durch Methoden anzuregen (= Kriterium der Lerner- und Förderungsbezogenheit von Methoden);
- alle ausgewählten und eingesetzten Methoden auf die didaktische Planung zu beziehen, um eine bewusste Didaktik zu betreiben, die lernerorientierte Intentionen im Blick auf Inhalte und Beziehungen verfolgt und dabei zu einer Abstimmung zwischen Planung, Methodenwahl im Planungs- und Auswertungsprozess und einer Lernreflexion kommen will; hier ist es besonders wesentlich, ein Lernen zu ermöglich, das auch von Kontinuität in den Methoden geprägt ist. D.h., vertraute und anschlussfähige Methoden bilden in der Regel eine Basis, die das Lernen erleichtern (ohne in bloße Lernrituale oder Stereotypien zurückzufallen) (= Kriterium methodischer Planungsintegration);
- Methoden zu bevorzugen, die eine Lernerzentrierung ermöglichen, d.h., die Methode soll für den Lerner und nicht den Lehrer die günstigste zum Lernen sein (= Kriterium der viablen Lernerorientierung von Methoden).

Beispiel: Im Unterricht sollen Grundsätze demokratischer Verwaltungsentscheidungen am Beispiel der Gemeindearbeit behandelt werden. Aus der Sicht des Lernens wäre es wünschenswert, hier vielseitiges Lernen auf verschiedenen Ebenen stattfinden zu lassen, da bei diesem Thema die Verquickung von inhaltlichen und beziehungsbezogenen Fragen sehr hoch ist. Auch spielen lebensweltliche Entscheidungsprozesse eine große Rolle. Welche Methode erscheint hier als besonders geeignet? Aus der Sicht der Lerngrundsätze müsste eine komplexe Methode oder Methodenmischung bevorzugt werden, die den tatsächlichen Handlungsvollzügen in der Lebenswelt nahe kommt. Der Lehrende berät mit seinen Lernern mögliche Methoden, und sie kommen zu der Entscheidung, ein *Planspiel* über einen Konflikt bei einer Gemeindeentscheidung durchzuführen. Dieses bietet bei Durchführung mit Rollen- und Ereigniskarten die Möglichkeit, allen drei Kriterien dieser Leitfrage sehr gut zu entsprechen und mittels einer Simulation lebensweltlicher Vorgänge nicht nur eine kognitive Rekonstruktion bestimmter idealtypischer Inhalte zu leisten, sondern diese auch im Kontext eines erlebten Konflikts zu realisieren und damit umfassend, mit eigenen Interessen und intersubjektivem Engagement zu reflektieren.

Die zweite Leitfrage hebt auf den Lernstil ab, der mit Hilfe einer methodenkompetenten Auswahl unter Beachtung von Aspekten der Methodenvielfalt und einer Verbreiterung und Vertiefung durch die methodische Arbeit erreicht werden kann. Hier gibt es verschiedene Lernstile, die sich zunächst situativ ausprägen, die aber über kurz oder lang auch zu übergreifenden Lernstilen mit bestimmten Einstellungen und Erwartungen werden:

- So zeigen sich Lernstile des Entdeckers, Erfinders und Enttarners, wenn die re/de/konstruktiven Seiten der Inhalts- und Beziehungsarbeit im Lernen geleistet werden.
  - Der Entdeckerstil ist geprägt durch Offenheit eigenen Beobachtens bei gleichzeitiger Neugierde für Spuren, Quellen, Befunde, Fakten, bisherige Interpretationen, Interessen, Macht, Beziehungskonstellationen usw., die in einer Suche nach einer begründeten, für den Lerner gültigen Aussage zusammengeführt werden, auf die sich die Lerngruppe verstehend und erklärend beziehen kann; ein solcher Entdeckerstil braucht jedoch im Lernen seine Freiheiten, um eigenständig Entdeckungen machen zu können (seien sie auch für den Lehrenden als Mehrwisser nicht so großartig, dass eine Nach-Entdeckung aus seiner Sicht zu lohnen scheint; um diese Tendenz der Abwertung zu vermeiden, muss sich der Lehrende noch einmal in einen ursprünglichen Lernerzustand zurückversetzen, d.h. einen eigenen Entdeckerstil entwickeln).
  - Der Erfinderstil sucht nach dem Neuen, eigener Verantwortung, eigenen Gestaltungsräumen, um im Anschluss an bisher bekannte Aussagen oder Problemstellungen zu eigenen Lösungen zu gelangen; es mag sein, dass jemand anderes auch zu solchen Lösungen schon gekommen ist, aber so lange dies der Erfinder nicht weiß (er wäre dann Entdecker), kann er seinen eigenen begründenden Weg gehen und für die Geltung seiner Aussagen und Lösungen eintreten; ein solcher Stil entspricht einem forschenden Lernen, das nicht nur für Wissenschaften, sondern auch für Orientierungen in der Lebenswelt als günstig erscheint.
  - Der Enttarnerstil bezeichnet eine Suche nach Auslassungen, Lücken, Vermeidungen, Tabus, Unwissen, Unvollständigkeit usw., die vorgeschlagene Problemstellungen und Lösungen skeptisch, kritisch oder ablehnend betrachten lässt; der Enttarner sieht nicht nur die Fehler der anderen, sondern vermutet ähnliche Fehler auch selbstkritisch bei sich, denn sonst wäre er bloß ein Ankläger.

Alle drei Lernstile helfen, das Lernen in verschiedenen Perspektiven zu entfalten und diese Perspektiven auch methodisch immer wieder aufeinander zurückzubeziehen: Der Entdecker kann fragen: »Und was gibt es dabei zu erfinden?« Der Erfinder wird sich stets fragen müssen: »Wurde dies bereits erfunden?« Der Enttarner

sollte sich fragen: »Was kann ich außer Kritik positiv zum Problem oder zur Lösung beitragen?« Solche Fragen gehören zu einem multiperspektivischen Lernstil (= Kriterium des entdeckenden, erfindenden und enttarnenden Lernstils).
- Ein solcher Lernstil setzt nicht nur auf einer symbolischen Ebene an, in der alles rational verhandelt wird, sondern schließt imaginäre Vorstellungen mit ein und beachtet, dass es reale Ereignisse gibt, die nicht vorherzusehen und immer erst nachträglich zu interpretieren sind (= Kriterium imaginärer und realer Erfahrungsoffenheit).
- Und ein solcher Lernstil setzt voraus, dass die Lerner tatsächlich zu konstruktiven Lernvorgängen gelangen und sich an der Gestaltung dieser möglichst umfassend beteiligen können (= Kriterium des partizipativen Lernstils).

Beispiel: Lerner mit einem bestimmten bevorzugten Lernstil können diesen in den Lernprozess partizipativ einbringen, sie können aber auch vom Lehrenden oder der Lerngruppe darauf aufmerksam gemacht werden, diesen Stil zu erweitern, um so besser eine multiperspektivische Sicht einzunehmen. Ziel der konstruktivistischen Didaktik ist es hier, auf lange Sicht in Lerngruppen die drei Einzelstile als einen variablen Lernstil zu erweitern.

Bei einem aktuellen Aufsatzthema in einer höheren Klasse bemerkt der Lehrende, dass die Lerngruppe zwar guten Erfindungs- und Enttarnungsgeist beweist, d.h., die Arbeiten sind überwiegend kreativ gefertigt und von hohem selbstkritischen Niveau, aber Rechtschreibung und Zeichensetzung lassen sehr zu wünschen übrig. Der Lehrer thematisiert mit der Klasse, (a) warum Rechtschreibung und Zeichensetzung heute noch notwendig sind (z.B. bei Bewerbungsverfahren), (b) was die Lerngruppe unternehmen könnte, um hier die Leistungen zu steigern. Aus der Lerngruppe kommen mehrere Vorschläge, wobei sich die Gruppe zunächst zur Durchführung folgender Maßnahme entscheidet: Jeder Lerner erhält eine Arbeit eines anderen Lerners zugelost; diese erhält er bereits abgeschrieben als ein Word-Dokument. In zwei Stufen korrigiert er die Fehler: Zuerst mit der Rechtschreibkorrektur des Programms. Da man so leider nicht alle Fehler entdecken kann, zieht er in Fällen, wo er im Zweifel ist, den Duden hinzu. Diese korrigierten Arbeiten werden ausgedruckt und abgegeben. Der Lehrer bewertet diese Arbeiten und gibt dann für die Korrektur eine Note. Hier erhält man also nicht für eine eigene Arbeit eine Note, sondern für eine Korrekturarbeit, die auf ein höheres Kompetenzniveau abzielt und gleichzeitig mit realistischen Praktiken heutiger Textverarbeitung umgeht.

Der Lehrer war von dem Vorschlag der Lerngruppe zunächst überrascht. Die Lerner hatten konstruktiv erkannt, dass heutzutage Rechtschreibung und Zeichensetzung meist am Computer korrigiert werden. Sie wollten aus Methodenkompetenz daher dies in die Korrekturarbeit einbeziehen. Gleichwohl erkannten sie auch, dass so nicht alle Fehler gefunden werden. Aber sie waren von der Fantasie motiviert, doch alle Fehler zu finden und dabei eine gute Note erwerben zu können (Ansprechen der imaginären Ebene). Später hat der Lehrer dieses Verfahren (mit Variationen) öfter eingesetzt, denn es war erfolgreich.

Die dritte Leitfrage thematisiert, inwieweit die systemischen Methoden interdependent zu anderen Lernmethoden den methodischen Horizont durchgehend im Blick auf die Förderung eines offenen Beobachtungs-, Kommunikations- und Beziehungsstils erweitern können. Drei Kriterienbereiche erscheinen hier als besonders wichtig:

- Systemische Methoden sollen es ermöglichen, dass sich die Lerner in andere Beobachter hineinversetzen und dabei Selbst- und Fremdbeobachterperspektiven nicht nur auf der kognitiven Ebene, sondern auch durch Hineinversetzen in Emotionen einnehmen; dies kann zu einem offenen Beobachtungsstil führen, der Beobachtungen nicht gleich eng (moralisch) wertet oder fremdes Verhalten ablehnt, sondern im Kontext der Handlungen und Intentionen deutet (= Kriterium eines offenen Beobachtungsstils).
- Eine solche Offenheit in den Beobachtungen ist die Voraussetzung für kommunikative und metakommunikative Kompetenzen[1], die sich als kommunikativer Stil ausprägen (= Kriterium eines offenen Kommunikationsstils).
- Auf der Grundlage der bisherigen Lernstile kann ein Beziehungsstil gefördert werden, der dazu führt, dass jeder Lerner mit beobachtender und kommunikativer Achtung, Wertschätzung und Unterstützung für andere Lerner eintritt, ohne sich selbst verleugnen oder verstellen zu müssen (= Kriterium eines wertschätzenden Beziehungsstils).

Beispiel: In einer Gruppenarbeit bemerken einige Lerner, dass einer alle Arbeit an sich reißt und die Gruppe dominiert. Die Lehrerin wird um Hilfe gebeten. Da die Lerngruppe mit systemischen Methoden noch nicht stark vertraut ist, leitet die Lehrerin ein Gespräch, in dem sie mittels *zirkulärer Fragen* versucht, zunächst die Beobachterperspektiven zu erweitern: »Petra, was meinst du, empfindet Manuela für ihr Arbeitsergebnis, wenn Michael so die Arbeit dominiert?« Aber auch: »Manuela, was meinst du, könnte Michael antreiben, für eure Gruppe so ein positives Ergebnis erzielen zu wollen?« Oder: »Michael, was müsste Manuela tun, damit du ihr mehr Raum zum Arbeiten lassen kannst?« Diese Fragetechnik hilft, Beobachterpositionen nachzuvollziehen und sich in andere hineinzuversetzen. Für den kommunikativen Stil bedeutet dies, dass alle Beteiligten sich fragen können, was ihr Verhalten auf der Sach-, der Beziehungs-, der Selbstkundgabe- oder Appellseite bedeuten könnte.[2] Sollte der Konflikt mit Michael größer sein, dann wäre Metakommunikation (eine Kommunikation über das Beziehungsproblem, das die Gruppe hat) notwendig. Hier müsste die Lehrerin helfen, zunächst die Problemlage zu klären, um dann vor allem zu einer Lösung für die Zukunft zu gelangen (das Stöbern in Ereignissen der Vergangenheit führt in der Regel an solchen Stellen nur zu einer Vermehrung von Schuldzuschreibungen). Wie mit dem Problem umgegangen wird, das erzeugt insgesamt einen Beziehungsstil, wie er für diese Lerngruppe typisch sein wird. Ein solcher Stil hält den Lehrenden, wenn sie länger eine Lerngruppe betreuen, immer auch einen Spiegel des eigenen Stils vor Augen.

1 Vgl. dazu einführend Reich (2005, Kapitel 2).
2 Vgl. dazu einführend Schulz von Thun (1988).

Die drei methodischen Prinzipien wirken zusammen. Sie sollen den Didaktiker anregen und keineswegs zu einer schematischen Prüfung anleiten, denn einmal steht mehr das eine, dann wieder ein anderes Prinzip im Vordergrund. Aber auf Dauer ergeben die Prinzipien ein Kriteriengerüst, das kritisch zur Prüfung der methodischen Qualität herangezogen werden sollte, um Einseitigkeiten zu vermeiden.

> Du hast lauter Unterkriterien aufgestellt, die ich mir jetzt erst einmal rausschreibe, um zu ermitteln, was ich für meine Praxis gebrauchen kann. Ich benötige soundso eine eigene Übersicht, um die methodische Vielschichtigkeit zu erfassen. Hilfreich wäre jedoch abschließend auch eine Übersicht, die noch einmal zusammenstellt, was du für wichtig hältst.

Eine solche Übersicht will ich in Form von drei Checklisten zur Selbstreflexion geben. Dabei nenne ich nochmals die im Text erwähnten Kriterien und mögliche Fragestellungen. Eine zusätzliche Spalte zur Evaluation könnte an die beiden bestehenden Spalten angeschlossen werden (eine solche Checkliste ist im *Studienbuch* vorhanden). Hier kann entweder für die Planung oder für die nachträgliche Reflexion über die eingesetzten Methoden angegeben werden, welche Schwerpunkte und Schwierigkeiten, welche Intentionen und tatsächlichen Realisationen im Einsatz der methodischen Prinzipien geplant wurden oder in der Umsetzung in der Praxis beobachtbar waren. Ich überlasse es den Didaktikern für sich vor Ort zu entscheiden, wann sie wie und wie weit reichend ihre Methoden planen und evaluieren. Die Checklisten können hierzu – insbesondere für Anfänger – ein hilfreicher Einstieg sein. Sie könnten auch im Dialog mit anderen zur Reflexion der Begründung und Realisation des eigenen Unterrichts herangezogen werden. Sie sollten aber nicht isoliert benutzt werden, sondern stets in Verbindung mit den anderen Frage- und Problemstellungen der konstruktivistischen Didaktik gesehen werden. Die Checklisten zielen auf unterschiedliche Anwendungsbereiche:

- Checkliste 1 thematisiert Fragen, die bei jeder Unterrichtsstunde relevant sind. Sie sollte daher vor allem bei jeder elementaren Planung (vgl. Kapitel 7.1) herangezogen werden.
- Checkliste 2 ist neben einem möglichen Einsatz auch für Einzelstunden insbesondere dann anzuwenden, wenn Unterricht über längere Zeit betrachtet wird, da erst dann hinlänglich beurteilt werden kann, inwieweit erfolgreich eine Methodenvielfalt praktiziert wird.
- Checkliste 3 kann sowohl bei Einzelstunden als auch bei längeren Zeiträumen genutzt werden, da sich eingesetzte Methoden immer gegenseitig beeinflussen.

Kriterium	Fragen zur Methodenkompetenz
1 Umfassender Erfahrungsbezug bei den gewählten Inhalten/Beziehungen	Gibt es hinreichend Realbegegnungen? Können hierbei explorative, forschende, untersuchende Methoden unmittelbar, direkt, konkret und sinnlich eingesetzt werden? Gibt es offene Beobachtungen? Werden naive Abbildschemata vermieden? (Auch wenn nicht in jeder Stunde eine Realbegegnung möglich ist, so sollte dies mindestens für Unterrichtseinheiten gelten.)
2 Repräsentationen anschaulich vermitteln und begrenzen	Sind eingesetzte Repräsentationen anschaulich, ohne zu sehr zu vereinfachen? Können hierbei Methoden und Medien helfen, die Inhalte/Beziehungen interessant genug aufzubereiten? Werden Konventionen nach Sinn und Nutzen begründet? Werden Auslassungen thematisiert? (Auch wenn einzelne Stunden auf dieser Ebene verbleiben können, so muss gerade hier eine methodische Monokultur vermieden werden.)
3 Reflexiver Erfahrungsbezug	Gibt es Möglichkeiten der Reflexion gemachter Erfahrungen und eingesetzter Methoden? Wird begründet, warum welche Inhalte/Beziehungen wichtig sind? Welche Geltung die Realbegegnungen und Repräsentationen haben? Kritikmöglichkeiten? (Langfristig sollte diese reflexive Ebene möglich immer – wenn auch in altersangemessener Form – angestrebt werden.)
4 Anschlussfähigkeit an Vorkenntnisse der Lerner	Wird die bestehende Fachkompetenz ermittelt? Gibt es hinreichenden Anschluss an Vorkenntnisse, Voreinstellungen, Vorerfahrungen? Wird dieser Anschluss methodisch ermittelt? Gibt es hinreichend Chancen, eigene Erfahrungen mit dem Neuen zu verbinden?
5 Lernzuwachs durch Multiperspektivität, Multimodalität, Multiproduktivität	Gibt es einen Lernzuwachs in der Stunde? Wie wird dieser hergestellt? Gibt es eine Zunahme an Perspektiven, an Zugangswegen, an Lernprodukten? Gibt es hinreichend bearbeitete Überraschungen, genutztes Staunen oder Erschrecken?
6 Passung mit wissenschaftlichen Methoden und Vermeidung von Irrelevanz	Gibt es eine adäquate Modellbildung? Ist die eingesetzte Methode mit wissenschaftlichen Methoden kompatibel? Sind die eingesetzten Methoden hinreichend relevant für die Inhalte/Beziehungen? Wie wird Langeweile vermieden?
7 Orientierung an methodischen Ressourcen der Lerner	Werden methodische Ressourcen gezielt entwickelt (als Methoden- und Sozialkompetenz)? Werden die Selbst- und Fremdzuschreibungen der Lerner, die Gruppen- und Teamerfahrungen hinreichend als Ressource genutzt? Kann eine Erweiterung der Ressourcen erreicht werden?
8 Erweiterung der kommunikativen Kompetenzen	Werden kommunikative Kompetenzen entwickelt und geübt? Können die Inhalte/Beziehungen auf Kommunikationsprozesse bezogen werden? Lassen sich Selbst- und Fremdbeobachtungen einsetzen? Gibt es Rollenperspektiven und Rollenwechsel?
9 Erweiterung der Beziehungsfähigkeit	Wird die Beziehungsfähigkeit der Lerner gefördert? Gibt es eine Zunahme an gegenseitigem Verständnis, an Toleranz und Pluralität? Wird Diversität gefördert? Ist die/der Lehrende ein positives Beziehungsvorbild?

Schaubild 24: Checkliste 1 zur Methodenkompetenz

Kriterium	Fragen zur Methodenvielfalt
1 Vielfältiger Erfahrungsbezug durch Einsatz mehrerer Methoden	Gibt es hinreichende Abwechslung von Zugangsweisen in der Realbegegnung? Werden unterschiedliche Methoden zur unmittelbaren, direkten, konkreten, sinnlichen Begegnung und Beobachtung eingesetzt? Werden Repräsentationen mit unterschiedlichen Methoden und mittels Methodenwechsel geeignet präsentiert? Werden Reflexionen mit unterschiedlichen Methoden geeignet und vertiefend durchgeführt?
2 Lernerzentrierung insbesondere bei Repräsentationen	Werden durch die Methoden- und Medienwahl bei Repräsentationen das Interesse und die Motivation der Lerner besonders gefördert? Kann dabei eine oberflächliche Betrachtung vermieden werden? Stehen genügend Raum und Zeit zur eigenen Anwendung mittels Beispielen und Übungen zur Verfügung?
3 Forschendes Lernen durch Methodenvielfalt	Gibt es einen hinreichenden Wechsel zwischen Realbegegnungen und Repräsentationen, der reflektiert werden kann? Wird eine forschende Einstellung durch eingesetzte Methoden gefördert? Kommt es zu divergentem und kreativem Denken? Sind alternative Denkweisen möglich und erwünscht? Entwickeln die Lerner selbst eigene methodische Vorstellungen?
4 Methodenmischung	Gelingt eine situative Anpassung eingesetzter Methoden durch eine geschickte Mischung von verschiedenen Methoden? Ist ein eigener methodischer Stil erkennbar?
5 Methodenvariation	Werden die eingesetzten Methoden so variiert, dass sie besonders gut auf die Lerngruppe passen? Werden Methoden so differenziert, dass möglichst alle Lerner optimal gefördert werden? Gibt es hinreichenden Methodenwechsel (insbes. auf längere Zeit)?
6 Methodenkontrastierung	Werden Methoden eingesetzt, die bisherige Lernwege erweitern, verstören, kontrastieren? Kann durch methodische Kontrastierung eine Abwechslung, Vertiefung, Problemlösung erreicht werden?
7 Erweiterung des systemischen Methodenhorizontes	Können systemische Methoden bei Inhalten und/oder Beziehungen zur Erweiterung des methodischen Horizontes beitragen? Lassen sich Inhaltsfragen durch Beziehungsaspekte methodisch bearbeiten und vertiefen? Lassen sich Beziehungsaspekte durch Inhaltsfragen versachlichen?
8 Erhöhung des Selbstwerts	Wird durch eingesetzte Methoden hinreichend der Selbstwert möglichst aller Lerner erhöht? Werden insbesondere schwächere Lerner durch die Methodenwahl differenziert genug gefördert? Ist eine nachhaltige Wirkung der Fördermaßnahmen nicht nur in Leistungen, sondern auch in der Selbstwertschätzung und der Anerkennung durch die Lerngruppe beobachtbar?
9 Langfristige Verbesserung der methodischen Wahrnehmung und Gestaltung von Beziehungen	Erhöhen die eingesetzten Methoden die Möglichkeiten der bewussten Wahrnehmung anderer? Können Interessen, Begehren, Zuschreibungen, Intentionen gezielt methodisch erfasst werden? Bieten Methoden Raum und Zeit, um Verständnis für eine angemessene Gestaltung des Lernklimas und der Lernkultur in der Lerngruppe zu ermöglichen?

Schaubild 25: Checkliste 2 zur Methodenvielfalt

	Kriterium	Fragen zur Methodeninterdependenz
1	Lerner- und Förderungsbezogenheit der Methoden	Wird die Methodenauswahl hinreichend auf die Lerner und ihren Förderbedarf langfristig abgestimmt? Wird der Breite der multiplen Intelligenzen durch die Methoden nach Möglichkeiten entsprochen? Ist ein hinreichend langfristiges Differenzierungskonzept zu erkennen? Kann an den Biografien der Lerner gezeigt werden, dass es zu einem Lernzuwachs gekommen ist? Gibt es ein langfristiges Konzept, um den Lernzuwachs zu organisieren und zu sichern?
2	Methodische Planungsintegration	Ist ein methodisches Planungskonzept zu erkennen, das auf eine langfristige Erhöhung der Methodenkompetenz und der Methodenvielfalt nach Umfang, Breite und Tiefe hinweist? Sind die Methoden hinreichend aufeinander abgestimmt? Gibt es eine gezielte Rückmeldung über die Methoden durch die Lerner mittels Feedback oder Evaluation?
3	Viable Lernerorientierung von Methoden	Werden hinreichend Methoden bevorzugt und entwickelt, die für die Lernergruppe als passend erscheinen? Ist diese unterstellte Passung begründet und evaluiert?
4	Entwicklung von Stilen als Entdecker Erfinder Enttarner	Welche methodischen Möglichkeiten werden gegeben, um einen situativen Lernstil als Entdecker als Erfinder als Enttarner entwickeln zu können?
5	Imaginäre und reale Erfahrungsoffenheit	Werden hinreichend und durchgehend Imaginationen und Visionen methodisch angeboten, um das soziale und emotionale Lernen als Voraussetzung für Lernerfolge umfassend zu nutzen? Ist die/der Lehrende ein positives visionäres Vorbild? Werden manipulative Tendenzen hierbei vermieden? Besteht eine grundsätzliche Bereitschaft zur Anerkennung der Unvorhersagbarkeit der Zukunft und damit eine Offenheit für Entwicklungen?
6	Partizipativer Lernstil	Werden die Lerner an der methodischen und inhaltlichen Gestaltung des Lernens umfassend beteiligt? Wird die Breite methodischer Beteiligung bei der Partizipation genutzt? Wird die Eigenständigkeit und Selbstverantwortung der Lerner methodisch gestärkt?
7	Offener Beobachtungsstil	Werden Selbst- und Fremdbeobachterperspektiven praktiziert? Können sich Lerner in andere hineinversetzen? Wird mit zirkulären Fragen operiert? Werden Beobachtungen regelmäßig kommuniziert? Verfügt die/der Lehrende über hinreichende Selbsterfahrungen und Ausbildungen im Einsatz systemischer Methoden?
8	Offener Kommunikationsstil	Wird offen und verständnisvoll kommuniziert? Gibt es bei Konflikten Metakommunikation?
9	Wertschätzender Beziehungsstil	Ist die Kommunikation von gegenseitigem Verständnis, Achtung und Anerkennung geprägt? Unterstützt der/die Lehrende ein wertschätzendes Klima?

Schaubild 26: Checkliste 3 zur Methodeninterdependenz

8.2 Methodenpool

Es gibt keine Methoden für alle Fälle. Es besteht noch nicht einmal eine eindeutige Theorie darüber, welche Methode für wen in welcher Situation immer passen könnte. Methoden sind sehr offene Verfahren des Lehrens und Lernens, die mehr oder minder passen, aber nie im gleichen Maße für alle passend sein können. Daher ist es besonders wichtig, dialogisch mit den Lernern über die möglichen, die sinnvollen, aber auch die nicht hinreichenden Passungen zu sprechen und eine Vielfalt von Wegen zuzulassen.

Die Methodenübersicht in *Schaubild 27* soll verdeutlichen, dass Didaktiker beim Einsatz von Methoden und damit verbundener Medien sich an den drei methodischen Prinzipien grundsätzlich orientieren. Sie wählen unter dieser Voraussetzung und unter Voraussetzung der zuvor genannten Kriterien und Planungsperspektiven Methoden aus einem »konstruktiven und systemischen Methodenpool«, wobei sich hier Methoden sehr unterschiedlicher Denk- und Handlungsansätze befinden, die sich – unter Bezug auf methodische Prinzipien und auf der Grundlage der interaktiv-konstruktivistischen Einstellungen – mischen, variieren und kontrastieren lassen.

Ich habe zur Strukturierung des Methodenpools eine Aufteilung vorgenommen, die zunächst 🏛 *klassische Methoden* nennt. Dies sind die besonders im Schulunterricht üblichen und bekannten Methoden. Sie werden meist lehrerzentriert eingesetzt, und es wird im Methodenpool diskutiert, wann und wie man sie in einer konstruktivistischen Didaktik einsetzen könnte.

Handlungsorientierte Methoden, die ein relativ geschlossenes methodisches Konzept aufweisen, das den Didaktiker auf bestimmte Regeln und Schritte festlegt, werden unter den eher 🏛 *»großen Methoden«* zusammengefasst. Ihnen stehen eher 🏛 *»kleine Methoden«* zur Seite, die man auch als Techniken des Lehrens und Lernens bezeichnen könnte. Gleichwohl ist diese Zuordnung nur als eine Annäherung zu verstehen, denn gewisse Techniken können unter bestimmten Umständen sich durchaus in große Methoden verwandeln (z.B. das Gespräch dann, wenn es in einem größeren Kontext praktiziert wird), auch können aus den großen Methoden einzelne Teilelemente zum Einsatz kommen. Eine Mischform stellt die 🏛 *Werkstattarbeit* dar, in die viele der anderen Methoden unter einem bestimmten Konzept einfließen. Unter 🏛 *Lernarrangements* habe ich hier einige eher in der beruflichen Bildung übliche Methoden zum selbstorganisierten Lernen eingeordnet. 🏛 *Öffentlichkeitsarbeit* kann intern (= im Kreis z.B. der Schule) oder extern (= z.B. durch öffentliche Bekanntmachung) erfolgen. Sie ist besonders geeignet, um bei zahlreichen Methoden eine Ergebnispräsentation zu realisieren. Mit 🏛 *Demokratie im Kleinen* ist ein grundsätzlicher partizipativer Anspruch gesetzt, der in einer konstruktivistischen Didaktik immer wesentlich sein sollte. Schließlich bezeichnen die 🏛 *systemischen Methoden* besondere Verfahren der Beziehungsarbeit, die die eher inhaltsorientierten Methoden in der konstruktivistischen Didaktik grundsätzlich ergänzen, erweitern und bereichern.

In der Überblickskarte im *Schaubild 27* sind Methoden genannt, die weder abgeschlossen noch vollständig sind. Es ist eine offene Auswahlliste für Didaktiker, und die Auswahl steht jeweils in der konstruktiven Verantwortung für das Lehren und Lernen.

Die konstruktivistische Didaktik verweist auf Entscheidungsmöglichkeiten, aber nicht auf eine Festlegung konkreter Maßnahmen, die nur vor Ort und im Blick auf konkrete Fälle und Situationen entschieden werden können. Die in der Übersicht genannten Methoden sind in sehr unterschiedlichen Kontexten entwickelt worden. Allerdings werden oft auch künstlich Gegensätze aufgerichtet, um die eine Methode gegenüber einer anderen in ein Vorrecht zu setzen. Dabei erscheint es aus konstruktivistischer Sicht als relevanter, gemeinsam mit den Lernenden die Viabilität von Methoden im Blick auf die methodischen Prinzipien und darin eingeschlossene Intentionen und konkret erfolgreiche Lernwege festzustellen.

Didaktiker müssen heutzutage sehr viel mehr Methodenkompetenz aufbringen als in früheren Zeiten. Insoweit ist ein breites Literaturstudium zu den Methoden notwendig, vor allem aber ein Studium, das kontinuierlich nicht nur an der Universität, sondern im Beruf oder als methodische Kompetenz des Lerners im Lernprozess auch praktisch entwickelt wird. Zu dieser Methodenkompetenz gehört es, sich eigenständig und eigenverantwortlich die Methoden zu suchen, die zum jeweiligen Kontext des Lernens passen.

Hierzu soll der Methodenpool eine Hilfe bieten. Dabei werden die dort angebotenen Darstellungen ständig im Internet erneuert und überarbeitet. Insoweit stellt die kostenlos beigelegte CD ein Zwischenergebnis (Stand Januar 2006) dar.

Bitte beachten Sie bei der beigelegten CD die Links, die auf der Startseite liegen. Hier können Sie sich weiter informieren. Dort sind auch ergänzende Texte zu diesem Buch erhältlich, die in den ersten zwei Auflagen noch enthalten waren. Auch die Schaubilder dieses Buches finden sich auf CD. Zudem gibt es ein Wörterbuch mit Grundbegriffen. Ein Studienbuch steht ab 2006 zur Verfügung. Insbesondere weise ich auf das Impressum hin. Die kostenlos diesem Buch beigelegte CD ist für die private Nutzung gedacht. Jede kommerzielle Verwendung ist ausgeschlossen. Kopien für öffentliche Unterrichts- und Lehrzwecke jedoch, soweit sie kenntlich gemacht und zitiert sind, können ohne weitere Nachfrage getätigt werden.

> Besuchen Sie die Internetseite der Konstruktivistischen Didaktik zu jeweils aktuellen Informationen unter http://methodenpool.uni-koeln.de

Auf der folgenden Seite ist in *Schaubild 27* der Methodenpool mit Stand Januar 2006 abgebildet:

<<< zurück zur Startseite

Konstruktiver Methodenpool　　Systemischer Methodenpool

Prinzip der Methoden-kompetenz

Klassische Methoden:

Unterrichtsstunden mit
- Frontalunterricht/Präsentationen
- Fragend-entwickelnde Methode

- Einzelarbeit
- Partnerarbeit   } mit stark begrenzter Eigenständigkeit
- Gruppenarbeit

Eher Techniken/ »kleine Methoden«

- Arbeitsateliers
- Blitzlicht
- Brainstorming
- Clustering
- Concept Learning
- Einstiege/Ausstiege
- Erzählung
- Fantasiereise
- Gespräch
- Korrespondenz
- Memory
- Metakognition
- Metaplan
- Mindmapping
- Open Space
- Organizer
- Postkorbmethode
- Quiz und Rätsel
- Tagebuchmethode
- Wandzeitung
- Wochenplan
- weitere

Demokratie im Kleinen:

- Communities of Practice
- Kinderparlament
- Klassenrat
- Demokratie im Kleinen

und weitere

- Feed-back
- Psychodrama
- Reflecting teams
- Reframing
- Skulpturen
- Szenisches Spiel
- Teamteaching
- Zirkuläres Fragen

und weitere

Prinzip der Methoden-vielfalt

Handlungsorientierte Methoden/ eher »große Methoden«:

- Anchored Instruction
- Biografiearbeit
- Briefmethode
- Cognitive Apprenticeship
- E-Learning
- Erkundung
- Experiment
- Fallstudien
- Freiarbeit
- Gruppen-Experten-Rallye
- Gruppen-Wettkampf-Rallye
- Kooperatives Lernen
- Leittexte
- Moderation / Metaplan
- Offener Unterricht
- Planspiel
- Portfolio
- Problem Based Learning
- Projektarbeit
- Rollenspiele
- Referate
- Situiertes Lernen
- Storyline (Methode Glasgow)
- Stationenlernen
- weitere

und weitere Methoden oft als Mischformen mit anderen

Lernarrangements:

- Juniorfirma
- Lerninseln

und weitere

Außenkontakte/ Erlebnisse:

- Erlebnispädagogik
- Feste und Feiern
- Wandertag

und weitere

Prinzip der Methoden-interdependenz

Werkstattarbeit:

- Computerwerkstatt
- Werkstattunterricht (Reichen)
- Zukunftswerkstatt

und weitere

Öffentlichkeits-arbeit:

- Aufführungen
- Ausstellungen
- Internetpräsentation
- Klassen-/Schulzeitung

und weitere

Systemische Benotung

Supervision

Evaluation

Verzeichnis der Schaubilder

Schaubild 1: Mein didaktisches Menschenbild 22
Schaubild 2: Beziehungsgrundsätze in der didaktischen Interaktion 34
Schaubild 3: Didaktik zwischen Moderne und Postmoderne 48
Schaubild 4: Lernen zwischen »Ich-will«- und »Ich-soll-Ansprüchen« 58
Schaubild 5: Konstruktivität, Methodizität, Praktizität 119
Schaubild 6: Drei Ebenen didaktischen Handelns 143
Schaubild 7: Aspekte der Realbegegnung 147
Schaubild 8: Aspekte der Repräsentation 158
Schaubild 9: Beobachter, Teilnehmer, Akteure: modern und postmodern 166
Schaubild 10: Didaktische Rollen und Handlungsebenen 173
Schaubild 11: Qualifikation der Lehrenden 178
Schaubild 12: Reflexionstafel zur didaktischen Handlungsorientierung 182
Schaubild 13: Didaktisches Reflexionsfenster 188
Schaubild 14: Multiple Intelligenzen nach Gardner 227
Schaubild 15: Checkliste zur »inneren« Lernumgebung 236
Schaubild 16: Elementares Planungsmodell für Unterrichtsstunden 240
Schaubild 17: Planung im Überblick 247
Schaubild 18: Mindestperspektiven auf die Planungsreflexion 251
Schaubild 19: Konstruktivistisches Unterrichtsbeispiel Nachrichten 261
Schaubild 20: Methodische Prinzipien 268
Schaubild 21: Das Prinzip der Methodenkompetenz 270
Schaubild 22: Das Prinzip der Methodenvielfalt 278
Schaubild 23: Das Prinzip der Methodeninterdependenz 286
Schaubild 24: Checkliste 1 zur Methodenkompetenz 292
Schaubild 25: Checkliste 2 zur Methodenvielfalt 293
Schaubild 26: Checkliste3 zur Methodeninterdependenz 294
Schaubild 27: Der Methodenpool im Überblick 297

Literatur

Altrichter, H./Schley, W./Schratz, M.(Hg.): Handbuch zur Schulentwicklung. Innsbruck und Wien 1998
Andersen, T. (Hg.): Das Reflektierende Team, Dortmund (Verlag Modernes Lernen) 1991
Arnold, R.: Die emotionale Konstruktion der Wirklichkeit. Beiträge zu einer emotionspädagogischen Erwachsenenbildung. Baltmannsweiler (Schneider) 2005
Arnold, K.-H./Jürgens, E.: Schülerbeurteilung ohne Zensuren. Neuwied u.a. (Luchterhand) 2001
Arnold, R./Schüßler, I.: Wandel der Lernkulturen. Darmstadt (Wissenschaftliche Buchgesellschaft) 1998
Aronson, E./Blanley, N./Stepuhan, C.-/Sikes, J./Snapp, M.: The Jigsaw Classroom. Beverly Hills (Sage) 1978
Bachtin, M.: Literatur und Karneval. Zur Romantheorie und Lachkultur. München (Hanser) 1969
Bambach, H.: Ermutigungen. Nicht Zensuren. (Libelle Verlag) 1994
Bandura, A. (Hg.): Lernen am Modell. Stuttgart (Klett) 1976
Bastian, J./Gudjons, H.: Das Projektbuch. Theorie – Praxisbeispiele – Erfahrungen. Hamburg (Bergmann und Helbig) 1986
Bateson, G.: Ökologie des Geistes. Frankfurt a.M. (Suhrkamp) 1985
Bateson, G.: Geist und Natur. Frankfurt a.M. (Suhrkamp) 1990^2
Bauman, Z.: Postmoderne Ethik. Hamburg (Hamburger Edition) 1995
Bauman, Z.: Moderne und Ambivalenz. Frankfurt a.M. (Fischer) 1996
Bauman, Z.: Flaneure, Spieler und Touristen. Hamburg (Hamburger Edition) 1997
Bauman, Z.: Unbehagen in der Postmoderne. Hamburg (Hamburger Edition) 1999
Bauman, Z.: Liquid Modernity. Cambridge (Polity Press) 2000
Bauman, Z.: The Individualized Society. Cambridge (Polity Press) 2001
Baumert, J. u.a.: TIMSS. Mathematisch-naturwissenschaftlicher Unterricht im internationalen Vergleich. Opladen (Leske und Budrich) 1997
Baumert, J./Bos, W./Lehmann, R. (Hrsg.): TIMSS/III. Dritte Internationale Mathematik- und Naturwissenschaftsstudie: Mathematische und naturwissenschaftliche Bildung am Ende der Schullaufbahn. Opladen (Leske und Budrich) 2000
Baumert, J./Klieme, E./Neubrand, M./Prenzel, M./Schiefele, U./Schneider, W./Stanat, P./Tillmann, K.J./Weiß, M. (Hrsg.): PISA 2000: Basiskompetenzen von Schülerinnen und Schülern im internationalen Vergleich. Opladen (Leske und Budrich) 2001
Baxter Magolda, M.B.: Creating Contexts for Learning and Self-Authorship. Nashville (Vanderbilt University Press) 1999
Beck, U.: Risikogesellschaft. Frankfurt a.M. (Suhrkamp) 1986
Beck, U./Giddens, A./Lash, S.: Reflexive Modernisierung. Frankfurt a.M. (Suhrkamp) 1996
Berger, P.L./Luckmann, T.: Die gesellschaftliche Konstruktion der Wirklichkeit. Frankfurt a.M. (Fischer) 1995^7
Berlyne, D.E.: Konflikt, Erregung, Neugier. Stuttgart (Klett) 1974
Blankertz, H.: Theorien und Modelle der Didaktik. München (Juventa) 1969
Böhme, H.: Natur und Subjekt. Frankfurt a.M. (Suhrkamp) 1988
Böhme, H./Böhme, G.: Das Andere der Vernunft. Frankfurt a.M. (Suhrkamp) 1992^2

Böhme, H./Böhme, G.: Feuer Wasser Erde Luft. Kulturgeschichte der Naturwahrnehmung in den Elementen. München 1996
Bönsch, M.: Variable Lernwege – Ein Lehrbuch der Unterrichtsmethoden. Paderborn (Schöningh) 1995²
Boettcher, W. u.a.: Lehrer und Schüler machen Unterricht. München (Urban und Schwarzenberg) 1976
Bohnsack, F.: Erziehung zur Demokratie. John Deweys Pädagogik und ihre Bedeutung für die Reform unserer Schule. Ravensburg (Otto Maier) 1976
Bourdieu, P.: Die feinen Unterschiede. Kritik der gesellschaftlichen Urteilskraft. Frankfurt a.M. (Suhrkamp) 1987
Bourdieu, P.: Homo academicus. Frankfurt a.M. (Suhrkamp) 1992
Bourdieu, P.: Sozialer Sinn. Frankfurt a.M. (Suhrkamp) 1993
Bourdieu, P./Passeron, J.-C.: Illusion der Chancengleichheit. Frankfurt a.M. (Suhrkamp) 1971
Brandau, H. (Hg.): Supervision aus systemischer Sicht. Salzburg (Müller) 1991²
Bruner, J.S.: Child's talk – learning to use language. Oxford (University Press) 1983
Bruner, J.S.: Vygotsky's zone of proximal development: The hidden agenda. In: Rogoff, B./Wertsch, J.V. (Ed.): Children's learning in the »zone of proximal development«. San Francisco (Jossey-Bas) 1984
Bruner, J.S.: Acts of meaning. Cambridge (Harvard University Press) 1990
Bruner, J.S.: The culture of education. Cambridge (Harvard University Press) 1996
Bruner, J.S./Haste, H.: Making sense: The child's construction of the world. London (Methuen) 1987
Burckhart, H./Reich, K.: Begründung von Moral. Diskursethik versus Konstruktivismus – eine Streitschrift. Würzburg (Könighausen und Neumann) 2000
Burkard, Ch./Eikenbusch, G.: Praxishandbuch Evaluation in der Schule. Berlin 2000
Butler, J.: Gender Trouble. London (Routledge) 1990
Butler, J.: Bodies That Matter. London (Routledge) 1993
Butterwegge, C. (Hg.): Kinderarmut in Deutschland. Frankfurt a.M. (Campus) 2000
Butterwegge, C./Klundt, M. (Hg.): Kinderarmut und Generationengerechtigkeit. Opladen (Leske und Budrich) 2001
Cech, D., u.a. (Hg.): Die Aktualität der Pädagogik Martin Wagenscheins für den Sachunterricht. Bad Heilbrunn (Klinkhardt) 2001
Clancey, W.J.: Situated cognition: On human knowledge and computer representation. Cambridge (Cambridge University Press) 1997
Claussen, C. (Hg.): Handbuch Freie Arbeit. Weinheim (Beltz) 1995
Cobern, W.: Contextual constructivism: The impact of culture on the learning and teaching of science. In: Tobin 1993
Collins, A./Brown, J.S./Newman, S.E.: Cognitive apprenticeship: Teaching the crafts of reading, writing and mathematics. In: Resnick, L.B. (Ed.): Knowing, learning and instruction. Hilsdale New York (Erlbaum) 1989
Collins, A.: Cognitive apprenticeship and instructional teaching. In: Idol, L./Jones, B.F. (Eds): Educational values and cognitive instruction: Implications for the reform. Hilsdale New York (Erlbaum) 1991
Collmar, N.: Die Lehrkunst des Erzählens. Expression und Imagination. In: Feuser, P./Madelung, E. (Hg.) Vorstellungen bilden. Beiträge zum imaginären Lernen. Velber 1996
Csikszentmihalyi, M.: Das Flow-Erlebnis. Stuttgart (Klett-Cotta) 1985
Csikszentmihalyi, M.: Kreativität. Stuttgart (Klett-Cotta) 2001⁵
Dalin, P.: Theorie und Praxis der Schulentwicklung. Neuwied u.a. (Luchterhand) 1999
Deci,, E.L./Ryan, R.M.: Die Selbstbestimmungstheorie der Motivation und ihre Bedeutung für die Pädagogik, in: Zeitschrift für Pädagogik 1993, Heft 2
Degendorfer, W./Reisch, R./Schwarz, G.: Qualitätsmanagement und Schulentwicklung. Theorie – Konzept – Praxis. Wien 2000

Devereux, G.: Angst und Methode in den Verhaltenswissenschaften, München (Hanser) 1967
Dewey, J./Kilpatrick, W. H.: Der Projektplan – Grundlegung und Praxis. (Hermann Böhlaus Nachfolger) 1935
Dewey, J.: Democracy and Education. In: The Middle Works 1899–1924, Vol. 9, Carbondale/Edwardsville (Southern Illinois University Press) 1985
Dewey, J.: Monastery, Bargain Counter, or Laboratory in Education. In: The Later Works 1925–53, Vol. 6, Carbondale/Edwardsville (Southern Illinois University Press) 1989
Dewey, J.: Experience and Education. In: The Later Works 1925–53, Vol. 13, Carbondale/Edwardsville (Southern Illinois University Press) 1991
Diesbergen, C.: Radikal-konstruktivistische Pädagogik als problematische Konstruktion. Eine Studie zum Radikalen Konstruktivismus und seiner Anwendung in der Pädagogik. Frankfurt/M. (Lang) 1998
Di Pietro, R.: Strategic Interaction: Learning Languages through Scenarios (New directions in language teaching) Cambridge/New York (Cambridge University Press) 1987
Döring, K.W.: Lehrerverhalten – ein Lehr- und Arbeitsbuch. Weinheim (Beltz) 1992^{10}
Drew, P./Wooton A. (eds.) Erving Goffman. Exploring the Interaction Order. Baskerville (Polity Press) 1988
Driver, R./Easley, J.: Pupils and paradigms: A review of literature related to concept development in adolescent science students. In: Studies in Science Education, 5/1978, 61–84
Driver, R./Oldham, V.: A constructivist approach to curriculum development in science. In: Studies in Science Education, 13/1986, 105–122
Dubs, R.: Konstruktivismus: Einige Überlegungen aus der Sicht der Unterrichtsgestaltung. In: Zeitschrift für Pädagogik 41/1995, 889–903
Edelman, G.M./Tononi, G.: Consciousness. How Matter becomes Imagination. London (Penguin) 2000
Ehinger, W./Hennig, C.: Praxis der Lehrersupervision. Weinheim (Beltz) 1994
Elias, N.: Über den Prozess der Zivilisation. 2 Bde, Frankfurt a.M. (Suhrkamp) 1976
Elias, N.: Die höfische Gesellschaft. Frankfurt a.M. (Suhrkamp) 1983
Elias, N.: Die Gesellschaft der Individuen. Frankfurt a.M. (Suhrkamp) 1988^3
Elias, N.: Engagement und Distanzierung. Frankfurt a.M. (Suhrkamp) 1990^2
Ehrhard, Th.: Metakognition im Unterricht. Optimierung des Problemlöseverhaltens durch selbstreflexive Prozesse. Frankfurt a.M. 1995
Fend, H.-G.: Wandel durch Selbstorganisation. Weinheim (Juventa) 1993
Fengler, J.: Feedback geben. Weinheim und Basel (Beltz) 1998
Fink-Eitel, H./Lohmann, G. (Hg.): Zur Philosophie der Gefühle. Frankfurt a.M. (Suhrkamp) 1993
Finkel, D.L.: Teaching with your Mouth Shut. Portsmouth, NH (Boynton/Cook Publishers) 2000
Fischer, H.R. (Hg.): Autopoiesis. Eine Theorie im Brennpunkt der Kritik. Heidelberg (Auer) 1991
Fischer, H.R., u.a. (Hg.): Das Ende der großen Entwürfe. Frankfurt a.M. (Suhrkamp) 1992
Fischer, H.R. (Hg.): Die Wirklichkeit des Konstruktivismus. Heidelberg (Auer) 1995
Foerster, H. von: Wissen und Gewissen. Frankfurt a.M. (Suhrkamp) 1993
Fosnot, C.T.: Rethinking science education: A defence of Piagetian constructivism. In: Journal of Research in Science Teaching, 30/1993, 1189–1201
Fosnot, C.T. (Ed.): Constructivism. Theory, Perspectives, and Practice. New York/London (Teachers College/Columbia University) 1996
Foucault, M.: Dispositive der Macht. Über Sexualität, Wissen und Wahrheit. Berlin (Merve) 1978
Foucault, M.: Die Ordnung der Dinge. Frankfurt a.M. (Suhrkamp) 1993^{12}a
Foucault, M. u.a.: Technologien des Selbst. Frankfurt a.M. (Fischer) 1993b
Freinet, C.: Die moderne französische Schule. Paderborn (Schöningh) 1979
Freinet, C.: Pädagogische Texte. Hrsg. von Boehncke, H./Hennig, H. Reinbek (Rowohlt) 1980
Freudenreich D. : Rollenspiel, Praxishandbuch, Hannover 1980
Frey, K.: Die Projektmethode. Weinheim u.a. (Beltz) 1995

Friedlmeier, W./Holodynski, M. (Hg.): Emotionale Entwicklung. Heidelberg/Berlin (Spektrum Akademischer Verlag) 1999
Gardner, H.: The Unschooled Mind: How children think and how schools should teach. New York (Basic Books) 1991
Gardner, H.: Frames of Mind: The theory of multiple intelligences. New York (Basic Books) 1993[10]a
Gardner, H.: Multiple Intelligences: The theory in practice. New York (Basic Books) 1993b
Gardner, H.: So gut wie Einstein. Schlüssel zum kreativen Denken. Stuttgart (Klett-Cotta) 1996
Gardner, H.: Extraordinary Minds: Portraits of Exceptional Individuals and an Examination of our Extraordinariness. New York (Basic Books) 1997
Gardner, H.: Kreative Intelligenz. Frankfurt a.M./New York (Campus) 1999a
Gardner, H. (1999). Intelligence reframed. New York (Basic Books) 1999b
Gardner, H.: Changing minds: The art and science of changing our own and other people's minds. Boston (Harvard Business School Press) 2004
Gardner, H.: Las cincos mentes del futuro: Un ensayo educativo. Paidos Asterico. 2005
Gardner, H., Csikszentmihalyi, M., and Damon, W.: Good Work: When Excellence and Ethics Meet. New York (Basic Books) 2001
Garfinkel, H.: Studies in Ethnomethodology. Oxford (Polity Press) 1984
Garrison, J.: Realism, Deweyan pragmatism, and educational research. In: Educational Researcher, 23, 5–14, 1994
Garrison, J.: Toward a pragmatic social constructivism. In: Larochelle, M./ Bednarz, N./ Garrison, J. (ed.): Constructivism and education. Cambridge (University Press) 1998a
Garrison,. J.: John Dewey's Philosophy as Education. In: Hickman, L. (Ed.): Reading Dewey. Bloomington (Indiana University Press) 1998b
Gergen, K.J.: The Saturated Self. USA (Basic Books) 1991
Gergen, K.J.: Realities and relationships: Soundings in social construction. Cambridge, MA 1994
Gergen, K.J.: An invitation to social construction. London 1999
Gethmann, C.F.: Protologik. Frankfurt a.M. (Suhrkamp) 1979
Gethmann, C.F. (Hg.): Lebenswelt und Wissenschaft. Bonn (Bouvier) 1991
Giddens, A.: Konsequenzen der Moderne. Frankfurt a.M. (Suhrkamp) 1996
Giroux, Henry A.: Border Crossings. Cultural Workers and the Politics of Education. New York/London (Routledge) 1992
Giroux, Henry A.: Living Dangerously. Multiculturalism and the Politics of Difference. New York u.a. (Lang) 1993
Giroux, Henry A.: Disturbing Pleasures. Learning Popular Culture. New York/London (Routledge) 1994
Giroux, Henry A./McLaren, Peter (Eds.): Between Borders. Pedagogy and the Politics of Cultural Studies. New York/London (Routledge) 1994
Glasersfeld, E. von: Radikaler Konstruktivismus. Ideen, Ergebnisse, Probleme. Frankfurt a.M. (Suhrkamp) 1996
Glasersfeld, E. von: Wege des Wissens. Heidelberg (Auer) 1997
Glasersfeld, E. von: Die radikal-konstruktivistische Wissenstheorie. In: Ethik und Sozialwissenschaften, 9/1998, Heft 4
Goffman, E.: The Presentation of Self in Everyday Life. New York (Doubleday and Anchor Books) 1959
Goffman, E.: Behavior in Public Places. New York (Free Press) 1963
Goffman, E.: Das Individuum im öffentlichen Austausch. Frankfurt a.M. (Suhrkamp) 1974
Goffman, E.: Wir alle spielen Theater. München (Piper) 1983
Goffman, E.: Über Ehrerbietung und Benehmen (in: Interaktionsrituale). Frankfurt (Suhrkamp) 1996[4]
Golemann, D.: Emotionale Intelligenz. München/Wien (Hanser) 1996
Goodman, N.: Weisen der Welterzeugung. Frankfurt a.M. (Suhrkamp) 1984

Greeno, J.G.: Gibson's affordance. Psychological review 1001/1994, 336–342
Greif, S./Kurtz, H.-J. (Hg.): Handbuch Selbstorganisiertes Lernen. Göttingen (Verlag für Angewandte Psychologie) 1998²
Gruber, H.: Erfahrung als Grundlage kompetenten Handelns. Bern (Huber) 1999
Gruber, H./Mandl, H./Renkl, A.: Was lernen wir in Schule und Hochschule: Träges Wissen? In: Mandl, H./Gerstenmeier, J. (Hg.): Die Kluft zwischen Wissen und Handeln. Empirische und theoretische Befunde. Göttingen (Hogrefe) 2000
Grunder, H.-U./Bohl, T. (Hg.): Neue Formen der Leistungsbeurteilung in der Sekundarstufe I und II. Baltmannsweiler (Schneider) 2001
Grundmann, M. (Hg.): Konstruktivistische Sozialisationsforschung. Frankfurt a.M. (Suhrkamp) 1999
Grune, C.: Lernen in Computernetzen. München (kopaed) 2000
Gudjons, H.: Das Projektbuch. Theorie – Praxisbeispiele – Erfahrungen. Hamburg (Bergmann und Helbig) 1988
Gudjons, H.: Spielbuch Interaktionserziehung. Bad Heilbrunn (Klinkhardt) 1995⁶
Gudjons, H.: Handlungsorientiert lehren und lernen. Schüleraktivierung – Selbständigkeit – Projektarbeit. Bad Heilbrunn (Klinkhardt) 1997
Gudjons, H. u.a.: Frontalunterricht – gut gemacht. In: Pädagik, 50. Jg. 1998, Heft 5
Gugel, G.: Methoden-Manual I: Neues Lernen. Weinheim/Basel (Beltz) 1997
Gugel, G.: Methoden-Manual II: Neues Lernen. Weinheim/Basel (Beltz) 1998
Guilford, J.P.: Creativity. American Psychologist, 5/1950, 444–454
Habermas, J.: Nachmetaphysisches Denken. Frankfurt a.M. (Suhrkamp) 1992
Hacking, I.: The social construction of what? Cambridge, MA 1999
Hall, S./Held, D./McGrew, A. (ed): Modernity and its Futures, Cambridge (Polity Press) 1992a
Hall, S./Gieben, B. (Ed): Formations of Modernity, Cambridge (Polity Press) 1992b
Hall, S.: Race, Culture and Communications. Looking Backward and Forward at Cultural Studies. Rethinking Marxism 5: 10–18, 1992c
Hall, S./du Gay, P. (ed.): Questions of Cultural Identity. London/Thousand Oaks/New Dehli (Sage) 1996
Hall, S. (Ed.): Representation. London, Thousand Oakes/New Dehli (Sage) 1997
Hargens, J./Schlippe, A. von (Hg.): Das Spiel der Ideen. Reflektierendes Team und systemische Praxis. Dortmund (borgmann) 1998
Hartmann, D./Janich, P. (Hg.): Methodischer Kulturalismus. Zwischen Naturalismus und Postmoderne. Frankfurt a.M. (Suhrkamp) 1996
Hartmann, D./Janich, P. (Hg.): Die Kulturalistische Wende. Zur Orientierung des philosophischen Selbstverständnisses. Frankfurt a.M. (Suhrkamp) 1998
Hasenfratz, M.: Wege zur Zeit. Reihe: Interaktionistischer Konstruktivismus Bd. 2. Münster u.a. (Waxmann) 2003
Heckmair, B./Michl, W.: Erleben und Lernen. Einstieg in die Erlebnispädagogik. Neuwied u.a. (Luchterhand) 2002⁴
Hegel, G.W.F.: Phänomenologie des Geistes. In: Werke in 20 Bänden, Bd. 3. Frankfurt a.M. (Suhrkamp) 1970
Heimann, P.: Didaktik als Unterrichtswissenschaft. Hrsg. Von Reich, K. und Thomas, H. Stuttgart (Klett) 1976
Hentig, H. von: Kreativität. Hohe Erwartungen an einen schwachen Begriff. Weinheim (Beltz) 2000
Hickman, L./Neubert, S,/Reich, K. (Hg.): John Dewey: zwischen Pragmatismus und Konstruktivismus. Reihe: Interaktionistischer Konstruktivismus Bd. 1. Münster (Waxmann) 2004
Holzkamp, K.: Lernen. Subjektwissenschaftliche Grundlegung. Frankfurt a.M./New York (Campus) 1995
Hutmacher, W./Cochrane, D./Bottani, N. (Ed.): In Pursuit of Equity in Education. Dordrecht/Boston/London (Kluwer) 2001

Jank, W., Meyer, H.: Didaktische Modelle. Frankfurt a.M. (Cornelsen) 1991 (2002^5)
Janich, P.: Konstruktivismus und Naturerkenntnis. Frankfurt a.M. (Suhrkamp) 1996
Janich, P.: Wechselwirkungen. Zum Verhältnis von Kulturalismus, Phänomenologie und Methode. Würzburg (Könighausen und Neumann) 1999
Janich, P.: Vom Handwerk zum Mundwerk. Grundzüge von Konstruktivismus und Kulturalismus. In: Wallner, F./Agnese, R. (Hg.): Konstruktivismen. Wien (Braumüller) 2001a
Janich, P.: Logisch-pragmatische Propädeutik. Weilerswist (Velbrück) 2001b
Jürgens, E.: Die »neue« Reformpädagogik und die Bewegung offener Unterricht. St. Augustin (Academia Verlag) 1995^2
Kaiser, F.-J.: Die Fallstudie. Bad Heilbrunn (Klinkhardt) 1983
Kamlah, W./Lorenzen, P.: Logische Propädeutik. Mannheim/Wien/Zürich 1967
Keller, H./Voss, H.-G.: Neugier und Exploration. Stuttgart (Kohlhammer) 1976
Kelly, G.A.: Die Psychologie der persönlichen Konstrukte. Paderborn (Junfermann) 1986
Klafki, W.: Didaktische Analyse als Kern der Unterrichtsvorbereitung. In: Klafki, W. u.a.: Didaktische Analyse. Hannover (Schroedel) 1962
Klafki, W.: Studien zur Bildungstheorie und Didaktik. Weinheim (Beltz) 1963
Klafki, W.: Aspekte kritisch-konstruktiver Erziehungswissenschaft. Weinheim (Beltz) 1976
Klafki, W.: Neue Studien zur Bildungstheorie und Didaktik. Weinheim (Beltz) 1985
Klein, K./Oettinger, U.: Konstruktivismus. Die neue Perspektive im (Sach-)Unterricht. Baltmannsweiler (Schneider) 2000
Klippert, H.: Methodentraining. Weinheim/Basel (Beltz) 1996a
Klippert, H.: Planspiele. Weinheim/Basel (Beltz) 1996b
Klippert, H.: Teamentwicklung im Klassenraum. Weinheim/Basel (Beltz) 1998
Klippert, H.: Kommunikationstraining. Weinheim/Basel (Beltz) 1999
Klippert, H.: Eigenverantwortliches Arbeiten und Lernen. Weinheim/Basel (Beltz) 2001
Knorr-Cetina, K.: Die Fabrikation von Erkenntnis. Frankfurt a.M. (Suhrkamp) 1984
Koch, J./Selka, R.: Leittexte – ein Weg zu selbständigem Lernen. Bonn (Bundesinstitut für berufliche Bildung) 1991^2
Kornhaber, M./Fierros, E./Veenema, S.: Multiple Intelligences. Best Ideas form Research and Practice. Boston (Allyn and Bacon) 2003
Kösel, E.: Modellierung von Lernwelten. Elztal-Dallau 1997
Kraus, W.: Das erzählte Selbst. Die narrative Konstruktion von Identität in der Spätmoderne. Pfaffenweiler (Centaurus) 1996
Krieger, C.G.: Mut zur Freiarbeit. Praxis und Theorie für die Sekundarstufe. Hohengehren (Schneider) 1994
Krüssel, H.: Konstruktivistische Unterrichtsforschung. Frankfurt a.M. 1993
Laclau, E./Mouffe, C.: Hegemonie und radikale Demokratie. Zur Dekonstruktion des Marxismus. Wien (Passagen) 1991 (Orig.: Hegemony and Socialist Strategy. Towards a radical democratic politics, 1985)
Lambert, L. u.a.: The Constructivist Leader. New York/London (Teachers College Press, Columbia University) 1995
Lambert, L. u.a.: Who will save our Schools? Teachers as Constructivist Leaders. Thousand Oaks, California (Sage/Corwin Press) 1996
Larochelle, M./Bednarz, N./Garrison, J. (ed.): Constructivism and education. Cambridge (University Press) 1998
Lave, J.: Cognition in practice: Mind, mathematics and culture in everyday life. Cambridge (Cambridge University Press) 1988
Lave, J./Wenger, E.: Situated learning: Legitimate peripheral participation. Cambridge (Cambridge University Press) 1991

Law, L.-C.: Die Überwindung der Kluft zwischen Wissen und Hndeln aus situativer Sicht. In: Mandl, H./Gerstenmeier, J. (Hg.): Die Kluft zwischen Wissen und Handeln. Empirische und theoretische Befunde. Göttingen (Hogrefe) 2000
Lorenzen, P.: Konstruktive Wissenschaftstheorie. Frankfurt a.M. (Suhrkamp) 1974
Lorenzen, P./Schwemmer, O.: Konstruktive Logik, Ethik und Wissenschaftstheorie. Mannheim/Wien/Zürich 1975^2
Luhmann, N.: Erkenntnis als Konstruktion. Bern (Benteli) 1988
Mandl, H./Reinmann-Rothmeier, G.: Unterrichten und Lernumgebungen gestalten. Forschungsbericht Nr. 60 der Ludwig-Maximilians-Universität München, Institut für Pädagogische Psychologie und empirische Pädagogik, 1995
Mandl, H./Gerstenmeier, J. (Hg.): Die Kluft zwischen Wissen und Handeln. Empirische und theoretische Befunde. Göttingen (Hogrefe) 2000
Maag Merki, K./Büeler, X./Schuler, P. (Hg.): Selbstevaluation. Berichte aus dem Forschungsbereich Schulqualität & Schulentwicklung. Zürich (Forschungsbereich Schulqualität & Schulentwicklung, Pädagogisches Institut, Universität Zürich) 2001
Marlowe, B.A./Page, M.L.: Creating and Sustaining the Constructivist Classroom. Thousand Oaks, California (Sage/Corwin Press) 1998
Maturana, H.: Erkennen: Die Organisation und Verkörperung von Wirklichkeit. Braunschweig (Vieweg) 1982
Maturana, H./Varela, F.: Der Baum der Erkenntnis, München (Scherz) 1987
Metaplan Gesprächstechnik. Quickborn (Metaplan) o.J.
Meyer, H.: Unterrichtsmethoden I.: Theorieband. Berlin (Cornelsen Scriptor) 1994^6
Meyer, H.: Unterrichtsmethoden II.: Praxisband. Berlin (Cornelsen Scriptor) 1994^6
Miller, R.: Beziehungsdidaktik. Weinheim/Basel (Beltz) 1998
Miller, R.: Lern-Wanderung. Basiselemente, Reflexionen und Trainingselemente zum Thema Lernen und Lehren. Weinheim/Basel (Beltz) 2001
Mittelstraß, J.: Die Möglichkeit von Wissenschaft. Frankfurt a.M. (Suhrkamp) 1974
Mittelstraß, J.: Die Häuser des Wissens. Frankfurt a.M. (Suhrkamp) 1998
Mouffe, C.: The Return of the Political. London/New Yxork (Verso) 1997^2
Mouffe, C. (Hg.): Dekonstruktion und Pragmatismus. Demokratie, Wahrheit und Vernunft. Wien (Passagen) 1999
Neubert, S.: Erkenntnis, Verhalten und Kommunikation. John Deweys Philosophie des »Experience« in interaktionistisch-konstruktivistischer Interpretation. Münster (Waxmann) 1998
Neubert, S./Reich, K.: Die konstruktivistische Erweiterung der Diskurstheorie: eine Einführung in die interaktionistisch-konstruktive Sicht von Diskursen. In: Burckhart, H. u.a. (Hg.): Die Idee des Diskurses. Interdisziplinäre Annäherungen. Markt Schwaben 2000
Neubert, S./Reich, K./Voß, R.: Lernen als konstruktiver Prozess. In: Hug, T. (Hg): Wie kommt die Wissenschaft zu ihrem Wissen? Bd. 1. Baltmannsweiler (Schneider) 2001
Niggli, A.: Lernarrangements erfolgreich planen. Aarau (Sauerländer) 2000
Oerter, R./Montada, L. (Hg.): Entwicklungspsychologie. Weinheim (Beltz/PVU) 1995^4
Oettinger, U./Klein, K.: Sachunterricht konstruktivistisch begreifen. Hohengehren (Schneider) 2001
Ormrod, J.E.: Human Learning. Columbus, Ohio (Pearson) 2004^4
Ormrod, J.E.: Educational Psychology. Developing Learners. Upper Saddle River, New Jersey (Pearson) 2006^5
Otto, G.: Didaktik der Ästhetischen Erziehung. Braunschweig 1976^2
Otto, J./Euler, H.A./Mandl, H. (Hg.): Emotionspsychologie. Ein Handbuch. Weinheim (Psychologie Verlags Union) 2000
Pädagogisches Institut der Universität Zürich, Forschungsbereich Schulqualität und Schulentwicklung (Hg.): Auf dem Weg zur Spitze – Qualitätsentwicklung im Bildungswesen. FS&S Nr. 4, 4/1999

Pädagogisches Institut der Universität Zürich, Forschungsbereich Schulqualität und Schulentwicklung (Hg.): Fünf Jahre FS&S! Fünf Jahre FQS? FS&S Nr. 5, 5/2000
Peterßen, W.H.: Kleines Methoden-Lexikon. München (Oldenbourg) 1999
Piaget, J.: Das Erwachen der Intelligenz beim Kinde. Stuttgart (Klett) 1969 (Gesammelte Werke Bd. 1)
Piaget, J.: Der Aufbau der Wirklichkeit beim Kinde. Stuttgart (Klett) 1974 (Ges. Werke Bd. 2)
Piaget, J./Inhelder, B.: Die Psychologie des Kindes. München (dtv) 1986
Piaget, J.: Das Weltbild des Kindes. München (dtv) 1988
Planspiele im Internet. Hrsg. von den Beruflichen Fortbildungszentren der Bayrischen Wirtschaft. Bielefeld (Bertelsmann) 2001
Pohl-Mayerhofer, R./Mayer, J.: Rollenspiel für die Grundschule und Kindergruppen. München 1976
Popkewitz, T.S./Franklin, B.M./Pereyra, M.A. (Ed.): Cultural History and Education. New York/London (Rotledge Falmer) 2001
Putnam, H.: Von einem realistischen Standpunkt. Reinbek (Rowohlt) 1993
Reich, K.: Theorien der Allgemeinen Didaktik. Stuttgart (Klett) 1977
Reich, K.: Unterricht – Bedingungsanalyse und Entscheidungsfindung. Stuttgart (Klett-Cotta) 1979
Reich, K.: Die Ordnung der Blicke. Band 1: Beobachtung und die Unschärfen der Erkenntnis. Neuwied u.a. (Luchterhand) 1998a
Reich, K.: Die Ordnung der Blicke. Band 2: Beziehungen und Lebenswelt. Neuwied u.a. (Luchterhand) 1998b
Reich, K.: Das Imaginäre in der systemisch-konstruktivistischen Didaktik. In: Voß, R. (Hg.): Schul-Visionen. Heidelberg (Auer) 1998c
Reich, K.: Konstruktivistische Didaktik. In: Pädagogik, Heft 7/8, 1998d
Reich, K.: Konstruktivistische Unterrichtsmethoden. In: System Schule, Heft 1, 1998e
Reich, K.: Systemisch-konstruktivistische Didaktik. In: Voß, R. (Hg.): Die Schule neu erfinden. Neuwied (Luchterhand) 1999³a
Reich, K. Krisen des Imaginären in der Zivilgesellschaft. Eine Analyse am Beispiel von Max Weber und Jean Baudrillard. In: Bukow, W.-D./Ottersbach, M. (Hg.): Die Zivilgesellschaft in der Zerreißprobe. Opladen (Leske und Budrich) 1999b
Reich, K.: Interaktionistischer Konstruktivismus – ein Versuch, die Pädagogik neu zu erfinden. In: System Schule, Heft 3, 1999c
Reich, K.: Interaktionistisch-konstruktive Kritik einer universalistischen Begründung von Ethik und Moral. In: Burckhart, H./Reich, K.: Begründung von Moral: Diskursethik versus Konstruktivismus. Würzburg (Königshausen und Neumann) 2000
Reich, K.: Konstruktivistische Ansätze in den Sozial- und Kulturwissenschaften. In: Hug, T. (Hg.): Wie kommt die Wissenschaft zu ihrem Wissen? Bd. 4. Baltmannsweiler (Schneider) 2001a
Reich, K.: Konstruktivismen aus kultureller Sicht: Zur Position des Interaktionistischen Konstruktivismus. In: Wallner,f.G./Agnese, B. (Hg.): Konstruktivismen. Eine kulturelle Wende. Wien (Braumüller) 2001b
Reich, K.: Fragen zur Bestimmung des Fremden im Konstruktivismus. In: Neubert, S./Roth, H.-J./Yildiz, E. (Hg.): Multikulturalität in der Diskussion. Opladen (Leske und Budrich) 2002a
Reich, K.: Realität im Konstruktivismus. In: url: http://konstruktivismus.uni-koeln.de 2002b
Reich, K.: Muss ein Kunstdidaktiker Künstler sein? Konstruktivistische Überlegungen zur Kunstdidaktik. In: Buschkühle, C.-P. (Hg.): Perspektiven künstlerischer Bildung. Köln (Salon Verlag) 2002 c
Reich, K.: Beobachter, Teilnehmer und Akteure. Zur Beobachtertheorie im Pragmatismus und Konstruktivismus. In: Hickman, L./Neubert, S,/Reich, K. (Hg.): John Dewey: zwischen Pragmatismus und Konstruktivismus. Reihe: Interaktionistischer Konstruktivismus Bd. 1. Münster (Waxmann) 2004
Reich, K.: Systemisch-konstruktivistische Pädagogik. Weinheim/Basel (Beltz) 2005⁵
Reich, K./Wei, Y.: Beziehungen als Lebensform. Philosophie und Pädagogik im alten China. Münster (Waxmann) 1997

Reich, K./Roth, H.-J.: Last und Lust am Lesen und Schreiben – eine konstruktivistische Interpretation. In: Balhorn, H./Giese, H./Osburg, C. (Hg.): Betrachtungen über Sprachbetrachtungen. Grammatik und Unterricht. Seelze (Kallmeyer) 2000

Reich, K./Sehnbruch, L./Wild, R.: Medien und Konstruktivismus – Eine Einführung in die Simulation als Kommunikation. Münster (Waxmann) 2005

Reinhard, M.: Legasthenie und Dyskalkulie. Mögliche Muster ihrer Selbstorganisation. In: Rotthaus, W. (Hg.): Systemische Kinder- und Jugendlichenpsychotherapie. Heidelberg (Auer) 2001

Reinmann-Rothmeier, G./Mandl, H.: Wissen und Handeln. Eine theoretische Standortbestimmung. Forschungsbericht Nr. 70 der Ludwig-Maximilians-Universität München, Institut für Pädagogische Psychologie und empirische Pädagogik, 1996

Reinmann-Rothmeier, G./Mandl, H.: Lehren im Erwachsenenalter. Auffassungen vom Lehren und Lernen, Prinzipien und Methoden. In: Weinert, F./Mandl, H. (Hg.): Psychologie der Erwachsenenbildung. D/I/4, Enzyklopädie der Psychologie. Göttingen (Hogrefe) 1997

Reinmann-Rothmeier, G./Mandl, H.: Implementation konstruktivistischer Lernumgebungen – revolutionärer Wandel oder evolutionäre Veränderung. Forschungsbericht Nr. 100 der Ludwig-Maximilians-Universität München, Institut für Pädagogische Psychologie und empirische Pädagogik, 1998

Reinmann-Rothmeier, G./Mandl, H.: Individuelles Wissensmanagement. Bern/Göttingen/Toronto/Seattle (Hans Huber) 2000

Resnick, L.B.: Shared cognition: Thinking as social practice. In: Resnick, L.B./Levine, J.M./Teasley, S.D. (Eds.): Perspectives on socialy shared cognition. Washington DC (American Psychological Association) 1991

Rogoff, B.: Apprenticeship in thinking: Cognitive development in social context. New York (Oxford University Press) 1990

Rolff, H.G.: Wandel durch Selbstorganisation. Weinheim (Juventa) 1993

Rolff, H.G./Kempfert, G.: Pädagogische Qualitätsentwicklung. Ein Arbeitsbuch für Schule und Unterricht. Weinheim und Basel (Beltz) 1999

Rorty, R.: Solidarität oder Objektivität? Stuttgart (Reclam) 1988

Rorty, R.: Kontingenz, Ironie und Solidarität. Frankfurt a.M. (Suhrkamp) 1991

Rorty, R.: Der Spiegel der Natur. Eine Kritik der Philosophie. Frankfurt a.M. (Suhrkamp) 1992^2

Roth, H.: Pädagogische Psychologie des Lehrens und Lernens. Hannover (Schroedel) 1957

Roth, H.: Pädagogische Anthropologie Bd. 1: 1966 und Bd. 2: 1971. Hannover (Schroedel)

Roth, H.: Begabung und Lernen. Stuttgart 1976^{10}

Rotter, J.B.: Generalized expectancies for internal versus external control of reinforcement. Psychological Monographs, 80 (1), Whole No. 609, 1966

Rotthaus, W.: Wozu erziehen? Entwurf einer systemischen Erziehung. Heidelberg (Auer) 1998

Rottluff, J.: Selbständig lernen. Arbeiten mit Leittexten. Weinheim (Beltz) 1992

Rustemeyer, D.: Stichwort: Konstruktivismus in der Erziehungswissenschaft. In: Zeitschrift für Erziehungswissenschaft 1999, Heft 4

Scheunpflug, A.: Systemtheorie und Pädagogik. In: Zeitschrift für Erziehungswissenschaft 1998, Heft 4

Scheunpflug, A.: Evolutionäre Didaktik. Unterricht aus evolutions- und systemtheoretischer Perspektive. Weinheim (Beltz) 2000

Scheunpflug, A.: Biologische Grundlagen des Lernens. Berlin (Cornelsen Scriptor) 2001

Schlippe, A. von/Schweitzer, J.: Lehrbuch der systemischen Therapie und Beratung. Göttingen (Vandenhoeck u. Ruprecht) 1996

Schmid, W.: Auf der Suche nach einer neuen Lebenskunst: Die Frage nach dem Grund und die Neubegründung der Ethik bei Foucault. Frankfurt a.M. (Suhrkamp) 1991 (Neuauflage 2000)

Schmid, W.: Philosophie der Lebenskunst: Eine Grundlegung. Frankfurt a.M. (Suhrkamp)2001^8a

Schmid, W.: Schönes Leben? Einführung in die Lebenskunst. Frankfurt a.M. (Suhrkamp) 2001^3b

Schmidt, S.J. (Hg.): Der Diskurs des radikalen Konstruktivismus, Frankfurt a.M. (Suhrkamp) 1987

Schmidt, S.J. (Hg.): Kognition und Gesellschaft. Der Diskurs des radikalen Konstruktivismus 2. Frankfurt a.M. (Suhrkamp) 1992

Schmidt, S.J.: Kognitive Autonomie und soziale Orientierung. Konstruktivistische Bemerkungen zum Zusammenhang von Kognition, Kommunikation, Medien und Kultur. Frankfurt a.M. (Suhrkamp) 1994

Schmidt. S.J.: Geschichten & Diskurse. Abschied vom Konstruktivismus. Reinbek (Rowohlt) 2003

Schmidt, S.J.: Lernen, Wissen, Kompetenz, Kultur. Vorschläge zu einer Bestimmung von vier Unbekannten. Heidelberg (Auer) 2005

Schnelle, E.: Metaplanung. Quickborn (Metaplan) 1976

Schnelle-Cölln, T.: Visualisierung. Quickborn (Metaplan) 1983

Schnepf, S.V.: A Sorting Hat that fails? The Transition from Primary to Secondary School in Germany. Innocenti Working Paper No. 92. Florence (UNICEF Innocenti Research Centre) 2002

Schratz, M./Steiner-Löffler, U.: Die lernende Schule. Weinheim/Basel (Beltz) 1998

Schulz, W.: Unterrichtsplanung. München (Urban und Schwarzenberg) 1979

Schulz von Thun, F.: Miteinander reden: Störungen und Klärungen. Reinbek (Rowohlt) 1988

Schwetz/Zeyringer/Reiter (Hg.): Konstruktives Lernen mit neuen Medien. Innsbruck /Wien/München (Studien Verlag) 2001

Science and Education: Philosophy and Constructivism in Science Education. Vol. 6, Nos 1–2, January 1997

Searle, J.R.: Die Konstruktion der gesellschaftlichen Wirklichkeit. Zur Ontologie sozialer Tatsachen. Reinbek (Rowohlt) 1997

Seel, N.M.: Psychologie des Lernens. Lehrbuch für Pädagogen und Psychologen. München (Reinhardt/UTB) 2000

Shotter, J.: Conversational realities. Constructing life through language. London u.a. (Sage) 1993

Siebert, H.: Pädagogischer Konstruktivismus. Neuwied u.a. (Luchterhand) 1999

Siebert, H.: Didaktisches Handeln in der Erwachsenenbildung. Didaktik aus konstruktivistischer Sicht. Neuwied (Luchterhand) 2000

Siebert, H.: Die Wirklichkeit als Konstruktion. Einführung in konstruktivistisches Denken. Frankfurt a.M. (Verlag für akademische Schriften) 2005

Simon, F.B./Rech-Simon, C.: Zirkuläres Fragen. Systemische Therapie in Fallbeispielen: Ein Lernbuch. Heidelberg (Auer) 1999

Skowronek, H.: Lernen und Lernfähigkeit. München 1976[6]

Slavin, R.E.: Student teams-achievement divisions. In: Sharan, S. (Ed.): Handbook of cooperative learning methods. Westport, CT (Greenwood Press) 1994

Slavin, R.E.: Educational Psychology. Theory and Practice. Boston u.a. (Pearson) 2006[8]

Solomon, J.: The rise and fall of constructivism. In: Studies in Science Education, 70/1994, 1–19

Spitzer, M.: Lernen. Gehirnforschung und die Schule des Lebens. Weinheim (Spektrum Akademischer Verlag) 2002

Steffe, L.P./Gale, J. (ed.): Constructivism in education. Hillsdale, N.J. (Erlbaum) 1995

Stocker, T.: Die Kreativität und das Schöpferische. Frankfurt a.M. (Brandes und Apsel) 1988

Strittmatter, A.: Gelingensbedingungen von Selbstevaluation – 10 Lehren aus 5 Jahren FQS. In FS&S aktuell 5/2000, S. 12–15

Strittmatter, P./Niegemann, H.: Lehren und Lernen mit Medien. Eine Einführung. Darmstadt (Wissenschaftliche Buchgesellschaft) 2000

Stuckenhoff, Wolfgang: Rollenspiel in Kindergarten und Schule. Paderborn 1978

Suchman, L.: Plans and situated actions: The problem of human machine communication. Cambridge (Cambridge University Press) 1987

Terhart, E.: Lehr-Lern-Methoden. München (Juventa) 1997[2]

Terhart, E.: Konstruktivismus und Unterricht. In: Zeitschrift für Pädagogik 1999, Heft 5

Terhart, E.: Über Traditionen und Innovationen oder: Wie geht es weiter mit der Allgemeinen Didaktik? In: Zeitschrift für Pädagogik 2005, Heft 1

Tobin, K (ed.): The practice of constructivism in science education. Hillsdale, N.J. (Erlbaum) 1993
Vagt, R.: Planspiel – Konfliktsimulation und soziales Lernen. Rheinstetten (Schindele) 1978
van Ments, M./Peterßen, W.: Rollenspiel effektiv. München 1985
van Ments, M.: Rollenspiel effektiv – Ein Leitfaden für Lehrer, Erzieher, Ausbilder und Gruppenleiter, München 1991
Voß, R. (Hg.): Die Schule neu erfinden. Neuwied u.a. (Luchterhand) 1997^2
Voß, R. (Hg.): Schul-Visionen. Heidelberg (Auer) 1998
Voß, R. (Hg.): Unterricht aus konstruktivistischer Sicht. Die Welten in den Köpfen der Kinder. Neuwied u.a. (Luchterhand) 2002
Wagenschein, M.: Ursprüngliches Verstehen und exaktes Denken. Stuttgart (Klett) 1965
Wagenschein, M.: Verstehen lehren: genetisch – sokratisch – exemplarisch. Weinheim u.a. (Beltz) 1989^8
Wagenschein, M.: Kinder auf dem Wege zur Physik. Weinheim u.a. (Beltz) 1997^2
Wallner,f./Agnese, B.: Konstruktivismen. Wien (Braumüller) 2001
Walter, Günter: Spielen im Sachunterricht. Heinsberg 1984
Warm, Ute: Rollenspiel in der Schule. Tübingen 1981
Watzlawick, P., u.a.: Menschliche Kommunikation. Bern u.a. (Huber) 1985^7
Watzlawick, P., u.a.: Lösungen. Bern u.a. (Huber) 1988^4
Watzlawick, P.: Wie wirklich ist die Wirklichkeit? München (Piper) 1990^{18}a
Watzlawick, P. (Hg.): Die erfundene Wirklichkeit. München/Zürich (Piper) 1990^6b
Watzlawick, P./Krieg, P. (Hg.): Das Auge des Betrachters. Beiträge zum Konstruktivismus. München/Zürich (Piper) 1991
Weinert, F./Mandl, H. (Hg.): Psychologie der Erwachsenenbildung. D/I/4, Enzyklopädie der Psychologie. Göttingen (Hogrefe) 1997
Wertheimer, M.: Productive Thinking. New York (Harper) 1945
Westmeyer, H.: Konstruktivismus und Psychologie. In: Zeitschrift für Erziehungswissenschaft 1999, Heft 4
Wickert, J.: Zum produktiven Denken bei Einstein. In: Nelkowski, H., u.a. (Hg.): Einstein Symposion Berlin. Berlin u.a. (Springer) 1979
Williams, W.M./Blythe, T./White, N./Li, J./Sternberg, R.J./Gardner, H.: Practical intelligence for school. New York (HarperCollins College Publishers) 1996
Wittwer, W. (Hg.): Methoden der Ausbildung. Köln (Wirtschaftsdienst) 2001^2
Wöckel, S.: Internet in der Grundschule. Leipzig (Klett) 2002
Woolfolk, A.: Educational Psychology. Boston u.a. (Pearson) 2005
Wygotski, L.S.: Denken und Sprechen. Frankfurt a.M. (Fischer) 1977
Wygotski (englisch = Vygotsky), L.S.: Mind in society: The development of higher psychological processes. Cambridge (Harvard University Press) 1978

Reihe »Pädagogik und Konstruktivismus«

Kersten Reich
Systemisch-konstruktivistische Pädagogik
Einführung in Grundlagen einer interaktionistisch-konstruktivistischen Pädagogik.
5., vollständig überarbeitete und aktualisierte Auflage 2005.
299 Seiten. Broschiert.
ISBN 3-407-25409-1

Die »Systemisch-konstruktivistische Pädagogik« in der 5. Auflage ist eine bereits klassische Einführung in eine kulturell und sozial orientierte Erziehungstheorie und Praxis. Die breite Rezeption zeigt die zunehmende Relevanz des Ansatzes.

In den letzten Jahren hat der systemisch-konstruktivistische Ansatz im Bereich kommunikativer Theorien und systemischer Beratung ein breites Publikum erreicht. In diesem Buch wird der Ansatz argumentativ auch für die Pädagogik umfassend entwickelt und mit Beispielen und zahlreichen Abbildungen illustriert. Die breite Rezeption des Buches zeigt, dass die von Kersten Reich vertretene soziale und kulturelle Fassung des Konstruktivismus sich in der Pädagogik als ein innovativer Ansatz etablieren konnte. Besonders die bisher in der Pädagogik vernachlässigte Seite der Beziehungen wird umfassend entfaltet. Das Buch knüpft dabei anschaulich an Arbeiten zur Kommunikation an und systematisiert diese für die Pädagogik. Es eignet sich als einführendes Lehrbuch ebenso wie als Studienbuch und hilft insbesondere, die Kluft zwischen psychologischen und pädagogischen Theorien für die Praxis zu überwinden, weil es Fragen aus beiden Bereichen behandelt. Dieses Buch wendet sich sowohl an Studienanfänger wie an schon berufstätige Lehrer, Pädagogen, aber auch an Sozialwissenschaftler und Psychologen.

BELTZ Beltz Verlag · Postfach 100154 · 69441 Weinheim

Weitere Infos und Ladenpreis: www.beltz.de

Reihe »Pädagogik und Konstruktivismus«

Man kann nichts in die Köpfe der Schüler »hineinlegen«, die »Welten in den Köpfen der Kinder« sind immer schon vorhanden, wann immer ein Lehrer auf einen Schüler, eine Klasse trifft. Mit dem »kompetenten Säugling« beginnt eine Entwicklung, in der Kinder jeweils, entsprechend ihrer Entwicklungs- und Altersstufe, ihre eigenen (Lern-)Welten konstruieren. Schüler sind autonome, eigensinnige und selbstverantwortliche Lerner, die entsprechend ihrer Biografie und Lebenswelt im Dialog mit ihren Mitschülern und Lehrern ihre je eigenen Lernwege erfinden.

Aus dem Inhalt:
- Lernen und Lehren aus konstruktivistischer Sicht
- Unterricht ohne Belehrung: Kontextsteuerung, individuelle Lernbegleitung, Perspektivenwechsel
- Schüler reflektieren eigene Lernwege
- Noten sind Konstruktionen
- Schüler unterrichten Schüler in den Naturwissenschaften
- Wie kommt die Mathematik in den Kopf?
- Kinder erfinden die Schrift
- Interviews mit Howard Gardner und Ernst von Glasersfeld

Reinhard Voß (Hrsg).
Unterricht aus konstruktivistischer Sicht
Die Welten in den Köpfen der Kinder
2., überarbeitete Auflage 2005.
271 Seiten. Broschiert.
ISBN 978-3-407-25400-9

Vor dem Hintergrund einer konstruktivistischen Didaktik stellen in diesem Band Lehrerinnen und Lehrer sowie renommierte Wissenschaftler aus dem In- und Ausland Perspektiven zum Wandel der Lernkultur vor.

BELTZ Beltz Verlag · Postfach 100154 · 69441 Weinheim

Weitere Infos und Ladenpreis: www.beltz.de

Reihe »Pädagogik und Konstruktivismus«

Horst Siebert
Pädagogischer Konstruktivismus
Lernzentrierte Pädagogik in Schule
und Erwachsenenbildung.
3., überarb. und erweiterte Auflage 2005.
150 Seiten. Broschiert.
ISBN 3-407-25399-0

Der Konstruktivismus ist eine neurowissenschaftlich begründete Lern- und Erkenntnistheorie, die – in Verbindung mit der Systemtheorie – eine pädagogische Wende von der Wissensvermittlung zur Unterstützung von selbst gesteuerten Lernprozessen anregt. Er stützt sich dabei auf neue Erkenntnisse der Gehirnforschung, aber auch auf die Kognitions- und Emotionswissenschaften, auf die Systemtheorie N. Luhmanns, auf die Kommunikationstheorie P. Watzlawicks u.a. Inzwischen hat sich der pädagogische Konstruktivismus als eigenständige Theorie der Bildungsarbeit etabliert. In diesem Buch wird ein Überblick über Strömungen des Konstruktivismus vermittelt. Der »radikale« individuelle Konstruktivismus wird mit dem sozialen, kulturellen Konstruktivismus verbunden.
Die Neuauflage enthält mehrere neue Kapitel, z.B. über Dekonstruktivismus, Erkennen und Handeln, Emotionalität und postmoderne Lerntypen.

Aus dem Inhalt:
- Konstruktivistische Grundlagen
- Lernen
- Lernanlässe und Lernaktivitäten
- Bildungsmanagement und Organisationsentwicklung
- Konstruktionsmethoden
- Bildungswissenschaft in der Epoche des Konstruktivismus

BELTZ Beltz Verlag · Postfach 100154 · 69441 Weinheim

Weitere Infos und Ladenpreis: www.beltz.de